# 動物の漢字語源辞典

新装版

加納喜光【著】

東京堂出版

# まえがき

明治時代、詩経を講義したある学者が、詩経に出ている「鮪」という漢字をマグロと読んだ。ところが詩経では川に棲む魚となっている。学生に「中国のマグロは川にいるのですか」と質問された教授は返答に窮したという（幸田露伴が紹介している話）。古来日本人は「鮪」をマグロと読んで疑わない。しかし「鮪」の本当の意味はチョウザメなのである。

奈良・平安の昔、日本人は漢字を取り入れた際、その漢字が日本語の何に当たるかを同定するのに苦心した。特に動植物関係の語（博物語彙）では、日本にないものも多いため、無理に当てはめて間違ったケースもある。「鮪」はその一例に過ぎない。逆に日本にある動植物で、どうしてもそれに当たる漢字が見つからない場合、わざわざ漢字らしき字を創作した。例えば「鰯」。これは国字（和製漢字）といわれる。ところが日本人が作ったと信じられた字（その意味では国字）が、たまたま中国にもあったことが判明する場合がある。例えば「鱚」。このような同形衝突の字を半国字と呼ぶ。これは筆者が本辞典で初めて使用する用語である。本辞典の目的は博物関連の漢字の本来の意味と、その語源・字源を記述することにあるが、中国と日本における使い方（つまり意味）の違いをはっきりさせること、また国字か半国字かを突き止めることにもできる限り意を用いることにした。

本書の構成は前の部分では動物関係の部首ごとに配列されている。康熙字典の部首分類に従い、「牛」の部から「龜」の部までの順。同じ部首では画数順（部首を除いた画数を数字で示した）。後の部分では部外を置き、動物関係の部首を持たない漢字を収める（配列は部首順で、画数は付さない）。部外1は動物関係の部首を持たない単字・連綿詞、部外2は動物漢字を含まない熟語を収めている。また、漢字の性質によって二種類に分け、【 】の有無で区別する。もともと動物名を意味する単字（漢字一字）、および連綿詞（漢字二字）があった。後者は二字で一語をなし、双声（蚰蜒のように語頭の音が同じ）または畳韻（蝦蟇のように韻が同じ）の語が多い。これら単字と連綿詞は【 】で括る。いくつかの漢字を組み合わせた熟語の動物名（例えば仏法僧）は【 】で括らない。なお熟語のうち動物漢字を含んでいるものはその動物漢字の後に配列した（例えば海牛は「牛」の後）。

語源の欄では、意味を記述する前に音を掲げる。音とは漢語の読み方であり、とりもなおさず古代中国語の語形である。漢字の語源・字源を論じるには音が不可欠の要素となる。上古漢語は周・秦・漢の頃（*印は推定であることを示す）、中古漢語は隋・唐の頃、中世漢語は宋・元・明の頃であるが、出典によって掲げ方が異なる。文献の欄には主に最初の出典を載せたが、時代の幅をもたせて、六朝あたりまでの文献の場合は上古漢語と中古漢語を挙げる。中古漢語を挙げた理由は日本との関わりがあるからである。中古漢語が六朝末期に日本に伝わったのが呉音となり、唐代に伝わったのが漢音となり、現在もこれらの音が日本で使用されている。次に出典が隋から五代あたりまでなら、中古漢語だけを挙げてある。また、出典が宋から清代初期までなら中世漢語を挙げてある（これらの音は学研漢和大字典［旧版］の藤堂明保の学説に基づく）。

音の次は意味であるが、これは学名によって示す。同定には主に現代中国の文献を利用した（異説がある場合は筆者独自の判断によって決める）。その際、生物学関係だけでなく、中国医学（本草学）関係の文献も大いに参考にした。これは博物語彙が伝統的に本草学で研究されてきた分野だからである。筆者はもともと詩経の研究から出発し、詩経名物学→博物学・本草学へと興味が進み、詩経―本草学―漢字研究の三つを結びつけて研究テーマとしてきたので、引用文献もこの方面が多いのを諒とされたい。学名が決定されると、それと対応する日本の標準名、および現代中国の標準名を挙げ、その物の特徴を記す。またその物にまつわるイメージやシンボルを簡潔に述べたが、言うまでもなく古代中国に視点が置かれている。

本書の中心は語源と字源である。二つは何が違うか。言うまでもなく語源は語形（言葉）と関わり、字源は字形と関わる。漢語は同源のグループをなすことが多い。その語がどんなグループに所属して派生したかを示すのが語源である。また、その語をどんな字形に表記したかを究明するのが字源である。日本語や欧米語では字源は問題にならないが、漢語では字源が重要になる。というのは意味のイメージを図形に表すのが漢字の原理だからである。漢字を分析すると語源がわかるケースが多い。もっとも字形から意味を引き出すのはタブーである。そうではなく、意味のイメージを表すためどのような図形が考案されたかを明らかにするのが漢字学の正道である。例えば「蛙」。語源については、*·uĕg はカエルの鳴き声をなぞった擬音語に由来する、と説く。字源は全く別である。「圭」は音を表し、「虫」は意味を表すといった旧来の文字学の説明は誤っている。筆者は、「圭」は「∧型を呈する」というイメージを示し、そんなイメージをもつ存在物のうち、虫（昆虫・爬虫類などを含む）の意味領域に限定したのが「蛙」であり、カエルの「足が∧の形を呈する」という特徴に着目した図形的意匠である、と説く。「∧の形を呈する」動物はカエルだけとは限らないが、これに優先権が与えられた結果、他の「∧の形を呈する」ものは同じ命名から排除されるのである。筆者の方法を一言でいえば、漢字コアイメージ論、あるいは漢字記号論である。

語源は実はたいへん難しい。古代中国人が動物の特徴をいかに捉えたかを知るのは簡単ではない。宋の陸佃（埤雅）や明の李時珍（本草綱目）ほか多くの書を参考にしたが、合理性のないものは捨て、独自に判断したものが多い。本書は特に字源に力点を置き、詳しい分析を加えている。古代文字を掲げたのは字形の変遷を示すためだけではなく、古代人がいかに動物のイメージを字形に託したかを知るためでもある。殷代の甲骨文字、周代（一部は殷代）の金文、戦国の古文と籀文、秦代の篆文を挙げた（挙げてないのはそれが存在しなかったことを示す）。

出典は前述の通り、初出の文献（引用に適当でないものを省いた場合もある）を主とし、ついで用例のふさわしいものを掲げた。その際、原文（漢文）の下に訓読を添えた。

最後に、中国医学・本草学が専門の真柳誠氏（茨城大学教授）、および久保輝幸氏（英国・ニーダム研究所）に学名などの校閲を賜ったことを記し、謝意を表する次第である。

二〇〇七年夏

加納喜光

# 目次

# 動物の漢字語源辞典

# 牛の部（うし・うしへん）

## 【牛】0 ㊅ギュウ ㊆うし

**[語源]** 上古漢語は*ŋɪog、中古漢語は ŋɪəu（→呉音グ、漢音ギウ）である。偶蹄目ウシ科の哺乳類 *Bos taurus domesticus*（ウシ）を意味する。毛の色が主として黄色なので黄牛とも呼ばれる。中国では新石器時代の遺跡にウシの骨が発見されている。ウシは太古に原牛から家畜化された。ニーダムらは山海経の「獂」を原牛（*B. primigenius*、オーロックス）に同定し、山海経の時代（秦以前）の中国に棲息していたが、絶滅したという（中国古代動物学史）。ほかに古典に犎牛（*B. indicus*、コブウシ、中国名瘤牛）、犪牛（*B. gaurus*、ガウル、中国名野牛）、犛牛（ヤク、牦の項参照）などがある。雄のウシは特、雌は牸、去勢牛は犍・犗、子牛は犢、また年齢に応じて違った呼び名があり、漢字で区別される。

古代では犠や牲の字に反映されているように、いけにえに用いられ、また、神前に供える最高の料理である大牢（牛・羊・豚）に入れられる。*ŋɪog の語源はウシの鳴き声をなぞった擬音語に由来すると考えられる。ちなみに阿吽の吽はもとは*ŋug（→グ・ゴウ）と読み、これもウシの鳴き声をなぞった擬音語である。和語「うし」の語源については、「大獣の約」（大槻文彦）、また、朝鮮語 so に由来するという説（山中襄太）などがある。

**[字源]** ウシを描いた図形。ウシの全身ではなく、頭、特に角の特徴を捉えている。漢字の構成要素になるときは、ウシに関係のある語の意味領域に限定する記号に使われる。またイメージ補助記号として、件、牢、半（伴・判・畔・絆・叛）、告（酷・梏・浩・鵠）、造、牧、牽、牟（眸・鉾・蛑）、犇などに使われる。

㊀

㊎

㊒

**[別名]** 丑牛・土畜・板角・八百里・古旃・觳觫・大武・一元大武

**[文献]** 詩経・小雅・無羊「爾牛來思（爾の牛来る）」、書経・武成「放牛于桃林之野（牛を桃林の野に放つ）」、春

秋左氏伝・定公8「衛人請執牛耳（衛人、牛耳を執らんことを請ふ）」

## 海牛 ㊥カイ-ギュウ ㊋うみうし

**[語源]** 中古漢語は**hai-ngıəu**（→漢音カイ-ギウ）である。これには二つの意味がある。一つは、海牛目（**Sirenia**）の海獣の総称で、マナティーとジュゴンを含む。山海経・東山経に「其の中に鱅鱅(ようよう)之魚多し、其の状は犂(り)牛(ぎゅう)の如く、其の音は彘(てい)の鳴くが如し」とあり、郭郛はこの鱅鱅を海牛、すなわち***Trichechus***（マナティー属）に同定している（山海経注証）。体は紡錘形、皮は厚く、紫を帯びた灰色。前肢はひれ状をなし、後肢はない。尾は杓文字のような形をしている。海草を食べる。海牛は英語の**sea cow**の訳語とされるが、中国の古典にすでに見える。マナティーは人魚のモデルといわれるが、中国の人魚はオオサンショウウオがモデルである（人魚の項参照）。ジュゴンについては儒艮の項参照。

もう一つの意味は、腹足綱の軟体動物***Doris***（ウミウシ）である。巻貝の仲間だが、殻がない。体形は扁平で、楕円形。色は変化に富む。肛門の回りに羽状の鰓が取り巻く。語源は一対の触角があるので、牛に見立てた命名。

**[字源]**「母（*muəg）」は二つの乳房のある女を描いた図形で、「次々に子を生み殖やす」というイメージがある。「屮」は草が芽を出す図形。「母（音・イメージ記号）＋屮（イメージ補助記号）」を合わせた「毎（*muəg）」は、子が母胎から出てくるように、草の芽が地中から次々に生まれ出てくる様子を暗示する。視点を変えると、明るい世界に出る前に暗い世界が前提されているので、「暗くて何も見えない」→「暗い」「無い」というイメージを示す記号ともなる。「毎（音・イメージ記号）＋水（限定符号）」を合わせて、深くて底が見えず暗い感じの色をした「うみ」を表した。古典では「海は晦なり」と捉えられ、古代中国人の言語感覚では海は暗いものであった。「牛」については前項参照。

㊙甲 ㊙金 ㊙篆 〔母〕
㊙甲 ㊙金 ㊙篆 〔毎〕
㊙篆 〔海〕

**[文献]** 太平御覧900「斉地記曰…海牛、形似牛而無角、

騂色、虎声、爪牙亦虎、脚似鼉魚、尾似鮎魚、尾長丈余、其皮甚軟、可供百用、牛見人則奔入水、以杖撃鼻則得之（斉地記に曰く…海牛は形は牛に似て角無く、騂色、虎の声、爪牙も亦た虎、脚は鼉魚に似、尾は鮎魚に似る、尾の長さは丈余、其の皮甚だ軟らかなり、百用に供すべし、牛、人を見れば則ち奔りて水に入る、杖を以て鼻を撃てば則ち之を得）」

**天牛** ㊅テン-ギュウ ㊇かみきりむし

**[語源]** 上古漢語は*t'en-ngɪog、中古漢語はt'en-ngɪəu（→呉音テン-グ、漢音テン-ギウ）である。カミキリムシ科の昆虫の総称。体は長楕円形で、触角が非常に長い。中国で普通に見られるのは桑天牛（*Apriona germari*、クワカミキリ属の一種）や星天牛（*Anoplophora chinensis*、ゴマダラカミキリ属の一種）など。カミキリムシの幼虫をテッポウムシといい、木を食害する（蝤蠐の項参照）。語源は長く伸びた触角が水牛の角に似ているからという。その触角が天を衝くほどだと洒落て天の字を冠したのであろう。和名は大あごが発達し、髪を切るほどなので、髪切虫の名がついた。漢名の別名にも齧髪があり、発想が似ている。

**[字源]**「天」は「大」（手足を大きく広げて立つ人の形）の上に「一」の符号をつけたもの。頭のてっぺん上に広がる空間を暗示させる。顚（頭のてっぺん）・巓（山のいただき）と同源である。

㊙ ㊎ ㊟ 〔天〕

**[別名]** 天水牛・八角児・齧髪・齧桑・蠰

**[文献]** 爾雅・釈虫「蠰、齧桑」――郭璞注「天牛、長角、体有白点、喜齧桑樹、作孔入其中、江東呼為齧髪（天牛なり、長角、体に白点有り、桑樹を齧むを喜ぶ、孔を作りて其の中に入る、江東呼んで齧髪と為す）」

**【牦】** 4 ㊅ボウ ㊇—

**[語源]** 上古漢語は*mog、中古漢語はmau（→呉音モウ、漢音ボウ）である。偶蹄目ウシ科の動物*Bos grunniens*（ヤク）を意味する。体長は三・六メートル、肩高が一・六メートルに達する。肩が盛り上がり、全身暗褐色の長い毛で覆われる。成熟は遅い。よく寒冷に耐え、中国西南部やチベットの高山地帯に棲息する。語源は

きわめて毛深い特徴から、毛と同源。和名のヤク（また英名の**yak**）はチベット語**gyak**（雄のヤク）に由来する。

**[字源]**「毛（*mɔg）」は細かく分かれ出ている毛を描いた図形。「毛（音・イメージ記号）＋牛（限定符号）」を合わせて、毛深い牛を暗示した。ヤクの毛を旗の飾り物としたので「旄」とも書かれる。

甲 　金 　篆 　〔毛〕

**[別名]** 毛牛・旄牛・犛牛・氂牛・髦牛・莽牛・犣牛・[牜乍]牛・犨牛・毛犀・童牛・猫牛・猫猪

**[文献]** 詩経・鄘風・干旄「孑孑干旄（孑孑たる干旄［ヤクの尾を飾った旗］）」、荘子・逍遥遊「今夫犛牛、其大若垂天之雲（今かの犛牛、その大なること垂天の雲のごとし）」、山海経・西山経「翠山…其陽多黄金玉、其陰多牦牛麢麝（翠山…其の陽、黄金・玉多く、其の陰、牦牛・麢・麝多し）」

## 【犀】

8　㊟サイ・セイ　㊙――

**[語源]** 上古漢語は*ser、中古漢語は**sei**（↓呉音サイ、漢音セイ）である。奇蹄目サイ科の動物の総称。一角のインドサイ、ジャワサイと、二角のシロサイ、クロサイなどがある。ニーダムらは爾雅や山海経に出る犀を***Rhinoceros sondaidus***（ジャワサイ）に同定している。角は一本で、比較的小さい。皮は厚くて堅く、ひだが多い。体の色は黒色を帯びる。現在はインドネシアのジャワ島に棲息するが、古代では黄河流域にもいたという。サイの角は鎧の材料になり、また角は犀角と称し、漢方薬に使われる。千年を経たサイの角は空洞になって気が天に通じるとされ、通天犀と呼ばれる。サイは行動が比較的のろいというイメージがある。のんびりしていることを漢語で棲遅というが、サイを意味する*serはこの棲（＝栖）と同系の語である。また、「犀」の「のろい」というイメージが「遅」（歩みがおそい）や「穉（＝稚）」（成長がおそくて小さい↓いとけない）の字に利用されている。［補説］古典に出る古代獣に兕があり、これはインドサイに同定されている（兕の項参照）。

**[字源]** 体形は牛に似るが、尾に剛毛のある特徴を捉えて、「尾（イメージ記号）＋牛（限定符号）」の組み合

わせによって、*serを表記する。ただし語源は反映されていない。

(金)　(篆)

[別名] 犀牛・姑犀・独筍牛

[文献] 周礼・函人「犀甲寿百年（犀の甲は寿百年）」、墨子・公輸「荊有雲夢、犀兕麋鹿満之（荊に雲夢有り、犀・兕・麋・鹿これに満つ）」、本草経集注（六朝梁・陶弘景）「犀有二角、以額上者為勝、又有通天犀、角上有一白縷、直上至端、此至神験（犀は二角有り、額上の者を以て勝と為す、又通天犀有り、角上一白縷有り、直上して端に至る、此れ至つて神験あり）」

**犛** →牦 （5ページ）

# 犬の部（いぬ・けものへん）

## 【犬】0　(音)ケン　(訓)いぬ

[語源] 上古漢語は*k'uen、中古漢語はk'uen（→呉音・漢音ケン）である。食肉目イヌ科の哺乳類 *Canis lupus familiaris*（イヌ）を意味する。太古に *Canis lupus*（タイリクオオカミ）から家畜化された。中国の家犬は旧石器時代までさかのぼるという。イヌの品種は非常に多い。古代中国では三つの用途、守犬（番犬）、田犬（狩猟用）、食犬（食用）が記されている。愛玩用もあり、詩経に尨（該項参照）が登場する。ほかに盧（黒い狩猟犬）、獫（口先の尖った狩猟犬）、歇驕（＝猲獢。鼻づらの短い狩猟犬）も詩経に見える。食用としては礼記に犬羹（イヌのあつもの）が出ている。祭司や儀礼にも用いられ、昔、正月に白犬を門に磔にして邪悪なものの侵入を防ぐ風習があった。*k'uen の語源はイヌの鳴き声をなぞった擬音語に由来すると考えられる。和語「いぬ」の語源についても擬音語説がある。wan

↓wen ↓ヱン（ヱヌ）↓イヌとなったという。

**［字源］** イヌを描いた図形。耳としっぽの特徴を捉えている。動物の象形文字は縦の方向に描くのが漢字の特徴である（例外は「鹿」）。漢字の構成要素になるとき、イヌやその他の獣にかかわる限定符号に使われる。またイメージ補助記号として、伏（茯・袱）、突、臭（嗅）、吠、戾（淚・捩）、默、哭、器、獄（嶽）、類、獸、狀、獎（＝奬）、然（燃・撚）、獻、厭（壓・靨・饜・魘）、莽（蟒）、犮（拔・髮・祓・跋）、猋（飆）などに使われる。

甲　金　篆

**［別名］** 狗・戌犬・金畜・義畜・家獣・烏竜・白竜・黄耳・地羊・地厭・豺舅・守門使・護児・善噬・羹献

**［文献］** 詩経・小雅・巧言「躍躍毚兎、遇犬獲之（躍たる毚兎、犬に遇へばこれを獲ん）」、周礼・秋官「犬人掌犬牲（犬人は犬牲を掌る）」、論語・為政「子曰、今之孝者、是謂能養、至於犬馬、皆能有養（子曰く、今の孝は、これ能く養ふを謂ふ、犬馬に至るまで、皆能く養ふこと有り）」

## 【犰狳】2

音 キュウ-ヨ　訓 あるまじろ

**［語源］** 上古漢語は*giog-diag、中古漢語はgɪəu-yio（→呉音グ-ヨ、漢音キウ-ヨ）である。山海経に出る伝説上の獣の名で、体形は兔に似、鳥のくちばし、蛇の尾をもつ。ニーダムらはこれをアリクイ目〔異節目〕アルマジロ科の*Dasypus*（ココノオビアルマジロ属）に同定している。体長は一二～一〇〇センチ、尾の長さは二～五〇センチ。体は骨板で覆われ、いくつかの鱗状の横帯がある。同科のミツオビアルマジロ属（*Tolypeutes*）は敵に遭うと体を丸めて仮死状態になる習性がある。主に南米の砂漠地帯に棲息する。山海経の犰狳は人を見ると眠った振りをするとあり、アルマジロとの共通点が見られる。もし古代の中国にも棲息していたとすれば、ミツオビアルマジロである可能性は否定できない。そうすると語源の解釈もできる。「九」の「丸く曲がる」と、「余」の「横に伸ばす」のイメージを取った命名と考えられる。和名のアルマジロはスペイン語armadilloに由来する。

**［字源］**「九（*kiog）」は腕がつかえて曲がる様子を示

す図形で、「丸く曲がる」というイメージがある（鳩の項参照）。「余（*diag）」はスコップに似た農具で土を平らに押し伸ばす様子を暗示する図形で、「横に押し伸ばす」というイメージがある（蟾蜍の項参照）。アルマジロはいくつかの横帯の間の皮膚を伸ばしたり縮めたりして、体を丸めるので、「九（音・イメージ記号）＋犬（限定符号）」と「余（音・イメージ記号）＋犬（限定符号）」の組み合わせによって、アルマジロを意味する*gɪog-diagという二音節語を表記した。

**【文献】** 山海経・東山経「有獣焉…見人則眠、名曰犰狳（獣有り…人を見れば則ち眠る、名を犰狳と曰ふ）」

**犲**→豺（138ページ）

## 【尨】 3　音 ボウ　訓 むくいぬ

**【語源】** 上古漢語は*mŭng、中古漢語はmɔng（→呉音モウ、漢音ボウ）である。詩経に出るイヌの一品種である。花鏡（清・陳淏子撰）に「毛の多き者、名は尨。状は獅子のごとし。脚は矮にして身は短し。尾は大にして毛は長し。色は絨細なること金糸のごとし」とある。多毛の愛玩犬で、チャウチャウやペキニーズなどの祖先と考えられる。語源はふさふさした毛の特徴から、厖（もじゃもじゃと乱れる）・龐（もやもやとして大きい）などと同源。和訓の「むくいぬ」のムクはムクゲ（尨毛）のムクと同じで、モク（茂）と同源という。

**【字源】**「彡」は髪・須（鬚）などに含まれ、ひげや髪を示す形。「彡（イメージ記号）＋犬（限定符号）」を合わせて、毛の多い犬を暗示させる図形である。〔補説〕「尨」は康熙字典では尢の部に入っているが、字源通りに犬の部に入れるのが妥当である。

甲  金  篆 

**【別名】** 獅子狗・金糸狗・猱獅狗・獅叭狗・哈巴児・哈叭狗

**【文献】** 詩経・召南・野有死麕「無使尨也吠（尨也(ぼうや)〔也は接尾語〕をして吠えしむる無かれ）」

## 【狆】 4　音 チュウ　訓 ちん

**【語源】** イヌの品種の名。顔がしゃくれた小型の愛玩犬である。しかし中国の書物にはその意味は出てこない。「狆」の字が最初に出るのは字彙補（清の呉任臣撰）であるが、苗人（中国西南部に住む少数民族の一つ）の名とある。「狆」は奇字の類だから、チンを表記する狆は半国字と言ってよい。始めは矮狗をチンと読ませていた。チンの語源はチイヌ（小さい犬）→チンだという（古事類苑）。チンは奈良時代に中国から輸入した犬を改良したものといわれる。現代の中国ではチンのことを哈叭狗（ハーパコウ）という。これは詩経に出る尨（ぼう）（前項参照）の異名である。チンの原種をたどっていくと、尨が祖先かもしれない。

**[字源]**「狆」の字は江戸時代に登場した。「中」の中近世の中国語音 **chung**（**=tʃong**）を「ちん」の表記に利用したものであろう（大槻文彦）。「中」に獣偏を添えた和製の半国字である。

**狆**→豚（133ページ）

## 【狗】5 音ク 訓いぬ

**[語源]** 上古漢語は ***kug**、中古漢語は **kəu**（→呉音ク、漢音コウ）である。古代からイヌのことを ***k'uən**（犬）のほかにこう呼んでいた。区別するときは、成犬を ***k'uən**（犬）、未成犬を ***kug**（狗）とする。爾雅・釈畜に「犬（…）、未だ毫（ごう）（毛）を成さざるは狗なり」とある。この語は駒（小さなウマ）などと同源で、「小さい」というイメージがある。イヌは狩猟に使われた後食べられたので、「狡兎死して走狗烹らる」の諺が生まれた。

**[字源]**「小さい」というイメージを表すのが「句（***kug**）」である。「句」はかぎ型の符号二つと「口」を合わせた図形で、かぎ型で文章に切れ目をつけることを暗示させる。句読点の句である。「小さく区切る」「小さく曲がる」というイメージがあるため、「小さい」というコアイメージが出てくる。そこで「句（音・イメージ記号）+犬（限定符号）」を合わせて「狗」が作られた。

甲　金　篆（句）　篆（狗）

**[別名]** 犬・狗子

**[文献]** 孟子・公孫丑上「鶏鳴狗吠相聞（鶏鳴狗吠（くはい）相聞こゆ）」、老子・五章「天地不仁、以万物為芻狗（天地

は仁ならず、万物を以て芻狗［わらで作った犬］と為す）」、晏子春秋・内篇雑下「使狗国者従狗門入（狗の国に使ひする者は狗の門より入る）」、神農本草経「狗陰茎味鹹平、主治傷中陰痿不起、令強熱大生子、除女子帯下十二疾（狗の陰茎は味は鹹にして平なり。主治は、傷中・陰痿不起。強く熱して大いに子を生ましめ、女子の帯下十二疾を除く」

## 海狗　音カイ－ク　訓－

**［語源］** 中古漢語は hai-kəu（→呉音カイ－ク、漢音カイ－コウ）である。アシカ科の海獣 *Callorhinus ursinus*（オットセイ）を意味する。雄は体長が二・五メートルほど。体は肥えて丸みを帯び、毛が密生する。頭は小さく、前後肢はひれ状をなす。北太平洋に棲息する。オットセイのことを唐代では骨訥（肭）獣といい、やがて膃肭獣という表記になった。膃肭（·uət-nuət）はアイヌ語 **onnep** の音写といわれている。唐以前に中国とアイヌ民族の間に交流があったとは考えにくいが、オットセイは黄海にも姿を見せることがあるらしいし、北方民族との交易を通じてこの言葉が入った可能性は否定できない。中国医学（本草）では頭がイヌに似ているとされ、海狗ともいった。そのペニスを海狗腎、また膃肭臍と称し、強精剤に用いる。おそらくオットセイがハーレムを作るので、精力に強いと想像したからであろう。日本では膃肭臍が獣の名前に使われるようになった。

**［字源］**「海」については海牛の項、「狗」については前項参照。膃肭は外来語の音写であるが、意訳も兼ねている。もともと膃肭は肥えた様子を意味する語である。「𥁕」は膃の項にもあるように、「中にこもる」というイメージがあり、「内」は蚋の項でも述べるが、「中に入れる」というイメージがある。「𥁕（音・イメージ記号）＋肉（限定符号）」と「内（音・イメージ記号）＋肉（限定符号）」を結合させた膃肭は、脂肪が中にたまって肥えることを表す畳韻の二音節語である。オットセイは肥えた体形なのでこの表記が選ばれた。

**［別名］** 骨訥獣・骨肭獣・膃肭獣

**［文献］** 証類本草18「図経曰、膃肭臍出西戎、今東海傍亦有之云、新羅国海狗腎（図経に曰く、膃肭臍は西戎より出づ、今東海の傍らに亦た之れ有りと云ふ、新羅国の

海狗腎なり)」、金史・太宗紀「往者歳捕海狗海東青鴉鶻於高麗之境（往者歳ごとに海狗・海東青・鴉・鶻を高麗の境に捕らふ)」

## 【狐】5 音 コ 訓 きつね

**[語源]** 上古漢語は*ɦuag、中古漢語はɦo（→呉音グ、漢音コ）である。食肉目イヌ科の***Vulpes vulpes***（キツネ）を意味する。体長は六〇～九〇センチ、尾の長さが四〇～六〇センチもある。イヌに似るが、吻が尖る。肛門付近に臭腺があり、悪臭を放つ。夜行性で、木の洞などに棲む。体の色が赤黄色なので、アカギツネともいう。キツネは狐疑という言葉があるように疑い深い動物とされる。また説文解字に「狐は妖獣なり、鬼の乗ずる所なり」とあり、百歳のキツネは人に化けてたぶらかすという。山海経に出る九尾狐は子孫繁栄、瑞祥の象徴であるが、日本に伝わると玉藻前に化身する妖怪となった。詩経の恋愛詩では女性を狙うドンファンに喩えられている。語源は長くて太い尾の特徴に着目して、夸(か)（*k'uag、大きい）・瓠(こ)（*ɦuag、フクベ）などと同源で、「太く湾曲する」というイメージが取られている。和語「きつね」の語源は、擬音語のキツあるいはクツに接尾語のネがついたものという。

**[字源]**「瓜（*kuag）」はウリを描いた図形。*kuagは*ɦuagを近似的に再現するだけでなく、「太く湾曲する」というイメージが取られている。「瓜（音・イメージ記号）＋犬（限定符号）」を合わせて、太くて長く垂れた尾をもつ動物を暗示させた。

金　篆〔瓜〕　篆〔狐〕

**[別名]** 赤狐・紅狐・草狐・毛狗・竜狗・伯裘・毛大戸・阿紫・成伯公・妖獣・狐媚

**[文献]** 詩経・衛風・有狐「有狐綏綏（狐有りて綏綏たり)」、山海経・海外経「青邱国在其北、其狐四足九尾（青邱国は其の北に在り、其の狐は四足九尾）」、戦国策・楚「虎求百獣而食之、得狐（虎百獣を求めて之を食ふ、狐を得たり）」

**狌** →猩（23ページ）

## 【狛】5 音 ハク 訓 こまいぬ（狛犬）

**[語源]** 獅子に似た空想上の犬、また、それを象って社寺の前に立てて魔除けとする像のことである。朝鮮にあった古代国家高麗から伝わった犬ということで、コマイヌと呼ばれる。

**[字源]** 説文解字に「狼の如く、善く羊を駆る」とあるのが最古だが、李白の大猟賦のほかに用例がない。狛は貊（貃）の異体字としても使うことがあり、朝鮮方面にいた民族を穢貊(わいばく)と呼んだので、高麗から伝わったコマイヌを日本人は狛犬(こまいぬ)と書いた。狛でもって穢貊（高麗）を表している。したがって本来の動物の名としての狛とは無関係で、日本の狛は半国字。

**[文献]** 李白・大猟賦（淵鑑類函209）「扼土狛、殪天狗（土狛を扼し、天狗を殪(たお)す）」

## 【狒】5 ㊉ヒ ㊊——

**[語源]** 上古漢語 *buad、中古漢語 buai（→呉音ビ、漢音ヒ）である。狒狒は古代中国では空想的な色彩を帯びた動物で、爾雅・釈獣に「狒狒は人の如く、被髪（ざんばら髪）、迅く走り、人を食す」とある。髪が頭の両側に分かれて、覆い被さるという姿を捉え、払（両側に払う）などと共通するコアイメージで命名された。この獣を表す語を後世では現実に存在するヒヒ（*Papio*、霊長目オナガザル科ヒヒ属）、特にマントヒヒ（*P. hamadryas*）に用いる。その理由は頭から胸にかけて長い毛が垂れ下がった姿が古代の狒狒を髣髴させるからであろう。狒狒を猩猩と同じとする説（郭郛、山海経注証）もあるから、狒狒とマントヒヒは連続している可能性もなくはない。マントヒヒは現在はエチオピアやアラビアにしか棲息しないが、中国の古文献では狒狒は西南あるいは南部の山中に棲むとしている。

**[字源]** 「弗（*puət）」は蔓状のものを左右に払い分ける様子を暗示させる図形で、「左右にはらいのける」というイメージがある。拂（=払。左右に払う）・沸（払いのけるようにして水がわいて出る）・費（財貨を分散させる→ついやす）などは同源のグループ。「弗（音・イメージ記号）+犬（限定符号）」を合わせて、長い髪の毛を左右に分けて垂らす動物を暗示させた。

㊙甲　㊎金　㊝篆　〔弗〕

**[別名]** 費費・髴髴・梟羊・梟陽・梟楊・土螻・山都・

山魈・山笑・人熊・野人

**[文献]** 厳忌・哀時命（楚辞）「使梟楊先導兮（梟楊(きょうよう)をして先導せしむ）」――漢・王逸注「梟楊は山神の名なり、即ち狒狒なり」、淮南子・氾論訓「山出嘄陽（山、嘄陽(きょうよう)を出だす）」――漢・高誘注「嘄陽は山精なり。人の形にして長大、面は黒色、身に毛有り、反踵［かかとが反り返っている］なるがごとし、人を見て笑ふ」

**狍** →麃（332ページ）

**狢** →貉（140ページ）

**狟** →貆（141ページ）

## 【狨】 6 ㊥ジュウ ㊦――

**[語源]** 中古漢語は niung（→呉音ニュウ、漢音ジュウ）である。現在の金糸猴に同定されている。霊長目オナガザル科コバナテングザル属の *Rhinopithecus roxellanae*（キンシコウ、別名ゴールデンモンキー、チベットコバナテングザル）である。体長は五四〜七七センチ。尾は体長と同じくらいに長い。背は光沢のある黄色の長毛に覆われる。顔は青色で、腹は黄褐色。四川省などの高山に棲息する。毛が柔らかいところから、絨毯の絨と同源。本草綱目に「狨の毛、柔長なること絨の如し」とある。実際にこのサルの毛で絨毯のような敷物を作ったらしい。

**[字源]**「戎（*niong）」は「甲（よろい）＋戈（ほこ）」を合わせた図形で、武器を示したものだが、硬いというイメージのことばではなく、柔と同系のことばである。つまりある種の粘り強い武器のイメージが背景にある。柔らかく弾力性があって強いこと、すなわち強靭のイメージである。「戎（音・イメージ記号）＋犬（限定符号）」を合わせて、毛が絨毛のように柔らかい（あるいは、毛を絨毯に利用する）動物を暗示させた。

㊙甲　㊙金　㊙篆　〔戎〕

**[別名]** 金糸猴・金綫狨・蜼・仰鼻猴

**[文献]** 本草拾遺（唐・陳蔵器）「狨生山南山谷中、似猴而大、毛長、黄赤色、人将其皮作鞍褥（狨は山南の山谷中に生ず、猴に似て大、毛長く、黄赤色、人其の皮を将(もっ)て鞍褥を作る）」、杜甫・石龕（全唐詩218）「我後鬼長嘯、我前狨又啼（我が後ろ鬼長嘯し、我が前狨又啼く）」

## 【狻猊】7 音 サンーゲイ　訓 ―

**[語源]** 上古漢語は*suǎn-nger、中古漢語は suan-ngei（→呉音サンーゲ、漢音サンーゲイ）である。先秦時代にシルクロードを通って中国に伝わった西方の動植物に関する情報の一つにライオンがあった。爾雅の狻麑（＝狻猊）はその一つ。これは梵語 **simha** の音写で、ライオンを意味する。しかし爾雅では虎や豹を食う恐ろしい怪獣のイメージが強い。のち空想化されて竜の生んだ九子（狴犴の項参照）の一つとなり、坐を好む性質があるため仏座にされたという。高僧の座席を猊座、獅子座といい、高僧を敬まって狻下、猊下という。

**[字源]**「夋（*tsiuən）」と「兒（*nger）」を利用し、「夋（音記号）＋犬（限定符号）」と「兒（音記号）＋犬（限定符号）」を組み合わせることによって、*suǎn-nger という二音節語に仕立て、**simha** を近似的に表記した。夋・兒を利用するのはイメージにもかかわりがありそうである。「夋」は駿馬の駿にも使われ俊（すぐれている）のイメージがあり、「兒」は麑（鹿の子）にも使われ、愛称の意味合いがある。爾雅では狻麑と書かれている。なお「夋」の字源は鵔鸃、「兒」の字源は鯢の各項参照。

篆〔狻〕　篆〔麑〕

**[別名]** 獅子

**[文献]** 穆天子伝1「名獣使足走千里、狻猊野馬走五百里（名獣は足を使ひて千里を走る、狻猊・野馬走ること五百里）」

## 【狽】7 音 バイ　訓 ―

**[語源]** 上古漢語は*pad、中古漢語は pai（→呉音・漢音ハイ）である。オオカミに似た獣の名。前足が極端に短いためオオカミの腿に乗っかって歩く。もしオオカミから外れると動けなくなるという。ここから周章狼狽の狼狽（あわてふためく）や、「狼狽、奸を為す」（ぐるになって悪さをする）という成語が生まれた。語源は「貝」の「二つに割れる」のイメージによる命名。二つが組んで支え合う動物はほかにもある。爾雅などに出る蟨（けつ）という獣は前足が鼠のように短く、後ろ足が兎のように長いため、いつも卬卬岠虚（きょうきょうきょきょ）に負われてい

る。もし外れるとけつまづいて倒れてしまう。この二つが合体した動物の名を比肩獣という。比目魚、比翼鳥、比肩民とともに、ある共通の観念から生み出された空想的動物で、雌雄同体や一身双頭を具現している。狼と狽の関係もこの影響下にある。

**[字源]**「貝（*puad）」は割れ目のある貝、あるいは殻が分かれる二枚貝を描いた図形（貝の項参照）。「二つに割れる」というイメージがある。「貝（音・イメージ記号）＋犬（限定符号）」を合わせて、組になっていて、片方から分かれるとだめになる動物を暗示させた。敗（二つに割れてこわれる→やぶれる）と同源である。

**[文献]** 酉陽雑俎16（唐・段成式）「狼狽是両物、狽前足絶短、毎行常駕於狼腿上、失狼則不能動、故世言異乖者称狼狽（狼狽は是れ両物なり、狽の前足絶えて短く、行く毎に常に狼の腿上に駕す、狼を失へば則ち動く能はず、故に世に事乖く者を言ひて狼狽と称す）」

## 【狴犴】7 ㊥ヘイ－カン ㊀ ——

**[語源]** 上古漢語は***ber-ngan**、中古漢語は **bei-ngan**（↓呉音バイ－ガン、漢音ヘイ－ガン）である。空想的な獣の名で、竜が生んだ九子の一つ。訴訟を好む性質があるため、虎や獅子の頭を象った像が牢獄の門にかけられる。もともと狴犴は牢屋の意味であった。獣の名としては竜龕手鑑に初出。［補説］狴犴以外の竜生九子は、贔屓（該項参照）、狻猊（該項参照）、鴟尾（鯱の項参照）、蒲牢、饕餮、睚眦、椒図、嘲風である（別説もある）。

**[字源]**「比（*pier）」は二人が同じ方向に並ぶ様子を示す図形。「並ぶ」のイメージからから「ぴっしりくっつく」のイメージにもつながる。「比（音・イメージ記号）＋土（限定符号）」を合わせた「坒（*biar）」は、一段一段と並ぶ階段を暗示させる。王宮の階段を陛という。「比」も「坒」も「並ぶ」「くっつく」がコアイメージである。「坒（音・イメージ記号）＋犬（イメージ補助記号）」を合わせて、板などをぴっしり並べて罪人が出られないようにした牢屋を暗示させた。また、「干」は先が二股になった太くて長い棒（武器の一種）を描いた図形。「無理に犯す」のイメージのほかに、「固くて強い」というイメージも示す記号になる。「干（音・イメージ記号）＋犬（イメージ補助記号）」を合わせて、罪人を固く閉じこめる牢屋を暗示させた。岸（牢

屋）と同義。犬は互いにいがみ合う性質があるので、訴訟の比喩として「獄」にも用いられている。

［文献］法言2（漢・揚雄）「狴犴使人多礼乎（狴犴［牢獄］は人をして礼多からしめんか）」、竜龕手鑑（後梁・行均）「狴、狴犴獣也、又牢獄也」

## 【狸】 7

音リ　訓たぬき

［語源］上古漢語は*liəg、中古漢語はliei（→呉音・漢音リ）である。この語は本来ヤマネコを意味する。ニーダムらは爾雅・釈獣の「貍」を豹猫（*Prionailurus bengalensis*、ベンガルヤマネコ、中国名豹猫）に同定している（中国古代動物学史）。食肉目ネコ科の動物で、体長は五〇～六五センチ。尾の長さは体長の半分もある。黄色の地に黒色の斑点がある。昼間は森林に潜み、夜間に活動する。語源は斑点が筋をなしてきちんと並んでいる姿を捉えたもので、鱗が筋をなしてきちんと並ぶところから名を得た「鯉」と同源である。なお、ヤマネコを馴化したイエネコを猫といい、別名を家狸（かり）、狸奴（りど）という。

日本では和名抄が狸をタヌキと読んで以来、これが慣用されているが、読み違いであった。タヌキを表す漢字は貉である。和語「たぬき」の語源は皮で手貫（たぬき）（籠手（こて）の類）を作るからという（賀茂百樹）。

［字源］「里（*liəg）」は「田＋土」を合わせた図形で、田んぼのように縦横に筋が通っているというイメージがある。このコアイメージを利用すると、縦横に道の通った村や町の意味が実現される。これは居住地の意味領域だが、限定符号をつけない。他の領域にもこのコアイメージをもつ存在がある。魚の領域では三十六枚の鱗が筋をなして並ぶ鯉（コイ）、衣類では縫い目の筋が通っている裏（衣のうら地）、宝石に関しては理（玉の筋目）など。動物界では、「里（音・イメージ記号）＋豸（限定符号）」を合わせた「貍」でもって、獣の

意味領域に限定し、筋をなして並ぶ模様のあるヤマネコを意味する*liəg の視覚記号とする。「狸」は「貍」の異体字である。

㊎ (篆)〔里〕 (篆)〔貍〕

**[別名]** ①（ヤマネコ）狸子・山猫・野猫・銭猫・狸猫・麻狸・伏獣・石虎・不来・猍・狉 ②（タヌキ）貉

**[文献]** ①詩経・豳風・七月「取彼狐狸（かの狐狸を取る）」、韓非子・揚権「使鶏司夜、令狸執鼠、皆用其能（鶏をして夜を司らしめ、狸をして鼠を執らしむるは、皆その能を用ゐるなり）」

**海狸** (音)カイ-リ (訓)うみだぬき・ビーバー

**[語源]** 中世漢語は **hai-li** である。ビーバー科の哺乳類 ***Castor fiber***（ヨーロッパビーバー、中国名河狸）を意味する。体長は八〇センチほど。川辺に棲息する。後肢にみずかきがあり、泳ぎがうまい。水をせきとめてダムを作る習性がある。分泌物を河狸香といい、珍重される。語源は頭が狸（ヤマネコ）と似ているからという。海狸は河狸の旧称とされるが、古典に出る海狸と同一かどうかは疑問が残る。

**[字源]**「海」については海牛の項、「狸」については前項参照。

**[別名]** 河狸

**[文献]** 太平寰宇記20（宋・楽史）「斉記曰、成山有牛島、常以五月有海狸、上島産乳、逢人則化魚入水（斉記に曰く、成山に牛島有り、常に五月を以て海狸有り、島に上りて産乳す、人に逢へば則ち魚に化して水に入る）」

## 【狼】 7 (音)ロウ (訓)おおかみ

**[語源]** 上古漢語は ***lang**、中古漢語は **lang**（→呉音・漢音ラウ）である。食肉目イヌ科の動物 ***Canis lupus***（タイリクオオカミ）を意味する。体長は一〜一・六メートル。尾の長さは三五〜五〇センチ。イヌに似ているが、顔は細く、吻が尖り、足指が長く、耳がそばだつ。尾を持ち上げて歩く。山地や平原に棲み、夜間に活動する。糞を燃やすと煙がまっすぐ上がるといわれ、そのため狼煙（のろし）に使われたという。また、オオカミが寝た後は草が乱雑になっているといわれ、狼藉という語が生まれた。虎や豺とともに凶悪無惨なものに喩えられ

る。語源は浪（きれいに澄んだ水↓なみ）・朗（月光が冷たく澄んで明るい）・涼（つめたい）などと同源で、冷たく澄んだ感じを与える蒼灰色の毛色の特徴による。和語の「おおかみ」は恐るべき獣の代表と見なされたところから、大神（おおかみ）が語源とされる。

**[字源]**「良（*lang）」は米をといで汚れを洗い流す様子を表す図形で、「汚れがなくきれいに澄む」というイメージがある。「良（音・イメージ記号）＋犬（限定符号）」を合わせて、澄んだ感じの毛色をもつ動物を暗示させた。

甲　金　篆　〔良〕

篆　〔狼〕

**[別名]** 毛狗・天狗・滄浪君・当路君

**[文献]** 詩経・斉風・還「並駆従両狼兮（並び駆りて両狼に従ふ）」、山海経・西山経「盂山…其獣多白狼白虎（盂山…其の獣は白狼・白虎多し）」、史記・項羽本紀「猛如虎、很如羊、貪如狼（猛なること虎の如く、很なること羊の如く、貪なること狼の如し）」

## 【猓然】

8　音 カーゼン　訓 ——

**[語源]** 古くは果然と書く。上古漢語は*kuar-nian、中古漢語はkua-niɛn（↓呉音クワーネン、漢音クワーゼン）である。霊長目オナガザル科オナガザル属（*Cercopithecus*）のサルを意味する。顔は黒く、尻は赤い。尾が非常に長いのが特徴。森林で樹上にすみ、果実を食べる。語源は果の「何かをするのに思い切りがよい」↓「行動が敏捷である」のイメージを受けた語であろう。ただし鳴き声に由来するという説が古くからある。現代中国では長尾猿という。

**[字源]**「果然」に獣偏をつけたもの。「果（*kuar）」は木の上に丸い実が生っている図形。くだものの意味から、成果・結果の果（実を結ぶこと）の意味、さらに結果が出るように思い切ってやること、つまり果敢という意味を派生する。「然（*nian）」は「犬＋肉＋火」を合わせて、犬の肉をもやす情景を暗示する図形。「もえる」は「燃」で表記し、「然」は硬いものを柔らかくするというイメージから、相手に逆らわず「その通りだ」と受け答えする言葉に転じた。当然・必然の然

はこれ。さらに「そんな様子だ」と物事の状態を形容する接尾語となった。行動が敏捷なサルに対して「果然」（果敢な様子）と名づけた。宋の羅願によると、人が一匹を捕まえると、群れを挙げて立ち向かってくるから果然と呼ばれたという（爾雅翼）。

㊎　篆　〔果〕

㊎　篆　〔然〕

**【別名】**果然・山猴・仙猴・狖

**【文献】**左思・呉都賦（文選巻5）「狖鼯猓然、騰趠飛超」、本草綱目51（明・李時珍）「果然（果然は自ら其の名を呼ぶ）」

## 【猪】 8 ㊥チョ ㊟いのしし

**【語源】**上古漢語は*tiag、中古漢語はtio（→呉音・漢音チョ）である。偶蹄目イノシシ科の動物*Sus scrofa*（イノシシ）を意味する。体長は一～二メートル。頭は大きく、吻が突出し、犬歯が発達している。首は短く、たてがみが長い。性質は凶猛で、夜間や明け方に活動する。泥を浴びる習性がある。子は黄色の縞模様があり、ウリボウ（瓜坊、中国名は花猪）と呼ばれる。太古にイノシシを馴化したのがブタである。*tiagは豕（*thier、イノシシ、ブタ）・豚（*duən、ブタ）・彘（*diad、ブタ）と音が近く、同源であった可能性がある（豚の項参照）。イノシシは成長段階で違った呼び名があり、一歳を豵（そう）、二歳を豝（は）、三歳を豜（けん）という。現代の中国では猪をブタの意味で使い、イノシシを野猪という。ただし古典でも猪をブタの意味で使った例がある。和語の「いのしし」はゐが古名で、「ゐの獣（しし）（または肉（しし））」が語源。ゐはイノシシあるいはブタを意味する琉球語waなどと同源で、鳴き声に由来するという（山中襄太）。

**【字源】**イノシシを食用としたので、その肉の締まった印象から発想して「者（*tiăg）」の記号を利用する。「者」は焜炉に薪を集めて燃やしている情景を表す図形で、「一所にくっつける」とか「多くのものを集める」というイメージがある。煮（熱を加えてにる）・暑（熱が集中してあつい）・都（人が集中する町）・奢（多く集めてぜいたくする）・儲（物を集め蓄える）などは同源のグループ。イノシシの肉が充実した様子を捉えて、

「者（音・イメージ記号）＋豕（限定符号）」を合わせた「豬」を作った。「猪」はその異体字である。

(金)　(篆)〔者〕　(篆)〔豬〕

【別名】野猪・野豕・野豚・野彘・山猪

【文献】墨子・法儀「豢犬豬（犬と豬を豢ふ）」、釈名・釈飲食（漢・劉熙）「膾細切猪羊馬肉、使如膾也（膾は、猪・羊・馬の肉を細切して、膾の如くならしむるなり）」

## 【猫】

8　(音)ビョウ　(訓)ねこ

【語源】上古漢語は*mɔg、中古漢語はmău（→呉音メウ、漢音バウ）である。食肉目ネコ科の哺乳類 *Felis silvestris catus*（イエネコ）を意味する。イエネコは太古にヤマネコを馴化したもの。アジアのイエネコの起源は「印度砂漠猫」だという（畜禽史話）。中国では戦国時代にネコにネズミを捕らせる風習が始まった。愛玩用に飼うのはその後である。最初はヤマネコを意味する漢字「狸」をネコに使っていたが、やがて「貓」の字が出現した。*mɔgは恐らく鳴き声をなぞった擬音語に由来する。ただし詩経・大雅・韓奕の「貓有り虎有り」の「貓」は野生のネコ（ヤマネコ）と思われる。和語の「ねこ」は擬音語のネに接尾語をつけたものという。

【字源】ネコの鳴き声を写した*mɔgを「苗（*miɔg）」で表記すると同時に、小さい苗から「小さく微かな」というイメージも連想させる。「苗」は「艸（くさ）＋田」を合わせて、田に植えた草を暗示させる図形。「苗（音・イメージ記号）＋豸（限定符号）」を合わせたのが「貓」である。「猫」はその異体字。

(篆)〔苗〕　(篆)〔貓〕

【別名】猫奴・狸奴・家狸・卜鼠・鼠将・虎舅・含蟬・銜蟬・女奴・白老・仙哥・雪姑・天子妃

【文献】礼記・郊特牲「迎貓、為其食田鼠也（貓を迎ふるは、それに田鼠を食はしむるが為なり）」、逸周書・世俘解「武王狩、禽虎二十有二、猫二（武王狩りして、虎二十有二、猫二を禽ふ）」

## 【猬】

9　(音)イ　(訓)はりねずみ

【語源】上古漢語は*ɦuad、中古漢語はɦuəi（→呉音・漢音ヰ）である。食虫目ハリネズミ科の哺乳類

*Erinaceus europaeus*（ハリネズミ）を意味する。体長は約二二センチ。全身針状の毛で覆われる。四肢は短く、爪は鋭く曲がる。山地に棲み、夜間に活動し、昆虫などを食べる。半年ほど冬眠する。敵に遭うと体を球状に丸める習性がある。語源は「丸い」というイメージをもつ囲（周囲を丸く取り巻く）・衛（周囲を丸くめぐって守る）・回（丸く回る）などと同源。日本では針鼠と書く。

**【字源】**「丸い」というイメージを表すために「胃（*ɦuər）」を用いる。「胃」は「食べ物を丸く包んだ袋の形＋肉（限定符号）」を合わせた字で、文字通り丸い形をした胃袋を表している。「胃（音・イメージ記号）＋犬（限定符号）」を合わせて、体を丸める動物を暗示させた。「蝟」は異体字。正字は「彙」であった。これは「胃（音・イメージ記号）＋希（イノシシに似た獣を示す限定符号）」を合わせた字。ハリネズミの毛が密生する姿から、たくさんのものが一所に集まる（彙集、語彙）の意味を派生する。

㊎ 　㊜ 〔胃〕　㊜ 〔蝟〕

㊜ 〔彙〕

**【別名】**刺猬・毛刺・刺鼠・蝟鼠・鋒蝟・虎王

**【文献】**説苑・弁物（漢・劉向）「鵲食猬（鵲は猬を食ふ）」、淮南子・説山訓「鵲矢中蝟（鵲の矢(し)〔くそ〕、蝟に中(あた)る）」、山海経・北山経「其状如彙而赤毛（其の状は彙の如くして赤毛）」

**猢猻** →猴（22ページ）

## 【猴】 9 ㊉コウ ㊊さる

**【語源】**上古漢語は*ɦug、中古漢語はɦəu（→呉音グ、漢音コウ）である。霊長目オナガザル科マカック属（*Macaca*）のサル、特にアカゲザル（*M. mulatta*）を意味する。体長は四五〜五一センチ。尾の長さは一八〜二〇センチ。毛の色は灰褐色、尻は赤い。頬に食べ物を貯える頬嚢がある。行動は敏捷で、木に登ったり、跳躍したりする。山林に群居し、果実などを食べる。語源はあたりをきょろきょろ見回す習性から、候（様子をうかがう）と同源。本草綱目も「猴は候なり」としている。荘子の「朝三暮四」の故事に出る狙はこのサルである。狙（「ねらう」の意味がある）も候とイメージが似ている。古くは沐猴ともいった。顔を拭う姿が沐浴の沐（髪を洗う）と似ているからという（本草綱目）。この語が訛って母猴となり、獼猴（びこう）となった。和名「さる」の語源については猿の項参照。

**［字源］**「猴」は「侯」のもつイメージと関係がある。「侯」の原形は「矦」である。これは「厂（垂れた布）＋矢」を合わせた図形で、矢で的を狙う様子を暗示させる。「矦（音・イメージ記号）＋人（限定符号）」を合わせたのが「侯（*ɦug）」で、「物を狙う」というイメージから「様子を伺い見る」というイメージに展開する（侯の現実の意味は弓取り、武人、すなわち諸侯の侯。「うかがう」は伺候の候で書き表す）。かくて「侯（音・イメージ記号）＋犬（限定符号）」を合わせた「猴」が考案された。

㊙甲　㊙金　㊙古〔矦〕

㊙篆〔侯〕　㊙篆〔猴〕

**［別名］**獼猴（びこう）・沐猴（もくこう）・木猴・母猴・馬猴・馬留・狙（そ）・狙猴・黄猴・猢猻（こそん）・胡孫・王孫・尾君子・摩斯吒（ました）・麽迦吒（まかた）

**［文献］**戦国策・斉「猿獼猴錯木拠水、則不若魚鼈（猿・獼猴は木を錯（お）きて水に拠れば、則ち魚鼈（ぎょべつ）にもしかず）」、史記・項羽本紀「楚人沐猴而冠耳（楚人（そひと）は沐猴にして冠するのみ）」

## 【猩】9　音ショウ　訓―

**［語源］**上古漢語*seng、中古漢語 seng（→呉音シヤウ、漢音セイ）である。古典に出る猩猩は空想的色彩があるが、ニーダムらは霊長目オランウータン科の類人猿 *Pongo pygmaeus*（オランウータン）に同定している（中国古代動物学史）。体長は一・四メートルほど。上肢が下肢より長い。頭はとがり、吻は突出する。鼻は平たく、口は大きい。毛は長くて赤褐色。樹上で生活するが、地上では直立歩行できる。現在はボルネオとスマトラの熱帯雨林に棲息するが、古代では中国南部にいた可能性もある。猩は狌とも書き、語源は「生」「星」の「汚れがなく澄む」のイメージを取る。覚醒の醒と同源。古代中国人はこの動物に対して、感覚や意識が

人間のようにすっきりと澄んでいて、ことばがしゃべれる動物という印象があったようである。なお現代の中国では、ゴリラを大猩猩（別名大猿）、チンパンジーを黒猩猩（別名黒猿）という。

**【字源】**「生（*siěng）」は「屮（草の芽の形）＋土」を合わせて、草の芽が地上に生える姿を暗示させる図形。これによって「（発生したばかりの生命が）瑞々しい」→「清々しく汚れがない」というイメージを示す記号とする。「星（*seng）」は「生（音・イメージ記号）＋晶（三つ星の形）」を合わせて、清らかな光を放つ「ほし」を表し、これも「生」と同様のイメージを示す記号となる。「星（音・イメージ記号）＋犬（限定符号）」を合わせて「猩」ができた。狌は異体字。

㊙甲  ㊎金  篆  （生）

甲 金 篆 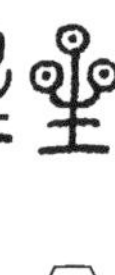 （星）

篆 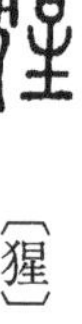 （猩）

**【別名】**褐猿・紅人・野人

**【文献】**礼記・曲礼上「猩猩能言（猩猩は能く言（ものい）ふ）」、山海経・南山経「有獣焉、其状如禺而白耳、伏行、人走、其名曰狌狌、食之善走（獣有り、その状は禺（ぐう）の如くして白耳、伏行し、人のごとく走る、その名を狌狌と曰ふ、これを食へば善く走る）」

猯→貒（142ページ）

## 【猱】9 音ドウ 訓さる

**【語源】**古漢語は*nog、中古漢語はnau（→呉音ナウ、漢音ダウ）である。ニーダムらは爾雅の猱を霊長目テナガザル科の***Hylobates***（テナガザル属）に当てる。体長は一メートルほど。手が非常に長く、地面に届く。尾と頬嚢はない。行動は敏捷で、木に登るのがうまい。二足歩行ができる。中国には、体が褐色を帯び、眉が白い***H. hoolock***（フーロックテナガザル、中国名白眉長臂猿）と、全身黒色で、眉が白くない***H. concolors***（クロテテナガザル、中国名黒長臂猿）が雲南省に棲息する。獶（どう）とも書かれ、語源は擾（じょう）（じゃれつく）・嬲（じょう）（たわむれる）などと同源。礼記・楽記に「子女に獶雑す（戯れて交わる）」とあり、漢の鄭玄は「獶は獼猴（びこう）なり。舞者、獼猴の如く戯るるを言ふなり」と注釈をつけている。

和名「さる」の語源については猿の項参照。
**[字源]**「夒」が本字。これはサルを描いた象形文字である。のち玃（=獶）と書かれる。また「柔（*niog）」を用いて猱が生まれた。「柔」は「矛（ほこ）+木」を合わせて、木を道具で鞣（なめ）す様子を暗示する図形。鞣（なめし革）・揉（柔らかくもむ）・蹂（踏んづけてぐじゃぐじゃさせる）・糅（柔らかくねっとりと混ぜ合わせる）などは同源のグループ。「柔らかくする」というイメージから、「柔らかくなでる」、さらに「なれなれしくまといつく」というイメージに展開する。これはサルがふざけてじゃれつく生態を捉えたイメージと共通する。よって「柔（音・イメージ記号）+犬（限定符号）」を合わせて、互いにふざけてじゃれ合う動物を暗示させた。

甲 〔夒〕 篆 〔夒〕 篆 〔獶〕 篆 〔柔〕

**[別名]** 猿・長臂猿
**[文献]** 詩経・小雅・角弓「毋教猱升木（猱に木に升るを教ふるなかれ）」

## 【猿】 10 音エン 訓さる

**[語源]** 上古漢語は*ɦuăn、中古漢語はɦuʌn（→呉音ヲン、漢音エン）である。霊長目テナガザル科テナガザル属（*Hylobates*）のサルを意味する。別名は猨。猴とは違う種類のサルで、尾と頰嚢がなく、前肢が長い。森林に棲み、早朝によく鳴く習性がある。巧みに木の枝などにぶら下がって移動するところから、攀援の援と同源。説文解字に「蝯は善く援（ひ）く」とある。和語の「さる」はオナガザル科のニホンザル（*Macaca fuscata*）で、日本特産のサル。猿ではなく猴の類である。その語源は諸説があるが、「戯（さ）る」（じゃれる）から来たとする説（大槻文彦、賀茂百樹）が比較的妥当であろう。というのは猱（テナガザル）の語源と一脈通じるからである（猱の項参照）。
**[字源]**「猿」の異体字は「猨」である。本字は爾雅や説文解字に載せる「蝯」。「爰（*ɦuăn）」は「爪（下向きの手）+紐状の物の印+又（上向きの手）」を合わせて、上下から紐状の物を引っ張って中間にゆとりを開ける様子を暗示させる図形。「引っ張る」というイメージと、

「ゆったりと緩める」という二つのイメージがある。木の枝や蔓を引っ張って空間をゆったりと移動する習性を捉えて、「爰（音・イメージ記号）＋虫（限定符号）」を合わせた「蝯」ができた。また、「爰」を「袁」に替えて「猿」とする。「袁（*ɦuăn）」は「飾りのついたガウンの形」の中間に「〇」の印を入れた図形で、やはり「（内部のゆったりしたガウンのように）空間がゆったりする」というイメージがある。

甲　金　篆〔爰〕　篆〔蝯〕　篆〔袁〕

**【別名】** 猱（どう）・長臂猿・猿公・山公・袁公・臂童・野賓・鞠侯・参軍・巴児・巴西侯・黒衣郎

**【文献】** 山海経・南山経「堂庭之山…多白猿（堂庭の山…白猿多し）」、韓非子・説林下「置猿於柙中、則与豚同（猿を柙中に置けば、則ち豚と同じ）」

## 【獅】10　音シ　訓―

**【語源】** 上古漢語は*sïer、中古漢語はsïi（→呉音・漢音シ）である。獅子は食肉目ネコ科の動物*Panthera leo*（ライオン）を意味する。体長は約一・八メートル。毛は短く、黄褐色を帯びる。雄にはたてがみがある。現在アフリカに棲息するが、かつてはギリシア、エジプト、中近東、インドまで分布していたといわれる。中国へライオンの知識が入ったのは紀元前で、始めは狻猊（さんげい）（該項参照）と呼ばれ、漢代には師子と称された。実物のライオンがシルクロードを経由して中国にもたらされたのは後漢の章帝の時（AD八七年）である。

**【字源】**「帀」は「之（まっすぐ進む）」を逆さにした形で、まっすぐ行かないで向きをかえる様子を暗示させ、「ぐるりと回る」というイメージを示す（周匝の匝と同じ）。「𠂤」は土の塊が二つ連なった形で、堆積の堆（土の集まり）と同義。「帀（イメージ記号）＋𠂤（イメージ補助記号）」を合わせた師は、多くの物がぐるりと取り巻いて集まる状態を暗示させる。師団の師は軍隊の集まり、京師の師は人の集まる都会の意。そこから軍師、教師の師（集団や大衆を率いる人）の意を派生する。この「師（*sïer）」を古代ペルシア語sēr を音写するのに利用し、それに犬（獣偏）をつけて「獅」ができた。先秦時代に百獣の王とされたのは虎であるが、ライオンが知られてから地位が交代した。表記に「師」（集団の先頭に立って導く人の意）を選んだ理由はこれである。爾雅に「狻麑（ライオン）は虎豹を食ふ」とある。

金 篆 〔師〕

**[別名]** 師子・狻猊・狻麑・百獣王・僧訶・僧伽彼

**[文献]** 漢書・西域伝「有桃抜師子犀牛（桃抜・師子・犀牛有り）」、前漢紀12（後漢・荀悦）「烏弋国去長安万五千三百里、出獅子犀牛（烏弋国は長安を去ること万五千三百里、獅子・犀牛を出だす）」、後漢書・章帝紀「月氏国遣使献扶抜師子（月氏国、使ひを遣はして扶抜・師子を献ず）」

**獐** →麞（337ページ）

**獏** →貘（142ページ）

## 【獬】 13 音 カイ 訓 ――

**[語源]** 上古漢語は*ɦĕg、中古漢語はɦĕi（→呉音ゲ、漢音カイ）である。獬廌（かいち）（または獬豸（かいち））は想像上の獣の名。鹿（または羊）に似るが、一本の角がある。伝説では、罪のある人を見ると角で触れるという特殊な能力があったので、裁判のときに用いたとされる。後世、裁判官の帽子にこの獣の形をデザインし、獬豸冠と称した。語源は「解」（理非を見分ける）と同源。

**[字源]** もとは*dĕgまたは*dieg の一音節語で、「廌」と表記した。これは象形文字である。後に*ɦĕg（解）をかぶせて畳韻の二音節語になり、表記は解廌（または解豸）となり、さらに「解」に獣偏をつけて「獬」とした。ちなみに法や薦にも「廌」が利用されている。法の古字は「廌（裁判官のシンボル）＋水（水際、つまり境界線を示す符号）＋去（容器に蓋を被せる形）」を組み合わせた図形で、そこからはみ出ないよう抑え込むために裁判官が設けた境界線を暗示させ、「勝手な行動を縛る枠組み、おきて」を意味する*piuăp（ホフ、ハフ）を表記した。また「薦」は「艸（くさ）＋廌」を合わせて、神獣に草を供える場面を設定した図形で、「獣の食べる草」や「恭しく供える」ことを意味する*tsănを表記した。

〔廌〕〔灋〕〔薦〕

**【別名】**神羊

**【文献】**史記・司馬相如伝「弄解豸（解豸を弄す）」（漢書では解廌、文選では獬豸に作る）、後漢書・輿服志「法冠…或謂之解豸冠、解豸神羊、能別曲直（法冠…或は之を解豸冠と謂ふ、解豸は神羊、能く曲直を別つ）」

## 【獱】14 音ヒン 訓とど（胡獱）

**【語源】**上古漢語は*bien、中古漢語はbiĕn（→呉音ビン、漢音ヒン）である。カワウソ（獺）の一種で、それより大きい。山海経の猵は獺の別名とされるが、郭郛はこれを*Lutra perspicillata*（ビロードカワウソ、中国名江獺）に同定する。体は比較的大きく、重さは一〇キロあまり。背の毛は浅い黒色。川辺や海辺に棲む。性質は凶猛で犬や人を襲うこともあるという（山海経注証）。日本ではトドに胡獱を当てる。胡は「外国」の意を添えるが、獱はトドと似ても似つかない。この表記は中国にはない。中国ではトドを海獅（sea lion の訳語）という。トドの語源などについては魹の項参照。

**【字源】**「賓（*pien）」の原形は「宀（いえ）＋兀または元（人の形）＋貝（財物）」を合わせて、人が礼物を持ってきて家の中に居る場面を設定した図形で、主人の側に寄り添う客を暗示させる。賓の現実の意味は賓客であるが、「側に近づく」というコアイメージがある。水と陸がすれすれに接する所を濱（＝浜）という。これを利用し、「賓（音・イメージ記号）＋犬（限定符号）」を合わせて、水辺に棲む動物を暗示させた。

〔賓〕〔獱〕

**【別名】**猵・獺

**【文献】**揚雄・羽猟賦（文選8）「蹈獱獺、挹黿鼉（獱獺を蹈み、黿鼉を挹く）」、本草経集注（六朝梁・陶弘景）「獺有両種、有獱獺、形大、頭如馬、身似蝙蝠（獺に両種有り、獱獺有り、形は大にして、頭は馬の如く、身は蝙蝠に似たり)」

**【獺】** 16 音ダツ 訓かわうそ

**[語源]** 上古漢語は*t'at、中古漢語はt'at(→呉音タチ、漢音タツ)である。食肉目イタチ科の哺乳類 ***Lutra lutra***(カワウソ)を意味する。体は細長く、長さは五〇～八〇センチ。頭はやや扁平で広い。尾は長い。毛色は黒褐色。肢にみずかきがある。魚を捕らえると岸に並べる習性があり、これが古典に記されている「獺祭魚」の由来だという(郭郛、山海経注証)。河川や湖沼に生活し、長い洞穴を作って住処とする。語源は魚をすばやく呑み込む様子を捉えて、達(スムーズに通る)・闥(通り抜ける潜り戸)と同源のことばで呼んだと考えられる。異名の猵は扁平な姿を捉えたもの。和語の「かわうそ」は、「をそ」が古名で、これは魚食(うををす)、つまり魚を食うものの意だという(大槻文彦)。

**[字源]** 「束」は「木」に円い印をつけて、木を束ねる様子を示す。「束(イメージ記号)+刀(限定符号)」を合わせた「剌」(*lat)」は、束になったものを刀で切る様子を暗示させ、「(まとまっていたものが)ばらばらになって跳ね返る」というイメージを表す。「剌(音・イメージ記号)+貝(イメージ補助記号)」を合わせた賴[＝頼](*lad)は、こちらに来た負債を跳ね返して、他人に押しつける様子を表す。現実の意味は「他人を当てにする」だが、「跳ね返る」というイメージがコアにあり、水がしぶきになって跳ね返る浅瀬を瀬(らい)(*lad)という。これを利用して、「剌(瀬を略したイメージ補助記号)+犬(限定符号)」を合わせて、水辺に棲む動物を暗示させた。ただしこの図形的意匠は語源を反映していない。

甲　金　篆　(束)

甲　金　篆　(剌)

篆　(賴)　篆　(獺)

**[別名]** 水獺・水狗・水猫子・水毛子・獺猫・猵・獱

**[文献]** 礼記・月令「孟春之月…獺祭魚、鴻雁来(孟春の月…獺魚を祭り、鴻雁来る)」、孟子・離婁上「為淵敺魚者獺也(淵の為に魚を敺(か)る者は獺なり)」

**海獺** 音 カイダツ 訓 らっこ

**[語源]** 中古漢語は hai-t'at（→漢音カイータツ）である。イタチ科の哺乳類 ***Enhydra lutris***（ラッコ）を意味する。海岸付近に棲む。体は円筒形で、長さは一メートルほど。全身毛に覆われる。前足より後足が長い。みずかきがある。背泳ぎしながら餌を食べる習性がある。語源は獺（カワウソ）に似ることから。和名のラッコはアイヌ語に由来する。日本では当て字で猟虎とも書く。

**[字源]**「海」については海牛の項、「獺」については前項参照。

**[別名]** 海獱・海虎（ラッコの異表記）猟虎・獺猢

**[文献]** 本草拾遺（唐・陳蔵器）「海獺…似獺大如犬、脚下有皮、如人胼拇、毛著水不濡（海獺は…獺に似て大きさ犬の如し、脚下皮有り、人の胼拇の如し、毛、水に著きて濡れず）」

**獼**→猴 （22ページ）

**獾**→貛 （143ページ）

# 羊の部（ひつじ・ひつじへん）

## 【羊】0 音 ヨウ 訓 ひつじ

**[語源]** 上古漢語は giang、中古漢語は yiang（→呉音・漢音ヤウ）である。偶蹄目ウシ科の哺乳類 ***Ovis aries***（ヒツジ）を意味する。太古に馴化された家畜。メンヨウ（緬羊・綿羊）ともいう。雄には巻いた大きな角がある。雄のヒツジを羖・羝、雌のヒツジを牂・羭、ヒツジの子を羔、去勢したヒツジを羯という。また、生まれたばかりのヒツジを羍（達を構成する字）といい、安産の象徴となり、詩経に「先に生まるるは達の如し」の詩句がある。ヒツジはその豊満な姿が美的感覚を与え、また、味覚においても美味のイメージがあり、祭祀にも供用されたところから、「羊は祥なり」（説文解字）という語源意識があった。漢代では羊の図が吉祥の象徴としてしばしば器などに描かれた。和語の「ひつじ」の語源については、ヒタス（養）シシ（獣）の意とする説（大槻文彦）、ヒ（髯）ツ（助辞の「の」）シ（牛）

の意とする説（新村出）などがある。

**【字源】** ヒツジを描いた図形。角の特徴を強調している。漢字の構成要素になるときは、ヒツジやそれに似た獣の意味領域に限定する符号に使われる。音・イメージ記号としては「おいしい」「ゆたか」「形がよい」「めでたい」などのイメージを示し、養・洋・様・祥・詳・翔などに、またイメージ補助記号としては美、鮮、善（膳・繕）、義（儀・犠・議）、群、達、窯、羹などに使われる。

㊙甲　㊎金　㊫篆

**【別名】** 綿羊・未羊・義獣・火畜・柔毛・少牢・高山君・胡髯郎・長髯主簿・白石道人

**【文献】** 詩経・王風・君子于役「羊牛下来（羊牛下り来る）」、易経・大壮「羝羊触藩」（羝羊藩に触る）」、論語・八佾「子貢欲去告朔之餼羊（子貢、告朔の餼羊を去らんと欲す）」、法言2（漢・揚雄）「羊質而虎皮、見草而説、見豺而戦、忘其皮之虎也（羊質にして虎皮、草を見て説び、豺を見て戦ふ、其の皮の虎なるを忘るるなり）」

## 山羊　㊅サン-ヨウ　㊗やぎ

**【語源】** 上古漢語は*săn-gi̯aŋ、中古漢語はṣʌn-yiaŋ（→呉音セン-ヤウ、漢音サン-ヤウ）である。ウシ科の哺乳類 ***Capra hircus***（ヤギ）を意味する。体長は一メートルあまり。雄の角は鎌状に湾曲する。あごの下に長いひげがある。性質はおとなしいが、よく山岳に登り、粗食に耐える。カシミアやアンゴラと通称されるものはヤギの品種で、高級衣料の素材になる。語源は羊に似、山野に棲息することによる。和名は牛に似ているとして野牛といい、これが訛ってヤギとなった。中国医学（本草）では ***Naemorhedus goral***（ゴーラル、中国名青羊）も山羊と称し、薬用とする。ヤギに似ているが、角はまっすぐで、ひげがない。

**【字源】**「山」は三つの峰のあるやまを描いた図形。「羊」については前項参照。なお説文解字に「萈は山羊の細角なる者」とあり、「萈（*k'uan）」がヤギの象形文字である。ヤギはおとなしく、行動がゆったりしているので、「ゆとりがある」というイメージがあり、寛大の寛（ゆったりとゆとりがある）に利用されている。

**[別名]** 野羊

**[文献]** 捜神後記1「見一群山羊六七頭（一群の山羊六七頭を見る）」、千金要方2（唐・孫思邈）「妊娠食羊肝、令子多厄、食山羊肉、令子多病（妊娠して羊の肝を食すれば、子をして厄多からしめ、山羊の肉を食すれば、子をして病多からしむ）」

## 【羚】5 音 レイ 訓 かもしか（羚羊）

**[語源]** 上古漢語は*leng、中古漢語はlengは（→呉音リヤウ、漢音レイ）である。羚は麢と同じ。ニーダムらは山海経・中山経に出る麢を*Alcelaphus buselaphus*（キタハーテビースト）に同定した（麒麟の項参照）。中国医学（本草）では羚羊を*Saiga tatarica*（サイガ、中国名賽加羚羊、別名高鼻羚羊）に当てる。偶蹄目ウシ科の動物で、体形はヤギに似る。体長は一〜一・四メートル、肩高が七〇〜八三センチ。額が隆起し、鼻が大きい。体の色は黄褐色。半砂漠地帯に群れをなして棲む。角を羚羊角と称し、生薬とする。また、これらのほかに、ガゼル、インパラ、オリックスなども含めて、足の長いウシ科の一群の総称（アンテロープ）ともされる。語源は四肢が細長く、体形が優美なところから、「令」の「清らか」のイメージを取る。玲（玉が涼しげに鳴る音）・鈴（涼しげに鳴る「すず」）・冷（涼しい）などと同源。

日本では羚羊を「かもしか」と読むが、本来は間違いである。普通は氈鹿と書く。*Capricornis crispus*（ニホンカモシカ）はウシ科の動物で、日本の特産。角は長く先がとがる。山岳地帯に棲み、たくみに岩に登る（氈鹿の項参照）。

**[字源]** 本字は「麢」。「霝（*leng）」は「雨」と三つの雨粒の形を合わせた図形で、雨粒や水玉を暗示させ、「清らか」というイメージを表す。霊魂の霊（清らかなたましい）と同源。「霝（音・イメージ記号）＋鹿（限定符号）」を合わせて、姿の美しい獣を暗示させた。のち、同じ「清らか」のイメージをもつ「令（*lieng）」を用い、「令（音・イメージ記号）＋羊（限定符号）」を

合わせた字とした。「令」については蜻蛉の項参照。

甲　金　篆〔霝〕　篆〔麢〕

【別名】霊羊・零羊・九尾羊・麙（かん）羊

【文献】山海経・北山経「有獣焉、其状如麢羊而四角（獣有り、其の状は麢羊〔＝羚羊〕の如くして四角）」、神農本草経「羚羊角味鹹寒、主明目益気起陰、去悪血注下、辟蠱毒悪鬼不祥、安心気、常不魘寐（羚羊の角は味は鹹にして寒なり。明目・益気・起陰を主る。悪血注下を去り、蠱毒悪鬼不祥を辟け、心気を安んじ、常に魘寐（ようび）せず）」、本草綱目51（明・李時珍）「羚羊有神、夜宿防患、以角掛樹、不著地（羚羊神有り、夜宿るとき患を防ぎ、角を以て樹に掛け、地に著（つ）けず）」

## 虍の部（とら・とらがしら）

### 【虎】2　音コ　訓とら

【語源】上古漢語は*hag、中古漢語はho（→呉音ク、漢音コ）である。食肉目ネコ科の哺乳類*Panthera tigris*（トラ）を意味する。体長は一・六〜二・九メートル。尾の長さが一メートルほど。黄褐色の地に黒い縞模様がある。額に「王」の字の斑紋があるという。中国には東北虎と華南虎がいる。森林や山地に単独で生活する。行動は敏捷で、泳ぎもうまい。性質は凶猛で、他の動物を襲う。古来凶暴なものや勇猛な人間の比喩に使われる。*hagの語源はトラの吼える声をなぞった擬音語に由来する。ホーとうなる声には「うつろ」の印象があり、虚（うつろ）・虖（こ）（トラがほえる）・謼（こ）（ハーと声を出す）などと同源。和語の「とら」の語源については、中国南方にあった古国楚の方言である「於菟（おと）」のトに由来するという説（狩谷棭斎）、朝鮮語の古語「ツル」に由来するという説（大槻文彦などがある。

【字源】トラの全身を描いた図形。虎以外に「虎」の限定符号を使う動物名はない。「虎」の省略形である「虍」は音・イメージ記号として、琥・虚・虜・慮・戯（=戲）・盧（爐・廬・艫・蘆・櫨・驢・鱸・鸕）などに使われる。またイメージ記号としては、虐（瘧・謔）、豦（拠・劇・遽・醵）、虒（遞・鷉）、鬳（献）、虔、虞、彪、號（=号）などに使われる。

㊙甲　金　篆

【別名】老虎・金虎・大虫・老大虫・毛虫・戻虫・虫児・山君・山猫・獣王・獣君・寅獣・寅客・雕虎・白額・白額虎・白額侯・白額将軍・黄斑・斑奴・炳彪・黄猛・伏猛・狸児・李耳・李父・於菟・烏菟・神狗・嘯風子

【文献】詩経・邶風・簡兮「有力如虎（力有ること虎の如し）」、易経・乾「雲従竜、風従虎（雲は竜に従ひ、風は虎に従ふ）」、礼記・檀弓下「苛政猛於虎（苛政は虎よりも猛なり）」、名医別録「虎骨主除邪悪気、殺鬼疰毒、止驚悸、治悪瘡鼠瘻、頭骨尤良…爪辟悪魅（虎骨は邪悪気を除き、鬼疰毒を殺すを主る。驚悸を止め、悪瘡鼠瘻を治す。頭骨尤も良し。…爪は悪魅を辟く）」――六朝梁・陶弘景集注「虎頭作枕、辟悪魘、以置戸上、辟鬼（虎頭を枕と作せば、悪魘を辟く、以て戸上に置けば、鬼を辟く）」

**虎魚**→鰧（224ページ）

**壁虎**→蝘蜓（86ページ）

**蠅虎**→（122ページ）

**猟虎**→海獺（30ページ）

# 虫の部（むし・むしへん）

## 【虫】0 ①音キ 訓― ②音チュウ 訓むし

**[語源]** ①[虫] 上古漢語は*huər、中古漢語はhuəi（→呉音ケ、漢音キ）である。マムシの類を意味する語で、虺と同じ。②[蟲] 上古漢語は*diong、中古漢語はdiung（→呉音ヂユウ、漢音チユウ）である。一般にむし、特に昆虫の総称。語源は条（細い木の枝）・篠（シノ）などと同源で、「細長く伸びる」というイメージによる命名。「むし」の語源は蒸しで、湿熱の気が蒸して発生するからという（大槻文彦）。

**[字源]** ①マムシの形を描いた図形。漢字の構成要素になるときは、ムシ類（爬虫類、昆虫ほか）に意味領域を限定する符号に使われる。イメージ補助記号としては融、繭などに使われる。②「虫」を三つ重ねた図形で、さまざまな「むし」、また、さまざまな動物を暗示させた。これは語源を反映していない。常用漢字では蟲を略した虫の字体になったが、この字は古くから中国でも使われていた。

甲 金 篆〔虫〕 篆〔蟲〕

**[別名]** ①（マムシ）虺・蝮

**[文献]** ①山海経・南山経「多蝮虫、多怪蛇（蝮虫多く、怪蛇多し）」、説文解字13「虫一名蝮、博三寸、首大如擘指、象其臥形（虫は一名蝮、博さ三寸、首の大きさは擘指の如し、其の臥せたる形に象る）」②詩経・斉風・鶏鳴「蟲飛薨薨（蟲〔=虫〕飛んで薨薨たり）」、大戴礼記・易本命「倮之蟲三百六十、而聖人為之長（倮〔=裸〕の蟲〔=虫〕三百六十、而して聖人之が長と為す）」

## 寄居虫 音キーキョーチュウ 訓やどかり

**[語源]** 中古漢語はkiĕ-kio-dung（→漢音キーキョーチュウ）である。十脚目ヤドカリ科などの甲殻類の総称。多くの種類があるが、特に*Pagurus*（ホンヤドカリ属）を指す。体長は八センチほど。巻貝の殻に寄生する。右のはさみは左より大きい。海底を這って進む。肉は

食用になるものもある。語源はほかの殻に寄生して体を保護するところから寄居虫の名がついた。和名も同趣旨。

**【字源】**「丁」は「河」の甲骨文字に含まれ、黄河の屈曲したありさまを暗示させ、「┐型に曲がる」というイメージを示す象徴的符号である（河馬の項参照）。それに「口」を合わせた「可（*k'ar）」は、のどで声を屈曲させて出す様子を暗示させ、呵（声をかすらせてどなる）の原字。「┐型に曲がる」というイメージは「斜めに傾く」というイメージに展開する。「可（音・イメージ記号）＋大（イメージ補助記号）」を合わせた「奇（***giar**）」は、まっすぐ立った人が体を傾けてバランスを崩す様子を暗示させる。「奇（音・イメージ記号）＋宀（限定符号）」を合わせて、まっすぐ通り過ぎないで、方向を曲げて他人の家に立ち寄ることを表した。このような造形の過程を経て、「一時的に身を寄せる」という意味をもつ***kiar**を寄で表記するのである。

次に「古（***kag**）」は紐で吊した頭蓋骨の図形で、「固い」というイメージを示す記号になる（螻蛄・鯝の項参照）。「尸」は人が尻を突き出した図形。「古（音・イメージ記号）＋尸（イメージ補助記号）」を合わせて、固いものにどっしりと尻を載せて動かない情景を暗示する。「腰を据えて落ち着く」という意味から転じて、「落ち着く場所や住まい」という意味になる。寄居は住まい（宿）に一時的に身を寄せるという意味である。

甲 金 篆〔可〕

篆〔奇〕 篆〔寄〕

金 篆〔居〕

**【別名】**寄生虫・寄居蝦・寄居蟹

**【文献】**本草拾遺（唐・陳蔵器）「寄居虫…海辺大有似蝸牛、火炙殻便走出、食之、益顔色（寄居虫…海辺に大いに蝸牛に似たるもの有り、火もて殻を炙れば便ち走り出づ、之を食すれば、顔色を益す）」

## 吉丁虫

音 キッ‐テイ‐チュウ
訓 たまむし

**【語源】**中古漢語は**kiĕt-teng-dɪung**（→漢音キッ‐テイ‐チュウ）である。タマムシ科の甲虫、特に*Chrysochroa*（タマムシ属）の総称。体は紡錘形で、長さは三〜四センチ。金属光沢のある緑色で、きわめて美しい。羽を飾り物に用いる。幼虫は樹木を食害する。古代中国ではこの昆虫を媚薬に用いた。命名もそれにちなんで、吉利の吉と壮丁の丁を合わせたものであろう。和名のタマムシは玉虫で、輝く美しさを玉に喩えた。

**[字源]**「吉」は「士（被せるもの）＋口（容器）」を合わせて、容器に物を詰め込んで蓋を被せる情景を設定する図形。「いっぱい詰まる」というイメージがあり、「よいことがいっぱいあってめでたい」ことを*kietといい、「吉」で表記する。これは「凶」（からっぽで縁起が悪い）と反対である。ハンサムな良い青年を「吉士」という用例が詩経にある。心身に良い利益をもたらすことが吉利である。

次に「丁」は釘を描いた図形。「T型にまっすぐ立つ」というイメージがあり、これから「突き当たる」というイメージや、「力強く盛んである」というイメージに展開する。元気があふれる年頃を壮丁という。「吉」と「丁」を結合させると、体が充実し、ハンサムで、元気があるといった意味合いが生まれる。男女が愛し合うための薬に用いる昆虫を吉丁虫と称した。

㊙甲　㊎金　㊟篆　（吉）

㊙甲　㊎金　㊟篆　（丁）

**[文献]** 本草拾遺（唐・陳蔵器）「吉丁虫…甲虫也、背正緑、有翅、在甲下、出嶺南賓澄州、人取帯之、令人喜好相愛、媚薬也（吉丁虫は…甲虫なり、背は正緑、翅有り、甲下に在り、嶺南の賓・澄州に出づ、人取りて之を帯ぶれば、人をして喜好相愛せしむ、媚薬なり）」

## 叩頭虫

㊫コウトウチュウ　㊒こめつきむし

**[語源]** 上古漢語は*k'ug-dug-dɪoŋ、中古漢語はk'əu-dəu-dɪuŋ（→呉音クーヅーヂユウ、漢音コウトウチュウ）である。コメツキムシ科の甲虫の総称。体は細く、長さは一センチほど。この昆虫を捕まえて腹を押さえると、頭を叩くようなしぐさをするので、叩頭虫の名がついた。和名のコメツキムシ（米搗虫）も同趣旨。また、この虫を仰向けにすると跳躍するので、跳百丈の別名がある。

**[字源]**「口」はくちの図形。ただし口（*k'ug）と叩

（*k'ug）は全く同音だが、イメージのつながりがない。「口（音記号）＋卩（動作を示す限定符号）」を合わせて、堅いものをこつんとたたくことを意味する*k'ug（「くち」とは同音異義）を表記する。

次に「豆（*dug）」は頭が丸く足の高い食器「たかつき」を描いた図形。「T型に立つ」というイメージがある。「豆（音・イメージ記号）＋頁（限定符号）」を合わせて、胴体の上にT型に立つ部分、つまり「あたま」を表した。

甲　金　篆〔豆〕

篆〔頭〕

【別名】跳百丈・跳搏虫・跳米虫

【文献】異苑（六朝宋・劉敬叔）「有小虫、形色如大豆、呪令叩頭、又呪吐血、皆従所教、如似請放稽顙、輒七十而有声、故俗呼為叩頭虫也（小虫有り、形色は大豆の如し、呪して頭を叩き、又呪して血を吐かしむれば、皆教ふる所に従ひ、稽顙（けいそう）を放つを請ふに似たるが如し、輒ち七十にして声有り、故に俗に呼んで叩頭虫と為すなり）」

## 瓢虫

㊀ヒョウ-チュウ　㊁てんとうむし

【語源】テントウムシ科（Coccinellidae）の昆虫の総称。一般に体は半球形で、頭は小さい。触角は短く、棍棒状をなす。赤い地に黒い斑点がある。語源は瓢箪の瓢を取ったものであろう。瓢箪は植物のヒョウタンの実を割って器にしたものだが、その形はほぼ半球形である。瓢虫の語は現代中国の辞書にはあるが、古典には見えない。日本人が創作した語ではあるまいか。和名のテントウムシ（天道虫）の語源は、日本に来た宣教師が、ヨーロッパで神聖と見なされたこの虫を宣伝したことから、天道（天の神の意）の虫という名が生まれたという。ほかにも諸説がある。

【字源】「囟（しん）」は赤ちゃんの頭にある「おどり」（医学用語では泉門）を描いた図形（細螺の項参照）。手で触ると軟らかいので、「軟らかい」「（軽くて）ふわふわしている」などのイメージがある。「囟（イメージ記号）＋臼（下向きの両手）＋廾（上向きの両手）＋卩（しゃがんだ人）」を合わせた䙴（せん）は、仙人の魂が死体から抜け出て軽くふわふわと上がる情景を設定した図形で、僊（せん）

（＝仙）の原字である。「軽く空中に浮き上がる」というイメージを利用し、「䙴（イメージ記号）の略体＋火（限定符号）」を合わせたのが「票」で、ふわふわと舞い上がる火の粉を表した。ただし火の粉の意味では標と書き、票は「軽くひらひらした紙切れ」（伝票などの票）という意味に用いられる。「票」には「ふわふわと軽い」というコアイメージがあり、漂（水上に浮かびただよう）、標（木の上に高く上がり、ふわふわとゆらぐ「こずえ」）、飄（風にひるがえる）、鰾（浮きぶくろ）などは同源のグループ。古代中国ではヒョウタンの実をくり抜いて浮き輪に用いたので、「票（音・イメージ記号）＋瓜（限定符号）」を合わせて、植物のヒョウタンを表した。

篆（囟）　篆（䙴）

篆（票）　篆（瓢）

## 恙虫　音 ヨウ－チュウ　訓 つつがむし

**[語源]** ダニ目ツツガムシ科の節足動物の総称。体長は一ミリほど。色は赤く、三対の足がある。人や動物の皮膚を刺し、ツツガムシ病を媒介する。恙は憂い、病気という意味の語で、中国の古典では心配ごとや病気がなく元気であることを「無恙」といい、これを訓読して「つつがなし」といった。「つつが」とは「つつみ」（障りの意）が転じた語という。障り（病気）をもたらす虫ということからツツガムシと呼び、漢字表記を恙虫とした。したがってこの語はおそらく和製である。しかし虫の名に用いた唯一の例が風俗通（後漢、応劭撰）にある。すなわち、上古では野宿したため恙虫に心臓を噛まれて患い、そこから「無恙」という挨拶の語が生まれたというものである。もっともこの恙虫が現在のツツガムシであるという保証はない。中国医学ではツツガムシを沙虱といい、ツツガムシ病を沙虱候という。

**[字源]**「羊」はヒツジを描いた図形（羊の項参照）。「羊」は視覚や味覚などにおいてプラスイメージをもち、養・洋・祥・様など同源のグループを構成するが、他方、佯（いつわる）・痒（かゆい）・恙（憂い）ではマイナスイメージになっている。その理由ははっきりしない（単に同音異義かもしれない）。

**【別名】** 沙虱

**【文献】** 風俗通（太平御覧376）「俗説無恙無病也、凡人相問無病也、案易伝、上古露宿患恙虫噬食人心、凡相問曰無恙乎、非謂病也（俗説に、無恙は無病なり、凡そ人、病無きを相問ふなりと。易伝を案ずるに、上古露宿し、恙虫の人心を噬食するを患ふ、凡そ相問ひて曰く、恙無からんかと。病を謂ふに非ざるなり）」

## 【虬】 2 音 キュウ 訓 みずち

**【語源】** 上古漢語は*giog、中古漢語はgieu（→呉音ギウ、漢音キウ）である。伝説上の動物で、竜の一種。角のない竜を蛟といい、角のある竜を虬という。語源は「丩（きゅう）」の「よじれて曲がる」というコアイメージに由来し、糾（よじり合わせる）・觩（＝觓。角が曲がるさま）などと同源。和名の「みずち」の語源については蛟の項参照。

**【字源】** 「丩（*kiog）」は二つの曲がった線をよじり合わせる様子を示す象徴的符号。「よじり合わせる」というイメージから、「よじれてくねくねと曲がる」というイメージに展開する。「丩（音・イメージ記号）＋虫（限定符号）」を合わせて、くねくねととぐろを巻く爬虫類を暗示させた。「虯」は異体字。「乚（＝乙）」は「曲がる」というイメージを示す記号である。

甲 篆 〔丩〕 篆 〔虬〕

**【文献】** 楚辞・離騒「駟玉虬以乗鷖兮（玉虬を駟（し）にして以て鷖（えい）に乗る）」

## 【虱】 2 音 シツ 訓 しらみ

**【語源】** 上古漢語は*sïet、中古漢語はʂɛt（→呉音シチ、漢音シツ）である。シラミ目（Anoplura）の昆虫の総称。種類が多い。体は紡錘形で扁平。頭は小さく、目は退化している。さまざまな動物や人に寄生し、針状の口器で血を吸う。また、発疹チフスなどの病原体を媒介する。*sïet の語源は迅（*siuən）や疾（*dziet）と同源である。本草綱目では「虱は行くこと迅疾」と語源を説くが、歩行が速いというよりはむしろ血を吸うのがすばやいということであろう。和語の「しらみ」は白虫（しらむし）の訛りとされる。

**【字源】** 正字は蝨。「卂（*siuən）」は「飛」の中だけを残し、周りを省略した図形で、羽が見えないほどすばやく飛ぶ様子を暗示させる。「すばやい」というのがコアイメージで、迅速の迅に反映されている。「卂（音・イメージ記号）＋䖵（限定符号）」を合わせて、すばやく血を吸う虫を暗示させた。䖵は「虫」二つを並べて、コンの音で、昆虫の意味がある。昆虫を示す限定符号になる。

㊎　㊜〔卂〕　㊜〔蝨〕

【別名】半風子・仏子・琵琶虫・丹鴻

【文献】韓非子・説林下「三虱相与訟（三虱相与に訟ふ）」、漢書・項籍伝「搏牛之蝱、不以可破虱（牛を搏つの蝱、以て虱を破るべからず）」、本草綱目40（明・李時珍）「蝨従卂従䖵…蝨行迅疾而昆繁故也（蝨は卂に従ひ䖵に従ふ…蝨行くこと迅疾にして昆繁する故なり）」

## 壁虱　㊨ヘキ-シツ　㊫だに

【語源】中古漢語は pek-ṣɛt（→漢音ヘキ-シツ）である。この語には二つの意味がある。一つはダニ目の節足動物ダニの総称である。これについては蜱の項参照。語源は壁のように薄く平らに皮膚にくっついて、シラミのように血を吸う虫という意味であろう。

もう一つは、トコジラミ科の昆虫の総称である。普通に見るのは ***Cimex lectularius***（トコジラミ）と ***C. hemipterus***（タイワントコジラミ）。体は扁平で、長さは四ミリほど。色は赤褐色。人や動物の血を吸う。語源は体が壁のように扁平である姿を捉えたもの。あるいは文字通りに壁などに棲むからとも考えられる。和名のトコジラミは床に棲むことにちなむ。別名はナンキンムシ（南京虫）。原産地が南アジアで、中国の南京方面を経由地と想定した名であろう。

【字源】「辟（*piek）」は「尸（人体）＋口（あな）＋辛（メス）」を合わせて、人体を切り開く様子を暗示させる図形。古代の残酷な刑罰の場面を設定したもので、「左右に平らに開く」「薄く平らな」というイメージを示す記号となる（鷿鷉の項参照）。「辟（音・イメージ記号）＋土（限定符号）」を合わせて、薄く平らな土の「かべ」を表した。「虱」については前項参照。

㊙　㊎　㊜〔辟〕

〔篆〕壁 〔壁〕

【別名】①（ダニ）蜱　②（トコジラミ）臭虫・臭虱・木虱・壁駝

【文献】①録異記（太平広記479）「壁虱者土虫之類化生壁間、暑月囓人（壁虱なる者は土虫の類、化して壁間に生じ、暑月人を囓む）」　②本草綱目40（明・李時珍）「壁虱即臭虫也、状如酸棗仁、咂人血食、与蚤皆為牀榻之害（壁虱は即ち臭虫なり、状は酸棗仁の如し、人の血を咂(か)みて食ふ、蚤と皆牀榻(しょうとう)の害を為す）」

**沙虱**　→恙虫（39ページ）

## 【虺】3　音キ　訓まむし

【語源】上古漢語は*huər、中古漢語はhuəi（→呉音ケ、漢音キ）である。ニーダムらは山海経の虫（音はキ）を虺に同じとし、有鱗目クサリヘビ科の爬虫類 ***Deinagkistrodon acutus***（ヒャッポダ、中国名五歩蛇）に同定する。体長は約一・八メートル。頭は扁平で、三角形を呈する。鼻は尖って反り返る。背面は灰褐色で∧型の斑紋がある。猛毒をもち、噛まれると五歩または百歩以内に死ぬといわれ、五歩蛇、百歩蛇の異名がある。中国医学（本草）では白花蛇と称し、生薬とする。

【字源】「兀（*nguət）」は「一＋儿（人体）」を合わせて、人の頭の部分を強調した図形。突兀の兀は高く突き出る意。「兀（音・イメージ記号）＋虫（限定符号）」を合わせて、頭が突き出た爬虫類を暗示させた。

〔甲〕　〔金〕　〔篆〕 〔兀〕

〔篆〕 〔虺〕

【別名】五歩蛇・百歩蛇・白花蛇・褰鼻蛇(けんびだ)・尖吻蝮・盤蛇・蘄蛇(きだ)

【文献】詩経・小雅・斯干「維虺維蛇、女子之祥（維(こ)れ虺維れ蛇は、女子の祥）」、詩経・小雅・正月「哀今之人、胡為虺蜴（今の人を哀れむ、なんすれぞ虺蜴(きえき)［マムシとトカゲ］なる）」

## 【虻】3　音ボウ　訓あぶ

【語源】上古漢語は*măng、中古漢語はmɐng（→呉音ミヤウ、漢音マウ）である。双翅目アブ科（Tabanidae）の昆虫の総称。ハエに似るが、少し大きい。目が大きく、毛が多い。体長は一～三ミリ。人や家畜の血を吸うアブもある。語源は姿が小さくて見えにくいことから、「亡」（姿が見えない）のイメージを取る。和語の「あぶ」の語源は、「あ」は発語、「ぶ」は羽音だという（大槻文彦）。

**[字源]**「亡（*mıaŋ）」は「ついたて状のもの＋人」を合わせて、人を遮って姿を隠す様子を示す図形で、「姿が見えなくなる」というイメージがある。忘・盲・妄・茫などはそのコアイメージをもとにしている。「亡（音・イメージ記号）＋䖵（限定符号）」を合わせた「蝱」でもって、アブを意味する*mǎŋを表記する。のち䖵を虫に替えて「虻」または「䖟」とした。

㊙甲　㊎金　㊕篆〔亡〕　㊕篆〔蝱〕

**[別名]** 木蝱・蜚蝱・牛蝱・鹿蝱・魂常

**[文献]** 荘子・天運「蚊虻噆膚、則通昔不寐矣（蚊虻［カとアブ］膚を噆めば、則ち通昔寐ねられず）」、史記・項羽本紀「搏牛之蝱、不以可破蟣蝨（牛を搏つの蝱、以て蟣蝨を破るべからず）」

蚓→蚯蚓（50ページ）

## 【蚜】4

㊥ガ　㊙ありまき（蚜虫）

**[語源]** 中古音はngă（→呉音ゲ、漢音ガ）である。蚜虫は半翅目アブラムシ科（Aphididae）などの昆虫の総称。五ミリ以下の小さな昆虫で、農作物を害する。甘い蜜を出してアリに与える。語源は若芽の汁を吸うので、芽と同源。和名は江戸時代に子どもがこの虫で艶出しをしたところからアブラムシの名がついたという（ジャポニカ）。ゴキブリの別名であるアブラムシとは別。また、アリが群がり付くのでアリマキ（蟻巻）の名がある（大槻文彦）。

**[字源]**「牙（ngă）」は二つの印がかみ合った形で、「∧型をなす」というイメージがある。植物の「め」は∧型に出てくるので「芽」という。「牙（音・イメージ記号）＋虫（限定符号）」を合わせて、芽を食う虫を暗示

させた。

㊎ ㊊ 〔牙〕

【別名】膩虫・⿸厭黽・天⿸厭黽

【文献】玉篇「蚜、虫」、農政全書29（明・徐光啓）「桃子蛀者…俗名蚜虫、雖桐油灑之、不能尽除（桃子蛀なる者は…俗に蚜虫と名づく、桐油もてこれに灑ぐと雖も、尽く除く能はず）」

## 【蚕】 4 ㊥サン ㊧かいこ

【語源】上古漢語*dzəm、中古漢語はdzəm（→呉音ゾム、漢音サム）である。鱗翅目カイコガ科の幼虫、*Bombyx mori mori*（カイコ）を意味する。桑の葉を食べて、繭を作る。その繭から取ったのがシルク。中国では古くからカイコが飼育され、養蚕が行われた。病死したカイコを白僵蚕と称し、生薬に用いられる。語源は葉をむさぼり食うことから、潜（もぐる）と同源。和語の「かいこ」は「飼い子」の意。古名は単に「こ」であった。

【字源】旧字体は「蠶」。「先（*tsïəm）」はかんざし（簪）の形。かんざしは髪に挿すものなので、「すきまに潜り込む」というイメージがある。「先」を二つ並べた「兟（*tsïəm）」も同じイメージを表す。「兟（音・イメージ記号）＋曰」（限定符号）」を合わせた「朁（*tsʻəm）」も同じイメージを示す記号となる。「朁（音・イメージ記号）＋䖵（限定符号）」を合わせた「蠶」でもって、桑に潜り込むようにして旺盛に葉を食べる虫を暗示させた。

㊊〔先〕 ㊊〔兟〕

㊊〔朁〕 ㊊〔蠶〕

【補説】蚕はもともとテンと読み、蚯蚓の別名であるが、蠶の俗字として蝅と蚕が竜龕手鑑に見える。

【別名】女児・蚕児・蚕婦・蚕姫・蚕駒・桑繭・竜精・孕糸虫・含糸虫

【文献】詩経・豳風・七月「蚕月条桑（蚕月桑を条る）」、書経・禹貢「桑土既蚕（桑土既に蚕す）」、孟子・滕文公下「夫人蚕繅以為衣服（夫人蚕繅して以て衣服を為る）」、神農本草経「白僵蚕味鹹辛平、主治小児驚癇夜啼、去三虫、滅黒䵟、令人面色好、治男子陰瘍病（白僵蚕は、味は鹹辛にして平なり。主治は、小児の驚癇・夜啼、三虫を去り、黒䵟を滅し、人の面色を好からしめ、男子の陰瘍病を治す）」

## 沙蚕

㊫サーサン
㊗ごかい

**［語源］** 中世漢語は sa-ts'am である。ゴカイ科の環形動物の総称。体は細長く、長さは一〇センチほど。剛毛のいぼ足が多い。海岸や田んぼに棲む。釣り餌に利用される。中国医学（本草）ではゴカイの一種 *Tylorrhynchus heterochaetus*（イトメ、中国名疣吻沙蚕）を禾虫と称し、薬用また食用とする。語源は砂泥の中に棲息し、体形が蚕に似ることによる。和名の「ごかい（ごかひ）」は小飼ひの転で、小さい餌の意という。

**［字源］**「少（*thiɡ）」は「小」に「ノ」の符号をつけて、「小さく削ぎ取る」というイメージを示す（鯊の項参照）。「少（音・イメージ記号）＋水（限定符号）」を合わせて、岩が水に洗われて、削られて小さくばらばらになることを表す。「あらう」という意味（沙汰の沙）と「すな」という意味がある。前者と区別するために後者の場合は「砂」とも書かれる。「蚕」については前項参照。

**［別名］** 禾虫・水百脚

**［文献］** 閩中海錯疏（明・屠本畯）「沙蚕似土笋而長（沙蚕は土笋に似て長し）」

## 【蚋】

4
㊫ゼイ
㊗ぶゆ・ぶよ・ぶと

**［語源］** 上古漢語は *niuad、中古漢語は niuɛi（→呉音ネイ、漢音ゼイ）である。双翅目ブユ科（Simuliidae）の昆虫の総称。ハエに似、体長は二〜五ミリ。人や家畜の血を吸う。刺されると、腫脹してかゆい。語源は体内に口器をさしこむことから、入・内・納と同源。和語の「ぶと」は刺された痕がぶつぶつすることによるという（大槻文彦）。［補説］古典ではヌカカ（蠛蠓、蠓子）としばしば混同される。

**［字源］**「入（*niəp）」は入り口が開いて内部に入る様子を示す象徴的符号。「入（音・イメージ記号）＋冂（納屋の形を示すイメージ補助記号）」を合わせた「内（*nuəb）」は、納屋の内部に入っていく様子を表す。「入」も「内」も「内側に入る」というイメージがある。「内（音・イメージ記号）＋虫（限定符号）」を合わせて、人畜の体内に口器を刺し入れて血を吸う虫を暗示させた。「蜹」は異体字。「内（音・イメージ記号）＋艸（限

定符号）」を合わせた「芮（*niuad）」は、草の新芽が柔らかく内側に巻いている様子を表す。焫（皮膚を焼いて火熱を体内に入れる→お灸）は同源の語。いずれも「内側に入る」というイメージが共通する。

甲 金 篆 〔入〕

甲 金 篆 〔内〕

篆 〔蚋〕

篆 〔芮〕 篆 〔蜹〕

【別名】蚋子

【文献】孟子・滕文公上「蠅蚋姑嘬之（蠅蚋姑［ハエとブユ］これを嘬ふ）」、荀子・勧学「醯酸而蜹聚焉（醯酸くして蜹［ヌカカ］聚まる）」

蚺→蟒 （113ページ）

## 【蚤】 4 音ソウ 訓のみ

【語源】上古漢語は*tsog、中古漢語はtsau（→呉音・漢音サウ）である。ノミ目（Siphonaptera）の昆虫の総称。体長は二〜三ミリ。羽はないが、よく跳ぶ。獣鳥に寄生し、血を吸う。人を刺すこともある。ペストなどの病原体を媒介する。雌が雄よりも大きい。ノミに刺されるとかゆみを生じる。したがって叉（つめ）・蚤（ノミ）・掻（かく）・瘙（かゆい皮膚病）・騒（ひっかいていらだつ→さわぐ）などは共通のイメージの連鎖する同源語である。和語「のみ」の語源については諸説があるが、大槻文彦は飛び跳ねることからノムシ（伸虫）の訛りとする。

【字源】「叉（*tsög）」は「又」（手の形）に点々をつけた図形で、「つめ」を表した。後に「爪」と書くが、「叉」が本字である。つめでひっかくとかゆいというイメージを用いて、「叉（音・イメージ記号）＋虫または䖵（限定符号）」を合わせ、皮膚をひっかいてかゆみを与える虫を暗示させた。

甲 篆 〔叉〕 篆 〔蚤〕

【別名】跳虫

【文献】荘子・秋水「鴟鵂夜撮蚤察毫末、昼出瞋目而不見丘山（鴟鵂は夜蚤を撮りて毫末を察するも、昼出でて目を瞋(いか)らせども丘山を見ず)」、論衡・変動篇（漢・王充）「人在天地之間猶蚤虱之在衣裳之内（人天地の間に在るは、猶蚤虱の衣裳の内に在るがごとし）」

## 【蚍蜉】4 音ヒーフ 訓—

**[語源]** 上古漢語は*bier-bıog、中古漢語はbii-bıəu（↓呉音ビーブ、漢音ヒーフウ）である。膜翅目アリ科のオオアリ属（*Camponotus*）の昆虫を意味する。クロオオアリ（*C. japonicus*）は体が黒く、体長は一四〜三〇ミリほどで、普通のアリより大きい。語源は働きアリが餌を運ぶ姿に着目して、「比」の「並ぶ」、「孚」の「上から覆い被せる」のイメージを取った命名であろう。

**[字源]** *bier-bıog は双声の二音節語。これを表記するため、二つのイメージを組み合わせる。「比（*pier）」は二人が並ぶ形。「孚（*p'ıŏg）」は「爪（下向きの手）+子」を合わせて、子どもを抱くように手で覆い被せる様子を示す図形。「比（音・イメージ記号）+虫（限定符号）」と「孚（音・イメージ記号）+虫（限定符号）」を組み合わせて、次々と並んで餌を運ぶ虫を暗示させた。

甲 金 篆 〔比〕
篆 〔蚍〕
甲 金 篆 〔孚〕
篆 〔蜉〕

**[別名]** 馬蟻(ばぎ)・馬蚍蜉

**[文献]** 爾雅・釈虫「蚍蜉、大螘（蚍蜉は大螘(たいぎ)なり）」、韓愈・調張籍（全唐詩340）「蚍蜉撼大樹（蚍蜉大樹を撼(うご)かす）」

蚡→鼢（345ページ）

## 【蚊】4 音ブン 訓か

**[語源]** 上古漢語*mıuən、中古漢語はmıuən（↓呉音モン、漢音ブン）である。双翅目カ科（Culicidae）の昆虫の総称。種類が多い。体長は五ミリほど。細い体に、細長い触覚と足をもつ。人畜の血を吸う。マラリアなどの病原体を媒介するものもある。幼虫を孑孑（ボウフラ）という（蜎・孑孑の項参照）。語源は、体が小さ

くて見えにくい特徴を捉えて、民・昏・文・紋など、「見えない」「細かい」というイメージをもつ語と同源。一説では*muənはカの羽音を模した擬音語ともいわれる。和語の「か」は「噛む」に由来するという（日本釈名、東雅）。

【字源】「蟁」「䘊」は異体字。「民（*mĭən）」は目を針で刺して見えなくした姿を示す図形で、「見えない」というイメージがある。眠（目をとじてねむる）は同源の語。「昏（*m̥uən）」は「民の変形＋日」を合わせて、日が暗くなる→見えないというイメージを表す。黄昏の昏は暗くなる時刻、昏睡の昏は意識が暗くなる意である。「文（*mıuən）」はあやの細々とした模様を示す図形で、細かい→見えにくいとイメージにつながる。「民または昏（音・イメージ記号）＋䖵（限定符号）」、または、「文（音・イメージ記号）＋虫（限定符号）」を合わせて、声はすれども小さくて姿の見えない昆虫を暗示させた。

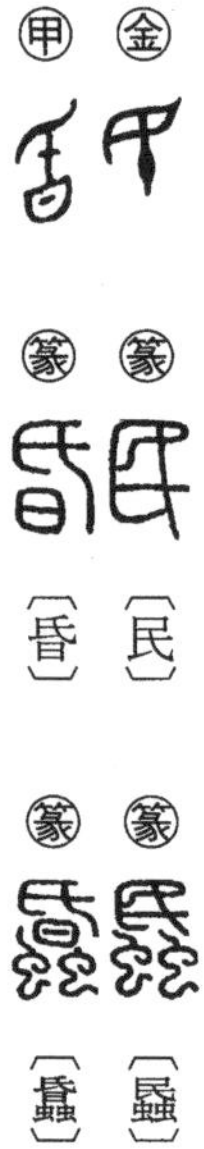

（金）（甲）〔民〕（篆）〔昏〕（篆）〔蟁〕（篆）〔䘊〕（篆）

（甲）（金）〔文〕（篆）〔蚊〕（篆）

【別名】昏虫・草虫・門下虫・白鳥・暑蟁

【文献】荘子・応帝王「是欺徳也、其於治天下也、猶渉海鑿河、而使蚊負山（これ欺徳なり、其の天下を治むるに於けるや、猶海を渉り、河を鑿ち、蚊をして山を負はしむるがごときなり）」、晏子春秋８「東海有蟲、巣於蟁睫（東海に蟲有り、蟁の睫（まつげ）に巣くふ）」、戦国策・楚「俛啄蚊虻而食之（俛（ふ）しては蚊虻を啄（ついば）みてこれを食ふ）」

**蚊母鳥** → 251ページ

## 【蚌】４ 音ボウ 訓からすがい

【語源】上古漢語は*bŭŋ、中古漢語はbɔŋ（→呉音ボウ、漢音ハウ）である。軟体動物のイシガイ科の二枚貝、*Anodonta woodiana*（ドブガイ、中国名背角無歯蚌）、また／あるいは、*Cristaria plicata plicata*（カラスガイ、中国名褶紋冠蚌）を意味する。淡水産の貝である。殻の表面は黒色、内面は真珠光沢を帯びる。古代中国で蚌は真珠を孕むとされた。カラスガイは真珠の養殖に用いられた。真珠の別名を蚌珠・蚌胎・蚌人という。語源は二枚貝の特徴を捉えて、「∧型をなす」や「⋀⋀型に合わさる」のイメージをもつ逢（出会う）・峰（頂点が尖った山）・奉（∧型にささげる）・封（閉じ合わさる）などと同源。和名のドブガイ（溝貝）は棲息場所から、カラスガイ（烏貝）は殻の色から名がついた。

**[字源]**「丰（*p'iung）」は稲の穂先が∧型に尖った姿を描いた図形で、「∧型に盛り上がる」「頂点で⋀⋀型に出会う」というイメージを示す。「丰（音・イメージ記号）＋虫（限定符号）」を合わせて、殻が盛り上がって∧型に蓋の合わさった貝を暗示させた。蛤と似た発想の字だが、ことばの意味のもつコアイメージが違う。蜯は異体字で「奉」は「丰」とコアイメージが共通である。

㊙甲　㊎金　㊘篆〔丰〕　㊘篆〔蚌〕

**[別名]** 河蚌・霊蚌・珠母・含漿・狸物・蠙

**[文献]** 戦国策・燕「蚌方出曝、而鷸啄其肉（蚌方に出でて曝し、而して鷸其の肉を啄む）」、韓非子・五蠹「民食果蓏蜯蛤（民、果蓏蜯蛤を食ふ）」、張衡・南都賦（文選4）「巨蜯函珠（巨蜯珠を函る）」

## 【蚶】5　音カン　訓きさ

**[語源]** 上古漢語は*ham、中古漢語はham（→呉音・漢音カム）である。軟体動物のフネガイ科の二枚貝、*Scapharca broughtonii*（アカガイ、中国名魁蚶）を意味する。ハマグリに似、殻の長さは約八センチ。暗褐色で、卵円形を呈する。殻の表面に約四二本の放射状の畝があるのを、屋根瓦に見立てて、瓦楞子の異名がある。語源は肉が赤みを帯びて美味なので、甘（あまい）・柑（ミカン）と同源という（本草綱目）。和語の「あかがい（赤貝）」も同趣旨による。「きさ」はアカガイの古語で、刻みを意味する語に由来する。なお、蚶は畝が一七〜一八本ある*Anadara granosa*（ハイガイ［灰貝］、中国名泥蚶）や、三二本前後ある*Scapharca kagoshimensis*（サルボオ［猿頬］、中国名毛蚶）も含むことがある。

**[字源]**「甘（kam）」は「口」の中に点を入れて、口に

含んで味わう様子を暗示する図形。実現される意味は「あまい」「うまい」である。「甘（音・イメージ記号）＋虫（限定符号）」を合わせて、味のうまい貝を表した。

甲　金　篆〔甘〕

**【別名】** 蚶子・蚶菜・瓦楞子・瓦壟子・瓦屋子・天臠・蜜丁・棱蛤・魁蛤・魁陸

**【文献】** 晋書・烈女伝「以一蚶酢遺母湛氏（一蚶の酢を以て母湛氏に遺る）」、食療本草（唐・孟詵）「蚶…出海中、殻如瓦屋（蚶は…海中に出づ、殻は瓦屋の如し）」

## 【蚯蚓】 5 音キュウ-イン 訓みみず

**【語源】** 上古漢語は ***k'iog-dien**、中古漢語は **k'iəu-yiěn**（→呉音クーイン、漢音キウーイン）である。環形動物ミミズ綱の総称。種類が多いが、中国では ***Pheretima tschiliensis***（フトミミズ属の一種、中国名は環毛蚓）が普通に見られる。細長い円筒形で、体長は四〇ミリほど。環節ごとに一〇～一〇〇本の剛毛が生える。穴に棲み、有機土壌を食べる。漢語で古くは単に蚓または螾といった。「長くのびる」というコアイメージをもつ引・演などと同源。糞を並べて盛り上げる習性があるところから、それを丘に見立てて丘蚓という二音節語になった。和語の「みみず」は目がないので「目見ず」に由来するという。なお、土竜はミミズの別名であって、モグラと読むのは誤用である。

**【字源】** 「螾」が本字で、「蚓」は異体字。「寅（*dien）」は「矢＋臼（両手）」を合わせた図形で、矢をまっすぐに伸ばしている様子を示す。演繹の演（長く引き延ばす）・夤（いん）（背筋を伸ばして慎む）は同源のグループ。「引（*dien）」は「弓＋｜」を合わせて、弓を手元に引く様子を示す。いずれも「長くのびる」というイメージがある。「寅または引（音・イメージ記号）＋虫（限定符号）」によって、体が長くのびる虫を暗示させた。のち丘蚓という語が生まれ、虫偏で整形して蚯蚓となった。

甲　金　篆〔寅〕

篆〔螾〕

篆〔蚓〕

金　篆〔引〕

〔丘〕

[別名] 丘蚓・丘螾・地螾・土蚓・土蟺（どせん）・土竜・地竜子・曲蟮・曲蟺・蜿蟺・蜷端（けんせん）・堅蚕（けんてん）・朐䏰（じゅんにん）・寒蚓・附引・歌女

[文献] 孟子・滕文公下「夫蚓、上食槁壌、下飲黄泉（それ蚓は、上は槁壌を食ひ、下は黄泉を飲む）」、荀子・勧学「螾無爪牙之利、筋骨之強、上食埃土、下飲黄泉、用心一也（螾は爪牙の利、筋骨の強無きも、上は埃土を食（くら）ひ、下は黄泉を飲む、心を用ゐること一なればなり）」、礼記・月令「螻蟈鳴、蚯蚓出（螻蟈鳴き、蚯蚓出づ）」、神農本草経「白頸蚯蚓味鹹寒、主治蛇瘕、去三虫、伏尸鬼疰蠱毒、殺長虫（白頸蚯蚓は、味は鹹にして寒なり。主治は、蛇瘕、三虫を去る、伏尸・鬼疰・蠱毒、長虫を殺す）」

## 【蛍】5 音ケイ 訓ほたる

[語源] 上古漢語*ɦueng、中古漢語はɦueng（→呉音ギヤウ、漢音ケイ）である。甲虫目ホタル科（Lampyridae）の昆虫の総称。中国医学（本草）では *Luciola vitticollis*（ゲンジボタル属の一種、中国名蛍火虫）に当てる。体長は一五～二〇ミリ。体の色は黒褐色。鞭状の触角がある。前胸背板は暗黄色または桃色で、中央に暗褐色の縦紋がある。尾端に黄白色の発光器がある。水辺の草むらに棲む。古代中国ではホタルは腐った草から生じると考えられ、詩経などでは荒涼とした風景を描くモチーフに使われている。晋の車胤がホタルを集めて読書した故事から苦学の比喩となる。語源は発光する特徴を捉えて、熒（ひかり）と同源。「周囲を丸く取り巻く」というコアイメージをもち、栄・営・衛などとも同系の語である。和語「ほたる」はホタリ（火垂）が訛ったものという（大槻文彦）。

[字源]「𤇾」は「熒」の下の火を省略した形。「熒（*ɦueng）」は「火＋火＋冖（枠を示す符号）＋火」を合わせた図形で、枠の周りを火が丸く取り巻いている様子を示す。「熒」は「丸くめぐらす光の輪」というイメージがあり、そこから「周りを丸く取り巻く」というコアイメージを示すための記号となり、栄（木の全体を取り巻くように咲く花）・営（垣をめぐらした陣営）・縈（めぐる）・鶯（首に輪のあるコウライウグイス）など、

一連の語族を表記する。「熒（音・イメージ記号）の略体＋虫（限定符号）」を合わせて、丸い光を発する虫を暗示させた。

(金) (篆) 〔熒〕

[**別名**] 蛍火・蛍光・金蛍・丹蛍・丹鳥・丹良・火亮虫・熒火・宵行・宵燭・即炤・夜光・夜火・夜照・燿夜・放光・暉光・熠燿（ゆうよう）・赤烏・玉虫・夜遊女子

[**文献**] 礼記・月令「腐草為蛍（腐草、蛍と為る）」、後漢書・霊帝紀「帝与陳留王協夜歩逐蛍光（帝、陳留王協と夜歩みて蛍光を逐ふ）」、晋書・車胤伝「家貧、不常得油、夏月則練嚢盛数十蛍火以照書（家貧し、常には油を得ず、夏月則ち練嚢に数十の蛍火を盛りて以て書を照らす）」

## 【蚿】5 (音)ゲン (訓)やすで

[**語源**] 上古漢語は***ɦen**、中古漢語は**ɦen**（→呉音ゲン、漢音ケン）である。ヤスデ綱（**Diplopoda**）の節足動物の総称。体は細長く、背面は黒褐色。一三対〜一〇〇対以上の足をもち、多足類とも称される。触ると、体を丸める習性がある。中国医学（本草）では ***Prospirobolus joannsi***（ヤケヤスデ科の一種、中国名巨馬陸）に当てる。体長は一二センチほど。五四節から成り、各節に一対の足がある。陰湿な場所に棲み、腐った植物を食べる。一般に馬陸と呼ばれる。百足はムカデではなくヤスデを指す。語源は体を丸くするところから、弦（弓のつる）と同源であろう。異名の刀環虫の環とも縁があると思われる。和語の「やすで」は八十手（やそで）が語源という（大槻文彦）。体形が筬（おさ）（機の道具）と似ているので、別名をオサムシ（筬虫）という。また、体を丸くするので、エンザムシ（円座虫）、ゼニムシ（銭虫）の異名もある。

[**字源**]「玄（*ɦuān）」は紐を宙吊りにした図形で、「糸が宙吊りになってゆらゆらする」というイメージがあり、弦（弓のつる）・絃（楽器に張る糸）・舷（弓の弦のように反った「ふなべり」）などは同源のグループ。「玄（音・イメージ記号）＋虫（限定符号）」を合わせて、弓の弦のように体を曲げる虫を暗示させた。

(篆) 〔玄〕

**【別名】**馬陸・馬蚿・馬蚈・馬蠲・馬軸・馬蠽・刀環虫・百足・千足・商蚷・且渠・巨雄・蛩・山蛩虫・飛蚿虫

**【文献】**荘子・秋水「夔憐蚿、蚿憐蛇（夔は蚿を憐れむ、蚿は蛇を憐れむ）」、孔子家語・六本「馬蚿斬足而後行何也、以其輔之者衆（馬蚿は足を斬りて後行くは何ぞや、其の之を輔くる者衆きを以てなり）」

**蛄**→蝦蛄（88ページ）・螻蛄（108ページ）・蟪蛄（110ページ）

## 【蚱蜢】

5　音サク-モウ　訓——

**【語源】**中古漢語はtʂʌk-mʌŋ（→漢音サク-マウ）である。バッタ科の昆虫*Acrida chinensis*（ショウリョウバッタ属の一種）を意味する。体の色は緑色または黄褐色。頭はとがって円錐形を呈する。羽は細長く、後肢は特に長い。雄は三〇ミリほどで、雌は雄より大きい。語源は体が細く、よく跳ねる特徴を捉えて、窄猛の意という（本草綱目）。後肢を捕まえると米をつくような姿になるので、舂米郎の異名がある。日本ではコメツキバッタともいう。また、キチキチという音を出して飛ぶので、漢名では蟿螽（「毄」は固いものに打ち当てる音を形容する語で、「撃」と同源）の異名があり、和名ではキチキチバッタの異名がある。

**【字源】**「乍（*dzăg）」は刃物で切れ目を入れる様子を示す図形で、「切れ目を入れる」「刻み目をつける」というイメージがある。「孟（*măŋ）」は「子＋皿（皿のふた、あるいは、上から押さえつけるものを示す符号）」を合わせて、子どもが障害を押しのけるようにして伸び出る（すくすくと成長する）状況を暗示させる図形で、「押し切って勢いよく伸び出る」というイメージがある。「乍（音・イメージ記号）＋虫（限定符号）」と、「孟（音・イメージ記号）＋虫（限定符号）」とを組み合わせた蚱蜢でもって、体形が削ったよう長細く、勢いよく飛び跳ねる虫を暗示させた。細長くて勢いよく走る船を舴艋というが、これと全く同源の語である。

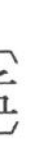

甲　金　篆　〔乍〕

金　篆　〔孟〕　篆　〔蜢〕

**【別名】**舂米郎・舂黍・舂箕・蜙[虫+黍]・蜙蝑・蟿螽・

蜈蚸（けいれき）

**[文献]** 竜龕手鑑（後梁・行均）「蚱、蚱蜢、虫也」

## 【蛆】5 音ソ 訓うじ

**[語源]** 上古漢語は*ts'ïag、中古漢語はts'ïo（→呉音ソ、漢音ショ）である。ハエやアブの幼虫を意味する。体に環節があり、色が白い。腐敗物に生じる。語源は「組」（糸を重ねて編んだ組みひも）などと同系で、重なるように群がる姿を捉えたものであろう。和語の「うじ」もウズスマル（群集）のウズから来ているという説がある（大槻文彦）。なお中国では、酒が発酵するときに浮かぶ泡を蛆に見立てて、酒の異名とする。

蛆（そ）は別の意味もある。広雅では馬蚿（ばせん）（蚿の別名でヤスデ）と蝍蛆（しょくしょ）（蜈蚣の別名でムカデ）の二つの意味を挙げているが、どちらも「足がたくさん重なる」というイメージは共通である。

**[字源]** 「且（*ts'ïag）」は物を上に重ねた様子を示す象徴的記号である。「且（音・イメージ記号）＋虫（限定符号）」によって、重なるように群がり発生する虫を暗示させる。祖（上に重なる世代）・阻（障害物が重なって行く手をはばむ）・助（力を重ね加える→たすける）・且（その上に重ねて→かつ）なども同源で、「上に重ねる」というコアイメージが共通する。

甲 金 篆 〔且〕

**[別名]** 糞蛆・五穀虫

**[文献]** 易林2（漢・焦延寿）「三蛆逐蠅、陥堕釜中（三蛆蠅を逐ひ、釜の中に陥堕す）」、後漢書・杜根伝「遂詐死、三日目中生蛆（遂に詐り死し、三日、目中に蛆を生ず）」

## 【蛇】5 音ダ・ジャ 訓へび

**[語源]** 上古漢語は*t'ar、中古漢語はt'a（→呉音・漢音タ）である。また、上古漢語*diăr、中古漢語*dʒɪă（→呉音ジャ、漢音シャ）の音も行われた。有鱗目ヘビ亜目(Ophidia)の爬虫類の総称。中国では ***Elaphe taeniura taeniura***（タイリクスジオ、中国名黄頷蛇）、***Dinodon rufozonatum***（アカマダラ、中国名赤鏈蛇）などが普通。前者は体長が一・七メートルほど。頭部に黒い眉のような横斑がある。後者は体長が一・二メートルほど。

後頭部にY字型の紋、背に赤い横紋がある。そのほか、変わったヘビにヒメヘビ属の両頭蛇がいる（該項参照）。語源は拕（引きずる）・舵（船を横に進める「かじ」）・迤（横に延びる）などと同系で、「うねうねと伸びる」というイメージがある。和語「へび」の古名は「へみ」で、ハヘムシ（延虫）が語源という（大槻文彦）。

**[字源]**「它（*t'ar）」と「也（*diăg）」はともにヘビの象形文字である。ヘビを*t'arといい、「它（音・イメージ記号）＋虫（限定符号）」を合わせた「蛇」で表記する。「虵」は異体字。「它」も「也」も「うねうねと長く（横に）伸びる」というイメージを示す記号となり、前者は拕・舵・迤などのグループ、後者は地（うねうねと伸びる大地）・池（水を長く引いた堀）・施（長くのびる）・池（横に延びて移る）・弛（延びてゆるむ）などのグループを構成する。また、古代ではヘビの害が多かったので、「它（蛇）無きや（ヘビの害に遭わなかったか）」という挨拶語があり、ここから「（普通とは）変わったこと」とイメージが生まれ、「それとは違ったことがら（ほかのこと）」という語を派生した。この語を表す字が「他（=佗）」である。

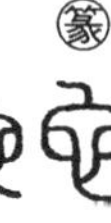

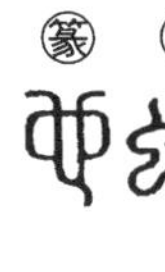

㊙甲 ㊙金 ㊙篆〔它〕　㊙篆〔蛇〕　㊙金 ㊙古 ㊙篆〔也〕

**[別名]** 長虫・修鱗・潜狙・玉京子

**[文献]** 詩経・小雅・斯干「維虺維蛇、女子之祥（維れ虺維れ蛇は、女子の祥）」、史記・高祖本紀「吾子白帝子也、化為蛇（吾が子は白帝の子なり、化して蛇と為る）」、神農本草経「蛇蛻味鹹平、主小児百二十種驚癇（蛇蛻、味は鹹にして平なり。小児の百二十種驚癇を主る）」

## 赤楝蛇

㊖セキ-レン-ダ　㊫やまかがし

**[語源]** 中国と日本では意味が異なる。中国では、中世漢語がtʃ'iai-lien-t'oで、ヘビ科の爬虫類 *Dinodon rufozonatus*（アカマダラ）を指す。体長は一メートルあまり。頭は扁平で楕円形。背は黒褐色の地に赤色の斑紋がある。毒はない。魚や蛙を食べる。語源について李時珍は色が楝（センダンで、樹皮は暗褐色）に似ているからという。

日本ではヘビ科の ***Rhabdophis tigrinus***（ヤマカガシ）を指すが、誤用である。これは毒蛇で、頸部に赤い模様がある。語源はヤマ（山）カガチ（酸漿）の訛りで、酸漿（ホオズキ）のように赤いことに由来する。

**[字源]**「大」は手足を大きく広げた人の図形で、「大きく広がる」というイメージがある。「大（イメージ記号）＋火（イメージ補助記号）」を合わせた赤は、火の光が四方に広がり燃えさかる様子を暗示させる。これによって「あか色」を意味する***t'iak** の視覚記号とする。次に「柬（***kăn**）」は「束（たば）＋八（分ける符号）」を合わせて、束をより分ける様子を暗示する図形。「良いものと悪いものをより分ける」というイメージを示す記号となる。「柬（音・イメージ記号）＋木（限定符号）」を合わせて、邪悪なものを取り除く効能があると信じられた木、つまりセンダンを表した。「蛇」については前項参照。

（甲）　（金）　（篆）〔赤〕

（金）　（篆）〔柬〕　（篆）〔楝〕

**[別名]**（アカマダラ）赤練蛇・赤鏈蛇・桑根蛇

**[文献]** 本草綱目43（明・李時珍）「赤楝蛇一名桑根蛇…以色名赤楝、桑根象形（赤楝蛇は一名桑根蛇…色を以て赤楝と名づく、桑根は形に象る）」

## 両頭蛇

（音）リョウ-トウ-ダ　（訓）―

**[語源]** 上古漢語は***liang-dug-t'ar**、中古漢語は **liang-dəu-t'a**（→呉音リヤウ-ヅ-タ、漢音リヤウ-トウ-タ）である。ヘビ科ヒメヘビ属の爬虫類 ***Calamaria septentrionalis***（シナヒメヘビ）を意味する。爾雅などの枳首蛇（双頭のヘビ）と同じとされ、また、これを見た人は死ぬと信じられ、古代では空想的色彩が強いが、現実に存在するシナヒメヘビがモデルと考えられる。このヘビは体長が三六～六〇センチで、尾は丸みを帯びて形が頭部と似ており、しかも頭部と同じような行動をする。このため両頭蛇の名がある。孫子・九地篇に、常山に棲息する率然（そつぜん）というヘビは、頭を攻撃すると尾が応じ、尾を攻撃すると頭が応じ、真ん中を攻撃すると頭と尾が同時に応じるとある。これも両頭蛇と考えられる。これをヒントに編み出した戦法が「常山の蛇

勢」である。

**[字源]**「兩」は左右におもりのついたはかりを描いた図形。「左右一対をなす」というイメージがある。「頭」については叩頭虫の項、「蛇」については該項参照。

金　篆　〔兩〕

**[別名]** 枳首蛇・岐頭蛇・越王蛇・越王約髪

**[文献]** 新書6（漢・賈誼）「孫叔敖之為嬰児也、出遊而還、憂而不食、其母問其故、泣而対而曰、今日吾見両頭蛇、恐去死無日矣（孫叔敖の嬰児為るや、出でて遊びて還り、憂ひて食せず、其の母其の故を問ふ、泣きて対へて曰く、今日吾両頭蛇を見る、恐らくは死を去ること日無なからんと）」

**蝰蛇**→蝰（93ページ）
**蚺蛇**→蟒（113ページ）
**百歩蛇**→虺（42ページ）
**蝮蛇**→蝮（97ページ）
**蟒蛇**→蟒（113ページ）

## 【蛁蟟】5

音 チョウ-リョウ　訓 みんみんぜみ

**[語源]** 上古漢語は*tɔ̈g-lɔ̈g、中古漢語はteu-leu（→呉音・漢音テウ-レウ）である。セミを中国ではzhi-liao（知了）といい、古代では都了・遮了・徳労などとも表記され、TOG-LOGという畳韻の二音節の語形が祖語と考えられる。本草綱目では、蛁蟟は「七八月に鳴き、色青き者」とあり、これを小野蘭山（江戸の本草家）は*Oncotympana maculaticollis*（ミンミンゼミ）に当てた（本草綱目啓蒙）。黒地に緑色の斑紋のあるセミである。中国でもこの同定を襲用している。また*Meimuna opalifera*（ツクツクボウシ）に当てられることもある（和玉篇）。和名はミンミンゼミもツクツクボウシもともに鳴き声に基づく。

**[字源]** セミの鳴き声を中国人はTOGやTOG-LOGという音に聞いた。後者を召（*tɔ̈g）と尞（*lɔ̈g）を用いて、「召（音記号）＋虫（限定符号）」と「尞（音記号）＋虫（限定符号）」を組み合わせた蛁蟟でもって表記した。蜩・蚱蟬の項参照。

**[別名]** 虭蟟・蜘蟟・蚱蟟・蝭蟧・螮蟧

**[文献]** 太玄経5（漢・揚雄）「蛁鳴喁喁、血出其口（蛁鳴きて喁喁たり、血其の口より出づ）」、初学記30「淮南子曰、蟬無口而鳴、三十日而死、蟬螟胡蟬蛁蟟茅蟬凡五種也（淮南子に曰く、蟬、口無くして鳴き、三十日にして死す、蟬・螟・胡蟬・蛁蟟・茅蟬、凡そ五種なり）」

**蛃**→衣魚（163ページ）

## 【蚫】 5 ㊥ホウ ㊗あわび

**[字源]** 「蚫」は新撰字鏡以来「あわび」と訓じられている。「鮑」をアワビと誤読し、その後魚偏を虫偏に換えたのが「蚫」であろう。したがって「蚫」は国字である（ホウは鮑に倣った擬似音）。北宋・蘇軾の鰒魚行によると、日本からアワビが盛んに輸入されていて、この輸入アワビを倭螺と称した。やがて夢粱録に蚫螺の字が登場する（明代の医書にも見える）。「蚫」は和製漢字であるが、中国に逆輸入されたものと考えられる。語源については「鮑」の項参照。

**[文献]** 夢粱録13（南宋・呉自牧）「杭城大街売買昼夜不絶…市西坊売蚫螺滴酥（杭城の大街、売買昼夜絶えず…市の西坊、蚫螺滴酥を売る）」

## 【蚰蜒】 5 ㊥ユウ-エン ㊗げじ・げじげじ

**[語源]** 上古漢語は*diog-dian、中古漢語はyiəu-yiɛn（→呉音ユ-エン、漢音イウ-エン）である。ゲジ目（Scutigeromorpha）の節足動物 *Thereuonema tuberculata*（ゲジ）、または、*Thereuopoda clunifera*（オオゲジ、大蚰蜒）を意味する。頭に長い触覚がある。胴は一五節に分かれ、各節に一対の足がある。最後の一対は特に長い。敵に遇うと足を脱落させて逃げる。語源は「由」の「細く抜け出る」のイメージと、「延」の「長くのびる」のイメージを組み合わせて、胴から多くの足の出た姿を捉えたもの。和名の「げじ（げぢ）」は足が脱落するとき、キチキチと音を立てることによる。

**[字源]** 「由（*diog）」はつぼの象形文字で、「（液体が）抜けて出てくる」というイメージを示す。油・抽（抜け出る）・宙（突き抜ける棟木）・軸（車輪を突き抜く心棒）・笛（穴から息を通して鳴らす楽器）・袖（腕を通す「そで」）などは同系のグループ。「延（*dian）」は「止（あし）＋ノ（横にずれることを示す符号）＋廴（のびること

を示す符号)」を合わせた図形で、ずるずると延びていくことを暗示させる。筵(延ばして敷く「むしろ」)・涎(ずるずると延び出る「よだれ」)などは同系語である。

「由(音・イメージ記号)+虫(限定符号)」と「延(音・イメージ記号)+虫(限定符号)」を組み合わせた蚰蜒でもって、yi-yi-という双声の二音節語を表記し、足が細長く抜け出て、ずるずると延びた虫を暗示させた。

㊟篆 〔由〕 ㊟篆 〔延〕

**【別名】** 草鞋虫・草鞋底・蓑衣虫・入耳・蚨虶・蛉窮・陵窮・蚑蛷・肌求・密肌・蚎蚭

**【文献】** 王逸・九思(楚辞)「巷有兮蚰蜒(巷に蚰蜒有り)」

**蛉**→蜻蛉(78ページ)・螟蛉(103ページ)

## 【蛙】

6 音ア 訓かえる・かわず

**【語源】** 上古漢語は*・uĕg、中古漢語は・uă(→呉音ヱ、漢音ワ)である。両生類のカエルの総称。また、中国では蝦蟇や蟾蜍と区別して、特に*Rana*(アカガエル属)に当てられる。普通に見られるものは*R. nigromaculata*(トノサマガエル、中国名は青蛙、別名黒斑蛙)や*R.plancyi*(プランシーガエル、中国名は金綫蛙)など。前者は体長が七～八センチ。頭は三角形を呈する。背は緑色を帯び、黒斑がある。池や小川の岸辺などにすむ。古代では食用とされ、味が鶏に似ているため、田鶏と称された(本草綱目)。後者は体長が五センチほど。背と体側にいぼがあり、股の後ろには黄色と褐色の縦紋がある。*・uĕgの語源はカエルの鳴き声をなぞった擬音語に由来する。和語の「かえる(かへる)」の語源も鳴き声から来ており、ルは接尾語だという(大槻文彦)。また、「かわず(かはづ)」は田のカエルと区別して、河之蝦(川つかへる)が転じたものという(大槻文彦)。

**【字源】** 語源は擬音語だが、字源は別。*・uĕgと音の類似する「圭(*kueg)」を利用する。「圭」は「土」を二つ重ねて、土を盛り上げる様子を暗示させた図形。先端が∧形に尖った玉器を*kuegといい、「圭」で表記する。「圭」は∧形・∨形・」形・「形など、角の尖った形のイメージを示す記号となり、掛(∧形にかける)・街(「形や丁形や十形に区切った「まち」)・畦(丁形や十形に区切った「あぜ」)・崖(「形の「がけ」)・涯(「形の水辺）などのグループを作る。カエルは頭がほぼ三角形を呈するし、跳ねるとき足が∧の形になるので、「圭（音・イメージ記号）＋虫（限定符号）」を合わせて、*·uĕg を表す視覚記号とした。ただし古くは「鼃」と書いた。「黽」はある種のカエルを描いた象形文字で、ここでは限定符号となっている。

(金) 圭　(篆) 圭〔圭〕　(篆) 鼃〔鼃〕

**［別名］** 田鶏・青鶏・青蛙・水鶏・水鴨・長股・坐魚・蛤魚・護穀虫

**［文献］** 周礼・秋官「蟈氏掌去鼃（蟈氏は鼃を去るを掌る）」、荘子・秋水「井蛙不可以語於海（井蛙は以て海を語るべからず）」、韓非子・内儲説上「勾践知之、故式怒鼃（勾践之を知り、故に怒鼃（どあ）に式［＝軾］す）」、名医別録「鼃味甘寒無毒、主治小児赤気肌瘡臍傷、止痛、気不足（鼃は味は甘にして寒、毒無し。主治は、小児の赤気・肌瘡・臍傷、止痛、気不足）」

## 【蛜威】6

(音) イ-イ　(訓) ——

**［語源］** 上古漢語は*·iĕr-·ɪuer、中古漢語は·ii-·ɪuei（→呉音・漢音イ-ヰ）である。陸棲の甲殻類ワラジムシ科の *Porcellio scaber*（ワラジムシ）を意味する。体長は一センチほどで楕円形を呈する。ダンゴムシと似るが、球状にならない。陰湿な場所にすむ。古くは伊威と書き、のち鼠婦が通り名となった。伊威の語源は未詳。鼠婦は鼠負に通じ、鼠の背に着くからという（本草綱目）。和名の「わらじむし」は体形を草鞋に見立てたもの。

**［字源］** ·i-·i という双声の二音節語を「伊威」と表記した。のち蛜威と書かれ、さらに蛜蝛と整形された。

**［別名］** 鼠婦・鼠負・鼠姑・鼠粘・地虱・地鶏・湿生虫・潮虫

**［文献］** 詩経・豳風・東山「伊威在室（伊威室に在り）」、神農本草経「鼠婦…一名負蟠、一名蛜蝛」

## 【蛔】6

(音) カイ　(訓) ——

**［語源］** 上古漢語は*ɦuer、中古漢語はɦuei（→呉音ヱ、漢音クワイ）である。線虫類のカイチュウ（*Ascaris lumbricoides*）を意味する。人の小腸に寄生する虫。体は円柱状で、長さは雄が二〇センチ、雌が四〇センチ

ほど。幼虫は多くの内臓を通って小腸に至り、成虫となる。したがって*ɦuərということばは、回（ぐるぐるまわる）と同源である。

**[字源]**「蛕」が本字。寄生虫は体内に入り込む予期せぬ異物なので、「何かがひょっこり出現する」というイメージがある。このイメージを表すために音の類似した「有（*ɦuəg）」を用いる。「有」は「又（右手）＋肉」の組み合わせで、囲った枠の中に物を保有するイメージのほかに、囲まれた枠の中に物が存在する（出現する）というイメージもある。「有（音・イメージ記号）＋虫（限定符号）」によって、体という枠（特定の場所）の中に出現する虫を暗示させた。表記は「有」の代わりに「尤」とも書かれる。「尤（*ɦuəg）」は手にできるいぼ（疣）を表す図形で、これも「特定の場所に予期せぬ異物が出現する」というイメージがある。「蛔」は「回（*ɦuər）」によって音形を合致させた字であるが、「回」（渦巻きの形を示す象徴的符号）のコアイメージが「ぐるぐるまわる」であるため、「蛕」や「蚘」とは語源が異なる視覚記号となった。

㊎ 
㊫ 〔有〕
㊫ 〔蛕〕
㊙ 
㊎ 
㊫ 〔尤〕
㊎ 
㊫ 〔回〕

**[別名]** 人竜・回仙・回老

**[文献]** 韓非子・説林下「虫有蚘者、一身両口、争相齕也、遂相食、因自殺、人臣之争事而亡其国者、皆蚘類也（虫に蚘なる者有り、一身両口、争ひて相齕（か）むなり、遂に相食ひ、因りて自殺す、人臣の事を争ひて其の国を亡す者、皆蚘の類なり）」、霊枢・邪気蔵府病形「微滑為虫毒蛕蝎（〔脈の〕微滑なるを虫毒・蛕蝎と為す）」

## 【蛞蝓】6　㊅カツ-ユ　㊃なめくじ

**[語源]** 上古漢語は*k'uat-diug、中古漢語はk'uat-yiu（→呉音クワチ-ユ、漢音クワツ-ユ）である。ナメクジ科の軟体動物 *Limax*（コウラナメクジ属）の総称。体は長円形で、長さは四・五センチほど。カタツムリに似、二対の触覚がある。殻は退化し、背は外套膜に覆われる。粘液を出して移動する。触ると体を縮める。蛞蝓は複合語である。「蝓」はカタツムリとナメクジの双

方に付く語で、殻をもつカタツムリを螔蝓（いゆ）、それのないナメクジを蛞蝓といった。「蛞」は刮（えぐる）・闊（ひろい）と同源で「穴を開けてスムーズに通る」というイメージがある。殻から身がスムーズに抜け出たカタツムリという意味合いで「蛞蝓」と名づけられたと考えられる。別名が蜒蚰。「延」は涎と通じ、「ずるずると延びていく」イメージ、「由」は「抜け出る」イメージがある。粘液を分泌して這う虫の特徴を捉えた語。和語の「なめくじ」も滑らかに這う意という。一説によると、なめくじら（滑鯨）の略。

**[字源]** 刮・活・括・話・憩などを構成する「舌」は「した」ではなく、「昏」の変形である。「氒（*kuăt）」はY型の彫刻刀を描いた図形で、「穴を開けてスムーズに通す」というイメージがある。「氒（音・イメージ記号）＋口（あな）」を合わせた昏（*kuăt）も同様のイメージを示す記号となる。刮（丸い穴を開けてえぐる）・活（水が勢いよく通って流れるさま→生き生きしている）・闊（ゆったりと開いて広い）などは同源のグループ。「昏（音・イメージ記号）＋虫（限定符号）」を合わせた蛞に「蝓」を添えた蛞蝓でもって、殻からすっぽりと抜け出た虫を暗示させた。蝓については蝸の項参照。

（甲）（金）（篆）（氒）
（金）（篆）（昏）
（金）（篆）（俞）
（甲）（金）（篆）（蝓）

**[別名]** 蜒蚰・蜒蝣・涎游・涎牛・涎魚・土蝸・附蝸・陵蠡・鼻涕虫・托胎虫

**[文献]** 神農本草経「蛞蝓味鹹寒、主治賊風喎僻軼筋及脱肛驚癇攣縮（蛞蝓、味は鹹にして寒なり。賊風・喎僻・軼筋及び脱肛・驚癇・攣縮を治するを主る）」

**蛣蜣**→蜣螂（77ページ）

**蛣䗘**→蠹（130ページ）

**蛣蟩**→蜎（67ページ）

## 【蛩】 6 音キョウ 訓こおろぎ

**[語源]** 上古漢語は*giung、中古漢語はgiong（→呉音グ、漢音キョウ）である。この語はコオロギを意味す

る（蟋蟀の項参照）。語源は、羽を震わせて鳴くことから、恐と同源。方言（巻六）に「蛩悈は戦慄なり」とあり、蛩は震えるという意味もあった。蛬とも書かれるゆえんである。

**[字源]**「工（*kung）」は二線の間に縦線を通す様子を暗示する象徴的符号で、「突き通す」というイメージを示す記号となる。「丮」は人が両手を前に差し出している形。「工（音・イメージ記号）＋丮（イメージ補助記号）」を合わせた「巩（*kiung）」は、工事の際に穴を開けて突き通す場面を設定した図形で、「築」にイメージ補助記号として含まれている。心臓に穴を突き通されたような感じを「恐」という。この語源を利用して、「巩（音・イメージ記号）＋虫（限定符号）」を合わせて、まるで戦慄するかのように、羽をぶるぶる震わせて鳴く虫を暗示させた。

㊙甲　㊙金　㊙篆　（工）

㊙金　㊙篆　（巩）　㊙篆　（蛩）

**[別名]** 蟋蟀・蛬

**[文献]** 古今注（晋・崔豹）「蟋蟀一名吟蛩、一名蛩」、捜神記（晋・干宝）「朽葦之為蛩也（朽葦の蛩と為るなり）」

## 【蛤】6　㊔コウ　㊓はまぐり

**[語源]** 上古漢語は*kəp、中古漢語はkəp（→呉音コフ、漢音カフ）である。海産の二枚貝のうち、*Meretrix lusoria*（ハマグリ、中国名文蛤）、*Cyclina sinensis*（オキシジミ、中国名海蛤）、*Mactra quadrangularis*（バカガイ属の一種、中国名蛤蜊）などを含めた呼び名。語源は「合」の「蓋と身がぴったり合う」というイメージから来ている。これは二枚貝の特徴を捉えた命名。古代中国では雀が海に入って蛤になると考えられた。異なった生物間における形の類似性から一方の生物に変わるという化生説はほかの生物の間でも見られる。和語の「はまぐり」は形が栗に似ていることから、浜の栗の意。シジミについては蜆の項、バカガイについては蛤蜊の項参照。

**[字源]**「合（*ɦəp）」は「亼（ふたの形）＋口（容器の形）」を合わせて、蓋と身がぴったり閉じ合わさる様子を示す図形。「合（音・イメージ記号）＋虫（限定符号）」に

よって、貝殻がぴったり閉じ合わさる二枚貝を暗示させた。袷（裏地をぴったり合わせて仕立てた衣類↓あわせ）も同趣旨による。

甲　金　篆〔合〕　篆〔⿱合虫〕

【別名】（ハマグリ）花蛤・斑蛤

【文献】礼記・月令「爵入大水為蛤（爵［＝雀］、大水に入れば蛤と為る）」、呂氏春秋・精通「月望則蚌蛤実（月望なれば則ち蚌蛤実つ）」

## 蛤蜊　音 コウーリ　訓 ―

【語源】上古漢語は*kəp-lied、中古漢語はkəp-lii（↓呉音コフーリ、漢音カフーリ）である。バカガイ科の二枚貝 *Mactra quadrangularis*（バカガイの一種、中国名四角蛤蜊）に当てられる。殻は堅く、ほぼ四角形。表面は黄褐色、内面は灰白色。浅い海の砂泥の中に棲む。語源は蛤の類で、体に利があるからという（本草綱目）。ちなみにバカガイ（*Mactra chinensis*、中国名凹綫蛤蜊）は珂、別名を馬珂、馬珂螺という。日本では馬鹿者と結びつける語源説があるが、実は馬珂の音読みである。珂は馬の轡の飾りの意味がある。用途による名づけである。

【字源】蛤については前項参照。「利（*lied）」は「禾（イネ）＋刀」を合わせて、稲刈りの場面を設定した図形で、「すらすらとよく切れる」というイメージを表す。このイメージは「スムーズに通る」というイメージにつながる。蛤と、「利（音・イメージ記号）＋虫（限定符号）」を合わせた蜊を結合させて、ハマグリの仲間で、体の流れをスムーズに通す効能のある貝を暗示させた。梨（果実が柔らかくて歯がよく通る植物、ナシ）や、下痢の痢（さっと下るお通じ）、怜悧の悧（心がスムーズに働く）などは同源のグループ。

甲 　金 　篆 〔利〕

【別名】合蜊・合梨・蛤梨

【文献】南史・王弘伝「且食蛤蜊（且に蛤蜊を食はんとす）」、芸文類聚97「論衡曰、若士食蛤蜊之肉、乃与民同食、安能升天（論衡に曰く、若し士蛤蜊の肉を食ふに、乃ち民と同に食はば、安んぞ能く天に升らんや）」、証類本草22「蛤蜊冷無毒、潤五蔵、止消渇、開胃、解酒毒

（蛤蜊は冷にして毒無し。五蔵を潤し、消渇を止め、胃を開き、酒毒を解く）」

## 【蛤蚧】6 音コウ-カイ 訓—

**[語源]** 中古漢語は**kəp-kʌi**（→漢音カフ-カイ）である。爬虫類のヤモリの一種、***Gekko gecko***（トッケイ、トッケイヤモリ、旧名オオヤモリ）を意味する。ヤモリに似るが大きく、体長三四センチに達する。背は灰色で、七筋の円い斑紋がある。中国南部に棲息する。語源は擬音語からとも、また、頭が蛤蟇（＝蝦蟇）に似ているからといわれる（本草綱目）。鳴き声からトッケイと呼ばれる。雌雄がいつも一緒にいるので、ペアで房中薬（媚薬、強壮剤）に用いる。

**[字源]** **kəp-kʌi** は擬音語由来の双声の二音節語であろう。表記にはすでに存在する二字を利用し、「蛤」（ハマグリの意味）と「蚧」（二枚貝の一種）を組み合わせたが、意味とは関係なく音を利用しただけである。蛤蚧はもとは蛤解・蛤蟹と書かれた。

**[別名]** 偶虫・仙蟾・大壁虎

**[文献]** 方言8（漢・揚雄）「桂林之中、守宮大者而能鳴、謂之蛤解（桂林の中、守宮の大なる者にして能く鳴く、之を蛤解と謂ふ）」、嶺表録異（唐・劉恂）「蛤蚧首如蝦蟇、背有細鱗如蚕子、土黄色、身短尾長、多巣于樹中、端州古墻内、有巣于庁署城楼間者、暮則鳴（蛤蚧は首蝦蟇の如し、背に細鱗蚕子の如き有り、土黄色、身は短く尾は長し、多く樹中に巣くふ、端州の古墻の内、庁署城楼の間に巣くふ者有り、暮れに則ち鳴く）」

**蛤蟆** →蝦蟇（89ページ）

## 【蛟】6 音コウ 訓みずち

**[語源]** 上古漢語は***kŏg**、中古漢語は**kău**（→呉音ケウ、漢音カウ）である。伝説上の動物で、竜の一種。蛇に似、四本の足があり、頭は小さく、首は細い。胴回りは十数囲、卵の大きさは一、二石入りの甕（かめ）ほどある。また、風雨を起こし、空を飛ぶことができる。語源は「交」の「交差する」のイメージを取る。和語の「みずち（みづち）」はミ（蛇）ツ（の）チ（霊）の意という（大槻文彦）。

**[字源]** 「交（*kŏg）」は足を交差させる図形。「二つの

ものが交差する」というイメージから、「身をよじってくねらせる」というイメージに展開する。「交（音・イメージ記号）＋虫（限定符号）」を合わせて、体をくねくねとよじって進む爬虫類を暗示させた。鮫（サメ）とも同源である。

甲 金 篆〔交〕 篆〔蛟〕

**【別名】** 交竜・馬絆

**【文献】** 楚辞・九歌・湘夫人「蛟何為兮水裔（蛟、水裔に何為（なんす）れぞ）」、史記・高祖本紀「太公往視、則見蛟竜於其上、已而有身、遂産高祖（太公往きて視れば、則ち蛟竜を其の上に見る、已にして身有り、遂に高祖を産む）」

## 【蛭】 6 音 シツ・テツ 訓 ひる

**【語源】** 上古漢語は*tet、中古漢語はtet（→呉音テチ、漢音テツ）である。ヒル綱（Hirudinea）の環形動物の総称。体は細長く扁平で、二七節がある。水気のある場所にすむ。チスイビル（*Hirudo nipponia*、中国名水蛭）やヤマビル（*Haemadipsa zeylanica japonica*、中国名山蛭）は吸盤で人畜の血を吸うが、ウマビル（*Whitmania pigra*、中国名螞蟥）は血を吸わない。水蛭は医蛭とも呼ばれ、医療の瀉血に用いられた。語源は窒（ぴったりと隙間をふさぐ）と同系である。和語「ひる」はヒルム（麻痺する）の語根という。一説ではヒヒラグ（疼）に由来するともいわれる。

**【字源】** 「至（*tied）」は矢が地面に届いた様子を示す図形で、「これ以上進めない行き止まり」のイメージがある。これは「ぴったりですきまがない」というイメージにつながる。「至（音・イメージ記号）＋虫（限定符号）」を合わせて、吸盤を皮膚にすきまなくつけて血を吸う虫を暗示させた。室（行き止まりの奥部屋）・窒・桎（手足をぴったり締める「かせ」）などは同系のグループに属する。

甲 金 篆〔至〕 篆〔蛭〕

**【別名】** 蟣・蜞・蚑・馬蛭・馬蜞・黄蜞・馬蟥・馬蟞・蛭蝚・至掌

**【文献】** 新書6（漢・賈誼）「恵王之後而蛭出（恵王の後（しり）

よりして蛭出づ)」、史記・賈生伝「夫豈従螘与蛭螾（それあに螘[アリ]と蛭螾[ヒルとミミズ]に従はんや)」、神農本草経「水蛭味鹹平、主逐悪血瘀血、月閉、破血瘕、積聚、無子、利水道（水蛭は味は鹹にして平なり。悪血瘀血を逐ふ・月閉・血瘕を破る・積聚・無子・水道を利するを主る)」

## 【蛯】6 音― 訓えび

**[語源]** 蝦の項参照。

**[字源]**「蛯」は中国の文献に見えないから恐らく国字である。延喜式などでエビを海老と書いており、この老を取って「虫＋老」の字が創作されたと考えられる。エビの姿を老人に見立てるのは、中国でエビの異称に長鬚公があるのと揆を一にする。一説では、下学集に「蛯」（えび）があり、「蛯」はこれの異体字であろうという。「老」は杖をつく老人の姿を描いた図形である。

甲 金 篆 〔老〕

## 【蜎】7 音エン 訓―

**[語源]** 上古漢語は*·iuan、中古漢語は·iuɛn（→呉音・漢音エン）である。カ（蚊）の幼虫ボウフラを意味する。体長は五ミリほど。体は細長く、頭部と腹部に分かれる。上下に体をくねらせて泳ぐ。語源は「細長い」というイメージをもつ、絹（細いきぬ糸）・涓（細いしずく）や、また嬋娟（女性が細い体をくねらせて舞うさま）などと共通のグループに入る。頭を下にして泳ぐところから、釘倒虫などの異名がある。和名の語源は泳ぐ姿が棒を振るようなので、棒振り虫→ボウフラになったという。

**[字源]**「肙（*·iuan）」は「○（丸い頭）＋肉（胴体）」を合わせた図形で、これがボウフラを表す原字。のち虫偏を添えて蜎となった。通称は孑孑だが、表記は正しくは孑孒と書く。「孑」は「子」の字の右手の部分がなく、「孒」は左手の部分がない。孑孒の語源は、別名を蛣蟩ともいう通り、詰屈（丸くかがまる）と同源（孑孒の項参照）。

篆 〔肙〕 篆 〔蜎〕

**[別名]** 孑孒・蛣蟩・沙虫・釘倒虫・倒跋虫・跟頭

虫・虷・蠉
**[文献]** 爾雅・釈虫「蜎、蠉」——郭璞注「井中小蛣蟩、赤虫、一名孑孒」

**蜒** →蚰蜒（58ページ）・蛞蝓（61ページ）

## 【蛾】 7 音ガ 訓——

**[語源]** 上古漢語は*ngar、中古漢語はnga（→呉音・漢音ガ）である。鱗翅目の昆虫Heterocera（ガ）の総称。ヤママユ（天蚕）、シャクガ（尺蛾）、メイガ（螟蛾）など、きわめて種類が多い。糸状・鞭状・櫛歯状などの触覚をもつ。夜間に活動する。灯蛾（*Arctia caja*、ヒトリガ）は灯火に集まってくるガで、色彩が美しい。一般にガの幼虫は害虫が多いが、カイコは例外。語源は触覚の姿から「∧形をなす」というイメージを取り、峨（山が∧形にとがる様子）などと同源。女性の美しい眉を蛾の触角に喩えて蛾眉といい、転じて美女の意となる。

**[字源]** 「我（*ngar）」は刃先がぎざぎざにとがった武器を描いた図形。「∧形をなす」というイメージを利用し、「我（音・イメージ記号）＋虫（限定符号）」を合わせて、触覚が∧形にとがった昆虫を暗示させた。峨のほかに、俄（「形に急に傾くさま→にわか）・餓（痩せて肋骨がぎざぎざになる→うえる）・娥（スタイルがきちんと整った女）・儀（きちんと整ったスタイル）なども同系の語である。[illegible]・䖸は異体字。

〔我〕 〔䖸〕

**[別名]** （ガ）蛾羅（ヒトリガ）飛蛾・火花・慕光

**[文献]** 詩経・衛風・碩人「螓首蛾眉」、荀子・賦篇「蛹以為母、蛾以為父（蛹を以て母と為し、蛾を以て父と為す）」、法苑珠林30「飛蛾入灯火（飛蛾灯火に入る）」

**蛷螋** →蠼螋（131ページ）

## 【蛺蝶】 7 音キョウ-チョウ 訓——

**[語源]** 上古漢語は*kāp-dāp、中古漢語はkep-dep（→呉音ケフ-デフ、漢音ケフ-テフ）である。この語はもと

もと蝶（胡蝶）と同義だが、日本ではタテハチョウに当て、中国でもこれを襲用している。鱗翅目タテハチョウ科（Nymphalidae）の昆虫の総称で、コノハチョウ、アカタテハ、キタテハなどを含む。色彩に富み、止まるとき羽を立てる。蛺蜨が本来の書き方（広雅に見える）。*kăp-dăp は一般にチョウを表す畳韻の二音節語で、「夾（きょう）」の「両脇から挟む」、「疌（しょう）」の「すばやい・軽やか」のイメージを組み合わせたもの。チョウの羽とその動きの特徴を捉えた命名である。和名はタテハとも略称され、羽を立てて止まることに由来する。

**【字源】**「夾（*kăp）」は大の字に立つ人の両脇に二人の人を配置した図形により、「中間の物を両脇から挟む」というイメージを示す。挟（はさむ）・峡（両脇から山に挟まれた谷間）・狭（両脇から挟まれてせまい）・鋏（はさみ）などは同源のグループ。「疌（*dziăp）」は「屮（伸び出る符号）+又（て）+止（あし）」を合わせて、手足をすばやく動かす様子を暗示させる。捷（すばやい）・睫（ぱちぱちとまばたく「まつげ」）などは同源のグループ。「夾（音・イメージ記号）+虫（限定符号）」と「疌（音・イメージ記号）+虫（限定符号）」を組み合わせて、羽を両側から挟むようにしてひらひらと動かす昆虫を暗示させている。

甲　金　篆〔夾〕　篆〔疌〕　篆〔蛺〕　篆〔蜨〕

**【別名】**春駒・野蛾・風蝶・撻末・巻葉虫

**【文献】**古今注（晋・崔豹）・巻中「蛺蝶、一名野蛾」、抱朴子・官理（晋・葛洪）「髫孺背千金而逐蛺蜨（髫孺千金を背にして蛺蜨を逐ふ）」

## 【蜐】 7　音キョウ　訓—

**【語源】**上古漢語は*kıăp、中古漢語は kıʌp（→呉音コフ、漢音ケフ）である。石蜐はフジツボ目ミョウガガイ科の甲殻類 *Pollicipes mitella*（カメノテ）を意味する。岩礁に付着して生じ、六対の紫色の足がある。語源は「去」の「へこむ」「ひきさがる」というイメージを取る。潮の干満とともに足を出したりへこませたりする姿を捉えた命名である。和名の「かめのて」は亀の足に見立てたもの。

**[字源]** 異体字は「蚨」。「去（*k'iag）」は「大（蓋の形）+ム（底がくぼんだ容器）」を合わせた図形で、「へこむ」「くぼむ」というイメージを示す。退去の去は「その場からへこんで引き下がる」の意、「去（音・イメージ記号）+力（限定符号）」を合わせた「劫（*kiăp）」は、力を加えて相手を引き下がらせる（つまり、おびやかす）ことを表す。いずれも「へこませる」というコアイメージがある。「去または劫（音・イメージ記号）+虫（限定符号）」を合わせて、カメノテを表す視覚記号とした。ちなみに荀子・王制にある「東海に則ち紫紶有り」の紫紶は蜐のことだという説もある（六書故）。

甲 金 篆 〔去〕

**[別名]** 紫蚨（しきょう）・紫蓋（しきょう）・亀脚

**[文献]** 郭璞・江賦（文選12）「石蚨応節而揚葩（石蚨節に応じて葩（はな）を揚ぐ）」

## 【蜆】7 音 ケン 訓 しじみ

**[語源]** 上古漢語は*hān、中古漢語はhen（→呉音・漢音ケン）である。二つの意味がある。一つはシジミ科の二枚貝の総称。中国医学（本草）では*Corbicula fluminea*（タイワンシジミ、中国名は河蜆）に当てる。殻は黒色で、ほぼ三角形を呈する。長さは大きなもので六センチほど。内面は紫を帯びた白色。淡水にすみ、食用になる。語源は晛（太陽の気）と同源で、殻の内部に初日の出のような光が見えることに由来するという（本草綱目）。和名の「しじみ」は縮みが語源で、殻の表面に縮んだようなしわがあることによる。

もう一つの意味は、爾雅に「蜆、縊女（いじょ）」とあり、この場合はミノムシの別名である（螠の項参照）。

**[字源]** 「見（*hān）」は目玉の大きな人を描いた図形で、「はっきり目立つ」というイメージがある。シジミの殻の内面の色に着目して、「見（音・イメージ記号）+虫（限定符号）」を合わせた「蜆」を作った。現（玉の光が目の前に見える→はっきりあらわれる）とも同源である。

甲 
金 
篆  〔見〕
篆 
 〔蜆〕

**【別名】**①（シジミ）扁螺（へんら）②（ミノムシ）螠（い）
**【文献】**①肘後備急方3「偏頭疼方、用生蘿蔔汁一蜆殻仰臥注鼻（偏頭疼方、生蘿蔔汁と一蜆殻とをもつて仰臥して鼻に注ぐ）」、隋書・劉臻伝「性好啖蜆、以音同父諱、呼為扁螺（性、蜆を啖（くら）ふを好む、音父の諱（いみな）に同じきを以て、呼びて扁螺と為す）」

## 【蜈蚣】7　音ゴーコウ　訓むかで

**【語源】**上古漢語は*ngag-kung、中古漢語はngo-kung（→呉音グーク、漢音ゴーコウ）である。ムカデ綱の節足動物の総称。中国で普通に見られるものは*Scolopendra subspinipes*（トビズムカデ、中国名少棘巨蜈蚣）。体長が一六センチに達する大型のムカデである。背は暗緑色、腹は黄褐色を呈し、二一節ごとに一対の足がある。有毒だが、漢方薬に使われる。ムカデは蛇を食い、蛇は蛙を食い、蛙はムカデを食うという（関尹子・三極篇）。語源は一説によれば、呉公（呉の爺さんの意）に由来するという。和名の「むかで」は足の姿から、向手（むかで）の意とされる。なお異名の一つに百足があるが、ヤスデと混同したものである。

**【字源】**もともとの表記は呉公である（広雅・釈魚）。呉は江南あたりを指す地名、公は愛称を示す接尾語。呉公に虫偏をつけて蜈蚣とした。
**【別名】**呉公・百足・百脚・蝍蛆・即且・蒺藜・天竜
**【文献】**神農本草経「蜈蚣、味辛温、主鬼疰蠱毒、啖諸蛇虫魚毒、殺鬼物老精、温瘧、去三虫（蜈蚣は、味は辛にして温なり。鬼疰蠱毒・諸の蛇虫魚に啖（か）まるる毒・鬼物老精を殺す・温瘧、三虫を去るを主る）」

## 【蛼螯】7　音シャーゴウ　訓——

**【語源】**中古漢語はt'ʃiăg-ngau（→呉音・漢音シャーガウ）である。シャコガイ科の二枚貝の一種*Hippopus hippopus*（シャゴウ、中国名硨磲）を意味する。殻は菱形で、長さは二二センチほど。灰白色の地に紫色の斑点がある。内面は白色。殻の表面に八〜一〇本の畝（放射肋）がある。南海に産する。古典ではオオハマグリの一種とされ、蜃とも呼ばれる貝の正体はこれである（蜃の項参照）。語源は硨磲（しゃこ）と関係がある。これはシャコガイ（*Tridacna*）を意味する。殻は大きなものは一メートルに達する。表面は黄白色。内面は白色。四〜六本の畝がある。硨磲の語源は畝を車渠（車のみぞ）になぞらえた命名。蛼螯の蛼は硨磲の硨に取り、螯は「敖」の「大きい」のイメージに基づく。

**【字源】** 本来の表記は車螯（本草経集注に出る）。「敖(ngau)」は「途方もなく大きい」というイメージを示す記号である（鼇の項参照）。「車（音・イメージ記号）＋虫（限定符号）」と「敖（音・イメージ記号）＋虫（限定符号）」を組み合わせて、車のわだちのような畝がある巨大な貝を暗示させた。なお硨磲が石偏になっているのは、宝飾品の材料となるため玉石のカテゴリーに入れられたからである。珊瑚（サンゴ）や玳瑁（タイマイ）も同例。

㊙甲 金 篆 〔車〕

**【別名】** 蜃

**【文献】** 本草拾遺（唐・陳蔵器）「車螯大蛤也、殻有花文、肉白色、大者如碟、小者如拳（車螯は大蛤なり、殻に花文有り、肉は白色、大なる者は碟（さら）の如く、小なる者は拳の如し）」、証類本草22「車螯是大蛤也、一名蜃、能吐気為楼台、海中春夏間依約島漵常有此気（車螯は是れ大蛤なり、一名は蜃、能く気を吐きて楼台を為す、海中春夏の間、島漵に依約して常に此の気有り）」

## 【蛸】 7 音ショウ 訓たこ

**【語源】** 「鱆」の項参照。

**【字源】** 「蛸（しょう）」は中国では蠨蛸（しょうしょう）（アシナガグモ）と螵（ひょう）蛸（蟷螂の卵塊、和名を「おおじがふぐり」という）に使われる字で、タコの意味は本来ない。日本では本草和名で「たこ」を「海蛸」と表記したのが最初である。これは中国の本草でコウイカの甲羅を海螵蛸と称したのと混乱したのかもしれない。あるいは大槻文彦が言うように、八本の足をクモに見立てて、海蛸（海のクモの意）と表記したのかもしれない。いずれにしても「蛸」を「たこ」と読むのは国訓である。字源については蠨蛸の項参照。

## 【蜃】 7 音シン 訓——

**【語源】** 上古漢語は*dhien、中古漢語はʑiěn（→呉音ジン、漢音シン）である。この語の意味については古くからオオハマグリ説と竜説があった。周礼や礼記の注では「蜃は大蛤なり」としている。後世になると夢渓筆談や本草綱目などが蜃は蛟竜の一種だという説を打ち出した。蜃気楼の現象はこの伝説上の生物である蜃のしわざだというのである。しかし正体は車螯である（蛼螯の項参照）。蜃の語源は「辰」にある。これは二枚貝を描いた図形で、二枚貝の一種を*dhien（蜃）といった可能性が強い。古代ではこの貝で草を刈る農具にも使用したので、「農」や「耨（くさぎる）」などの字にイメージ補助記号として利用されている。農具にしたのはハマグリのような小さな貝ではなく、おそらくシャコガイやシャゴウのような大きな貝であったと考えられる。

**【字源】**「辰（*dhien）」は舌を出す二枚貝を描いた図形。「弾力性がある」「ぶるぶる振るえ動く」というイメージを示し、振（ふり動かす）・震（ふるえ動く）・娠（みごもって胎動する）・唇（しゃべるとき、ぺらぺらと動く「くちびる」）・賑（活発で勢いがよい→にぎわう）などは同系のグループである。「辰（音・イメージ記号）＋虫（限定符号）」を合わせて、海底でふたを開けている大きな二枚貝を表した。

㊙甲　㊙金　㊙篆　〔辰〕
㊙篆　〔蜃〕

**【別名】**車螯・蛼螯・慎郎・昌娥

**【文献】**礼記・月令「雉入大水為蜃（雉、大水に入りて蜃と為る）」、史記・天官書「海旁蜃気、象楼台広野成宮闕（海旁の蜃気、楼台・広野を象り、宮闕を成す）」

**蜓**→蝘蜓（86ページ）・蜻蜓（80ページ）

**蜆**→貝（144ページ）

## 【蜉蝣】7　㊥フ－ユウ　㊙かげろう

**【語源】**上古漢語は*bɪog-dɪog、中古漢語はbɪəu-yiəu（→呉音ブ－ユ、漢音フウ－イウ）である。カゲロウ目（Ephemeroptera）の昆虫の総称。体は細長くて弱々しい。羽は半透明。幼虫は水中に棲む。成虫は日が沈むころ、群がり飛んで、地面に落ちて死ぬ。漢名は、その虫の姿から、浮游（水上にふわふわと浮かび漂う）を語源とする畳韻の二音節語に仕立てた。和名の「かげろう」も陽炎のようにゆらゆらと浮いて見えることから名を得た。カゲロウは古来短命の象徴とされている。

**[字源]**「孚（*p'iŏg）」は「爪（下向きの手）＋子」を合わせて、子どもを上から覆ってかばう様子を示す図形で、「上から覆う」というイメージがある。浮（上面に覆いかぶさるようにうかぶ）・孵（鳥が卵にかぶさってかえす）は同源のグループ。「斿（*diog）」は「㫃（旗の吹流し）＋子」を合わせたもの。風に揺れる吹流しとよちよち歩きの子どもという二つのイメージを合わせて、「あっちこっちに動いて一所にじっとしない」というイメージを作り出す。游（水上をあっちこっちに動いて移る→およぐ）・遊（一所に定着せず移動する）は同源のグループ。「孚（音・イメージ記号）＋虫（限定符号）」と「斿（音・イメージ記号）＋虫（限定符号）」を組み合わせて、水上に覆いかぶさるようにして、ゆらゆらと動く虫を暗示させた。

甲  金  篆  〔孚〕

篆 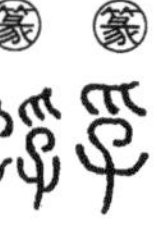 〔蜉〕

甲 金 〔斿〕

**[別名]** 朝秀・朝蜏・孳母・虫邪

**[文献]** 詩経・曹風・蜉蝣「蜉蝣之羽、衣裳楚楚（蜉蝣の羽、衣裳楚楚たり）」、荀子・大略「不飲不食者蜉蝣也（飲まず食はざる者は蜉蝣なり）」

## 【蜂】 7 音ホウ 訓はち

**[語源]** 上古漢語は ***p'iung**、中古漢語は **p'iong**（↓呉音フ、漢音ホウ）である。膜翅目の昆虫ハチ類の総称。種類が多く、スズメバチ（胡蜂）、ツチバチ（土蜂）、ジガバチ（蜾蠃）などがある。古典に出る「蜂」は多くは *Apis cerma*（トウヨウミツバチ、中国名蜜蜂）を指す。女王蜂体は暗褐色で、黄色を帯びる細毛に覆われる。女王蜂を中心に集団生活を営む。蜜を利用するほか、古代では食用にされた（礼記・内則）。一般にハチは目つきの残忍そうな人相に喩えられる。語源は鋒（ほこさき）と同源で、鋭い針をもつことに着目したことばである。和名の「はち」の語源については、ハ（羽）チ（霊）という説（大槻文彦）、ホ（火）チ（釣り針）という説（吉田金彦）などがある。

**[字源]**「夆」が本字。「丰（*p'iung）」は稲などの穂先

が尖っている姿を描いた図形で、「先端が∧形をなす」「∧形に盛り上がる（とがる）」というイメージを示す記号になる（蚌の項参照）。「丰（音・イメージ記号）＋夊（足を示す限定符号）」を合わせた夆（*bung）は、双方から歩いてきた足が↗↖の形に出会う様子を暗示させる。「夆（音・イメージ記号）＋辵（限定符号）」を合わせた逢（*bung）は出会うことを表す。丰・夆・逢は共通のコアイメージをもち、縫（布の頂点を↗↖の形にぬい合わせる）・峰（頂点が∧の形をした山）・鋒（∧の形にとがった刃先）などは同源のグループである。「逢（音・イメージ記号）＋䖵（限定符号）」を合わせて、∧形にとがった毒針をもつ昆虫を暗示させた。

〔夆〕　金　篆
〔逢〕　金　篆
〔蠭〕　甲　篆

**【別名】**（ハチ）蜂子・蜂児・金翼使・孔昇翁・小峭（ミツバチ）范・蝱・蜜官・蠟蜂

**【文献】**老子・五十五章（王弼本）「含徳之厚、比於赤子、蜂蠆虺蛇不螫（含徳の厚きは、赤子に比す、蜂蠆虺蛇も螫さず）」、春秋左氏伝・文公1「且是人也蠭目而豺声、忍人也（且つ是の人や、蠭目にして豺声、人に忍ぶなり）」、神農本草経「蜂子味甘平、主治風頭、除蠱毒、補虚羸、傷中、久服令人光沢、好顔色、不老（蜂子は、味は甘にして平なり。主治は、風頭・蠱毒を除く・虚羸を補ふ・傷中。久服すれば人をして光沢ならしめ、顔色を好くし、老いず）」

## 【蜊】7　音リ　訓あさり（浅蜊）

**【語源】**普通は浅蜊と書いて、軟体動物マルスダレガイ科の二枚貝 *Ruditapes philippinarum*（アサリ、中国名蛤仔）を表す。アサリの語源は、内湾の砂泥に棲息し、食用として求めやすいので、「あさる（漁る）」（水辺で食物を探す意）に由来する。

**【字源】**最初は当て字で浅利貝と書いたが、利に虫偏をつけた浅蜊の表記が定着した。したがって蜊は国字と考えられる。しかし中国では本草などで蛤蜊という名に蜊が使われていた。すでに存在する蜊と衝突したので、浅蜊の蜊は半国字といえる。ちなみに蛤蜊は現

在 *Mactra*（バカガイ属）の一種に同定されている（該項参照）。

**蜋**→蟯蜋（77ページ）・蟷蜋（120ページ）・蜩（83ページ）

**蜼**→狨（14ページ）

**蜴**→蜥蜴（81ページ）

## 【蜾蠃】8 音カーラ 訓すがる

**[語源]** 上古漢語は*kuar-luar、中古漢語はkua-lua（→呉音・漢音クヮーラ）である。膜翅目の昆虫 ***Ammophila vagabunda***（ジガバチ属の一種）を意味する。体は黒く、腰の部分が細い。よって細腰蜂とも呼ばれる。螟蛉（アオムシ）を毒針で刺して麻痺させ、幼虫の餌とする習性がある。古人は螟蛉を捕らえて育て、「我に似よ」と呪いをかけて自分の養子にすると考えた。*kuar-luarは果蠃（キカラスウリ）・壺盧（ヒョウタン）・蝸螺（カタツムリ）などと同源の畳韻の二音節語で、「ころころと丸い」というイメージをもつことばである。ジガバチの丸くふくれた尾部の姿を捉えた命名。和名の「じがばち」の古名はスガルで、擬音語に由来するという。ジガもスガルと同じく鳴き声とされる。似我蜂という漢字表記は右に述べた中国の説話に基づいたものであろう。

**[字源]** 「果（*kuar）」は木の実のことで、「すべすべして丸い」というイメージがある。「蠃」の虫を除いた部分「𣎆（*luar）」は能（熊の原字）と似た形で、ある種の肉の多い獣を描いた図形といわれる。あるいは「驘」（騾馬の騾の本字）と同じともいわれる。いずれにしても「ころころと丸みを帯びている」というイメージがあり、裸体の裸や螺（巻貝）とも同源である。「果（音・イメージ記号）＋虫（限定符号）」と「𣎆（音・イメージ記号）＋虫（限定符号）」を組み合わせた蜾蠃でもって、尻の部分が丸みを帯びたジガバチを意味する*kuar-luarを表記した。

甲 
金 
篆 〔果〕
篆 〔蜾〕
篆 〔蠃〕

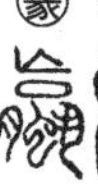
篆 〔𣎆〕

**[別名]** 細腰蜂・土蜂・蠮螉・果蠃・蒲盧

**[文献]** 詩経・小雅・小宛「螟蛉有子、蜾蠃負之、教

誨爾子、式穀似之（螟蛉子有れば、蜾蠃之を負ふ、爾の子に教誨せよ、もつて穀く之に似よと）」、法言1（漢・揚雄）「螟蛉之子殪而逢蜾蠃、祝之曰、類我類我、久則肖之矣（螟蛉の子殪れて蜾蠃に逢ふ、之に祝して曰く、我に類よ我に類よと、久しくして則ち之に肖る）」、毛詩草木鳥獣虫魚疏（三国呉・陸璣）「蜾蠃…取桑虫、負之于木空中或書簡筆筒中、七日而化為其子、里語曰、呪云象我象我（蜾蠃…桑虫を取りて之を木空中或いは書簡筆筒中に負ひ、七日にして化して其の子と為す、里語に曰く、呪して云ふ、我に象よ、我に象よと）」

## 【蜣螂】8

㊍キョウ-ロウ　㊋―

**[語源]** 上古漢語は ***k'iang-lang**、中古漢語は **k'iang-lang**（→呉音・漢音キヤウ-ラウ）である。甲虫目コガネムシ科（Scarabaeidae）のうち、食糞類の昆虫、特に ***Catharsius molossus***（タイワンダイコクコガネ、中国名屎蛒螂）を意味する。動物の糞を球状にまるめて転がし、幼虫の餌にする習性がある。タマオシコガネ、マグソコガネなどはこの仲間。エジプトのスカラベ（別名、オオタマオシコガネ）は球体のイメージから宇宙の象徴とされる。中国では知恵のある虫のイメージがある。***k'iang-lang** は畳韻の二音節語。その語源は本草綱目によれば、目が深く鼻が高いのが羌胡（中国西方の異民族の名）のようなので蜣螂の称があり、背に黒い甲を負う姿が武士のようなので、将軍の名があるという。ともに擬人化したことばである。

**[字源]**「羌（***k'iang**）」は「羊（ヒツジ）＋儿（ひと）」を合わせて、羊を放牧する人を暗示し、西方の異民族の名とする。「良（***liang**）」は狼の項でも述べたように、「汚れがなくきれいに澄む」というイメージがある。「良（音・イメージ記号）＋邑（限定符号）」を合わせた郎（***lang**）は、もとは地名だったが、良（妻が夫を呼ぶことば）の代用とする。そこから転じて男の意となる。「羌（音・イメージ記号）＋虫（限定符号）」と「郎（音・イメージ記号）＋虫（限定符号）」を組み合わせた蜣螂でもって、異民族の男のような風貌をもった虫を暗示させた。蜣蜋とも書かれる。

㊙〔羌〕 ㊎〔羌〕 ㊕〔羌〕
㊕〔郎〕 ㊕〔蜋〕

**[別名]** 蛣蟯（きっきょう）・転丸・弄丸・推丸・推車客・黒牛児・鉄甲将軍・夜遊将軍・天社・矢甲・屎吃蜋・屎蟯螂

**[文献]** 爾雅・釈虫「蛣蟯、蟯蜋」、神農本草経「蟯螂味鹹寒、主治小児驚癇瘈瘲腹脹寒熱、大人癲疾狂易、一名蛣蟯（蟯螂は、味は鹹にして寒なり。小児の驚癇・瘈瘲・腹脹・寒熱、大人の癲疾・狂易を治するを主る、一名は蛣蟯）」

## 【蜷】 8 音 ケン 訓 にな

**[語源]** 蜷は「虫が曲がりくねるありさま」を形容する語で、生物の名ではない。これを「にな」と読むのは国訓である。あるいは、新撰字鏡で「にな」を表記するために創作した字とも考えられる。そうすると「蜷」は半国字ということになる。「にな」は小さな巻貝の総称で、特にカワニナ（*Semisulcospira libertina libertina*）を指す。殻は暗褐色。川や湖に棲息する。古名はミナで、ニナはその訛り。ミナの語源は水鳴（みな）（水中で鳴く）の意だという（大槻文彦）。

**[字源]** 日本で、「にな」を表記するために、巻貝の巻に虫偏をつけて「蜷」とした。ただし本来の「蜷」は「巻」の「丸く巻く」のイメージを取り、虫が体をまるく屈曲させることを意味する*gıuan（呉音グェン、漢音クヱン）に代わる視覚記号である。「巻」の上部は「𢍏」が変わった形。「釆（手のひらに握った米粒を撒く形）＋廾（両手）」を合わせた「𢍏（*kıuan）」は、「丸くまるめる」というイメージを示す記号である。「㔾（＝卩）」はひざまずいて体をかがめる人の形。「𢍏（音・イメージ記号）＋㔾（イメージ補助記号）」を合わせた「巻（*kıuan）」は、丸くまくことを表す。拳（握りこぶし）・捲（丸くまく）・圏（丸く取り巻く「おり」）・券（丸く巻いた証拠の札）などは同源のグループ。「巻（音・イメージ記号）＋虫（限定符号）」を合わせて、虫が体を丸く屈曲させることを表した。

篆〔𢍏〕 篆〔巻〕 篆〔蜷〕

## 【蜻蛉】 8 音 セイ-レイ 訓 とんぼ・かげろう・あきつ

**[語源]** 上古漢語は*ts'eng-leng、中古漢語はts'eng-leng（→呉音シヤウ-リヤウ、漢音セイ-レイ）である。トンボ目（Odonata）の昆虫の総称。トンボ、イトト

ンボ、カワトンボ、サナエトンボ、ヤンマなどの諸科がある。腹部は細長く円筒形。二対の羽と三対の足、大きな複眼をもつ。幼虫のヤゴ（水蠆）は水中に棲む。

*ts'eng-leng は畳韻の二音節語で、透明な翅のイメージを捉えた擬態語に由来する。漢名の異名は甚だ多いが、蜻蜓（ヤンマ）、赤卒（アカトンボ）のほかはどんな種類のトンボに当たるかは不明。和語の「とんぼ」は飛び羽、または飛び坊の訛りとされる。古名は「あきつ」（または「あきづ」）で、秋之虫の意という（大槻文彦）。蜻蛉を「かげろう」とも読むが、このかげろうは蜉蝣（カゲロウ）ではなく、トンボの古い異名である。

**[字源]**「生（*sïeng）」は猩の項でも述べたように、「屮（草）＋土（つち）」を合わせて、草の芽が地上に生え出る情景を暗示する図形。「（発生したばかりで）汚れがなくすがすがしい」というイメージがある。「丼」は「井」の中に点を入れて、井戸の中に水のある様子を暗示する図形で、これも「汚れがなく澄み切っている」というイメージを示す。「生（音・イメージ記号）＋丼（イメージ補助記号）」を合わせた「青（*ts'eng）」は、「澄み切って汚れがない」というイメージを示し、清（水が澄み切っている）・晴（空が澄み切っている）・精（汚れを取って白くした米）・情（くもりのない心）・睛（澄み切ったひとみ）など一連の同源のグループを作る。

次に「令（*lieng）」は「亼（三方から集まることを示す符号）＋卩（ひざまずく人）」を合わせて、神の言葉や君主の命令を人々に告げる場面を設定した図形で、「（上から下に）お言葉を伝える」という意味のほかに、「清らかで美しい」という意味もある。冷（澄み切ってつめたい）・鈴（澄み切った音色を出す「すず」）・玲（玉の澄んだ音）・怜（心が澄んで賢い）・澪（水が澄んで清らか）などは同源の語である。「青（音・イメージ記号）＋虫（限定符号）」と「令（音・イメージ記号）＋虫（限定符号）」を合わせた蜻蛉でもって、羽が澄み切って美しい昆虫を暗示させた。

（甲）  （金） （篆） （生）

（金） （篆） （青）

（篆）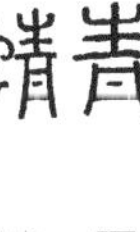  （蜻）

甲 金 篆〔令〕 篆〔蛉〕

**【別名】**負労・紗羊・江鶏・桑根・白宿・赤卒・赤衣使者・赤弁丈人

**【文献】**戦国策・楚「王独不見夫蜻蛉乎、六足四翼、飛翔乎天地之間（王独りかの蜻蛉を見ずや、六足四翼にして、天地の間に飛翔す）」、名医別録「蜻蛉、微寒、強陰、止精（蜻蛉は微寒なり。陰を強くし、精を止む）」

## 【蜻蜓】 8 音セイ-テイ 訓やんま

**【語源】**上古漢語は*ts'eng-deng、中古漢語はts'eng-deng（→呉音シヤウ-ヂヤウ、漢音セイ-テイ）である。普通のトンボ目の昆虫のうち、ヤンマ類の総称。普通のトンボよりも大形で、腹部が長い。ギンヤンマ、オニヤンマ、ムカシヤンマなどがある。蜻蜓は蜻蛉の異名とされることが多いが、現代の中国では*Aeschna melanictera*（ルリボシヤンマ属の一種）に同定されている。しかし陶弘景などによると、大きくて青いものを諸乗（蜻蜓の別名）というから、蜻蜓はギンヤンマの可能性がある。また最大のものを馬大頭というが、これはオニヤンマであろう。ts'eng-dengは畳韻の二音節語で、羽と体形のイメージを捉えたことばである。和語「やんま」の古名はヱンバで、羽の特徴からヤヘバ（八重羽）が転じたものという。

**【字源】**「青（*ts'eng）」については蜻蛉の項参照。「壬（*t'eng）」は人が背伸びしてまっすぐ立つ図形で、「まっすぐ伸びる」というイメージを示す。横にまっすぐ、つまり、「平ら」のイメージにもなり、平らに地均しした「にわ」を*dengといい、「壬（音・イメージ記号）＋廴（延びることを示すイメージ補助記号）」を合わせた廷で表記する（後に「庭」が生まれた）。「にわ」の意味から、罪人を取り調べるお白州（法廷の廷）の意味を派生する。いずれにしても「廷」は「まっすぐ伸びる」がコアイメージで、挺（まっすぐ抜き出る）・梃（まっすぐ延びる「てこ」）・艇（まっすぐ抜き出るように進む舟）などは同源のグループ。「青（音・イメージ記号）＋虫（限定符号）」と「廷（音・イメージ記号）＋虫（限定符号）」を組み合わせた蜻蜓でもって、トンボを表す。透明な羽のイメージと、細長く抜き出た腹部のイメージを組み合わせたことばが ts'eng-deng（蜻蜓）である。

(甲)　(篆)〔壬〕

(金)　(篆)〔廷〕　(篆)〔蜓〕

**[別名]** 青亭・蜻蜓・蜻虰・馬大頭・馬郎・狐梨・胡黎・諸乗・老琉璃・青弁使者

**[文献]** 博物志・戯術（晋・張華）「五月五日、埋蜻蜓頭于西向戸下、埋至三日、不蝕則化成青真珠（五月五日、蜻蜓の頭を西向の戸下に埋む、埋めて三日に至りて、蝕せざれば則ち化して青真珠と成る）」

**蛃** ↓蚋（45ページ）

## 【蜥蜴】

8　(音)セキ-エキ　(訓)とかげ

**[語源]** 上古漢語は*sek-d̥iek、中古漢語は sek-yiek（↓呉音シャク-ヤク、漢音セキ-エキ）である。トカゲ亜目（Sauria/Lacertilia）の爬虫類の総称。角質の鱗に覆われ、四肢をもつ。ヤモリ、カメレオン、イグアナ、カナヘビなどを含む。詩経では蜴の一字で現れる。*d̥iek がトカゲを意味する語で、この聴覚記号を本来は「易」の視覚記号によって表記した。中国ではカメレオンのように色を変える十二時虫というトカゲがいた。それが「易」という象形文字を生み、「AがBにかわる」「AをBにかえる」という意味の変易や交易の意味を派生し、生物のトカゲには新たに「蜴」を作った。また、トカゲは尾を自切して逃げる習性があるので、「析」のイメージを取って「蜥蜴」の畳韻の二音節語となった。和語の「とかげ」の語源は壁などの間によく棲息するから戸陰の意だという（東雅）。

なお蜥蜴の異名とされる石竜子は *Eumeces chinensis*（スジトカゲ属のシナトカゲ）に同定されている。体長は二一センチほどで、背は粘土色。語源は山石の間に棲息し、雹を吐き、雨を祈ることができるからという（本草綱目）。

**[字源]** 説文解字に「易は蜥易」とあるように、「易（*d̥iek）」がトカゲの象形文字で、「彡」（あや・模様・飾りを示す符号）によってトカゲのいろどりを暗示させている。のち「易」に虫偏をつけて「蜴」となった。それにトカゲの特徴である尾の自切・再生を暗示する

語を頭に冠する。「析（*sek）」は「木＋斤（おの）」を合わせた図形で、「分かれて切れる」のイメージをもつ。「析（音・イメージ記号）＋虫（限定符号）」を合わせたのが「蜥」である。

㊙甲 ㊎金 ㊎金 ㊟篆〔易〕

㊎金 ㊟篆〔析〕 ㊟篆〔蜥〕

**【別名】** 石蜴・石竜子・山竜子・泉竜・猪婆蛇・四脚蛇

**【文献】** 詩経・小雅・正月「哀今之人、胡為虺蜴（今の人を哀れむ、なんすれぞ虺蜴（きえき）［マムシとトカゲ］なる）」、漢書・東方朔伝「竜又無角、謂之蛇、又有足、跂跂脈脈、善縁壁、是非守宮、即蜥蜴（竜又角無し、之を蛇と謂ふ、又足有り、跂跂脈脈、善く壁に縁（よ）る、是れ守宮に非ず、即ち蜥蜴なり）」

## 【蜘蛛】 8

音 チーチュ　訓 くも

**［語源］** 上古漢語は*ṭieg-ṭug、中古漢語はṭiĕ-ṭiu（→呉音・漢音チーチュ）である。節足動物のAraneae（真正クモ目）の総称。四対の歩脚と一対の触肢をもつ。網を張るものと張らないものがある。アシナガグモ（蠨蛸）、トタテグモ（蝰蟷）、ヒラタグモ（壁銭）、ジョロウグモ（絡新婦）、ハエトリグモ（蠅虎）など、種類が多い。中国医学（本草）では蜘蛛を*Araneus ventricosus*（オニグモ、中国名大腹円網蛛）に当てる。大形のクモで、円い網を張る。疝気や解毒などに用い、金匱要略に蜘蛛散が見える。蜘蛛の語源は踟蹰・躊躇と同源で、クモの歩行の特徴を捉えた擬態語に由来する。網の作り方を人類に教えたので「知」の名を得たという民間語源も行われた。和名の「くも」は朝鮮語のkömïと同源という（大野晋）。

**［字源］** *ṭieg-ṭugは双声の二音節語で、躊躇（ためらう）や次且（ししょ）（一歩進んではまた止まる）と同源。この聴覚記号を表記するため「知（*ṭieg）」と「朱（*ṭiug）」を用い、「知（音記号）＋虫（限定符号）」と「朱（音記号）＋虫（限定符号）」の組み合わせとした。鼅鼄とも書かれる。

篆〔蜘〕 篆〔蛛〕

**[別名]** 糸虫・網虫・網工・社公・蚍蜉・蝃蝥

**[文献]** 易林4（漢・焦延寿）「蜘蛛作網、以伺行旅（蜘蛛、網を作り、以て行旅を伺ふ）」、名医別録「蜘蛛微寒、主治大人小児癀、七月七日取其網、治喜忘（蜘蛛は微寒なり。大人小児の癀を治するを主る。七月七日其の網を取り、喜忘を治す）」

## 【蜩】8 音 チョウ 訓 ひぐらし

**[語源]** 上古漢語は*dɔ̈g、中古漢語はdeu（→呉音デウ、漢音テウ）である。セミを表す古い漢語に*dɔ̈g（蜩）、*dang（螗）、*dzien（螓）がある（ともに詩経に出ている）。*dɔ̈gの語源はセミの鳴き声に由来し、一音節では*dög の語形であるが、二音節では*tieg-lɔ̈g（知了）の語形となり、TOG-LOG の祖形があったと想定される。これは都了・遮了・蜘蟟・蚱蟟・蛁蟟などとも書かれ、一般にセミ、またはクマゼミを意味する（蚱蟬・蛁蟟の項参照）。ちなみにニーダムらは、爾雅に出ている蜩（蜋蜩）を *Graptopsaltria*（アブラゼミ属）、螗蜩を *Tanna*（ヒグラシ属）、蠽（茅蜩）を *Terpnosia*（ハルゼミ属）、蝒（馬蜩）を *Polyneura*、蜺（寒蜩）を *Meimuna*（ツクツクボウシ属）に同定している（中国古代動物学史）。蜩の和訓「ひぐらし」は日暮れによく鳴くことによる命名。

**[字源]** 擬音語に由来する*dɔ̈gを表記するため「周（*tiog）」を用いて、「周（音記号）＋虫（限定符号）」の組み合わせとした。

**[別名]**（ヒグラシの異表記）茅蜩

**[文献]** 詩経・豳風・七月「五月鳴蜩（五月、蜩鳴く）」、詩経・大雅・蕩「咨女殷商、如蜩如螗（ああ女［＝汝］殷商、蜩の如く螗の如し）」、荘子・逍遥遊「蜩与鷽鳩笑之（蜩と鷽鳩、之を笑ふ）」

## 【蜚蠊】8 音 ヒーレン 訓 ごきぶり

**[語源]** 上古漢語は*pɪuər-lɪam、中古漢語はpɪuəi-liɛm（→呉音・漢音ヒーレム）である。ゴキブリ科の昆虫 *Blatta orientalis*（コバネゴキブリ、別名トウヨウゴキブリ、中国名は東方蠊）を意味する。体は扁平、黒褐色で、油のような光沢がある。人家に棲息し、飲食物を害したり、糞や悪臭をまき散らしたりする。古代中国で風の神を飛廉といい、*plɪəm（風）を二音節にした語。

これは風のうなる音をなぞった擬音語である。飛廉は怪物や性質の悪い人間に喩えられる。ゴキブリは昼は潜んでいるが、夜になると台所に出て悪さをするし、暑い季節にはよく室内を飛んで、人の手に負えない。こんなゴキブリを飛廉に見立てたのが蜚蠊の語源と考えられる。和名の「ごきぶり」は御器齧(かぶ)りの略で、食器にかぶりつく虫の意。

**[字源]**「非(*piuər)」は二枚の羽が反対方向に背きあっている図形で、「左右に分かれる」、また「二つ並ぶ」というイメージがある。「非(音・イメージ記号)+虫(限定符号)」を合わせた「蜚」は羽を並べて飛ぶ虫を暗示させ、古くはイナゴ類を意味した。風の神を飛廉(=蜚廉)といい、ゴキブリをこれに見立てて蜚蠊の表記が生まれた。

㊎　㉆〔非〕　㉆〔蜚〕

**[別名]** 飛蠊・飛蟅・蟑螂・石薑・負盤・滑虫・臭虫・香娘子・蟅郎・茶婆虫・偸油虫

**[文献]** 神農本草経「蜚廉味鹹寒、主治血瘀癥堅寒熱、破積聚、喉咽痹、内寒、無子(蜚廉は、味は鹹にして寒なり。主治は、血瘀・癥堅・寒熱・積聚を破る・喉咽痹・内寒・無子)」

## 【蜱】8　㊥ヒ　㊟だに

**[語源]** 上古漢語は***per**、中古漢語は**pei**(→呉音ハイ、漢音ヘイ)である。クモ形類のダニ目(**Acarina**)、特に**Ixodidae**(マダニ科)の節足動物の総称。マダニは体長が二〜八ミリほどで、褐色を帯び、四対の足をもつ。牛・馬などの家畜に寄生し、伝染病を媒介する。皮膚に取りついて血を吸うところから、語源は「卑」の「くっつく」のイメージを取る。異名の壁虱はトコジラミの意味もある。和名はもともと「たに」といい、背中が谷のようにくぼんでいることによるという。

**[字源]** ダニを表す本来の字は「螕」である。「⿱囟比(=毘)」は「囟+比」から成る。「囟」は赤ちゃんの頭の泉門(ひよめき、おどり)を描いた形で、「腦(=脳)」に含まれている。泉門はまだ完全に融合していない頭蓋骨の割れ目であるが、左右から合わさってくる→二つがくっつくというイメージがある。「比(***pier**)」は二人が並ぶ形で、これも二つがくっつくというイメー

ジがある。「比（音・イメージ記号）＋囟（イメージ補助記号）」を合わせた「毘」は、「二つのものがくっつく」「主たる者のそばに寄り添って助ける」という意味をもつ*bier（呉音ビ、漢音ヒ）を表記した。「毘（*bier）」の「くっつく」というイメージを用い、「毘（音・イメージ記号）＋虫（限定符号）」を合わせた「螕」によって、皮膚にくっついて血を吸う虫を暗示させた。

のち面倒な「毘」を易しい「卑」に替えたのが「蜱」。「卑（*pieg）」は薄っぺらな杓文字を手で持つ図形で、「薄い」というイメージを示す。「薄い」のイメージは「平ら」のイメージにつながり、また「くっつく」のイメージにも展開する。人畜の皮膚にくっついて血を吸う虫の姿を捉えている。なお「螕」はハイの音だが、「蜱」は蜱蛸（蟷螂の卵、いわゆる「おおじがふぐり」）の蜱と混同してヒの音で読むようになった。

甲 　金 　篆 〔比〕

篆 〔毗〕　篆 〔螕〕

金 　篆〔卑〕

**【別名】** 壁虱・牛虱

**【文献】** 説文解字13「螕齧牛虫也（螕は牛を齧む虫なり）」

## 【蜮】 8 音 ヨク 訓 ——

**【語源】** 上古漢語は*ɦuək、中古漢語はɦuək（→呉音ヰキ、漢音ヨク）である。詩経に出る伝説上の虫の名である。スッポンに似た水生の虫で、三つの足をもつ。岸辺の人を目がけて、水中から砂を発射し、毒気に当てて病気を起こし、また、人を殺すという。古来謎を秘めた虫であったが、近年正体が明らかになった。周尭は *Belostoma* に同定した（中国早期昆虫学史）。但し *Belostoma* は南米産のオオタガメ属であるから、*Lethocerus indicus*（タイワンタガメ）とすべきであろう。コオイムシ科の昆虫で、前肢は強大。魚や蛙を捕らえて口器の管で体液を吸う。昆虫の悪魔と称されるくらい凶悪な虫のイメージがあり、これが空想化され、怪物となった。語源についても漢書・五行志に「蜮は猶惑のごときなり」とある。社会の風紀が淫惑するため、この虫が発生すると考えた。しかしこれは漢代の特殊な思想に基づく。

**[字源]**「或（*ɦuək）」は「戈（ほこ）+場所を線で仕切る形」を合わせて、領地を囲って、自分のものだと武器で目印をつける情景を暗示する図形。「枠を区切る」というイメージがあり、域（区切られた土地）・國（=国。囲った領土）・惑（心が狭い枠に区切られて判断に迷う→まどう）・閾（門の扉を仕切る横木→しきり）などは同源のグループ。「一部分を区切る」というイメージから、「一部分だけを切り取る」というイメージに展開する。馘（首を切る）・聝（耳を切る）はこのイメージに基づく。同じように、「或（音・イメージ記号）+虫（限定符号）」を合わせることによって、毒で人を傷害して体の一部を切り取る虫を暗示させた。

㊙甲　金　篆〔或〕　篆〔蜮〕

**[別名]** 射工・射影・含沙・水弩・鬼弾・抱槍・短狐・水狐・渓毒・渓鬼虫

**[文献]** 詩経・小雅・何人斯「為鬼為蜮、則不可得（鬼たり蜮たり、則ち得べからず）」、春秋・荘公18「秋有蜮（秋、蜮有り）」

**蝟**→猬 （21ページ）

## 【蝘蜓】9 音エン-テン 訓やもり

**[語源]** 上古漢語は*·ăn-den、中古漢語は·en-den（→呉音エン-デン、漢音エン-テン）である。ヤモリ科の爬虫類 *Gekko chinensis*（チュウゴクヤモリ、中国名壁虎）、または *G. japonicus*（ニホンヤモリ）を意味する。体は扁平で、体長は約一二センチ。四肢の先に吸盤があり、壁や天井を歩くことができる。夜行性で、蜘蛛や蚊などを捕らえる。語源は壁に低く伏せた姿を、「匽」の「低く押さえる」イメージ、「廷」の「まっすぐ伸びる」イメージを組み合わせて捉えたもの。和名の「やもり」は人家に棲み、害虫を退治してくれることから、家守りが語源。漢名は「守宮」が普通に使われるが、これも同様の趣旨から出た語である。

**[字源]**「晏（*·ăn）」は「日+女」を合わせて、日の入りとともに女性が休む場面を設定した図形で、「安」（やすらかに落ち着く）と似た意匠である。「上から下

に落ち着く」というイメージは「上から下に低く押さえる」というイメージにつながる。「妟（音・イメージ記号）+匸（隠すことを示すイメージ補助記号）」を合わせた「匽（*.iăn）」は、身を低く押さえて隠れる様子を暗示させる。宴会の宴（落ち着いて楽しむ）・偃（低く伏せる）・堰（水を押さえて止める「せき」）などは同系のグループ。一方、「廷（*deng）」は蜻蜓の項で述べたように、「まっすぐ伸びる」というイメージがある。ただし蜻蜓の蜓はテイ、本項の蜓はテンで、音が異なる。*.ēn-den は畳韻の二音節語であり、「匽（音・イメージ記号）+虫（限定符号）」と「廷（音・イメージ記号）+虫（限定符号）」を組み合わせた蝘蜓でもって、身を低くして壁にへばりつき、体をまっすぐ伸ばした虫のイメージを暗示させている。

甲　篆〔妟〕
金　篆〔匽〕　篆〔蝘〕
篆〔壬〕　篆〔廷〕　篆〔蜓〕

**【別名】** 守宮・壁虎・壁宮・蝎虎・爬壁虫・辟宮子・地塘虫

**【文献】** 荀子・賦篇「螭竜為蝘蜓、鴟梟為鳳皇（螭竜（ちりゅう）は蝘蜓と為り、鴟梟（しきょう）は鳳皇と為る）」、漢書・揚雄伝「執蝘蜓而嘲亀竜（蝘蜓を執りて亀竜を嘲（あざ）ける）」

**蝯** →猿（25ページ）

## 【蝦】 9　音カ　訓えび

**【語源】** 上古漢語は*ɦăg、中古漢語はɦă（→呉音ゲ、漢音カ）である。節足動物エビ目のMacrura（長尾亜目）の総称。体は甲殻で覆われ、頭部にひげ（触角）があり、胸腹部に五対の足がある。*Fenneropenaeus chinensis*（コウライエビ、別名タイショウエビ、中国名対蝦）、*Panulirus ornatus*（ニシキエビ、中国名竜蝦）、*P. japonicus*（イセエビ）など、多くの種類がある。中国医学（本草）では*Macrobrachium nipponense*（テナガエビ、中国名青蝦）に当てる。淡水産の青みがかったエビで、二番目の足が非常に長い。語源は本草綱目では、湯に入れると霞（朝焼け・夕焼けの現象）のように赤くなるからというが、実は「叚」の「覆いかぶさる」のイメージから来ている。甲殻に覆われる姿に着目した命名である。和名の「えび」の語源は、エは枝、ビはひげの略で、鬚が枝のように伸び出ている姿を捉えたものという。鬚の特徴から漢名の異名に長鬚公がある。日本では腰の曲がった老人に見立てて海老の漢字表記が生まれ、長寿のシンボルとされる。

**[字源]** 鰕が本字。「叚（*kăg）」は「厂（垂れた布）＋＝（並べる符号）＋両手」を組み合わせた図形で、仮面をかぶる様子を暗示させる。「叚」は「覆いをかぶせる」というコアイメージをもち、假（＝仮。実体を覆い隠す→中身がなくうわべだけ）・暇（仕事に行かず一時的に身を隠す→ひま）・霞（物を覆いかぶせて見えなくする「もや」）などは同源のグループ。「叚（音・イメージ記号）＋魚（限定符号）」を合わせて、殻の覆いかぶさった魚（海の生物）を暗示させる。のち魚偏を虫偏に替えたのが蝦であるが、もともとこれは蝦蟇に使われる字であった。

㊎［古字］ ㊟［篆字］〔叚〕 ㊟［篆字］〔鰕〕

**[別名]** 長鬚公・虎頭公・朱衣侯・水晶人・曲身小子・沙虹

**[文献]** 易林4（漢・焦延寿）「鰌鰕去海（鰌鰕海に去る）」、論衡・商虫篇（漢・王充）「水田之中、時有魚蝦蟹之類（水田の中、時に魚・蝦・蟹の類有り）」、斉民要術8「作蝦醬法（蝦醬［エビみそ］を作る法）」

## 蝦蛄

㊥カーコ　㊕しゃこ

**[語源]** 中古漢語はɦă-ko（→漢音カーコ）である。シャコ科の甲殻類 *Oratosquilla oratoria*（シャコ）を意味する。体はほぼ扁平で、長さは一五センチほど。浅海の砂の底にすむ。食用になる。蝦蛄が古い表記で、語源は蝦に似ているところから、蝦に愛称の姑をつけたもの。のち体形が螻蛄（ケラ）に似ているので蝦蛄と書くようになった。また、カマキリのような前足があるので蟷螂蝦という異名がある。和名は蝦蛄の中世漢語（唐宋音）**hia-ku** に由来する。

**[字源]** エビを意味する「蝦」と、ケラを意味する螻蛄の「蛄」を組み合わせたもの。字源については該項参照。

【別名】蟷螂蝦・青竜・蝦公・蝦鬼・蝦魁
【文献】酉陽雑俎・続集8（唐・段成式）「蝦姑、状若蜈蚣（蝦姑、状は蜈蚣の若し）」

## 醤蝦　音 ショウ-カ　訓 あみ

【語源】中世漢語は**tsiang-hia**である。アミ目の節足動物の総称。エビと似るが、きわめて小さく、体長は一センチほど。海産が多い。釣り餌や食用とする。語源は醤（塩辛）に利用することに由来する。現代中国では糠蝦という。糠は大きさが穀物の外皮ほどであることから添えた語である。和名は網で捕るからアミエビ→アミとなったという。
【字源】「爿（***ts'iang**）」はベッドの図形で、「細長い」というイメージがある。「爿（音・イメージ記号）＋寸（イメージ補助記号）＋肉（限定符号）」を合わせた「將（***tsiang**）」は、五本の指のうち、細長い中指を暗示させる（鱂の項参照）。ここにも「細長い」というコアイメージがある。細く長く垂れる汁を漿といい、これの派生語として、汁気のある調味料を「將（音・イメージ記号）＋酉（限定符号）」を合わせて表記した。

篆〔將〕　篆〔醤〕

【別名】苗蝦・糠蝦
【文献】閩中海錯疏（明・屠本畯）「塗苗、海物異名記、謂之醤蝦、細如針芒、海浜人醎以為醤（塗苗は、海物異名記に、之を醤蝦と謂ふ、細きこと針芒の如し、海浜の人、醎（かん）［塩漬け］して以て醤と為す）」

## 【蝦蟇】9　音 ガーマ　訓 ひきがえる

【語源】上古漢語は***ɦăg-măg**、中古漢語は**ɦă-mă**（→呉音ゲーメ、漢音カーバ）である。カエルの仲間だが、古代では蛙と区別される。ヒキガエル科（Bufonidae）の両生類の総称で、ニーダムらは爾雅の鼃蟆（けいま）を***Bufo raddei***（ラッドヒキガエル）に同定している（中国古代動物学史）。ただし今の中国では蝦蟇を***Rana rugosa***（ツチガエル、中国名粗皮蛙）に当て、また中国医学（本草）では***Fejervarya limnocharis***（ヌマガエル、中国名沢蛙）に当てる。日本では本草和名が比支（ヒキ）の訓を与えている。ヒキガエルは腹が大きく、足が短く、背にいぼがある。***ɦăg-măg**は畳韻の二音節語で、語源は、体が広くずんぐりした姿から、上から下に覆いかぶさるようなイメージを想像して、「叚」と「莫」のコアイメージを取ったものと思われる。和語の「ひきがえる」は「ひき＋かえる」だが、「ひき」は贔屓に由来するといわれる（藤堂明保、漢字の話Ⅰ）。贔屓は本来ヒキと読み、想像上の動物で、竜の九子の一つ（贔屓の項参照）。非常に力が強いため、墓石を支える役目を負わされた。上から重いものを背負って、押し潰されそうな姿を呈する。ヒキガエルはこの姿に見立てたものである。なお中国には蟾蜍という別種のヒキガエルがいる（該項参照）。

**[字源]**「叚（*kăg）」は蝦の項で述べたように、「覆いかぶせる」というイメージがある。「莫（*mak）」は「茻（くさむら）＋日」を合わせて、草原の間に日が沈む様子を暗示させる図形。「覆いかぶせて姿が見えなくなる」というイメージを示し、暮（日が隠れて見えなくなる→くれる）・墓（土をかぶせて死体を隠す所）・幕（覆いかぶせて中を見えなくするテント）・膜（表面に覆いかぶさる薄い皮）などは同源のグループ。「叚（音・イメージ記号）＋虫（限定符号）」と「莫（音・イメージ記号）＋虫（限定符号）」を組み合わせた「蝦蟆」でもって、*hăg-măg の二音節語を表記するとともに、上から覆いかぶさるような姿をした虫のイメージを暗示させた。蟇は蟆の異体字。なお蝦の音がhaに変わったため、今の中国では蛤蟆と書く。この表記は竜龕手鑑に見える。

金 篆〔叚〕　篆〔蝦〕
甲 金 篆〔莫〕　篆〔蟆〕

**[別名]** 蟼蟆・蟈・蛙黽・土蛙

**[文献]** 春秋繁露・求雨「取五蝦蟇錯置社中（五蝦蟇を取りて社中に錯置す）」、史記・亀策伝「見食于蝦蟇（蝦蟇に食さる）」、神農本草経「蝦蟇味辛寒、主治邪気、破癥堅血、癰腫陰瘡、服之不患熱病（蝦蟇は味は辛にして寒なり。主治は、邪気・癥を破り血を堅くす・癰腫陰瘡。之を服すれば熱病を患はず）」

**【蝸】** 9　音 カ　訓 かたつむり（蝸牛）

**[語源]** 上古漢語は*kuăr、中古漢語はkuă（→呉音クヱ、漢音クワ）である。蝸牛は軟体動物マイマイ目のカタツムリの総称。陸産の巻貝で、殻は五～六階の螺旋状。頭部に二対の触角がある。中国医学（本草）では*Euhadra peliomphala*（ミスジマイマイ）に当てる。殻は淡黄色で、一～三条の暗褐色の帯がある。食用また薬用にされる。古くはカタツムリを蝸、または螺（＝蠃）といい、別名を蝸螺といった。してみるとKU~-LU~という畳韻の二音節語があって、*kuăr（蝸）や*luar（螺）になったと考えられる。これは「丸い」というイメージをもつ擬態語に由来し、壺盧(ころ)（ヒョウタン）や蜾蠃(から)（ジガバチ）などと同源である。丸く巻いた殻をもつ特徴を捉えてKU~-LU~と称したのであるが、後には蝸と略称され、さらに触角を牛の角になぞらえて蝸牛の語が生まれた。「かたつむり」の語源は、カタ（潟）＋ツビ（螺）＋リ（接尾語）で、潟に似た殻から現れたり入り込んだりする女陰のごとき物の意という（吉田金彦）。一説では、カサツブリの転で、笠に似た巻貝の意（柳田国男）。

**[字源]**「冎（*kuăr）」は「骨」の上部と同じで、骨の関節部分を表す図形。古代人は上の骨の穴に下の骨がはまりこんで自由な動きが生まれると考え、「冎＋口（あな）」を合わせた「咼（*kuăr）」によって、「丸く回る」とか「スムーズに動く」というイメージを示す記号とした。渦（くるくる回る「うず」）・窩（丸く開いた穴、眼窩の窩）・鍋（丸い形の器）・堝（「坩堝」、丸いつぼ）・萵（「萵苣」、葉を丸く巻くチシャ）などは同源のグループ。「咼（音・イメージ記号）＋虫（限定符号）」を合わせて、丸く巻いた殻をもつ虫を暗示させた。

なお蝸牛の古い呼び名に螔蝓(いゆ)がある。「虒（*sieg）」は「厂（横にずれる符号）＋虎」を合わせて、横にずれて移動する様子を暗示させる図形。遞（＝逓。次々と伝える意）と同源。「兪（*diug）」は「舟＋亽（道具）＋巜（削りくず）」を合わせて、木を刳り抜いて丸木舟を作る場面を設定した図形。「中身を抜いてよそに移す」というイメージがある。輸（物を移し運ぶ）・愉（心のしこりを取る→たのしい）・癒（病根を取る）などは同源のグループ。「虒（音・イメージ記号）＋虫（限定符号）」と「兪（音・イメージ記号）＋虫（限定符号）」を組み合わせて、ずるずると這って移動し、殻から身を出し入れする虫を暗示させた。殻をもつカタツムリを螔蝓というのに対し、殻をもたないナメクジを蛞蝓という。

篆〔冎〕 篆〔咼〕 篆〔蝸〕

篆〔虒〕

金 篆〔兪〕 篆〔蝓〕

[**別名**] 蝸螺・蝸蠃・蜾蠃・螺母・蠃母・陵螺・仆螺・蚹蠃・蠡蠃・蠡牛・瓜牛・小牛螺・土牛児・黄犢・山蝸・負殻・虒蝓・螔蝓

[**文献**] 礼記・内則「食蝸醢而苽食（蝸の醢を食らひて苽食す）」、荘子・則陽「有所謂蝸者、君知之乎（いわゆる蝸なる者有り、君之を知るか）」、名医別録「蝸牛味鹹寒、主治賊風喎僻（蝸牛は、味は鹹にして寒なり。賊風喎僻を治するを主る）」

## 【蝌蚪】 9

㊥カート ㊠おたまじゃくし

[**語源**] 上古漢語は***k'uar-tug**、中古漢語は**k'ua-təu**（→呉音クワ-ツ、漢音クワ-トウ）である。カエルの幼虫オタマジャクシを意味する。四肢はなく、丸い頭と屈曲した尾をもつ。水中にすむ。カエルの幼虫を古代漢語で***k'uar-tug**（科斗）、あるいは***ɦuat-tung**（活東）といい、これらは「ころころと丸いもの」というイメージをもつ疙瘩（こぶ、できもの）・骨朶（先端が瓜のように丸い棒状の兵器）などと同源で、**KU-TU-**という畳韻の二音節語に由来すると考えられる。和名は御玉杓子（汁を汲む道具の一種）に見立てたもの。

[**字源**] 本来は科斗と書いた。**ku-tu-**という二音節語をこれらによって表記する。これらの漢字を選んだ理由は、「科」には「丸い穴」という意味があり、「丸い」というコアイメージをもつからである。「禾」は丸い実の生る稲穂の図形で、「丸い」というイメージをもつ。また、「斗」はひしゃくのことで、カエルの幼虫の姿をこれに見立てた。後に科斗に虫偏をつけて蝌蚪となった。

甲 金   篆〔禾〕

篆 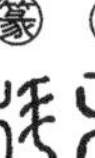〔科〕

甲 金 篆〔斗〕

【別名】活東・活師・丁子・水仙子・蝦蟇子・蝦蟇台・玄魚・玄針・懸針

【文献】荘子・秋水「還虷蟹与科斗、莫吾能若也（虷〔ボウフラ〕・蟹と科斗とを還るに、吾に能く若くものなきなり）」、古今注（晋・崔豹）「蝦蟇子曰蝌蚪（蝦蟇の子を蝌蚪と曰ふ）」

**蝎**→蠍（114ページ）・蝤蠐（96ページ）

## 【蝰】9　音ケイ　訓——

【語源】上古漢語は*k'ueg、中古漢語はk'uei（→呉音クヱ、漢音クヱイ）である。Viperidae（クサリヘビ科）の毒蛇。頭部が三角形に見えるところから、語源は「奎」の「∧形をなす」のイメージを取る。楕円形の斑点が鎖状をなすので、日本ではクサリヘビの名がある。異名の竹根蛇はよく竹によじのぼることからという。日本では竹根蛇、熇尾蛇をユウダ科の*Amphiesma vibakari*（ヒバカリ）に当てる。噛まれるとその日ばかりの命だからヒバカリ（日計）という。しかし実際は無毒らしい。この同定は疑問がある。

【字源】「圭（*kueg）」は蛙の項でも述べたように、「土」を二つ重ねて、先端のとがった玉器を表す。「∧形をなす」というコアイメージがある。「圭（音・イメージ記号）＋大（大の字に立つ人）」を合わせた「奎（*k'ueg）」は、足をまたぐ様子を示す。ここにも「∧形をなす」のイメージがある。「奎（音・イメージ記号）＋虫（限定符号）」を合わせて、頭が三角形を呈する虫を暗示させた。

篆　〔奎〕

【別名】竹根蛇・熇尾蛇

【文献】広雅・釈魚「虺、蝰也」、外台秘要方40（唐・王燾）「肘後青蝰蛇論、此蛇正緑色、喜縁木及竹上、与竹木色一種、人卒不覚、若人入林中、行脱能落頭背上、然自不甚嚙人、嚙人必死（肘後青蝰蛇論に、此の蛇正緑色、木及び竹上に縁るを喜ぶ、竹木と色一種、人卒に覚らず、若し人林中に入り、行きて脱して能く頭背の上に落つれば、然れども自ら甚だしくは人を嚙まず、人を嚙めば必ず死す）」

蝴蝶→蝶（97ページ）

## 【蝗】9 音コウ 訓いなご・ばった

**[語源]** 上古漢語は*ɦuang、中古漢語はɦuang（→呉音ワウ、漢音クワウ）である。直翅目Acrididae（バッタ科）の昆虫を意味する。古典では災害を記す文脈で螽（しゅう）がまず登場し、ついで蝗が現れる。螽と蝗は古今の語とされる。してみると蝗は*Locusta migratoria*（トノサマバッタ、中国名飛蝗）に同定できよう（中国古代動物学史）。体長は雄で三五ミリ、雌で五〇ミリ内外。緑色、あるいは褐色を呈する。普段は孤独相で生活しているが、いったん集団相をなすと大発生し、作物や草木を食い荒らしながら移動する。これを蝗害といい、古来恐れられた。空を飛翔するので飛蝗とも呼ばれる。語源はバッタ類の中では比較的大形なので、「皇」の「大きい」のイメージを取る。和名の殿様ばったも同趣旨。「ばった」は羽音の擬音語である「はたはた」が変わったもの。「いなご」は稲の害をなすところから稲子の意。イナゴはバッタ科イナゴ属の各種の総称である。

**[字源]**「皇（*ɦuang）」は「王（*ɦuang）」と同源の語である。「王」は大きな鉞（まさかり）を描いた図形で、権力をもつ大きな人を象徴させた。「皇」の上部の「白」は色の名ではなく、「自」（鼻の象形文字）を変形させたもの。鼻は顔面を横から見ると先端に突き出たものであるから、「空間的に先」のイメージがあり、そこから「時間的に初め」のイメージが生じる。「王（音・イメージ記号）＋白（イメージ補助記号）」を合わせた「皇」は、人類の最初の偉大な王を暗示させた。「王」も「皇」もともに「大きく広がる」というコアイメージをもつ。「皇（音・イメージ記号）＋虫（限定符号）」を合わせて、イナゴの大きなものを表した。鰉（大形のチョウザメ）や凰（おおとり、雌の鳳凰）とも同系である。

甲  金  篆  （王）

金  篆  （皇）

篆  （蝗）

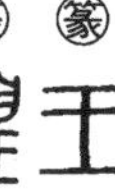

**[別名]** 螽・飛蝗・飛蚤・蝗虫・横虫・蝗螽・螞蚱（ばさく）

**[文献]** 礼記・月令「行春令則蝗虫為災（春令を行へば則ち蝗虫災ひを為す）」、山海経・東山経「螽蝗為敗（螽

蝗敗を為す)」

蝨→虱(40ページ)

## 【蝤蛑】9 音シュウ-ボウ 訓がざみ

**[語源]** 上古漢語は*tsiog-mıuəg、中古漢語はtsiəu-mıəu(→呉音シュ-ム、漢音シウ-ボウ)である。ワタリガニ科の甲殻類*Portunus trituberculatus*(ガザミ)を意味する。甲は菱形で、両側に長い棘がある。はさみは大きく、特に第四番目の足は扁平で舟の櫂に似る。語源は甲の両端が武器のように鋭く尖った姿から、「酋」の「引き締める」のイメージと、「牟」の「無理に突き冒して進む」のイメージを組み合わせたもの。甲の形が機の梭(ひ)と似ているので、梭子蟹(さしかい)の別名がある。和名は棘のある姿をアザミに喩え、カニ(蟹)アザミ(薊)がガザミになったという(吉田金彦)。長い距離を泳ぐ習性から、ワタリガニの異名もある。

**[字源]** 「酋(*dziog)」は「八(分かれ出る符号)+酉(酒つぼ)」を合わせて、酒つぼから酒の香りが出る様子を暗示させる図形。酒をしぼる(酒造)場面を設定した。酋長の酋はもともと杜氏を意味した。しぼることは縮めることにもなるから、「酋」は「縮める」「引き締める」というコアイメージをもつ。また「牟(*mıog)」は「ム(声の出るさま)+牛」を合わせて、モウという牛の鳴き声を表記した。この語はまた「むさぼる」意にも用いられる。それは牛の反芻から連想されたものである。無理に求める意味のコアには「無理を冒して突き進む」というイメージがあり、眸(突き刺すように視線を注ぐ「ひとみ」)・鉾(敵に突く進む「ほこ」)は同源のグループである。ガザミは甲の上下を引き締めて両側が飛び出たような姿をしているので、その結果先が鋭くなって鉾のような形を呈していて、「酋(音・イメージ記号)+虫(限定符号)」と「牟(音・イメージ記号)+虫(限定符号)」を組み合わせた蝤蛑でもって、虫の名を表記した。なお蛑は蝶とも書き(本草経集注)、某は謀(無いものを無理に求める)につながり、牟(むさぼる)と同系である。

篆 〔酋〕 篆 〔蝤〕

篆〔牟〕　篆〔蛑〕

**【別名】** 棱子蟹・槍蟹・八棹子・海蟳

**【文献】** 酉陽雑俎17（唐・段成式）「蝤蛑、大者長尺余、両螯至強、八月能与虎闘、虎不如、随大潮退、殻一退一長（蝤蛑は、大なる者長さ尺余、両螯至つて強し、八月能く虎と闘ひ、虎も如かず、大潮に随ひて退き、殻は一たび退けば一たび長ず）」

## 【蝤蠐】9　音 シュウ-セイ　訓 ——

**【語源】** 上古漢語は*dziog-dzer、中古漢語はdziau-dzei（→呉音ジユ-ザイ、漢音シウ-セイ）である。カミキリムシ科（Cerambycidae）の昆虫の幼虫、テッポウムシを意味する。円筒形で、乳白色。足は退化している。樹木に穴をあけて食害する。詩経では、白くて細い円筒形で、産毛の生えた姿を女性の首すじの比喩に用いている。語源は「酋」の「引き絞る」、「齊」の「そろう」のイメージを組み合わせて、その虫の形態的特徴を捉えたもので、双声の二音節語である。和語のテッポウムシも円筒形をした姿による命名。

**【字源】**「酋（*dziog）」は前項で述べたように「引き締める」というイメージがある。「齊（*dzer）」は「三つの物が並ぶ形」に「二」の符号を添えて、同じような物が等しくそろっているというイメージを示す記号となる。一斉の斉は「そろう」の意味。また剤（同じ分量に切りそろえた薬剤）・済（社会のアンバランスをそろえる→救済）・斎（身の周りを整える→斎戒）・臍（人体の中央にある「へそ」）などは同系のグループ。「酋（音・イメージ記号）＋虫（限定符号）」と「齊（音・イメージ記号）＋虫（限定符号）」を組み合わせて、引き絞ったように細く、上下のそろった筒型の姿を呈する虫を暗示させた。

甲

金

篆

〔齊〕
篆

〔蠐〕

**【別名】** 蝎（かつ）・蛣蝠（きつくつ）・桑蠹虫（そうとちゅう）・桑虫・桑蝎・鋸樹郎

**【文献】** 詩経・衛風・碩人「領如蝤蠐（領（うなじ）は蝤蠐の如し）」、爾雅・釈虫「蝤蠐、蝎」——郭璞注「在木中、今雖通名為蝎、所在異（木中に在り、今通名を蝎と為すと雖も所在異なる）」

**【蝶】** 9 音チョウ 訓——

**［語源］** 上古漢語は*dāp、中古漢語はdep（→呉音デフ、漢音テフ）である。鱗翅目の昆虫Rhopalocera（蝶亜目）の総称。蛺蝶（タテハチョウ）や鳳蝶（アゲハチョウ）、モンシロチョウ、シジミチョウなど、多くの種類がある。蛾とは学問上の別はないが、触角の形や活動時間（チョウは昼、ガは夜）などの違いによって区別される。語源は「枼（よう）」の「薄い」のイメージを取り、牒（ちょう）（薄い木の札）・鰈（ちょう）（カレイ）などと同源である。本来は*kāp-dāpの畳韻の二音節語で呼び、蛺蜨と書かれたが、のち蜨と蝶が同化した（蛺蝶の項参照）。別名の胡蝶（蝴蝶）の語源は、胡にはひげ（鬍）の意味があり、触角をひげに見立てたもの。日本では古くは「かわひらこ」と言った。「かわ」は川、「ひらこ」は扁子（平たい子）の意という（賀茂百樹）。一説では川辺にひらひら飛ぶ子の意（大槻文彦）。

**［字源］** 「枼（*dịap）」は木の上に葉のある姿を描いた図形で、「葉」の原字。したがって「枼」は「薄い」というコアイメージがある。草木の葉を古代漢語で*dịapといったが、形が薄いものを意味するdepという言葉はそれと同源と考えられる。「枼（音・イメージ記号）＋虫（限定符号）」を合わせて、羽の薄い虫を暗示させた。牒・鰈のほかに碟（ちょう）（薄い皿）・堞（ちょう）（薄い土塀、「ひめがき」）なども同源である。

金　篆　〔枼〕

**［別名］** 胡蝶・蝴蝶・粉蝶・韓蝶・玉蝶・花賊・玉腰奴・武帝侍従・傅粉何郎

**［文献］** 荘子・斉物論「昔荘周夢為胡蝶、栩栩然胡蝶也（昔荘周夢に胡蝶と為る、栩栩（くく）然として胡蝶なり）」、捜神記12「麦之為蝴蝶也、羽翼生焉（麦の蝴蝶と為るや、羽翼生ず）」

**【蝮】** 9 音フク 訓まむし

**［語源］** 上古漢語は*p'iok、中古漢語はp'ıuk（→呉音・漢音フク）である。クサリヘビ科マムシ亜科(Crotalinae)の毒蛇の総称。長さは六〇～七〇センチ。頭は三角形。灰褐色の地に黒褐色の斑点がある。蛙や鼠などを捕食する。語源は腹と同系で、腹がふっくらと膨れた形態

を捉えたことば。和名の古語は「はみ」で、人を噛むところからハム（食む）に由来する。「まむし」は真虫の意で、害をなすのが甚だしいから「真」という（大槻文彦）。なお中国にはマムシの仲間にはほかに五歩蛇（和名ヒャッポダ）がいる（虺の項参照）。

**[字源]**「复（*bıuək）」の甲骨文字は、真ん中が膨れて上と下が同じ形をしている器の形と、「夂」とを合わせた図形。前者は「同じ物が重なる」というイメージを示す記号で、後者は足の動作に限定する符号である。したがって「复」は同じ道をもう一度重ねて行くこと、つまり「かえる」ことを意味する「復」の原字である。「同じ物が重なる」というイメージは「ふくれる」というイメージとつながる。「复」は「重なる」と「ふくれる」の二つのイメージを兼ねた記号といえる。復・複・覆では「重なる」がコアイメージにあるが、腹・蝮・鰒（アワビ）は「ふくれる」のイメージによって命名された。マムシを表す視覚記号として、「复（音・イメージ記号）+虫（限定符号）」を合わせた「蝮」が考案されたゆえんである。なお福・富なども「ふくれる」のコアイメージをもち、語形も似ているため、同源の意識から、「复」は「畐（音・イメージ記号）の略体+夂」の字体に変化した。「畐」については蝙蝠の項参照。

㊙甲　㊙金　㊙篆〔复〕　㊙篆〔蝮〕

**[別名]** 蝮蛇・蝠蛇・虺（き）・土虺・土公蛇・土骨蛇・土脚蛇・反鼻・碧飛・草上飛・七寸子

**[文献]** 史記・田儋伝「蝮螫手則斬手、螫足則斬足（蝮は手を螫（さ）せば則ち手を斬り、足を螫せば則ち足を斬る）」、淮南子・覧冥訓「当此之時、禽獣蝮蛇、無不匿其爪牙（此の時に当たりて、禽獣蝮蛇、其の爪牙を匿さざるはなし）」

## 【蝙蝠】9

㊥音 ヘン-プク　㊥訓 こうもり

**[語源]** 上古漢語は ***pān-pıuək**、中古漢語は **pen-piuk**（→呉音・漢音ヘン-フク）である。コウモリ目[翼手目]（Chiroptera）の哺乳類の総称。特に ***Vespertilio superans***（ヒナコウモリ）に当てられる。体は比較的小さく、背

は灰褐色。薄い翼膜がある。建物のすきまや木の穴にすむ。昼間は物にぶら下がって止まっていて、夜間に空を飛ぶ。別名の伏翼は ***Pipistrellus abramus***（アブラコウモリ、別名イエコウモリ）に同定されている。中国ではほかに大耳蝠（ウサギコウモリ）、狐蝠（ヤエヤマオオコウモリ）などが棲息する。***pān-puək** は双声の二音節語で、語源は「扁」の「薄い」と、「畐」の「くっつく」の二つのイメージを組み合わせたもの。和名の古語は「かはぼり」または「かはほり」で、川岸や橋の下などでよく見られるのによるという。「ぼり」はヤモリ（家守）、イモリ（井守）のモリ（守）の訛り。中国では蝠と福の語呂合わせから、吉祥の動物とされる。

**【字源】**「扁（*pān）」は「戸＋冊」を合わせた図形。戸も冊も薄くて平らなものの代表として選ばれた符号で、「扁」は「薄い」「平ら」というイメージを示す（扁平の扁はその意味が実現されたもの）。「畐（*buək）」は腹のふくれた徳利状の器を描いた図形で、「いっぱい満ちる」「ふくれる」というイメージを示す。中身がいっぱいになっていることは、物と物がぎっしり詰まってくっついていることだから、「ふくれる」から「くっつく」へと、イメージが連合する。「畐」の「ふくれる」のイメージは福・富の根底にあり、「くっつく」のイメージは副（主にぴたりと寄り添うもの、副本・副官の副）・逼（くっつくほど迫る）・匐（地面に腹をつける、匍匐の匐）などの根底にある。「扁（音・イメージ記号）＋虫（限定符号）」と「畐（音・イメージ記号）＋虫（限定符号）」を組み合わせた蝙蝠でもって、薄く平らな翼で空を飛び、壁や軒などにくっついて止まる虫（動物）を暗示させた。

篆（扁）　甲　金

篆（蝙）　篆（畐）　篆（蝠）

**【別名】**伏翼・服翼・飛鼠・天鼠・仙鼠・檐鼠・夜燕

**【文献】**易林1（漢・焦延寿）「蝙蝠夜蔵、不敢昼行（蝙蝠は夜に蔵（かく）れ、敢へて昼行せず）」、神農本草経「伏翼味鹹平…久服令人喜楽媚好無憂、一名蝙蝠（伏翼、味は鹹にして平なり。…久服すれば人をして喜楽媚好憂ひ無からしむ、一名蝙蝠）」、抱朴子・仙薬（晉・葛洪）「千歳蝙蝠、色白如雪、集則倒懸、脳重故也（千歳の蝙蝠は、色白きこと雪の如し、集まれば則ち倒懸す、脳重きが故なり）」

## 【螠】10 音イ 訓ゆむし

**［語源］** 中世漢語はiである。鱗翅目ミノガ科の昆虫の幼虫、ミノムシを意味する。木の葉や枝で蓑を作り、その中に入って、枝にぶら下がって生活する習性がある。昔、その蓑を工芸品の材料にした。古代中国人は虫が木に首を吊って自殺すると考え、虫の名を縊女（いじょ）と称した。縊は首を吊る意。縊女の名は爾雅に見える。時代が下って玉篇などに螠が現れる。近世になると殻が薄くて小さい蟹の一種の名に螠が使われた。この字が日本に入るとユムシの訓が生まれた。たぶん誤解に基づくものであろう。ユムシ（*Urechis unicinctus*）は円筒形をした海産の動物で、体節も足もなく、剛毛がある。釣り餌に利用されるが、食用にもなるという。ユムシの意味では現在の中国でも用いられている。

**［字源］**「益（*·iek）」は「☵（「水」を横にした形）＋皿（さら）」を合わせて、皿に水がいっぱいになる様子を暗示させる図形。「（周囲をふさいで）中にいっぱいに詰まる」というイメージがあり、溢（いっ）（水が枠いっぱいになりあふれる）は同源である。「益（音・イメージ記号）＋糸（限定符号）」を合わせた縊は、ひもで首を絞めた結果喉が詰まって死ぬことを表した。首をくくって死ぬことを縊死という。ミノムシが木の枝にぶら下がっている状態を縊死の姿と見て、ミノムシを縊女といった。後に糸偏を虫偏に換えて螠となった。

甲 金 篆 〔益〕

**［別名］** ①（ミノムシ）縊女・蜆 ②（ユムシ）海腸子

**［文献］** ①類篇（宋・司馬光）「螠、縊女也」、爾雅・釈虫「蜆、縊女」――郭璞注「小黒虫、赤頭、喜自経死、故曰縊女（小さく黒き虫、赤き頭、喜んで自ら経死す、故に縊女と曰ふ）」

螔蝓 →蝸（90ページ）
螘 →蟻（115ページ）

## 【蟠蝥】10 音ハン-ミョウ 訓――

**［語源］** 上古漢語は*buan-mŏg、中古漢語はbuan-mău

（↓呉音ヘン-メウ、漢音ハン-バウ）である。甲虫目ツチハンミョウ科の *Mylabris phalerata*（和名はオビゲンセイ）を意味する。この昆虫は体長が一五～三〇ミリ。糸状の触角と腎臓形の複眼をもつ。足に黒い絨毛が密生し、足の関節から毒液を分泌する（ハンミョウに毒はない）。漢方薬に用いられる。翅に黄色い斑紋があるので、斑蝥と書かれるようになった。盤蝥の語源は、形態の特徴を「般」の「平らに広がる」のイメージ、毒があるという機能的特徴を「敄」の「無理に冒す」のイメージにより、二音節語に仕立てたもの。斑蝥は地胆（ヒメツチハンミョウ）や芫菁（ゲンセイ、またはマメハンミョウ）とよく混同される。また、日本では *Cicindela japonica*（ハンミョウ）を表すのに用いているが誤用。

**[字源]**「般（*buan）」は「舟＋殳（棒を手に持つ形）」を合わせて、かじをきって舟をぐるりと巡らす情景を設定した図形で、「ぐるりとまるく回る」「まるく平らに広がる」というイメージを示す。盤（平らな大皿）・磐（平らに広がった大岩）などは同源のグループ。「矛（*miog）」は武器の「ほこ」のことで、「敵に向かって突き進む」↓「無理に冒す」というイメージがある。「矛（音・イメージ記号）＋攵（動作を示す限定符号）」を合わせた「敄」は同じコアイメージをもつ。「般（音・イメージ記号）＋虫（限定符号）」と「敄（音・イメージ記号）＋虫（限定符号）」を組み合わせた盤蝥は、体が平たく、毒で皮膚を冒す昆虫を暗示させた。

甲　金　篆（般）

篆（盤）

金　篆（敄）　篆（蝥）

**[別名]** 斑蝥・斑猫・斑蚝・竜尾・竜蚝・竜苗・晏青

**[文献]** 説文解字13「盤、盤蝥、毒虫也」、神農本草経「斑猫味辛寒、主治寒熱鬼疰蠱毒、鼠瘻悪瘡、疽蝕死肌、破石癃、一名竜尾（斑猫［＝盤蝥］は、味は辛にして寒なり。主治は、寒熱・鬼疰・蠱毒・鼠瘻・悪瘡・疽蝕・死肌・石癃を破る。一名は竜尾）」

**螕** ↓蜱 （84ページ）

**【螃】** 10 音 ボウ 訓 —

**[語源]** 中古漢語はbang（↓呉音バウ、漢音ハウ）である。螃蟹（ぼうかい）はイワガニ科のモクズガニの一種、***Eriocheir sinensis***（チュウゴクモクズガニ）を意味する。甲の形は丸みのある四角形で、暗緑色。はさみは強大である。はさみに絨毛が密生するので、毛蟹（もうかい）・絨螯蟹（じゅうごうかい）の別名がある。淡水に棲むが、海に下って産卵する。きわめて美味とされ、養殖もされる。市場名の上海ガニで知られる。語源は「旁」の「張り広がる」のイメージを取る。和名の「もくずがに（藻屑蟹）」ははさみの絨毛を藻の屑に見立てたもの。

**[字源]** 「方（*piang）」は左右に柄の張り出た鋤を描いた図形で、「左右に張り出る」というイメージを示す（魴の項参照）。「凡」は舟の帆の図形。「方（音・イメージ記号）＋凡（イメージ補助記号）」を合わせたのが「旁（*bang）」で、帆のように左右にぱんと張り広がる様子を表す。「方」も「旁」もコアイメージは共通である。「旁（音・イメージ記号）＋虫（限定符号）」を合わせて、はさみが左右にぱんと張り出たカニを暗示させた。

(甲)　(金)　(篆)　〔旁〕

**[別名]** 旁蟹・毛蟹・絨螯蟹・郭索・郭先生

**[文献]** 法苑珠林113（唐・釈道世）「殺一螃蟹取汁、塗瘡（一螃蟹を殺して汁を取り、瘡に塗る）」、嶺外代答6（宋・周去非）「欽人親死不食魚肉、而食螃蟹車螯蠔螺之属、謂之斎素、以其無血也（欽人は、親死して魚肉を食はず、而して螃蟹・車螯・蠔螺の属を食ふ、之を斎素と謂ふ、其の血無きを以てなり）」

## 【螟】 10

(音) メイ　(訓) ―

**[語源]** 上古漢語は*meng、中古漢語はmeng（↓呉音ミヤウ、漢音メイ）である。鱗翅目メイガ科のニカメイガ（二化螟蛾）、サンカメイガ（三化螟蛾）などの幼虫を意味する。日本ではメイチュウ（螟虫）、またはズイムシ（髄虫）と呼ばれる。稲の茎の髄を食う害虫である。稲のわらなどに潜んで越冬する。語源は「冥」の「暗くてはっきり見えない」というイメージを取る。

**[字源]** 「冥（*meng）」は「冖＋日＋六」から成る。「冖」は覆い被せる符号。「六」は陸の旁である「坴」の上部の「六」に含まれており、六は陸を描いた象形文字である（睦の項参照）。しがって「冥」は太陽が陸（つ

まり丘や山）の彼方に沈んであたりが暗くなる情景を暗示させる図形。「冥（音・イメージ記号）＋虫（限定符号）」を合わせて、稲の茎に潜り込んで姿が見えない虫を暗示させた。

篆〔冥〕　篆〔螟〕

**【別名】** 螟虫・稲螟虫

**【文献】** 詩経・小雅・大田「去其螟螣、及其蟊賊、無害我田穉（其の螟螣を去り、其の蟊賊に及ぶ、我が田穉を害すること無からしむ）」

## 【螟蛉】10　音 メイ-レイ　訓 —

**【語源】** 上古漢語は*meng-leng、中古漢語はmeng-leng（→呉音ミヤウ-リヤウ、漢音メイ-レイ）である。チョウやガなどの幼虫、アオムシを意味する。植物の葉や花を食害する。古代中国では蜾蠃（ジガバチ）がアオムシを負っていく姿を見て、ジガバチが自分の養子にすると考えた。実際はジガバチがアオムシを毒で麻痺させて巣に運び、幼虫の餌にするのである。このことから養子の異名を螟蛉という。*meng-leng は畳韻の二音節語で、深い青色をした体の特徴を捉えた。

**【字源】** 「冥（*meng）」は前項で説明したように、「暗くて見えない」というイメージがあり、これが「深い」のイメージにつながる。溟（深い海）と同源。「令（*leng）」は蜻蛉の項で説明したように、「清い」のイメージがあり、「澄み切っている→青い」のイメージにつながる。「冥（音・イメージ記号）＋虫（限定符号）」と「令（音・イメージ記号）＋虫（限定符号）」を組み合わせて、深い青色（緑色）の虫を暗示させた。蛉は⿰虫霝とも書く。「霝（*leng）」は羚の項でも述べたように、「清らか」というイメージがある。

甲 　金 　篆 〔令〕

篆 〔蛉〕

篆 〔霝〕　篆 〔⿰虫霝〕

**【別名】** 青虫・桑虫・桑女・戎女

**【文献】** 詩経・小雅・小宛「螟蛉有子、蜾蠃負之（螟蛉子有れば、蜾蠃之を負ふ）」

**螾** →蚯蚓（50ページ）

## 【蟋蟀】11 音シツ-シュツ 訓こおろぎ

**[語源]** 上古漢語は*siet-siüet、中古漢語はsiĕt-ṣiuĕt（→呉音シチ-シユチ、漢音はシツ-シユツ）である。直翅目のコオロギ科の昆虫の総称。特にその中の一種*Gryllulus chinensis*に当てられる。長さは約二〇ミリ。触角は非常に長く、全身が光沢のある黒色。リリリリと四音節の声で鳴く。戦いを好む性質を利用して、中国ではコオロギを戦わせて賭け事を行う風習が盛んであった。*siet-siüetは双声の二音節語で、コオロギが翅をこすり合わせて出す音を模した擬音語に由来する。窸窣（しっそつ）（きしむ音の形容）や萃蔡（すいさい）（衣がすれ合う音の形容）などと同源である。和名の「こおろぎ」も擬音語に由来するという。

**[字源]** *siet-siüetという二音節語を表記するために「悉（*siet）」と「率（*siuət）」を用いて、「悉（音記号）+虫（限定符号）」と「率（音記号）+虫（限定符号）」を組み合わせて蟋蟀とした。

**[別名]** 蛬（きょう）・蛩・吟蛩・蜻蛚（せいれつ）・蚟孫・促織・趨織・叫鶏・闘鶏・将軍

**[文献]** 詩経・唐風・蟋蟀「蟋蟀在堂、歳聿其莫（蟋蟀堂に在り、歳ここに其れ莫（く）れんとす）」、宋史・賈似道伝「嘗与群妾踞地、闘蟋蟀（嘗て群妾と地に踞して、蟋蟀を闘はす）」

## 【螽】11 音シュウ 訓——

**[語源]** 上古漢語は*tiong、中古漢語はtʃiung（→呉音シユ、漢音シユウ）である。直翅目の昆虫バッタ類の総称であるが、単用では蝗の古名で、トノサマバッタ（飛蝗）を意味する。複合語では、阜螽がオンブバッタ（負蝗、負蠜と同じ）、蟿螽（けいしゅう）がショウリョウバッタ（蚱蜢と同じ）である。トノサマバッタは古来大災害をもたらした悪魔的昆虫であるが、一方、多くの子を生み繁殖するところから、子孫繁栄の象徴とされた。*tiongの語源は「いっぱい蓄える」のイメージをもつ「冬」や「蓄」と同源。また「多い」というイメージともつながるので、「衆」と同源で、螽の異体字を蝵と書く。

**[字源]** 「冬（*tong）」は冬を越すために物を蓄える情景を描いた図形。蓄（*tiok）などと同源のことばで、「いっぱい蓄える」というイメージがある。「冬（音・

イメージ記号）＋蝕（限定符号）」によって、子をたくさん蓄えて大いに繁殖する虫を暗示させた。

甲  金  古  〔冬〕 篆 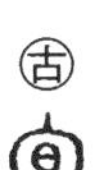 〔螽〕

**【別名】** 蝗

**【文献】** 詩経・周南・螽斯「螽斯羽、詵詵兮、宜爾子孫、振振兮（螽斯［斯は接尾語］の羽、詵詵たり、宜なり爾の子孫、振振たり）」、詩経・召南・草虫「喓喓草虫、趯趯阜螽（喓喓たる草虫、趯趯たる阜螽）」

### 螽蟖　㊥シュウ－シ　㊙きりぎりす

**【語源】** 直翅目の昆虫キリギリスを意味する。中国では *Holochlora nawae*（中国名は緑螽斯）が普通に見られる種類。体は緑色で、長さは四五ミリほど。触角は細長く、翅をこすって音を出す。螽斯という語の出所は詩経であるが、螽はバッタの類で、斯は接尾語である。ところが江戸時代の本草家（稲生若水や小野蘭山など）が螽斯をキリギリスに読み間違えた。近代生物学が日本から中国に入って、中国でも螽斯をキリギリスに当て、現在に至っている。和名の「きりぎりす」は鳴き声がチョンギースと聞こえることに由来する。

**【字源】** 螽斯が本来の書き方であるが、斯に虫偏をつけて螽蟖と整形したもの。螽の項参照。

## 【螲蟷】 11　㊥テッ－トウ　㊙とたてぐも

**【語源】** 上古漢語は*tet-tang、中古漢語はtet-tang（→呉音テチ－タウ、漢音テツ－タウ）である。真正クモ目トタテグモ科の一種 *Latouchia davidi* を意味する。体は黒褐色で、長さは一センチほど。土の中に円筒形の巣を作り、入り口に開閉できる蓋がある。語源は「窒」の「中に詰まる」と、「當」の「物にぶつかる」の二つのイメージを組み合わせた双声の二音節語。和名は戸を立てるクモの意。

**【字源】** 「至（*tied）」は矢が地面に逆さに到達する姿を描いた字で、「これ以上は進めない最後のどんづまり」というイメージがある。「至（音・イメージ記号）＋穴（限定符号）」を合わせた「窒（*tet）」は、穴が行き止まりになってふさがる様子を暗示させる。「中にいっぱい詰まる」というイメージがある。「當（*tang）」

は詳しくは蟷螂の項で述べるが、「物にぶつかる」というイメージがある。土中の巣穴にこもってじっと外を伺い、他の虫が通ると攻撃して捕らえるトタテグモの習性を捉えて、「窒（音・イメージ記号）＋虫（限定符号）」と「當（音・イメージ記号）＋虫（限定符号）」を組み合わせた。

㊙甲　㊙金　㊙篆〔至〕
㊙篆〔窒〕

**[別名]** 蛈蝪（てつとう）・蛈母・顛当虫・土蜘蛛・金嚢駝

**[文献]** 爾雅・釈虫「王蛈蝪」――郭璞注「即螲蟷、似蜘蛛、在穴中有蓋、今河北人呼蛈蝪（即ち螲蟷なり、蜘蛛に似る、穴中に在りて蓋有り、今河北の人蛈蝪と呼ぶ）」、諸病源候論34（隋・巣元方）「螲蟷瘻者、由居処飲食有螲蟷毒気入臓腑、流於経脈所生（螲蟷瘻なる者は、居処飲食、螲蟷の毒気有りて臓腑に入り、経脈に流るるに由りて生ずる所なり）」

**螳螂** →蟷螂（120ページ）

## 【蟎】11 ㊥マン ㊞だに

**[語源]** 蜱の項参照。

**[字源]** 和名抄がブユを意味する「蚋」をダニと読み間違えた後、この字が変形して「蟎」になったといわれる。そうすると「蟎」は国字である。しかし「蟎」は華陽国志（晋、常璩撰）に「黒蟎の脳三斛」の用例があり、ある種の動物を表したらしい（中国の字典に未記載で、意味は不詳）。日本と中国で偶然にかちあったと考えられるので、「蟎」は半国字としてよい。現代の中国では「蟎」をダニの意味で使っているが、これは日本からの逆輸入である。

## 【螺】11 ㊥ラ ㊞にし

**[語源]** 上古漢語は***luar**、中古漢語は**lua**（→呉音・漢音ラ）である。腹足綱の巻貝の総称。狭義ではタニシ科の総称。また特に*Bellamya purificata*（オオタニシの一種、中国名梨型環棱螺）を指す。殻は円錐形で高く、緑褐色。川、湖、池などに棲む。食用になる。語源は「累」の「次々に重なる」のイメージによる命名。ま

た蝶蠃の蠃とも同系で、「ころころと丸い」というイメージもある。和名の「にし」の語源は、ニ（丹）シ（肉）の意だという。

**[字源]**「累」の「田」は「畾」の略体。「畾（*luər）」は三つの物が積み重なった象徴的符号で、「いくつも積み重なる」というイメージを示す。「畾（音・イメージ記号）＋糸（限定符号）」を合わせた纍（＝累。*lĭuər）は、糸で次々とつなぎ重ねる様子を暗示させる。「累（音・イメージ記号）＋虫（限定符号）」を合わせて、殻が螺旋状に巻いて重なった虫を表した。壘（＝塁。土や石を積み重ねた「とりで」）・蕾（花弁が重なって開かない「つぼみ」）や、傀儡（かいらい）の儡（粘土を重ねて作った人形）、瘰癧（るいれき）の瘰（皮膚に重なったできもの）などは同源のグループ。

篆 〔累〕

**[別名]**（オオタニシ）青螺　（マルタニシ）田螺・黄螺（アカニシ）海螺・紅螺

**[文献]** 論衡・偶会（漢・王充）「月毀於天、螺消於淵（月、天に毀（か）くれば、螺、淵に消ゆ）」、名医別録「田中螺汁、大寒、主目熱赤痛、止渇（田中螺の汁は大寒なり。目熱赤痛、渇を止むるを主る）」

## 細螺

音 ——
訓 きさご

**[語源]** ニシキウズ科の巻貝 *Umbonium costatum*（キサゴ）を指す。直径二センチほどの小さな貝である。殻の表面には低い畝をめぐらし、褐色の斑紋がある。おはじき（子供の玩具の一つ）に利用された。細螺という漢語は中国の古典に若干の用例があるが、単に細い巻貝、または細い螺鈿の意のようで、キサゴに用いるのは和製表記と考えられる。「きさご」のキサは橒（きさ）（刻みの意）、コは子で、刻みのような畝があるのに由来する（大槻文彦）。なお扁螺とも書くが、本来は蜆（シジミ）の別名である。

**[字源]**「囟（*sien）」は赤ちゃんの頭にある「おどり」を描いた図形（瓢虫の項参照）。まだ固まっていない頭蓋骨のすきまなので、「軟らかい」のイメージのほかに、「小さく細い」のイメージもある。「囟（音・イメージ記号）＋糸（イメージ補助記号）」を合わせて、糸のように小さく細いことを暗示させる。「螺」については前項参照。算盤玉ほどの小さい巻貝を「細＋螺」で表記

した。

古　篆〔囟〕　篆〔細〕

**法螺**　音 ホーラ　訓 ―

【**語源**】中古漢語は**pɪuʌp-lua**（↓呉音ホフーラ、漢音ハフーラ）である。フジツガイ科の巻貝*Charonia tritonis*（ホラガイ）を意味する。大きなものは全長が四〇センチあまり。殻は紡錘形で、口が大きい。表面に低く太い畝が走り、多彩な模様がある。吹き口をつけると楽器になる。昔、仏教徒が楽器として使用したことから「法」の語を冠して法螺という。螺は巻貝の意。日本では屋上屋を架して法螺貝という。

【**字源**】「法」の古字は灋と書く。「廌」は空想的な獣の名で、罪人を見分ける能力があるとされ、裁判でこの獣を使ったという伝説がある。そこから裁判官のシンボルとなった（獬の項参照）。「去」は容器に蓋を被せる図形で、「へこむ」「くぼむ」というイメージがあり（蚴の項参照）、そこから「凹ませて外に出ないようにする」というイメージに展開する。「水」は水際、つまり境界線を示す符号。これら三つの記号を組み合わせて、一定の場所からはみ出さないように裁判官が設けた境界線を暗示させ、それによって「勝手な行動を縛る枠組み、おきて」という意味をもつ***pɪuăp**という聴覚記号を表記する。仏典を翻訳した際、梵語の**dharma**を法と意訳したため、真理、仏の教えなどの意味を生じ、また、仏教に関することに添える語ともなった。「螺」については該項参照。

金　篆　〔法〕

【**別名**】法蠡・梵貝

【**文献**】宋史・日本国伝「納法螺二口（法螺二口を納いる）」

**栄螺** → 蠑螺（123ページ）

## 【螻蛄】

11　音 ロウーコ　訓 けら

【**語源**】上古漢語は***lug-kuag**、中古漢語は**ləu-ko**（↓呉音ルーク、漢音ロウーコ）である。直翅目ケラ科（Gryllotalpidae）の昆虫の総称。体は暗褐色で、長さは三〇ミリ内外。前足はモグラのように土を掻くのに適し、トンネルを掘って棲む。九月ごろジーという声で鳴く。語源は「螻」の「数珠つなぎ」のイメージを利用して命名された。和名の「けら」は土を蹴るから、ケル→ケラになったという。

**[字源]**「婁（*lug）」の上部は「毌」（横に貫く符号）と「中」（縦に通す符号）がドッキングした形。これらの符号と「女」を合わせたのが「婁」で、女の奴隷を紐でしばって連ねた情景を暗示させる。「婁」は「数珠つなぎ（—・—・—型）に連なる」というイメージを示す記号となり、楼（フロアが上に連なった建物）・縷（細長く連なる糸）・屢（回数が連なって、しばしば）などのグループを作る。「婁（音・イメージ記号）＋虫（限定符号）」を合わせてケラを表した。頭・胸・腹が分かれているのは一般に節足動物の特徴だが、ケラは三つの節目がはっきり分かれて目立つので「婁」のイメージが取られた。蛄は姑の代用。「古（*kag）」は頭蓋骨の図形で、「固い」というイメージを示す。「姑」は体の固くなった女性、しゅうとめの意。「おばさん」という愛称をこめて螻蛄、蟪蛄、蝦蛄に接尾語的に蛄を添える。鳥の場合、鸚哥、鴝哥などに哥（お兄さん）を添えるのと似ている。

篆〔婁〕 甲 金〔古〕 篆〔螻〕 篆〔古〕 篆〔蛄〕

**[別名]** 天螻・蛞螻・仙姑・津姑・土狗・杜狗・地狗・石鼠

**[文献]** 礼記・月令「螻蟈鳴（螻［ケラ］と蟈［ガマ］鳴く）」、王逸・九思（楚辞）「螻蛄兮鳴東（螻蛄東に鳴く）」、神農本草経「螻蛄味鹹寒、主治産難（螻蛄は、味は鹹にて寒なり。産難を治するを主る）」

**蟫** →衣魚（163ページ）

**蟢** →蠨蛸（128ページ）

## 【蟯】 12 音ジョウ・ギョウ 訓——

**[語源]** 上古漢語は*niɔg、中古漢語はniɛu（→呉音ネウ、漢音ゼウ）である。ギョウチュウ科寄生虫の総称で、

狭義では主に人に寄生する***Enterobius vermicularis***（ギョウチュウ）を指す。雄で五ミリ、雌で一〇ミリほどの小さな寄生虫。針のように細く、色は白い。盲腸・結腸で成虫になり、直腸から肛門に達して産卵し、その幼虫が再び人体に入ってくる。そんな特徴を捉えて、繞（めぐる）や遶（めぐる）と同源のことばで名づけた。

**【字源】**「堯（音記号）＋虫（限定符号）」を合わせた字。「堯（*ngɔg）」は「高く上がる」というイメージを表す記号であるが、蟯ではこのイメージは取られていない。「堯」は繞（めぐる）・遶（ぐるりとめぐる）・撓（曲がってたわむ）などと同源であることを示している。

篆

**【別名】**蟯虫

**【文献】**史記・倉公伝「臣意飲以芫華一撮、即出蟯、可数升（臣意［倉公の本名］飲ますに芫華一撮を以てす、即ち蟯を出すこと、数升ばかり）」

## 【蟪蛄】12 音ケイーコ 訓にいにいぜみ

**【語源】**上古漢語は*ɦued-kuag、中古漢語はɦuei-ko（→呉音ヱーク、漢音ケイーコ）である。半翅目セミ科の昆虫***Platypleura kaempferi***（ニイニイゼミ）を意味する。頭や背は紫青色で、黒い点がある。五、六月ごろジージジという声で鳴く。語源は鳴き声に由来すると考えられる。セミの鳴き声を古代中国人はTOGやTOG-LOGなどの擬音語で捉えたが（蜩・蛁蟟の項参照）、詩経・小雅・小弁に「鳴蜩嘒嘒（蜩鳴きて嘒嘒［*hued-hued］たり）」とあるのを見ると、HUEDという擬音語も存在したらしい。

**【字源】**セミの鳴き声を「恵（*ɦued）」で写し取り、「恵（音記号）＋虫（限定符号）」に「蛄」を添えて、蟪蛄とした。蛄は姑の代用で、愛称であろう（螻蛄の項参照）。

**【別名】**恵蛄・蜓蚞（ていもく）・螇螰（けいろく）

**【文献】**荘子・逍遥遊「蟪蛄不知春秋（蟪蛄は春秋を知らず）」、劉安・招隠士（文選33）「蟪蛄鳴兮啾啾（蟪蛄鳴きて啾啾たり）」

## 【蟬】12 音セン 訓せみ

**【語源】**上古漢語は*dhian、中古漢語はʒiɛn（→呉音ゼン、漢音セン）である。カメムシ目［半翅目］セミ上科（Cicadidae）の昆虫の総称。頭は大きく、複眼は丸い。長い吻を出して樹液を吸う。雄は発音器をもつ。蚱蟬（クマゼミ）、蛁蟟（ミンミンゼミ）、蟪蛄（ニイニイゼミ）などがある。ある種のセミは食用にされた。セミの幼虫を蝮蜟（ふくいく）という。古代中国ではセミは生命の再生の象徴、また高潔な存在の象徴とされた。語源は「單」の「薄いものをぱたぱたと動かす」というイメージを取り、戦慄の戦（ふるえおののく）と同源である。和名の「せみ」は鳴き声に由来するという。

**[字源]**「單（*tan）」は獣（狩猟で捕らえる動物）に含まれているように狩猟と関係があり、網に似た道具を描いた図形と考えられる。「單」は「薄く平らか」「薄いものがひらひら動く」というイメージを示す記号となり、戦（ふるえる）・弾（弓の弦を震わせてたまを飛ばす）・憚（心がびくびくと震える）などのグループを作る。「單（音・イメージ記号）＋虫（限定符号）」を合わせて、薄い羽をぱたぱた震わせて飛ぶ虫を暗示させた。

甲　金　篆〔單〕　篆〔蟬〕

**[別名]** 蜩・知了・斉女・秋娘・仙虫・玄虫

**[文献]** 礼記・月令「蟬始鳴（蟬始めて鳴く）」、荀子・大略「飲而不食者蟬也（飲みて食はざる者は蟬なり）」、古今注（晋・崔豹）「斉王后忿而死、尸変為蟬、登庭樹嘒唳而鳴、王悔恨、故世名蟬曰斉女也（斉王の后忿りて死す、尸変じて蟬と為り、庭樹に登りて嘒唳として鳴く、王悔恨す、故に世、蟬に名づけて斉女と曰ふなり）」

## 蚱蟬　音 サク-セン　訓 —

**[語源]** 上古漢語は*tsăk-dhian、中古漢語はṭṣʌk-ʒɪɛn（→呉音シャク-ゼン、漢音サク-セン）である。半翅目セミ科の昆虫 *Cryptotympana atrata*（クマゼミ属の一種、中国名黒蚱）に当てられる。中国では最大のセミで、体長は四・四〜四・八センチ。黒褐色で光沢がある。夏に大きな声で鳴く。*tsăk の語源はセミの鳴き声を模した擬音語とされる。蚱蟟・蜘蟟・知了（いずれも擬音語）など、二音節語となることも多い。和語の「くまぜみ（熊蟬）」はウマゼミ（馬蟬）の訛りで、馬は大の意を添えたもの（大槻文彦）。漢名の異名にも馬蜩（ばちょう）がある。

[字源]「乍（*dzăg）」はセミの鳴き声をなぞった*tsăkを暗示させる記号。「乍（音記号）＋虫（限定符号）」を合わせた「蚱」に「蟬」を添えた。蟬については前項参照。

[別名] 馬蜩・鳴蜩・鳴蟬・蝒・蟧・蚱蟟・蜘蟟・知了

[文献] 神農本草経「蚱蟬味鹹寒、主治小児驚癇夜啼癲病寒熱（蚱蟬は、味は鹹にして寒なり。小児の驚癇・夜啼・癲病・寒熱を治するを主る）」

## 【蟛蜞】12 音 ホウ-キ 訓 —

[語源] 上古漢語は*băng-gɪəg、中古漢語はbʌŋ-gɪei（→呉音ビヤウ-ゴ、漢音ハウ-キ）である。イワガニ科アカテガニ属（*Chiromantes*）のカニの総称。海辺や川に棲息する。甲殻が四角形なのが特徴。また、ハサミには毛がないが、足には硬い毛がある。中国にははさみの赤いアカテガニ（*C. hamatocheir*、中国名紅螯相手蟹）や、歯のないクロベンケイガニ（*C. dehaani*、中国名無歯相手蟹）などを産する。語源は脂肪で詰まるところから膨脹の膨、四角形の姿から「其」の「四角い」のイメージを取って組み合わせたもの。ベンケイガニ（弁慶蟹）は殻の形を強そうな弁慶の顔に見立てた。中国でヘイケガニ（平家蟹）を関羽蟹と呼ぶのと似ている。

[字源]「彭（*băng）」は「壴（太鼓の形）＋彡（音声が分散することを示す符号）」を合わせて、太鼓をたたく場面を設定した図形。皮がぱんぱんに張り詰めるというイメージから、「張って膨れる」というイメージになる。膨脹の膨はこのイメージを実現した語。「其（*gɪəg）」は四角い箕（み）の図形で、「四角い」というイメージを示す記号である（麒麟の項参照）。「彭（音・イメージ記号）＋虫（限定符号）」と「其（音・イメージ記号）＋虫（限定符号）」を組み合わせて、殻が四角で、身の張り詰めて多いカニを暗示させた。

甲  金  篆    〔彭〕

甲  金  篆   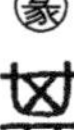 〔其〕

[別名] 螃蜞・長卿

[文献] 捜神記7（晋・干宝）「蟛蜞及蟹化為鼠、甚衆覆野（蟛蜞及び蟹、化して鼠と為り、甚だ衆く野を覆ふ）」、

世説新語・紕漏（六朝宋・劉義慶）「蔡司徒渡江見彭蜞、大喜（蔡司徒江を渡りて彭［蟛］蜞を見、大いに喜ぶ）」

## 【蟒】12　音モウ　訓うわばみ

**[語源]** 上古漢語は*mang、中古漢語はmang（→呉音マウ、漢音バウ）である。ニシキヘビ科の爬虫類、インドパイソン（インドニシキヘビ）の一種、***Python molurus bivittatus***（ビルマニシキヘビ）を意味する。中国では最大のヘビで、六メートルに達する。黒地に雲状の斑紋がある。毒はなく、肉は食用になった。中国南部、東南アジア、インドに棲息する。語源は「莽」の「大きい」というイメージを取る。別名を蚦蛇という。蚦は「冄」の「しなやか」のイメージを取り、這う姿に着目したもの。和語の「うわばみ」は大蛇、特にニシキヘビのことで、オホハミ（大蝮）→ウハバミになったという（大槻文彦）。

**[字源]**「莽（*mang）」は「茻（くさむら）＋犬」を合わせて、犬がくさむらの中に隠れて見えない様子を暗示させる。広く覆われて何も見えない→だだっ広くて何も見えないほど、とりとめもなく大きいというイメージに展開する。「莽（音・イメージ記号）＋虫（限定符号）」を合わせた蟒は、とてつもなく大きい虫（ヘビ）を暗示させた。別名の蚦の字源は、「冄（*niam）」が髯が両端に垂れた姿を描いた図形で、「柔らかく垂れる」「しなやか」というイメージを示す。ゆっくりとうねって行く大蛇の特徴を捉えて、「冄（音・イメージ記号）＋虫（限定符号）」を合わせた字ができた。「蚺」はその異体字。

甲 

金 

篆 （莽）　篆（冄）　篆 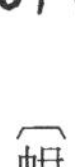（蚦）

**[別名]** 蟒蛇・蚦蛇・王蛇・埋頭蛇

**[文献]** 爾雅・釈魚「蟒・王蛇」、三国志補注（六朝宋・裴松之）「張陵…漢熹平末、為蟒蛇所噏（張陵は…漢の熹平の末、蟒蛇の噏む所と為る）」、名医別録「蚦蛇胆味甘苦寒有小毒（蚦蛇の胆は味は甘苦にして寒、小毒有り）」、抱朴子・詰鮑（晋・葛洪）「越人之大戦、由乎分蚺蛇之不均（越人の大戦は、蚺蛇を分かつの均しからざるに由る）」

## 【蟹】13 音カイ 訓かに

[語源] 上古漢語は*ɦĕg、中古漢語はɦăi（→呉音ゲ、漢音カイ）である。甲殻類のカニの総称。頭と胸は甲で覆われる。五対の足があり、第一対の足は螯（はさみ）となる。種類が多く、蝤蛑（しゅうぼう）（ガザミ）、蟳（じん）（イシガニ）、蟛蜞（ほうき）（アカテガニ、ベンケイガニなど）、石蟹（せきかい）（サワガニ）、望潮（シオマネキ）などがある。中国医学（本草）では蟹をチュウゴクモクズガニ（螃蟹）に当てて、薬用とする（螃の項参照）。「蟹」の語源は脱皮をする習性があるところから、「解」と同源。和名の語源は殻が丹（に）なのでカニだという説がある。

[字源]「解（*ɦĕg）」は「角＋刀＋牛」を合わせて、牛を解体する場面を設定する図形。「ばらばらに分ける」というイメージがある。「解（音・イメージ記号）＋虫（限定符号）」を合わせて、甲を解いて脱皮する虫を暗示させた。

甲　金　篆〔解〕　篆〔蟹〕

[別名] 蟹奴・蟹匡・介虫・介士・横行介士・無腸公子・甲仗大使

[文献] 礼記・檀弓下「蟹有匡（蟹に匡有り）」、荀子・勧学「蟹六跪而二螯、非蛇蟺之穴、無所寄託者、用心躁也（蟹は六跪にして二螯、蛇蟺（だせん）の穴に非ざれば、寄託する所無き者は、心を用ゐること躁なればなり）」

## 【蠍】13 音カツ 訓さそり

[語源] 上古漢語は*hıăt、中古漢語はhıʌt（→呉音コチ、漢音ケツ）である。サソリ目の節足動物の総称だが、特に ***Buthus martensi***（キョクトウサソリ）を意味する。体は緑褐色で、長さは約六センチ。触肢は強大ではさみの形になる。尾部の先端に毒針がある。中国医学では乾燥したものを全蠍（全蝎）と称し薬用とする。サソリは尾部を高く持ちあげる求愛ディスプレーをする習性があるところから、語源は掲（高くかかげる）と同源。和語の「さそり」はもともとジガバチのことであったが、刺すのが共通の特徴なので、この虫の名に転用されたという。語源はササリ（刺さり）↓サソリとなった。

**【字源】**「蠍」は本来「蝎」の異体字。「蝎」が専ら樹木を食害する虫の名（蝤蠐の別名）に用いられるようになったため、「蠍」と書いて区別するようになった。「蠍」の字は広雅（三国・魏、張揖撰）に出る。「曷」を分析するには「亾」が出発点。「亾」は後の「亡」であり、一線（ついたてのような物を想定してよい）で人を押し止める様子を示す図形（虻の項参照）。「亾＋勹（人の変形）」を合わせた「匃（*kad）」は、右の人が左の人を遮り止める様子を暗示する図形。「匃（音・イメージ記号）＋曰（言語行為に限定する符号）」を合わせた「曷（*ɦat）」は、かっとどなって人を制止する様子を暗示させる。かくて「曷」には「遮り止める」と「（息をのどで止めて）声をかすらせる」という二つのコアイメージが読み取れる。「声をかすらせる」から「かれて水分がなくなる」というイメージにも展開する。喝（声をかすらせるほどどなる）・渇（のどがかわく、また、水がかれる）には「水分がなくなる」のイメージがある。樹木を枯らすほど食害する虫を「蝎」というのもこれである。一方、「曷（音・イメージ記号）＋欠（限定符号）」を合わせた「歇（*hăt）」は活動を止めることを表し（間歇泉の歇）、遏（押し止める）と同じく「遮り止める」のイメージがある。このイメージが展開したのが「掲」である。「高く掲げる」前提には、行く手を遮る行為があるからである。石碑の一種に「碣」があるが、これも人の足を止めて読ませるものである。以上から、「蝎」のもう一つの意味であるサソリは、右に述べたように尾部を高く掲げるディスプレーに着目したものである。なお現在の中国では「蠍」の代わりに「蝎」を使うことが多い。

㊙甲　㊙金　㊙篆〔匃〕

㊙篆〔曷〕　㊙篆〔蝎〕

**【別名】**蝎子娘・鉗蝎・蠆・蠆尾虫・主簿虫・杜伯

**【文献】**毛詩草木鳥獣虫魚疏（三国呉・陸璣）「蠆一名杜伯、河内謂之蚊、幽州謂之蠍（蠆は一名杜伯、河内之を蚊と謂ひ、幽州之を蠍と謂ふ）」

## 【蟻】13　㊥ギ　㊥あり

**【語源】**上古漢語は*ngıar、中古漢語はngıĕ（→呉音・漢音ギ）である。膜翅目の昆虫アリ科（Formicidae）の総称。女王アリを中心に雄アリ、雌アリ、職アリ、兵アリの階級があり、集団で生活する。地中や植物などに巣を作る。地中に巣を作るとき、地上にかきだした土の堆積物が垤（てつ）（蟻塚）である。中国医学（本草）では *Formica fusca*（クロヤマアリ、中国名黒螞蟻）に当てて薬用とする。体色は漆黒で光沢がある。アリの仲間ではほかに蚍蜉（ひふ）（オオアリ）がいる。蟻の語源は、きちんとした行列を組んで進む姿を捉えて、「形が整っている」のイメージをもつ「義」と同源のことばで呼んだ。君臣の義のある虫とする古人の説（埤雅）は、一理はあるものの、語源俗解の嫌いがある。和名の「あり」も「歩行く（ありく）」に由来するという説（賀茂百樹）があるのが参考になる。ちなみに、人生のはかなさを意味する「南柯の夢」は、夢の中で蟻の国に迷い込んだ人が栄耀栄華を極める話を記した南柯記（唐、李公佐撰）から出た語。

**[字源]**「我（*ngar）」は蛾の項で述べたように、「∧型をなして、形がきちんと整っている」というイメージを示す記号である。「我（音・イメージ記号）＋羊（イメージ補助記号）」を合わせた「義（*ngar）」は、羊のように形が美しく整っている様子を暗示させる。古代中国人は∧のようなかどのある形に美意識を見出した（「佳」や「雅」などに反映されている）。「義（音・イメージ記号）＋虫（限定符号）」を合わせて、きちんと形よく隊列を組む虫を暗示させた。螘は異体字。

㊙甲　金　篆　〔義〕

**[別名]** 玄駒・馬駒・馬蟻

**[文献]** 荘子・庚桑楚「呑舟之魚、碭而失之、則蟻能苦之（呑舟の魚は、碭（とう）［＝蕩］して之を失へば、則ち蟻も能く之を苦しむ）」、韓非子・喩老「千丈之堤以螻蟻之穴潰（千丈の堤も螻蟻（ろうぎ）［ケラとアリ］の穴を以て潰（つい）ゆ）」

## 【蟾蜍】13 音 センージョ 訓 ―

**[語源]** 上古漢語は*dhiam-dhiag、中古漢語は ʒiɛm-ʒiɔ（→呉音ゼムージョ、漢音セムーショ）である。ヒキガエル科の両生類 *Bufo gargarizans*（アジアヒキガエル、中国名中華大蟾蜍）を意味する。体長一〇センチあまりの巨大なガマで、頭は大きく、口は広い。黒緑色の背に円いいぼが多数突起する。目の後ろにある耳腺か

ら分泌される液がいわゆる蝦蟇の油で、中国医学で蟾酥と称し薬用とする。詩経に出る戚施はこのガマの古語で、グロテスクなものに喩えられている。*dhiam-dhiag は双声の二音節語で、上から重みがかかってひしゃげたような姿を捉えた語。「ひきがえる」の語源については蝦蟇の項を参照。

**[字源]**「詹（*tiam）」は「人＋厂（がけ）＋八（分かれて出る符号）＋言（ことば）」を合わせた図形。高い所から下に向けて言葉を発する情景を設定したもので、下に届かせるために何度も言葉を重ねて言う様子を暗示させる。荘子・斉物論に「小言は詹詹たり」（つまらない言葉は何度も繰り返す）という用例がある。ここから「多くのものが重なる」「（上から下に力が加わって）ずっしりと重い」というイメージを示す記号となる。譫（口数が多い、うわごと）・檐（屋根の重みを受ける「のき」）・擔（＝担。重みを受け止めて支える）などは同源のグループ。

次に「余（*diag）」はスコップに似た農具の形に「八」の符号（左右に分ける印）を添えた図形。農具で土を平らにかき均す様子を暗示させる。ここから「平らに押しのばす」「（空間的・時間的に間のびして）ゆったりとゆとりができる」というイメージを示す記号となる。除（じゃまなものを押しのける）・途（土を均した「みち」）・塗（泥などを平らにのばす）・徐（ゆっくりと）・餘（＝余。ゆとりがあってはみ出る）などは同源のグループ。「詹（音・イメージ記号）＋虫（限定符号）」と「余（音・イメージ記号）＋虫（限定符号）」を組み合わせて、上からの重みを支えて、平らにひしゃげたような姿を呈する虫（ガマ）を暗示させた。蝦蟇の語源と発想が似ている。

(甲)

(金)

(篆)〔詹〕　(篆)〔余〕　(篆)〔蜍〕

**[別名]** 戚施・詹諸・蟾諸・癩蝦蟇・苦蠪・蚵蚾・去甫・屈造・反舌・月精・陰虫・懐土虫

**[文献]** 淮南子・精神訓「月中有蟾蜍（月中蟾蜍有り）」、後漢書・張衡伝「下有蟾蜍、張口承之（下に蟾蜍有り、口を張りて之を承く）」、名医別録「蝦蟆…治陰蝕疽癘悪瘡、猘犬傷瘡、能合玉石、一名蟾蜍（蝦蟆…陰蝕・疽癘悪瘡・猘犬傷瘡を治し、能く玉石を合す、一名蟾蜍）」

## 【蠆】13 音タイ 訓さそり

**[語源]** 上古漢語は*t'ăd、中古漢語はṭ'ăi（→呉音・漢音タイ）である。サソリ目の ***Buthus martensi***（キョクトウサソリ）を意味する。蠍と同義であるが、蠆が古いことば。詩経に見えており、尾が細長く、上方に巻くように湾曲する姿を女性の巻き髪に喩えている。語源は未詳。

**[字源]**「萬＋虫」を合わせた字。「萬」はサソリの象形文字で、単独字としては数詞に用いる。サソリは卵胎生で、多くの子を生むので、多数の象徴としたと考えられる。また、サソリは毒をもつので、漢字の構成要素になるとき、「激しい」ことを示すイメージ補助記号に使われる。勵（＝励）の左側の「厲」は「厂（石）＋萬」を合わせた図形で、激しくこすって刀剣などを磨く石、つまり礪（といし）を表す。ただし萬・厲・蠆は語源上のつながりはない。

甲 金 篆 〔萬〕
篆 〔蠆〕

**[別名]** 蠍

**[文献]** 詩経・小雅・都人士「彼君子女、巻髪如蠆（彼の君子の女、巻髪(けんぱつ)蠆の如し）」、老子・五十五章（王弼本）「含徳之厚、比於赤子、蜂蠆虺蛇不螫（含徳の厚きは、赤子に比す、蜂・蠆・虺(き)・蛇も螫(さ)さず）」

### 水蠆 音スイータイ 訓やご

**[語源]** 上古漢語は*thiuăr-t'ăd、中古漢語はʃui-ṭ'ăi（→呉音・漢音スイータイ）である。トンボ類の幼虫を意味する。泳ぎながら、水中に棲み、脱皮を繰り返して成虫になる。古代中国では変態の思想はなく、トンボという別の種に変身すると考えた。これを生物化成説と呼んでいる。語源は姿が蠆（サソリ）と似ていることによる。和名はヤンマ（蜻蜓）コ（子）がヤゴになったという（吉田金彦）。

**[字源]**「水」は水が流れている様子を描いた図形である。「蠆」については前項参照。

甲 金 篆 〔水〕

**[文献]** 淮南子・説林訓「水蠆為蟌、孑孑為蟁（水蠆

蟌と為り、孑孒蠡［＝蚊］と為る）」

**【蟶】** 13 ㊥テイ ㊞あげまき・まてがい

**[語源]** 中古漢語はtʻiɛng（→呉音チヤウ、漢音テイ）である。ナタマメガイ科の二枚貝、*Sinonovacula constricta*（アゲマキ、アゲマキガイ）を意味する。殻は薄く、長方形。左右の殻の間が開いている。二本の細く長い水管が出る。浅海の泥の中に穴を掘って棲む。語源は細長く伸び出る水管の特徴を捉えて、「壬」の「まっすぐ伸びる」というイメージを取る。挺（まっすぐ前に抜き出る）や梃（まっすぐのびた棒、「てこ」）などと同源の語である。和名の「あげまき」も二本の水管が殻の上に長く伸び出る姿を、総角（角型に結った子供の髪型）に見立てたもの。

なお中国ではアゲマキと似たマテガイを竹蟶（*Solen strictus*）という。日本では誤って蟶をマテガイと読むことがある。馬刀貝はマテガイ科の二枚貝。細長い円筒形で、色は光沢のある白色。漢名の馬刀は、大きな刀に見立て、大きい意味の馬を冠したもの。和名のマテは真手（そろった手）の意で、両端がそろった円筒形であるのに因む（馬刀の項参照）。

**[字源]**「壬（tʻieng）」は蜻蜓の項で述べた通り、人がかかとを上げて背伸びする姿を描いた図形で、「まっすぐ伸びる」というイメージがある。「壬（音・イメージ記号）＋耳（イメージ補助記号）＋口（イメージ補助記号）」を合わせた「聖（*thieng）」は、五感がよく働き物事にまっすぐ通じる人を暗示させる。きわめて抽象的ではあるが「壬」の「まっすぐ伸びる」のイメージが根底にある。「壬」のイメージを踏まえた「聖」を利用して、「聖（音・イメージ記号）＋虫（限定符号）」を合わせた「蟶」でもって、水管が長く伸び出る虫（貝）を暗示させた。

㊙　㊎　㊟　〔聖〕

**[別名]** ①（アゲマキ）蟶子・青子 ②（マテガイ）竹蟶・馬刀・馬蛤・斉蛤・単姥・挿岸・蜌・蠯

**[文献]** ①食療本草（唐・孟詵）「蟶…生海泥中、長二三寸、大如指、両頭開（蟶は…海泥の中に生じ、長さ二三寸、大きさ指の如く、両頭開く）」

【蟷螂】13 ㊌トウ–ロウ ㊑かまきり

［語源］上古漢語は*tang-lang、中古漢語はtang-lang（→呉音・漢音タウ–ラウ）である。カマキリ目（Mantodea）の昆虫の総称。特にオオカマキリの一種*Tenodera aridifolia sinensis*（中国名、中華大刀螂）に当てられる。体は黄褐色または緑色で、長さは七センチほど。頭は三角形で、大きな複眼をもつ。前足は長く、鎌状をなす。カマキリの卵塊を螵蛸または蜱蛸（和名はおおじがふぐり）といい、漢方薬に用いる。*tang-langは畳韻の二音節語。攻撃性の強い習性を捉えて、「當（*tang）」（立ち向かう意）を二音節化させたのが語源。明の李時珍は「両臂斧の如く、轍に当たりて避けず、故に当郎の名を得たり」と言っている（本草綱目）。中国の故事成語に「蟷螂の斧」（強敵に立ち向かう無謀の勇）がある。和名の「かまきり」は鎌状の前足で獲物を捕まえることから、鎌切りの意。漢名の異名にも巨斧・刀螂・斫父（しゃくふ）（斫は切る意）などがある。また、カマキリの古名の一つにイボムシリがあり、中国でも同様の発想からカマキリの異名を食疣（しょくゆう）という。カマキリを食べればいぼが取れるという俗信による。

［字源］「向」は「宀（いえ）＋口（あな）」を合わせて、空気を通す孔を示す図形。「八（左右に分かれ出る符号）＋向」を合わせた「尚（*dhiang）」は、空気が空中に抜け出ていく様子を暗示する。空気の流れ方を想像して、上昇のイメージと分散のイメージをつかみ、「尚」を「高く上がる」と「平らに広がる」の二つのイメージを示す記号とする。前者は「堂」（高い表座敷）、後者は「掌」（手のひら）によく反映されている。「當（*tang）」は後者のイメージを用いたもので、「尚（音・イメージ記号）＋田（限定符号）」を合わせて、田の売買（交換）の場面を設定し、Aの田の面積とBの田の面積がぴったり重なるように合う（つまり相当する）ことを暗示させる。平面に物がぴったり当たることを*tangといい、「當」と表記するのである。物に立ち向かう意味にも展開する。

「郎（*lang）」は男の意味がある（蜣螂の項参照）。「當（音・イメージ記号）＋虫（限定符号）」と「郎（音・イメージ記号）＋虫（限定符号）」を組み合わせた蟷螂でもって、カマキリを意味する*tang-langという二音節語を表記した。結果的には、敵に立ち向かう郎（男）という擬人化した命名になっている。中国の古典では多く螳螂・螳蜋と書かれる。「堂（*dang）」は右に述べたように「高くあがる」というコアイメージをもつから、鎌を高くあげて敵に立ち向かうカマキリのイメージと合致する。

(甲)　(金)　(金)　(篆)〔當〕　(篆)〔堂〕　(篆)〔郎〕

(篆)〔向〕　(篆)〔尚〕　(篆)〔蟷〕　(篆)〔螳〕　(篆)〔蜋〕

**［別名］** 巨斧・拒斧・斧虫・刀螂・斫父・斫郎・突郎・勇虫・不過・天馬・食疣・蝕肬・齕疣・石螂・螗蜋・蟷蠰

**［文献］** 礼記・月令「小暑至、蟷蜋生（小暑至り、蟷蜋生ず）」、荘子・人間世「汝不知夫螳螂乎、怒其臂以当車轍、不知其勝任也（汝かの螳螂を知らざるか、其の臂を怒らせて以て車轍に当たり、其の勝任を知らざるなり）」、名医別録「桑螵蛸…生桑枝上、螳螂子也（桑螵蛸…桑の枝上に生ず、螳螂子なり）」

## 【蠅】 13 (音)ヨウ (訓)はえ

**［語源］** 上古漢語は*diəŋ、中古漢語はyiəŋ（→呉音・漢音ヨウ）である。ハエ目［双翅目］のうちMuscomorpha（ハエ下目）の総称。普通に見られるものは*Musca domestica*（イエバエ）。体は灰黒色で、短毛が密生する。長さは六、七ミリほど。後ろ翅は退化して棒のようになる。中国の古典ではほかに蒼蠅（オオクロバエ）、青蠅（キンバエ）などが出ている。ハエの幼虫を蛆（ウジ）という。語源は縄（糸や紐を∞の形に編んだ「なわ」）・藤（他の物に∞型に巻きつくフジ）などと同源で、「∞型をなす」というイメージを取り、ハエの飛ぶ姿を捉えた命名である。あるいは宋の陸佃が言うように足を縄のように交わらせる習性によるか。和名の「はえ（はへ）」は一説によれば、自然発生すると考えられたので、生え→ハへになったという（吉田金彦）。

**［字源］** 「黽」はある種のカエルを描いた図形（該項参

照）。カエルは比較的腹が膨れている。ハエも体が太くて円く、ずんぐりしている。カエルとの形態的類似性があるので、「黽（イメージ記号）＋虫（限定符号）」を合わせた「蠅」でもって、ハエを意味する*d̥iəng の視覚記号とした。これは語源を反映していない。

篆

**［別名］** 醜扇・胡蠓（キンバエ）青衣童子・緑蚊

**［文献］** 詩経・斉風・鶏鳴「匪鶏則鳴、蒼蠅之声（鶏則ち鳴くに匪ず、蒼蠅の声）」、詩経・小雅・青蠅「営営青蠅、止于榛（営営たる青蠅、榛に止まる）」

### 蠅虎

音 ヨウ―コ
訓 はえとりぐも

**［語源］** 上古漢語は*d̥iəng-hag、中古漢語はyiəng-ho（→呉音ヨウ―ク・漢音ヨウ―コ）である。ハエトリグモ科のクモの総称。また特に*Menemerus confusus*（シラヒゲハエトリ）を指す。体長は一センチほど。全身細い毛が密生する。網を張らず、跳躍してハエを捕らえて食べる。語源は跳躍する姿を虎に見立てる。

**［字源］**「蠅」については前項、「虎」については該項参照。

**［別名］** 蠅狐・蠅豹・蠅蝗・虎子・豹子

**［文献］** 古今注（晋・崔豹）「蠅虎蠅狐也、形似蜘蛛而色灰白、善捕蠅（蠅虎は蠅狐なり、形は蜘蛛に似て色は灰白、善く蠅を捕らふ）」

### 【蠑螈】 14

音 エイ―ゲン
訓 いもり

**［語源］** 上古漢語は*ɦuĕng-ngiăn、中古漢語はɦuʌng-nguʌn（→呉音ヤウ―ゴン、漢音ヱイ―グヱン）である。有尾目の両生類イモリの総称だが、特に*Cynops orientalis*（シナイモリ、中国名東方蠑螈）に当てられる。体長は七センチほど。背は黒色で、腹は赤色の地に黒斑がある。頭は扁平で、背すじに溝が走る。四肢は細長い。池や小川に棲息する。本来は栄蚖と書き、蚖は腹のふっくらとしたマムシを表す字である。マムシと似て、足が四方に出たイモリに対して、「栄」（木がさかえる意）の形容語を添えて栄蚖と名づけた。古典では蠑螈、蜥蜴（トカゲ）、蝘蜓（ヤモリ）はしばしば混同される。和名の「いもり」は井守の意で、井戸にも見られることによる。

【字源】本来の表記は「栄蚖」(説文解字、「蚖」の条に見える)。「元(*ngŭăn)」は人の頭を表す図形で、「丸い」というイメージがあり、「蚖」はもともとマムシを意味する。「榮(*ɦuĕng)」は「熒」の「光の輪が四方に取り巻く」というイメージを利用するが(蛍の項参照)、ただ「四方に出る」というイメージだけを取り、足のないマムシに似ているが足が四つ出た虫との意味をこめて、「榮蚖」と書いた。のち「蚖」を「螈」に変えたが、「原(*ngŭăn)」は「厂」(石、がけ)+泉」を合わせて、水の出る穴(水源)を表す図形で、これにも「丸い」というイメージがあった。「蚖」が「螈」に変わると同時に「榮」に虫偏をつけて「蠑螈」と整形した。

甲　金　篆　〔元〕

金　篆　〔蚖〕

金　篆　〔原〕

【別名】蛇医・蛇師・蛇舅母・猪婆蛇・四脚蛇・水蜥蜴

【文献】爾雅・釈虫「蠑螈、蜥蜴」、方言8(漢・揚雄)「守宮…南楚謂之蛇医、或謂之蠑螈(守宮…南楚之を蛇医と謂ひ、或いは之を蠑螈と謂ふ)」

## 【蠑螺】14　㊅エイ－ラ　㊉さざえ

【語源】腹足綱サザエ科の巻貝の一種、*Turbo cornutus*(サザエ)を意味する。殻は緑褐色で、高さは一〇センチほど。螺層は六階で、各層にとげ状の突起が出ている。岩礁に棲息する。蠑螺という表記は中国のもので、日本では栄螺と書く。ところが蠑螺も栄螺も中国の文献(近代以前)には見えない。栄螺は日本で創始され、近代生物学とともに中国に輸出され、中国で蠑螺の表記を得たと考えられる。中国医学(本草)ではサザエの靨(ふた)を甲香といい、薬用とする。和名の「さざえ」は突起が出ている姿を捉えて、ササ(小)エ(枝)の意。一説では、磯の胞(えな)の意味からサザエに訛ったという。

【字源】和名抄に栄螺子の表記が見える。殻にたくさんの突起が出ている姿を、木の枝葉の栄えるのになぞらえて、サザエを栄螺と書いた(本朝食鑑)。螺は螺旋状の殻をもつ巻き貝の総称。中国では虫偏で統一させて蠑螺と書く。蠑の字源については前項、螺については該項参照。

**【別名】** 甲香・流螺

## 【蠖】14 音カク 訓 ―

**【語源】** 上古漢語は*·uak、中古漢語は·uak（→呉音・漢音ワク）である。尺蠖(せきかく)は鱗翅目シャクガ科（Geometridae）の昆虫の幼虫、シャクトリムシを意味する。体は細長く、止まっているときは木の枝に似るが、歩行のときは体を伸縮させる。語源は歩行の姿に着目して獲などと同源のことばで呼び、さらに「尺」（手の指を使って長さを測るさま）を冠した。和名の尺取虫の語源も同様の趣旨による。

**【字源】** 「蒦」の上部の「萑」は「舊（＝旧）」に含まれ、ミミズクを描いた図形（萑の項参照）。「萑＋又（て）」を合わせた「蒦（*ɦuăk）」は、ミミズクを手で捕まえる場面を設定した図形。手で物を捕まえるときは、腕を丸く回して、一定の枠の中に物を入れ込む姿になる。したがって「蒦」は「枠の中に入れ込む」というイメージを示す記号となる。このイメージは「中の物をo型に囲む」というイメージにもつながる。獲（腕をo型に回して獲物を捕まえる）・護（中の物をo型に囲んで守る）・矱（外側を囲んだ「わく」）・籰（糸を巻き取る道具）などは同源のグループである。「蒦（音・イメージ記号）＋虫（限定符号）」を合わせて、体をo型に曲げて進む虫を暗示させた。さらに、その姿が親指と他の指をo型に曲げて寸法を測る単位である「尺」と似ているので、「尺」を添えて尺蠖（*t'iak-·uak）という畳韻の二音節語になり、蚇蠖という表記も生まれた。

甲　金　篆〔蒦〕　篆〔蠖〕　篆〔尺〕

**【別名】** 歩屈・屈虫・屈伸虫・歩曲

**【文献】** 易経・繫辞下「尺蠖之屈、以求信也（尺蠖の屈するは、以て信(の)びんことを求むるなり）」、爾雅・釈虫「蠖、蚇蠖」、説苑1（漢・劉向）「夫尺蠖食黄則其身黄、食蒼則身蒼（それ尺蠖は黄を食へば則ち其の身は黄、蒼を食へば則ち其の身は蒼し）」

**蠓**→蠛（127ページ）

## 【蠐螬】14 音セイ-ソウ 訓すくもむし

**[語源]** 上古漢語は*dzer-dzɔg、中古漢語はdzei-dzau（→呉音ザイ-ザウ、漢音セイ-サウ）である。コガネムシ科の昆虫の幼虫を意味する。体は円筒形で、乳白色。腹の方にC字型に湾曲している。黄白色の細毛を密生する。土中に棲み、動物の糞や植物の根を食べる。中国医学（本草）では特に*Holotrichia diomphalia*（チョウセンクロコガネ、漢名東北大黒鰓金亀）の幼虫を蠐螬と称し、薬用とする。*dzer-dzɔgは双声の二音節語。語源は「齊」の「いくつもそろう」、「曹」の「ざっと並ぶ」の二つのイメージを組み合わせたもの。日本では古くはスクモムシ、現在はジムシと称する。ジムシは地中に棲むところから地虫の意。

**[字源]** 「齊（*dzer）」は蠐螬の項で述べたように、同じような物が等しくそろっている様子を暗示させる図形で、「いくつかそろう」というイメージがある。「曹」の上部の「棘（*dzɔg）」は「東」（土嚢の形）を二つ並べた図形で、「ざっと並ぶ」というイメージを示す。「棘（音・イメージ記号）+曰（限定符号）」を合わせた「曹（*dzɔg）」は、似た者が寄り集まる様子を暗示させる。ざっと寄り集まった仲間（下級役人）を*dzɔgという。「齊（音・イメージ記号）+虫（限定符号）」と「曹（音・イメージ記号）+虫（限定符号）」を組み合わせて、いくつも並び寄り集まって植物の根を食害する虫を暗示させた。

甲 金 篆（棘）
甲 金 篆（曹）
篆（螬）

**[別名]** 蟦（ふん）・蟦蠐・蜰蠐（ひせい）・蠀螬（しそう）・乳斉・地蚕・応条

**[文献]** 荘子・至楽「烏足之根為蠐螬（烏足の根、蠐螬と為る）」、神農本草経「蠐螬味鹹微温、主治悪血、血瘀痺気、破折血在脇下堅満痛、月閉、目中淫膚、青翳白膜、一名蟦蠐（蠐螬は、味は鹹にして微温なり。主治は、悪血・血瘀痺気・破折血の脇下に在りて堅く満痛す・月

閉・目中淫膚・青翳白膜。一名は蟦蠐)」

## 【蠛蠓】15 音ベツ-モウ 訓ぬかか

**[語源]** 上古漢語は*māt-mong、中古漢語は**met-mung**(→呉音メチ-ム、漢音ベツ-ボウ)である。ハエ目[双翅目]ヌカカ科(**Ceratopogonidae**)の昆虫の総称。カ(蚊)と似、体長は三ミリほど。刺されると痛みと腫れが起こる。雨どきなどによく発生する。語源は「蒙」の「よく見えない」のイメージを用いている。朦朧の朦(ぼんやりとして見えないさま)や瞢(目が見えない)などとも同源である。別名は蠛子。「蔑」にも「見えない」のイメージがある。古代中国ではヌカカは酸っぱくなった酒から生じると信じられ、醯鶏の異名がある。和名の「ぬかか」は糠蚊で、ぬかのように微細な蚊の意。

**[字源]** 「冃(*mog)」は「冂(おおい)+一(物を示す符号)」を合わせて、何かある物に覆いを被せる様子を暗示する図形。冒・曼などに含まれている「冃」と同じ意匠で、「覆い被せる」ことを示す記号となる。「冃(音・イメージ記号)+豕(ぶた)」を合わせた「冡(*mong)」は、豚の上に覆いを被せる場面を設定した図形で、これも「上から覆い被せる」というイメージを示す。上から覆われると、中の物は隠れて見えなくなる。だから「見えない」というイメージを示す記号として「冡」を用いる。「冡(音・イメージ記号)+艸(限定符号)」を合わせた「蒙(*mong)」は、草に覆われて見えない様子を表す。冡―蒙はコアイメージがまったく同じ。「蒙(音・イメージ記号)+虫(限定符号)」を合わせた「蠓」は、小さくてよく見えない虫を暗示させた。これでヌカカを表したが、蔑を添えて蔑蠓という双声の二音節語とした。「苜(*muat)」は逆まつげを表す図形で、「よく見えない」というイメージを示す記号となる。「蔑(*māt)」は「苜(音・イメージ記号)+戈(ほこ)+人」を合わせて、人の目を刃物で傷つけて見えなくする様子を暗示させ、これも「よく見えない」というイメージを示す。軽蔑の蔑(ないがしろにする→無視する)が現実の意味。蔑蠓が後に虫偏で整形されて蠛蠓となった。

甲 

金  

篆  〔蔑〕

篆 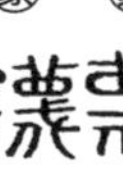 〔蠛〕

篆〔冡〕　篆〔蒙〕　篆〔蠓〕

【別名】蠓虫・醯鶏・食醯・蝕醯・瓮鶏（おうけい）・蠓子

【文献】爾雅・釈虫「蠓、蠛蠓」、列子・湯問「春夏之月、有蠓蚋者、因雨而生、見陽而死（春夏之月、蠓蚋［ヌカカとブヨ］なる者有り、雨に因りて生じ、陽を見て死す）」、漢書・揚雄伝「浮蔑蠓而撇天（蔑蠓に浮かびて天を撇（はら）ふ）」

## 【蠣】15　音 レイ　訓 かき

【語源】上古漢語は*liad、中古漢語はlɛi（→呉音ライ、漢音レイ）である。斧足綱イタボガキ科の二枚貝の総称。左の殻は岩に付着し、右の殻は蓋になる。殻の表面は波状に起伏し、石のように堅くなる。中国医学（本草）では*Crassostrea gigas*（マガキ、中国名長牡蠣）や*C. rivularis*（スミノエガキ、中国名近江牡蠣）に当て、生薬に用いる。語源は表面に荒々しい起伏のある姿を「厲」の「激しい」のイメージで捉えたもの。また、雄だけで雌が存在しないと考えられ、牡を添えて牡蠣（ぼれい）ともいう。和名のカキは石から掻き落として取るから名がついたという（大槻文彦）。

【字源】「萬」は蠆の項で述べた通りサソリの象形文字である。サソリは猛毒をもつので、「激しい」というイメージがある。「厲」（*liad）は「萬」（イメージ記号）＋厂（石）」を合わせて、刃物などを研ぐ砥石（礪）を暗示させる図形。砥石は激しく摩擦するというイメージがある。「厲」（音・イメージ記号）＋虫（限定符号）」を合わせて、表面がごつごつして摩擦の激しい姿をした虫（貝）を暗示させた。勵（＝励。激しく力む）・癘（激しく流行する病気）・糲（粗い米、玄米）などは同源のグループである。

金　篆〔厲〕　篆〔蠣〕

【別名】牡蠣・母蠣・牡蛤・蠣蛤・蠣房・古賁・蠔・蚝

【文献】神農本草経「牡蠣味鹹平、主治傷寒、寒熱、温瘧洒洒、驚恚怒気、除拘緩、鼠瘻、女子帯下赤白（牡蠣は、味は鹹にして平なり。主治は、傷寒・寒熱・温瘧洒洒・驚恚怒気。拘緩・鼠瘻・女子帯下の赤白なるを除く）」、斉民要術9（北魏・賈思勰）「炙蠣、似炙蚶、汁出去半殻（蠣を炙るは、蚶を炙るに似たり、汁出でて半殻を去る）」

## 【蠮螉】17 音 エツ-オウ 訓 ―

[語源] 上古漢語は*・et-・ung、中古漢語は・et-・ung（↓呉音エチ-ウ、漢音エツ-ヲウ）である。ジガバチ科の昆虫を意味する。一般に蜾蠃(から)（ジガバチ）の異名とされるが、六朝梁の陶弘景は「泥を運んで巣を造り、蜘蛛を捕るものが蠮螉、蘆や竹の管に入り、青虫を捕るものが蜾蠃」といい、区別している（本草経集注）。中国医学（本草）では *Eumenes pomifomis*（トックリバチ属の一種）に当てる。体は青黒色。腹は紡錘形で、腰が細い。木や塀に泥でつぼ型の巣を造る。クモなどを捕らえて毒針で麻痺させ、幼虫の餌とする。語源は鳴き声をなぞった擬音語に由来する。和名の徳利蜂は腹のくびれた姿を徳利に見立てたもの。

[字源] *・et-・ungという双声の二音節語を「翳（*・er）」と「翁（*・ung）」を用い、「翳（音記号）＋虫（限定符号）」と「翁（音記号）＋虫（限定符号）」の組み合わせによって表記した。「翳」の字源については鷖の項、「翁」については鶲の項参照。

[別名] 細腰蜂・蠮螉・蚴蜺(ゆうえつ)

[文献] 神農本草経「蠮螉味辛平、主治久聾、欬逆、毒気、出刺、出汗（蠮螉は、味は辛にして平なり。主治は、久聾・欬逆・毒気・刺を出だす・汗を出だす）」

## 【蠨蛸】17 音 ショウ-ショウ 訓 ―

[語源] 上古漢語は*sög-sŏg、中古漢語はseu-ṣău（↓呉音セウ-セウ、漢音セウ-サウ）である。真正クモ目アシナガグモ科の *Tetragnatha praedonia*（アシナガグモ）を意味する。体は暗褐色で、長さは一五ミリ前後。足がきわめて細長いのと、円い網を張るのが特徴である。*sög-sŏgは双声の二音節語で、語源はこのクモの特徴を、「細く引き締まる」というイメージをもつ「蕭」と、「細長い」というイメージをもつ「肖」で捉えて名づけた。中国ではこのクモを見ると喜ばしいことが訪れるという俗信があり、喜子・喜母・蟢(き)という異名がある。日本では新撰字鏡以来アシダカグモに読み違えた。

[字源] 「聿」は筆を手で立てて持つ図形で、建（立てる）に含まれ、「立つ・立てる」というイメージを示す。「𣶒」は川の淵を描いた図形。「聿（イメージ記号）＋𣶒

（イメージ補助記号）」を合わせた「粛（*siok）」は、淵のそばに立つ様子を暗示させる図形。ただしそんな意味を表すのではなく、「身を縮める」というイメージを表すために作られている。すなわち粛然（身を引き締めるさま）などの粛である。「粛（音・イメージ記号）＋艸（限定符号）」を合わせた「蕭（*sög）」は、茎が細く引き締まっている草を暗示させる。これも「引き締まる」というイメージがある。

次に「小（*siog）」は三つの小さな点の図形によって、「小さくばらばらに散る」というイメージを表し、また、「小さく削る」というイメージにも展開する。「小（音・イメージ記号）＋肉（限定符号）」を合わせた「肖（*siog）」は、人体の塑像を造る場面を設定し、素材を削って本物に似せた小さな像を造ることを表す。すなわち肖像の肖（似る、似せる）が現実の使い方。ここに「削って小さくする」というイメージがあり、「細く長くなる」のイメージにもつながる。梢（細長い木の「こずえ」）・鞘（刀身を入れる細長い「さや」）・悄（心細くなるさま）・哨（口を細くすぼめて口笛を吹く）などは同源のグループ。「蕭（音・イメージ記号）＋虫（限定符号）」と「肖（音・イメージ記号）＋虫（限定符号）」を組み合わせて、足が細く長い虫（クモ）を暗示させた。

蠨は異体字。

金〔粛〕　篆〔粛〕
篆〔蕭〕　篆〔蠨〕
甲　金〔小〕　篆〔小〕
金　篆〔肖〕　篆〔蛸〕

[別名] 喜子・喜母・喜蛛（きちゅ）・蟢子（きし）・長踦・長蚑・長脚・親客

[文献] 詩経・豳風・東山「蠨蛸在戸（蠨蛸戸に在り）」、毛詩草木鳥獣虫魚疏（三国呉・陸璣）「蠨蛸…此虫来著人衣、当有親客至有喜也（蠨蛸…此の虫来りて人の衣に著すれば、当に親客至りて喜び有るべきなり）」

蠭 →蜂（74ページ）

【蠵】 18 音ケイ 訓—

[語源] 上古漢語は*ɦuer、中古漢語はɦuei（→呉音ヱ、

漢音ケイ）である。カメ目ウミガメ科の爬虫類 ***Caretta caretta***（アカウミガメ、中国名蠵亀、別名赤蠵亀）を意味する。体長は一メートルほど。背は平らで褐色。腹は黄色。上あごはかぎ状をなす。温帯・熱帯の海域に棲む。語源は両足と尾の姿が三つ股をなすように見えるので、「巂」（ツバメ）のイメージを取って命名された。別名の𪓰鼊(こうへき)は「句」の「曲がる」のイメージと、「辟」の「平ら」のイメージを取る。また、贔屓のモデルはこの亀ともされ、別名を贔屓という（贔屓の項参照）。なおアオウミガメ（***Chelonia mydas***）を海亀、別名緑蠵亀という。背は暗緑色で、黄斑がある。日本では正覚坊(しょうがくぼう)の異名がある。

**[字源]**「巂（*fuer）」は「屮（頭）+隹（とり）+冏（しり）」の三つを合わせた図形で、ツバメを表す（燕の項参照）。ツバメの尾は三つ股のイメージがある。また「∧型」のイメージを表すこともできる。攜（=携。手に∧型に物をかけて持つ）はこのイメージによる。「巂（音・イメージ記号）+虫（限定符号）」を合わせて、尻の方が三つ股をなすカメを暗示させた。

ちなみに「句（*kug）」は「曲がる」「かぎ型」のイメージがある（狗の項参照）。「辟（*biek）」は「左右に開く→平ら」のイメージがある（鷿鷉の項参照）。「句（音・イメージ記号）+黽（限定符号）」と「辟（音・イメージ記号）+黽（限定符号）」を組み合わせて、あごがかぎ状に曲がり、甲羅が平らなカメを暗示させた。

㊫（巂）　㊫（蠵）

**[別名]** 蠵亀・霊蠵・霊亀・良亀・觜蠵(しけい)・蟕蠵・茲夷(しい)・螆蛦・𪓰鼊・贔屓

**[文献]** 山海経・東山経「其名曰深沢、其中多蠵亀（其の名を深沢と曰ふ、其の中に蠵亀多し）」、張衡・東京賦（文選3）「渚戯躍魚、淵游亀蠵（渚に躍魚戯れ、淵に亀蠵游ぶ）」

## 【蠹】18

㊥ト　㊞きくいむし（木蠹虫）・しみ（蠹魚）

**[語源]** 上古漢語は*tag、中古漢語は**to**（→呉音ツ、漢音ト）である。この語は二通りの意味がある。一つは甲虫目キクイムシ科（**Scolytidae**）の昆虫の総称。体長は五ミリ内外。体は堅く、円筒形。成虫も幼虫も木材を食害する。語源は拓（堅い土地を切り開く）・磔(たく)（体

を切り開いてさらす刑、「はりつけ」）などと同源。本草綱目では木蠹虫を蝤蠐（カミキリムシの幼虫）の異名とする。同書ではほかに桑蠹虫、柳蠹虫、桃蠹虫、竹蠹虫などがあり、キクイムシ以外の幼虫も含まれているようである。

もう一つは蠹魚（とぎょ）の語形で、シミ目シミ科の昆虫 *Lepisma saccharina*（セイヨウシミ、中国名衣魚）を意味する。体は平たく細長い。銀色の鱗に覆われる。長い一対の触角をもつ。書物や衣類を食害する（衣魚の項参照）。語源はキクイムシの蠹になぞらえる。

**[字源]** 石は中身が詰まって堅いものだから、「石（*dhiak）」は「中身が詰まる」と「堅い」の二つのイメージを示す記号に使われる。また、内外から力を加えて堅いものをぶちこわすというイメージにも使われる。前者は碩学の碩（中身が詰まった固い頭→充実している）、後者は開拓の拓（堅い石をたたき割る→土地を開く）がその例。「橐（*t'ak）」は前者のイメージを用い、「石（音・イメージ記号）＋東（土嚢の形）」を合わせて、中に物を詰め込む袋を表す。しかし蠹は前者と後者の両方のイメージを用い、「橐（音・イメージ記号）の略体＋蚰（限定符号）」を合わせて、木の中にいっぱい詰まって、木を食い荒らして壊す昆虫を暗示させた。

㊙甲  ㊙金 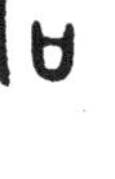 ㊙篆 〔石〕

㊙篆 〔橐〕　㊙篆 〔蠹〕

**[別名]** ①（キクイムシ）蛣蝠・蛀虫　②（シミ）衣魚

**[文献]** ①韓非子・亡徴「木之折也、必通蠹（木の折るるや、必ず蠹を通ず）」、史記・范雎伝「秦之有韓也、譬如木之有蠹也（秦に韓有るは、譬へば木に蠹有るが如きなり）」、②李白・感興（全唐詩183）「蠹魚壊其題（蠹魚其の題を壊つ）」

## 【蠷螋】20　㊥音 クーソウ　㊥訓 はさみむし

**[語源]** 上古漢語は*guag-siog、中古漢語は gu-siəu（→呉音グーシュ、漢音クーソウ）である。ハサミムシ目の昆虫の総称。特に *Labidura japonica*（オオハサミムシ）に当てられる。体は扁平で細く長い。体長は三〇ミリほど。尾の端ははさみ状をなし、餌物をはさんで捕らえる。古代中国ではハサミムシが人の影に尿をすると

瘡ができると考えられた。もとは*giog（蛷）がハサミムシを表すことば。はさみで捕らえる習性に着目して、「求」の「ぐっと引き締める」のイメージで名づけた。のち二音節語化して gieu-sïeu の畳韻語となり、蛷螋と表記し、さらに「枠の中につかみとる」のイメージをもつ「矍」を利用して蠼螋となった。

**【字源】**「求（*giog）」は獣の毛皮で作った衣を描いた図形。皮の衣服は体にぎゅっと締めて着るから、「中心に向けて引き締める」というイメージを示す。球（中心に引き絞った丸いたま）・毬（中心に引き絞った「まり」）・救（こちら側に引き寄せて助ける）などは同源のグループ。「叟（=叜。*sog）」は「宀（あな）+火+又（て）」を合わせて、狭いかまどの隅まで手を入れて火種をさぐる情景を設定した図形で、捜の原字。「細かいすみっこまでずっとさぐりを入れる」というイメージから、「細かい」「細長い」などのイメージに展開する。叟（体の細く締まった老人）・痩（体が細くなる→やせる）などは同源のグループ。「求（音・イメージ記号）+虫（限定符号）」と「叟（音・イメージ記号）+虫（限定符号）」を組み合わせて、はさみで獲物を引き絞って捕る細長い虫を暗示させた。

次に「矍（*kuak）」は「目二つ+隹（とり）+又（て）」を合わせて、猛禽が小鳥を捕まえる情景を設定した図形。「枠の中につかみとる」というイメージを示し、攫（つかみとる）と同源である。蛷を「矍（音・イメージ記号）+虫（限定符号）」を合わせた蠼に代えることによって、はさみで物をつかみとる意を明示した。

金 篆（求） 篆（蛷）

甲 篆（叟） 篆（矍）

**【別名】**蛷・蛷螋・捜夾子

**【文献】**淮南子・説林訓「曹氏之裂布、蛷者貴之（曹氏の裂ける布、蛷者［ハサミムシの瘡を病む者］之を貴ぶ）」、博物志・異虫（晋・張華）「今蠼螋虫、溺人影、亦随所著処、生瘡（今蠼螋虫、人影に溺［=尿］し、亦た著する所の処に随ひて、瘡を生ず）」

# 豕の部（いのこ・いのこへん）

## 【豕】0 音シ 訓いのこ

**[語源]** 上古漢語は*thiĕr、中古漢語はʃiĕ（→呉音・漢音シ）である。偶蹄目の哺乳類、ブタを意味する。また、イノシシを意味することもある。古代、ブタを*thiĕr（豕）、*dıad（彘）、*duən（豚・豘）などと呼び、祖語はT~の音形をもち、*tuər（堆）や*duən（屯）などと同系で、「ずっしりと重い」というイメージをもつ語であった（猪・豚の項参照）。吻の細く突き出たイノシシは欲の深い人相に喩えられる。和訓の「いのこ」は猪の子で、イノシシのこと。

**[字源]** ブタを描いた図形。漢字を構成する要素になる場合、ある種の獣を示す限定符号（豪など）になる。また、イメージ補助記号として、家（嫁・稼）、逐、豙（隊・墜）、豖（塚・啄・琢）、冢（塚）、冡（蒙）・豦（劇・據［=拠］）・毅などに使われる。なお、「象」は「豕」とは関係がない。

甲　金　篆

**[別名]** ①（ブタ）豚 ②（イノシシ）猪

**[文献]** ①詩経・大雅・公劉「執豕于牢（豕を牢より執る）」 ②国語・晋「叔魚生、其母視之曰、是虎目而豕喙（叔魚生まる、其の母之を視て曰く、是れ虎の目にして豕の喙）」

## 【豚】4 音トン 訓ぶた

**[語源]** 上古漢語は*duən、中古漢語はduən（→呉音ドン、漢音トン）である。偶蹄目の哺乳類 *Sus scrofa domesticus*（ブタ）を意味する。中国では五、六千年前にイノシシから家畜化された。体は太って四肢が短い。繁殖力が強く、一〇頭以上の子を生む。雄のブタを豭（か）、雌のブタを豝（は）、去勢ブタを豶（ふん）という。語源は太った姿を捉えたもので、「ずっしりと重い」というイメージをもつ駐屯の屯（一か所に多くのものが集まる）、鈍重の鈍（ずっしりと重い）、頓首の頓（ずしんと頭を地面にうちつける）、臀部の臀（しり）、堆積の堆（うず高く積んだ土）などと同系である。和名の「ぶた」も

太るの「ふと」と関係があるとされる。

**[字源]**「豕（*thiĕr）」はブタ、またはイノシシを表していた。しかしブタを表す語は別に*duənというようになったため、「豕＋肉（イメージ補助記号）」を合わせて、ブタの専用字とした。この「豕」は*duənの音を再現できない。したがって「豚」は会意文字である。「豘」は異体字。「屯（*duən）」は草が地下に根を蓄えた情景を描いた図形。多くのものが一か所に集まるというイメージから、「ずっしりと重い」というイメージに展開する。「屯（音・イメージ記号）＋豕（限定符号）」を合わせて、腹がずっしりと重く垂れたブタを暗示させた。この字は語源を反映している。

甲　金　篆　〔豚〕

金　篆　〔屯〕

**[別名]** 豕・猪・彘・腯肥・剛鬣・長喙将軍・烏金・烏鬼・烏将軍・黒面郎・大蘭王・糟糠氏

**[文献]** 論語・陽貨「帰孔子豚（孔子に豚を帰る）」、孟子・梁恵王上「鶏豚狗彘之畜、無失其時（鶏豚狗彘の畜、其の時を失ふこと無し）」、神農本草経「豚卵味甘温、主治驚癇、癲疾、鬼疰、蠱毒、除寒熱、賁豚、五癃、邪気攣縮（豚卵［豚の睾丸］は、味は甘にして温なり。主治は、驚癇・癲疾・鬼疰・蠱毒・寒熱を除く・賁豚・五癃・邪気攣縮）」

## 海豚

音 カイ-トン　訓 いるか

**[語源]** 上古漢語は*məg-duən、中古漢語はhai-duən（↓呉音カイ-ドン、漢音カイ-トン）である。クジラ目の中で比較的小さな体形をもつ一群の総称であるが、特に*Delphinus delphis*（マイルカ）を指す。体は紡錘形で、長さは二～二・四メートル。頭は小さく、口先が尖る。上下のあごに多数の細い歯がある。背面は青黒色、腹部は白色。群れをなして、活発に海面を泳ぐ。脳が発達し、信号で会話するといわれる。和名はイロコ（鱗、つまり魚の意）のイロに、ウカ（食べ物の意）をつけた語から訛ったものという。

古典では海豚（イルカ）はカワイルカやスナメリとしばしば混同されている。本辞典では三つをはっきりと区別した。前者については鱀の項、後者については鯆鰤の項を参照せよ。

【字源】「海」については海牛の項、「豚」については前項参照。

【別名】海豘・海豨・海狶

【文献】郭璞・江賦（文選12）「魚則江豚海狶（魚は則ち江豚・海狶）」、本草拾遺（唐・陳蔵器）「海豚生海中、候風潮出没、形如豚、鼻在脳上、作声噴水直上、百数為群、其子蠡魚、子数万随母而行、人取子繫水中、其母自来就而取之（海豚は海中に生ず、風潮を候ひて出没す、形は豚の如し、鼻は脳上に在り、声を作し水を噴きて直上す、百数群を為す、其の子は蠡魚、子数万母に随ひて行く、人子を取りて水中に繫げば、其の母自ら来りて就きて之を取る）」

**河豚**→鮭（185ページ）・魨（172ページ）

**江豚**→鱀（226ページ）

## 【象】5　音ゾウ　訓きさ

【語源】上古漢語は*g̈iang、中古漢語はziang（→呉音ザウ、漢音シャウ）である。ゾウ科の哺乳類で、陸上では最大の動物。体高は三メートルに達する。殷代の甲骨文字にゾウ捕獲の記録がある。ニーダムらは甲骨文字の「象」を*Elephas maximus*（アジアゾウ）に同定している。殷代は気温が現在よりも高く、黄河流域にもゾウが棲息していたようである。象牙も利用されており、殷の紂王が象牙の箸を造ったことを知った箕子は殷の滅亡を予言した。語源は姿が大きくて目立つところから、像（すがた）・様（姿・形）と関係がある。和訓の「きさ」は古語で、牙に筋があるので、きさ（木目の意）と呼んだという。

【字源】ゾウの象形文字。ゾウを縦に描いたもの。上部に鼻の特徴が現れている。

ちなみに「爲」は「爪（下向きの手）＋象」を合わせて、ゾウを手なずける場面を設定した図形。「自然のものに手を加えて人工のものにする」「姿や性質を別のものに変える」という意味の言葉を表記するために考案された。殷代にゾウの馴化が行われた形跡を伝える字である。

(甲)　(金)　(篆)

**[別名]** 大猪・牙獣・封獣・大客

**[文献]** 詩経・鄘風・君子偕老「象之揥也（象の揥［かんざし］なり）」、韓非子・喩老「箕子見象箸、以知天下之禍（箕子象箸を見て、以て天下の禍を知る）」、山海経・南山経「禱過之山…其下多犀兕、多象（禱過の山…其の下犀・兕多く、象多し）」、本草拾遺（唐・陳蔵器）「象…肉味鹹酸、不堪噉、胆主目疾、和乳滴目中（象…肉の味は鹹酸、噉ふに堪へず。胆は目疾を主る、乳に和して目中に滴らす）」

### 海象　音 カイ-ゾウ　訓 せいうち

**[語源]** 中世漢語は**hai-siang**である。セイウチ科の海獣 ***Odobenus rosmarus***（セイウチ）を意味する。北極海に棲息する。雄で体長が三・五メートル、体重が三トンもある。ひれ状の四肢で陸上を歩くことができる。犬歯が発達し、象牙のように長く伸びるので、海の象の名がついた。和名はロシア語の**sivuch**（トドの意）に由来するという。

**[字源]**「海」については海牛の項、「象」については前項参照。

**[文献]** 物理小識8（明・方以智）「象牙器…其曰殊角者海象牙也（象牙の器…其の殊角と曰ふ者は海象の牙なり）」

## 【豪】7　音 ゴウ　訓 やまあらし（豪猪）

**[語源]** 上古漢語は***ɦog**、中古漢語は**ɦau**（→呉音ガウ、漢音カウ）である。齧歯目ヤマアラシ科の哺乳類 ***Hystrix hodgsoni***（ヒマラヤヤマアラシ、中国名豪猪）に当てられる。体長は六〇～七〇センチで、全身黒色ないし褐色。肩から尾まで針状の長い毛に覆われ、敵に遭うと毛を逆立てて身を守る。語源は長い毛の特徴に着目し、「高い」→「長い」というイメージのつながりのある「高」と同源。揮毫・秋毫の毫（長細い毛）もこれから派生した。和名の「やまあらし」は山の樹木を害するところから、山荒らしの意。

**[字源]**「高（*kɔg）」は高い建物を描いた図形。「高い」は「長い」のイメージにもつながる。「高（音・イメージ記号）＋豕（限定符号）」を合わせて、針状の長い毛の

ある動物を暗示させた。また、「高い」のイメージは「乾く」のイメージとつながり、これが「硬い」のイメージにつながってくる。例えば、高（たかい）—槁（枯れる）—碻（かたい）など。したがって「豪」は硬く鋭い毛をもつ動物と解することもできる。

甲　金　篆〔高〕　篆〔豪〕

**[別名]** 豪猪・豪彘・豪豨・畜豪・狟猪・刺猪・箭猪・山猪・蒿猪・鸞猪・猪都・貆貐

**[文献]** 山海経・西山経「有獣焉、其状如豚而白毛、大如笄而黒端、名曰豪彘（獣有り、其の状豚の如くして白毛、大なること笄の如くして黒端、名を豪彘と曰ふ）」、漢書・揚雄伝「捕熊羆豪猪（熊・羆・豪猪を捕らふ）」

**豬**→猪 （20ページ）

# 豸の部（むじな・むじなへん）

## 【豸】0 音チ 訓—

**[語源]** 上古漢語は*dieg、中古漢語はdiě（→呉音ヂ、漢音チ）である。「豸」は獬豸（かいち）に用いられ、想像上の動物の名（獬の項参照）。それ以外では特定の名前ではなく、一般に虫の類を虫豸（ちゅうち）という。区別するときは、足のある虫が「虫」、足のない虫が「豸」。

**[字源]** 獲物を狙って体を曲げた獣を描いた図形。漢字の構成要素になるとき、獣に限定する符号の働きをする。イメージ補助記号としては懇・墾や貌などに使われる。

甲  金  篆 

**[文献]** 爾雅・釈虫「有足謂之虫、無足謂之豸（足有る、之を虫と謂ひ、足無き、之を豸と謂ふ）」、説文解字9「豸獣長脊豸豸然欲有司殺形（豸は獣の長脊豸豸然として司殺有らんと欲する形）」

## 【豺】3 音サイ 訓やまいぬ

**[語源]** 上古漢語は*dzěg、中古漢語は dʒʌi（→呉音ゼ、漢音サイ）である。イヌ科の哺乳類 *Cuon alpinus*（ドール、別名アカオオカミ）を意味する。体長は一メートルほどで、オオカミに似る。体の色は黄褐色。耳は丸く、吻は太く、尾は短い。性質は獰猛で、群れをなして、人畜を攻撃する。凶暴残酷な人の比喩に使われる。語源は「才」の「断ち切る」のイメージを取り、材（断ち切った木）・裁（布を裁つ）などと同源。和訓の「やまいぬ」は山犬で、オオカミ（狼）の別名。

**[字源]**「才（*dzəg）」は川をせきとめたダムを描いた図形。流れを途中で止めるから、「途中で断ち切る」というイメージがある。材（切って原料とする木、材木）・裁（布をたち切って衣を造る）・栽（草木の枝葉を切って育てる）などは同源のグループ。「才（音・イメージ記号）＋豸（限定符号）」を合わせて、獲物の肉を断ち切る獣を暗示させた。「犲」は異体字。

甲 金 篆 〔才〕

篆 〔豺〕

**[別名]** 豺狗・紅狼・露犬

**[文献]** 詩経・小雅・巷伯「取彼譖人、投畀豺虎（彼の譖人を取りて、豺虎に投げ畀へよ）」、史記・秦始皇本紀「豺声少恩（豺の声にして恩少なし）」、新修本草「豺皮性熱、主冷痹脚気、熟之以纏病上即差（豺の皮は性熱なり、冷痹脚気を主る、之を熟し以て病の上に纏ふれば即ち差ゆ）」

## 【豹】3 音ヒョウ 訓——

**[語源]** 上古漢語は*pŏg、中古漢語は pău（→呉音ヘウ、漢音ハウ）である。ネコ科の哺乳類 *Panthera pardus*（ヒョウ）を意味する。体形はトラに似る。頭は円く、耳は短い。黄褐色の地に黒い斑点がある。跳躍力にすぐれ、木登りもうまい。語源は漂（水の上に浮かぶ）・飄（風で浮き上がる）などと同源で、強い脚力で身軽に飛び上がることに着目して名づけられた。

**[字源]**「勺」は液体を入れた柄杓を描いた図形。ひしゃくは汲み上げる道具なので、「高く上げる」という

イメージがある。「勺（イメージ記号）＋豸（限定符号）」を合わせて、高く跳躍する獣を暗示させた。

(甲)　(篆)

【別名】金銭豹・文豹・赤豹・五豹将軍・失刺孫

【文献】詩経・大雅・韓奕「赤豹黄羆」、山海経・中山経「即谷之山、多美玉、多玄豹（即谷の山、美玉多く、玄豹多し）」、名医別録「豹肉味酸平無毒、主安五蔵、補絶傷、軽身益気、久服利人（豹の肉は、味は酸にして平、毒無し。五蔵を安んじ、絶傷を補ふを主る。身を軽くし気を益す。久服すれば人を利す）」、新五代史・王彦章伝「豹死留皮、人死留名（豹は死して皮を留め、人は死して名を留む）」

## 海豹　(音)カイ-ヒョウ　(訓)あざらし

【語源】中古漢語はhei-pău（→呉音カイ-ヘウ、漢音カイ-ハウ）である。アザラシ科の海獣の総称。特に*Phoca vitulina*（ゼニガタアザラシ）を指す。体は紡錘形で、長さは一・五メートルほど。頭は円く、口と頬にひげがある。四肢はひれ状をなし、腹ばって進む。背に黒い斑点がある。寒帯の海に棲息する。語源は豹のような斑紋があるのにちなむ。和名のアザラシも黒い斑点を痣に見立てたもので、それにラ（接辞）と、シシ（獣の意）のシを添えた語という（吉田金彦）。

【字源】「海」については海牛の項、「豹」については前項参照。

【文献】新唐書・東夷伝「開元中数入朝献…海豹皮（開元中、数しば入朝し、…海豹の皮を献ず）」

## 【貂】5　(音)チョウ　(訓)てん

【語源】上古漢語は*tɔ̈g、中古漢語はteu（→呉音・漢音テウ）である。イタチ科の哺乳類*Martes zibellina*（クロテン、中国名紫貂）を意味する。イタチに似、毛の色は暗褐色。体は細長く、尾の毛はふわふわしている。胴の長さは四〇センチほど。爪は鋭く、木登りがうまい。毛皮は柔らかくて光沢があるため、珍重された。語源は曲線を描くようにしなやかな体形を捉えて、「（型に曲がる）」のイメージをもつ召や招と同源。和名の「てん」は漢名のテウの訛りとする説のほかに、朝鮮語トッピの別名獤に由来するという説がある（小野蘭山）。

古代中国でテンの尾は侍中（官職名）の冠の飾りとされた。テンの尾が足りずイヌの尾で間に合わせた故事から、官位を安売りすること、あるいは、立派なものの後に詰まらないものが続くことに喩えて、狗尾続貂という語が生まれた。

**[字源]**「刀（*tɔg）」は刀身が）型に曲がった中国の刀剣を描いた図形。「）型や（型に曲がる」というイメージを示す。（馬刀の項参照）「刀（音・イメージ記号）+口（限定符号）」を合わせた「召（*tiɔg）」は、手を（の格好にして手招きして呼び寄せる様子を暗示させる。これも「）型や（型に曲がる」というイメージを示す記号となる。招（手を（の形にしてまねく）・超（（型に飛び越える）は同源の語。「召（音・イメージ記号）+豸（限定符号）」を合わせて、体形が曲線を描いたようにしなやかな獣を暗示させた。「鼦」は異体字。

甲　金　篆〔召〕　篆〔貂〕

**[別名]** 黒貂・紫貂・貂鼠・松狗

**[文献]** 戦国策・趙「李兌送蘇秦明月之珠、和氏之璧、黒貂之裘（李兌、蘇秦に明月の珠、和氏の璧、黒貂の裘を送る）」、漢書・楚元王伝「青紫貂蟬充盈幄内（青紫の貂蟬、幄内に充盈す）」

## 【貉】 6 音カク 訓むじな

**[語源]** 上古漢語は*ɦak、中古漢語はɦak（→呉音ガク、漢音カク）である。イヌ科の哺乳類 ***Nyctereutes procyonoides***（タヌキ）を意味する。体形はずんぐりしている。四肢は短く、尾は太い。背は灰褐色で、中央に黒色が混じる。顔に八の字のような黒紋がある。驚くと仮死状態になる。これが「たぬき寝入り」の由来。中国では「よく睡を好む獣」とされて、よく寝ることを貉睡という。また、貛（アナグマ）と同じ穴に棲むとされ、「一丘之貉」の語がある。これが「同じ穴のムジナ」の由来。語源はアナグマやキツネの巣穴に入っていることがあるので、「よそからやってきて一時的にとまる」のイメージをもつ客と同源であろう。和名の「たぬき」は毛皮で手貫（籠手の類）を製したこ

とによるという。和訓の「むじな」はアナグマの別名。アナグマとタヌキはよく混同された。なお貉がタヌキで、狸はヤマネコが本来の意味である。

**【字源】**「各（*kak）」は「夂（下向きの足）＋口（石）」を合わせて、足が石にぶつかって止まる情景を暗示させる図形。A点からやって来た足が、B点でつかえて止まるということから、「固いものにぶつかる」というイメージと、「A点からB点につながりをつける」というイメージを示す記号として「各」が使われる。よそからやって来て、主人の家に一時的に足を止める人を「客」という。同じように、「各（音・イメージ記号）＋豸（限定符号）」を合わせることによって、アナグマなどの穴に一時的にやってきて宿とする獣、すなわちタヌキを表した。「狢」は異体字。

甲 　金 　篆　〔各〕

金　篆 　〔貉〕

**【別名】**貉子・金毛貛・野馬

**【文献】**詩経・豳風・七月「一之日于貉（一の日ここに貉とる）」、論語・郷党「狐貉之厚以居（狐貉の厚き以て居る）」

## 【貆】6　音カン　訓―

**【語源】**上古漢語は*ɦuan、中古漢語はɦuan（→呉音グワン、漢音クワン）である。この語は二通りの意味がある。一つはヤマアラシ、もう一つはアナグマである。アナグマの場合は貛（*huan）と音が似ているための転義であろう。ヤマアラシは首の周囲に白い帯があるので、「亘」の「丸く取り巻く」というイメージを取って名づけられた。貆は詩経にあるくらい古い語だが、のち豪に取って代わった（豪の項参照）。

**【字源】**「亘（*siuan）」は二線の間に渦巻き模様の「回（＝回）」を入れた図形で、周囲を丸くめぐらす様子を暗示する。垣（家の周囲を取り巻く「かき」）や桓（宿場の回りに立てる木）、また盤桓（ぐるぐる回る）などは同源の語である。ここに「丸く取り巻く」というコアイメージがある。「亘（音・イメージ記号）＋豸（限定符号）」を合わせて、首の回りを白色の毛が取り巻く獣を暗示させた。

㊙甲　篆〔亘〕　篆〔貆〕

**[別名]** ①（ヤマアラシ）豪　②（アナグマ）貛

**[文献]** ①詩経・魏風・伐檀「不狩不猟、胡瞻爾庭有県貆兮（狩りせず猟せずんば、胡(なん)ぞ爾の庭に県貆(けんかん)［吊されたヤマアラシ］有るを瞻(み)んや）」

**貍**→狸（17ページ）

## 【貒】9　音タン　訓まみ

**[語源]** 上古漢語は*tʻuan、中古漢語はtʻuan（→呉音・漢音タン）である。イタチ科の哺乳類 ***Arctonyx collaris***（ブタバナアナグマ）を意味する。体形はアナグマと似、太ってずんぐりしている。黒褐色の地に白色が混じる。高山の岩穴や地中に穴を掘って棲む。語源は団と同源だという（本草綱目）。丸みを帯びてずんぐりとした体形を捉えている。和訓の「まみ」はアナグマの別名。本当は貛がアナグマであり、「まみ」と読むべき字である。

**[字源]** 「耑（*tuan）」は植物が地下に根を両側に垂らして生えている様子を示した図形で、「端」の原形。「両側にそろう」というイメージのほかに、「両側に垂れる」というイメージもあり、「（垂れ下がって）ずっしりと重い」というイメージにもつながる。別名に猪貛(ちょかん)がある通り、ブタに似ているという意識があったので、「耑（音・イメージ記号）＋豸（限定符号）」を合わせることによって、ずっしりと重いブタに似た獣を暗示させた。団（まるい）とも同系で、ずんぐりした姿を捉えた命名である。「猯」は異体字。

金　篆〔耑〕　篆〔貒〕

**[別名]** 猪貛・貛豘・地猪・沙貛

**[文献]** 王逸・九思（楚辞）「貒貉兮蟫蟫（貒と貉、蟫(しん)蟫(しん)たり）」、世説新語・品藻（六朝宋・劉義慶）「但恐狐狸貒貉噉尽（ただ狐狸貒貉の噉(くら)ひ尽くすを恐る）」

**貓**→猫（21ページ）

## 【貘】11　音バク　訓—

**[語源]** 上古漢語は*mǎk、中古漢語はmʌk（→呉音ミ

ヤク、漢音バク）である。奇蹄目バク科の哺乳類の総称。特に*Tapirus indicus*（マレーバク）を意味する。体形はサイに似るが、やや小さい。背は灰褐色で、肩や四肢などは黒褐色。鼻は管状で伸縮する。熱帯雨林に棲息する。古典に出る貘は、蜀（四川省）に産し、熊に似た獣で、胴や鉄をなめ、竹を食べるとされる。ニーダムらは爾雅の貘を*Ailuropoda melanoleuca*（オオパンダ、中国名大熊猫）に同定した（中国古代動物学史）（熊猫の項参照）。郭郛は山海経の「猛豹」をパンダとし、パンダは鉄やアルミの食器をかじることがあると言っている（山海経注証）。唐の白楽天は貘を描いた屏風の詩を作り、魔除けにすると述べている。これが日本に伝わり悪夢を食う想像的動物となった。近代、バクに貘の字を当てるようになった経緯は不明。語源は中国西部の深山に棲息するところから、「莫」の「姿が隠れて見えない」のイメージに基づく。

**[字源]**「莫（*mak）」は蝦蟇の項で述べたように、太陽が草原の間に沈む情景を設定した図形で、「姿が隠れて見えない」というイメージがある。「莫（音・イメージ記号）＋豸（限定符号）」を合わせて、深山に隠れてめったに姿を見せない獣を暗示させた。「貘」は異体字。

甲　金　篆〔莫〕

篆〔貘〕

**[別名]** 白豹・猛豹・貊獣・食鉄獣・啮鉄獣

**[文献]** 爾雅・釈獣「貘、白豹」——郭璞注「似熊、小頭庳脚、黒白駁、能舐食銅鉄及竹骨、骨節強直、中実少髄、皮辟湿（熊に似、小頭庳脚、黒白の駁あり、能く銅鉄及び竹骨を舐食す、骨節は強直にして、中実るも髄少なし、皮は湿を辟く）」、史記・司馬相如伝「其獣則㺎旄貘犛（其獣は則ち㺎・旄・貘・犛）」

## 【貛】 18 音カン 訓 ——

**[語源]** 上古漢語は*huan、中古漢語はhuan（→呉音・漢音クワン）である。イタチ科の哺乳類*Meles meles*（アナグマ）を意味する。体形はずんぐりとしている。背は暗褐色の地に白色が混じる。頭は細長く、鼻がとがる。顔に三筋の白い紋がある。四肢は太く、爪は大き

い。森林に楕円形の大きな洞穴を掘って棲む。語源は「雚(かん)」の「左右がそろう」のイメージをとり、筒型のトンネルを掘る習性を捉えたもの。和名の穴熊も穴掘りに巧みな習性にちなむ。

**[字源]**「雚(*kuan)」はコウノトリを表す字(鸛の項参照)。コウノトリは雌雄の仲がよいとされるので、「左右に等しくそろう」というイメージを示す記号になる。「雚(音・イメージ記号)+豸(限定符号)」を合わせて、左右の幅が等しくそろって筒型になった穴をたくみに掘る習性のある獣を暗示させた。「貛」は異体字。

㊙甲 [illegible] ㊎金 [illegible] 篆 [illegible](雚) 篆 [illegible](貛)

**[別名]** 狗貛・山狗・天狗・山獺・刁黄

**[文献]** 淮南子・修務訓「貛貉為曲穴(貛貉は曲穴を為(つく)る)」

# 貝の部(かい・かいへん)

## 【貝】0 音バイ 訓かい

**[語源]** 上古漢語は*puad、中古漢語はpuai(→呉音・漢音ハイ)である。タカラガイ科の巻貝*Monetaria moneta*(キイロダカラガイ、中国名貨貝、別名貝子)を意味する。殻は卵円形で、長さが三センチ、高さが一センチほど。表面は光沢があり、鮮やかな黄色を帯びる。古代、貨幣として使われた。語源は割れ目があるところから、「二つに割れる」というコアイメージがあり、敗(やぶれる)・弊(やぶれる)・廃(やぶれる)などと同系である。

日本では貝をエゾバイ科の巻貝*Babylonia japonica*(バイ)に当てる。殻は黄褐色で、高さは七センチほど。貝独楽(べいごま)の材料になる。「かい(かひ)」の語源は殻の古語「かひ」に由来する。

**[字源]** 割れ目のある貝、または、殻が分かれた二枚貝の姿を描いた図形。一般に割れ目のある貝や二枚貝

を*puadといい、「貝」の視覚記号で表記する。漢字の構成要素としては、財貨などにかかわる限定符号になり、貝の名に用いることは少ない（たいていは虫偏、まれに魚偏）。なお日本でバイを蛽とも書くが、蛽は貝の俗字である。「貝」は音・イメージ記号としては敗・唄・狽など、イメージ補助記号としては買、賣（＝売）、賈（價［＝価］）、賓（濱・嬪・鬢）、嬰（櫻・罌・鸚）、續（＝続）、讀（＝読）、鎖などに使われる。

甲　金　篆

【別名】貝子・貝歯・白貝・海蚆

【文献】詩経・小雅・巷伯「成是貝錦（是の貝錦を成す）」、易経・震「億喪貝（億も貝を喪ふ）」、神農本草経「貝子味鹹平、主治目翳、鬼疰、蠱毒、腹痛下血、五癃、利水道（貝子、味は鹹にして平なり。主治は、目翳・鬼疰・蠱毒・腹痛下血・五癃・水道を利す）」

## 貽貝　音イーバイ　訓いがい

【語源】貽の上古音は*diag、中古音はyiei（→呉音・漢音イ）である。*diag-puad（貽貝）はイガイ科の二枚貝 *Mytilus coruscus*（イガイ）を意味する。殻はくさび形で、黒色。肉は赤い。足糸で岩礁に付着する。中国では淡菜と称して賞味される。唐代、この貝を政府に朝貢させるため数十万人を動員させたという逸話がある。地中海原産のムラサキイガイ（ムール貝）も淡菜と称されることがある。イガイが黒い足糸を出す姿が女性性器に似ているため、東海夫人の異名がある。語源は味覚に着目したもので、飴（あめ）と同源と思われる。和名の「いがい」は貽貝の重箱読みである。

【字源】「台（*diag）」は「厶（農具のすきの形）＋口（物や場所を示す符号）」を合わせて、道具を用いて工作する場面を設定した図形。「手を加えて何かにする」というイメージがある。金属に人工を加えて柔らかくすることが冶金の冶、穀物に人工を加えて柔らかく製した甘い食品を飴（あめ）という。同じように、「台（音・イメージ記号）＋貝（限定符号）」を合わせて、煮て柔らかくして食べる貝を暗示させた。

金　篆〔台〕　篆〔貽〕

【別名】淡菜・殼菜・東海夫人・海牝・海蜌・文蛤・

玄貝

**【文献】** 爾雅・釈魚「玄貝、貽貝」、新唐書・孔戣伝「明州歳貢淡菜蛤蚶之属（明州、歳ごとに淡菜・蛤蚶の属を貢す）」、食療本草（唐・孟詵）「淡菜、補五蔵、理腰脚気、益陽事…北人多不識、雖形状不典、而甚益人（淡菜は五蔵を補ひ、腰・脚気を理め、陽事を益す。…北人多く識らず、形状典ならずと雖も、甚だ人を益す）」

## 【贔屓】14 ㊉ヒイーキ ㊀――

**【語源】** 中古漢語はbıui-hıi（↓呉音ビーキ、漢音ヒーキ）である。想像上の動物で、竜が生んだ九子の一つ（狴犴の項参照）。形は亀に似、力強くて、重いものを背負うのを好む性質がある。そのため墓や石碑の台座を背負う役目を負わされた。アカウミガメがモデルともいわれ、贔屓はアカウミガメの異名にもなっている（蠵の項参照）。語源は力を出して踏ん張るときに出る鼻息を表す擬音語に由来する。

**【字源】**「贔」は「貝」を三つ重ねて、重い荷を背負う様子を暗示させる図形。「屓」はもとは「尸（人体）＋自（鼻）」を合わせた字で、鼻息を示す。ぐっと力をこめて、重いものを持ち上げたり、怒ったりするときに鼻息が出る様子をbıui-hıiという畳韻の二音節語で言い、「贔」と「屓」を組み合わせた視覚記号で表記した。贔屓（屓は屭とも書く）は力強いさまを意味する擬態語として漢代の文献に出るが、のちに想像上の動物の名に使われるようになった。

**【別名】** 屭贔

**【文献】** 類篇（宋・司馬光）「贔屭鼇也。一曰雌鼇為贔（贔屭は鼇なり。一に曰く、雌の鼇を贔と為す）」、升菴集（明・楊慎）「竜生九子…一曰贔屭、形似亀、好負重、今石碑下亀趺是也（竜、九子を生む…一に曰く贔屭、形は亀に似、重きを負ふを好む、今石碑の下の亀趺（きふ）是れなり）」

# 隹の部（ふるとり）

## 【隹】0　音スイ　訓とり

**[語源]** 上古漢語は*tiuə̆r、中古漢語はtʃui（→呉音・漢音スイ）である。尾の短い鳥の総称とされるが、そんな意味で使われる用例はほとんどない。使われるのは隹其（すいき）だけ。これは鳺鴀（ふふ）と同じ（爾雅）。詩経の毛伝に「隹（すい）は夫不なり」とある鵻と同じであろう（鵻の項参照）。

**[字源]** 尾が短く、丸みを帯びて、ずんぐりとした体形の鳥を描いた図形。鳥（尾の長いとり）に対する。漢字の構成要素になるときは、鳥の意味領域に限定する符号となる。また、音・イメージ記号としての働きもある。この場合は、ずんぐりした体形から連想される「ずっしりと重い」というイメージを示す。そこから「一点に重みをかける」、さらに「上から下に落ち着く」というイメージに展開する。推（手に重みをかけて押す）・維（重みを支える太綱）・堆（ずっしりと重く積み上げた土）・椎（重みをかけて打ち下ろす木の「つち」）・錐（重みをかけて穴を開ける「きり」）などは同源のグループ。ほかに唯・惟・錐・崔（催・摧）などがある。またイメージ補助記号として、隻、雙（＝双）、讐、集、雑、進、奪、奮、焦（礁・蕉・樵・憔・鷦）などに使われる。

甲 　金 　篆

**[文献]** 説文解字4「鳥之短尾総名也（鳥の短尾の総名なり）」

## 【隼】2　音ジュン　訓はやぶさ

**[語源]** 上古漢語は*siuən、中古漢語はsiuĕn（→呉音・漢音シユン）である。タカ目ハヤブサ科の鳥の総称。特に*Falco peregrinus*（ハヤブサ、中国名遊隼）に当てられる。体長は四〇センチほど。頭部は黒く、背面は青灰色。頬にひげのような黒斑がある。上くちばしはかぎ型に曲がる。性質は凶猛で、飛ぶのが速い。ほかにチョウゲンボウ（紅隼）、チゴハヤブサ（燕隼）、スズメハヤブサ（小隼）などがある。語源は水準の準（水

平）と同源。あるいは俊敏の俊（すばやい）とも同系とされる。和名は飛行のスピードが速いことから、ハヤツバサ（速翼）→ハヤブサになったという（大槻文彦）。

**[字源]**「一（イメージ記号）＋隹（限定符号）」を合わせたもの。「一」は一直線に飛ぶ様子を示している。「隼」は速いスピードでまっすぐに飛ぶ鳥、ハヤブサの類を表した。「まっすぐ」というイメージから「平ら」というイメージにもつながる。水平面をはかる道具を準（みずもり、水準器）といい、隼―準は同源の語である。

篆

**[別名]** 撃征・征鳥・題肩

**[文献]** 詩経・小雅・采芑「鴥彼飛隼、其飛戾天（鴥たる彼の飛隼、其れ飛んで天に戻る）」、史記・孔子世家「有隼、集于陳廷而死（隼有り、陳廷に集まりて死す）」

## 【雀】3 音ジャク 訓すずめ

**[語源]** 上古漢語は*tsiɔk、中古漢語はtsiak（→呉音サク、漢音シャク）である。スズメ目ハタオリドリ科の*Passer montanus saturatus*（スズメ、中国名麻雀）を意味する。体長は一三センチ内外。くちばしは短く、円錐状をなす。上体は茶褐色で、下体は灰白色。人家の付近に棲む。*tsiɔkは鳴き声を模した擬音語に由来する。和名の「すずめ」はスズが鳴き声で、メは小鳥を表す接尾語という。

古代中国ではスズメの鳴き声は節度があるとされ、スズメを象った爵（雀と同音）という酒器が作られた。酒の飲み過ぎを節制するという意味が込められていた。また、スズメにまつわる超能力者の話がある。孔子の弟子の公冶長は無実の罪で投獄されたが、獄窓に集まってきたスズメの会話を聞いて、真犯人を言い当てたという。

**[字源]**「小（*siɔg）」は蠨蛸の項で述べたように、小さい点が散らばる様子を示す象徴的符号である。「小（音・イメージ記号）＋隹（限定符号）」を合わせて、小さな鳥を暗示させた。

甲 金 篆 〔小〕

甲 篆 〔雀〕

**[別名]** 麻雀・家雀・瓦雀・嘉雀・賓雀・嘉賓・賓爵・老雀・雀子

**[文献]** 詩経・召南・行露「誰謂雀無角、何以穿我屋（誰か謂はん雀に角無しと、何を以て我が屋を穿つ）」、荘子・譲王「以随侯之珠、弾千仞之雀、世必笑之（随侯の珠を以て、千仞の雀を弾たば、世必ず之を笑はん）」、大戴礼記・夏小正「雀入于海為蛤（雀、海に入りて蛤と為る）」、名医別録「雀卵味酸温無毒、主下気、男子陰痿不起、強之令熱、多精有子（雀の卵は、味は酸にして温、毒無し。下気・男子陰痿不起を主る。之を強くして熱せしむれば、精多く子有り）」

## 金糸雀

㊌キン-シ-ジャク
㊊カナリア

**[語源]** スズメ目アトリ科の鳥 *Serinus canaria*（カナリア）を指す。体長は一二〜一四センチ。羽の色はほぼ黄色。姿と声が美しいので飼い鳥として愛好される。原産地は大西洋のカナリア諸島で、日本へは江戸時代に輸入された。和名のカナリアはスペイン語に由来する。漢字表記は金糸雀だが、中国の文献（近代以前）に見えないので、いつごろ、どこでこの表記が生まれたかはっきりしない。金糸は黄金の糸の意で、黄金色の毛色をしたものにつける語で、獣では金糸猴の例がある（狨の項参照）。

**[字源]** 「今（*kıəm）」は「亼（被せる符号）＋一（ある物）」を合わせて、蓋を被せて物を取り押さえる様子を暗示する図形。「中にふさぐ」というイメージがある。「今（音・イメージ記号）＋ハ（イメージ補助記号）＋土（限定符号）」を合わせた「金」は、土の中に点々と閉じこめられた砂金を暗示させる。一般に金属や黄金の意味に用いる。

次に「糸」は蚕の吐き出す細い原糸を描いた図形で、*mek（呉音ミャク、漢音ベキ）を代替する。「糸＋糸」を合わせたのが「絲」で、一派に「いと」を意味する*siəg（呉音・漢音シ）を代替する視覚記号である。常用漢字では絲の代わりに糸を用いる。

㊙甲 ㊎金 ㊕篆 〔今〕
㊎金 ㊕篆 〔金〕
㊙甲 ㊎金 ㊕篆 〔絲〕

## 孔雀 音 クージャク 訓 ——

**[語源]** 上古漢語は***k'ung-tsiɔk**、中古漢語は**k'ung-tsiak**（→呉音ク-サク、漢音コウ-シャク）である。キジ目キジ科の鳥 ***Pavo muticus***（マクジャク、中国名緑孔雀）を意味する。体長は約二・二メートルで、そのうち尾の長さが一・五メートルもある。羽の色は主に緑色で、金属光沢があり美しい。頭に冠羽がある。雄の翼は長く、扇状に開いて雌に求愛する。山の麓や谷川近くに棲み、植物の種子などを食べる。孔は大の意で、孔雀は大きい鳥を意味する。孔鳥、また略して孔とも呼ばれる。中国南部・西南部に棲息し、越鳥・越禽の異名がある。

古代中国ではクジャクに九徳があるとされ、高級官僚の帽子にクジャクの尾羽を飾る風習があった。また瑞祥のシンボルとして、吉祥図では羽を広げた図案が太平を象徴する。また孔雀が牡丹に戯れる図案が婚礼に用いられるという。孔雀は男性性器、牡丹は女性性器の象徴とされる（中国象徴辞典）。

**[字源]**「孔」は「子＋乚（するりと抜け出ることを示す符号）」を合わせて、子が産道を通って出てくる情景を設定した図形。本来***k'ung**は***kuk**（谷）や***kug**（口）などと同源の語で、「あな」を意味する言葉である。これを表すために窒の穴を造形に利用したものである。抵抗なくするりと突き通っていく穴のイメージから、空間的にゆったりとして大きいというイメージに展開する。

金　篆　〔孔〕

**[別名]** 孔鳥・孔翠・越鳥・越禽・文禽・火禽・南客・安息雀・孔都護・摩由羅

**[文献]** 揚雄・羽猟賦（文選8）「玄鸞孔雀翡翠垂栄（玄鸞・孔雀・翡翠栄を垂る）」、列仙伝「簫史者秦穆公時人也、善吹簫致孔雀白鶴於庭（簫史なる者は秦の穆公の時の人なり、善く簫を吹き孔雀・白鶴を庭に致す）」、名医別録「孔雀屎微寒、主治女子帯下、小便不利（孔雀の屎は微寒なり。女子帯下・小便不利を治するを主る）」

## 蒿雀 音 コウ-ジャク 訓 あおじ

**[語源]** 中古漢語は**hau-tsiɔk**（→呉音カウ-サク、漢音

カウーシャク）である。スズメ目ホオジロ科の鳥*Emberiza spodocephala*（アオジ、中国名灰頭鵐）を意味する。体長は一六センチほど。体形はスズメに似、くちばしは短い円錐形。頭と胸は灰緑色、背は褐色を帯びる。山地の草むらに棲み、植物の種子や昆虫を食べる。語源は蒿（ヨモギ）の草むらに棲むことにちなむ。和名の「あおじ」は、ホオジロに似ているので、ホオジロの古名シトドに青をつけて、アオシドド→アオジとなったという。ホオジロについては鵐の項参照。

**[字源]**「高（*kɔg）」は高い建物を描いた図形で、「高い」「高く伸びる」というイメージがある（豪の項参照）。「高（音・イメージ記号）＋艸（限定符号）」を合わせて、まっすぐ高く伸びる草を暗示させる。これによってヨモギの類を表す視覚記号とする。

甲　金　篆（高）　篆（蒿）

**[別名]** 青頭雀

**[文献]** 本草拾遺（唐・陳蔵器）「蒿雀味甘温無毒、食之益陽道、取其脳塗凍瘡手足不皸。似雀青黒、在蒿間、塞外弥多、食之美於諸雀（蒿雀は味甘にして温、毒無し。之を食へば陽道を益す。其の脳を取りて凍瘡に塗れば、手足皸（くん）せず。雀に似て青黒、蒿間に在り。塞外弥（いよい）よ多し、之を食へば諸雀よりも美なり）」

**雲雀**→鷚（312ページ）

**黄雀**→鶸（307ページ）

## 【雈】 4 音カン 訓——

**[語源]** 上古漢語は*ɦuan、中古漢語はɦuan（→呉音グワン、漢音クワン）である。フクロウ、またミミズクを意味する。語源は丸みを帯びた体形の特徴から、環（丸い玉）・垣（えん）（家の回りに丸くめぐらした「かき」）・圏（丸い囲い）などと同源。老人のように背を丸めるところから老兔の異名がある。鴞の項参照。

**[字源]** 二つの毛角のあるミミズクを描いた図形。舊（＝旧）や蒦（獲・穫・護の構成要素）などにイメージ補助記号として含まれる。雈（アシ）は別字である。

甲　篆

**[別名]** 木兎・老兎

**[文献]** 爾雅・釈鳥「萑、老鵵」——郭璞注「萑木兎也、似鵋鶀而小、兎頭有角毛脚、夜飛好食鶏（萑は木兎なり、鵋鶀（しきゅう）に似て小、兎の頭にして角・毛脚有り、夜飛んで好んで鶏を食ふ）」

## 【雁】 4 ㊨ガン ㊥かり

**[語源]** 上古漢語は*ngǎn、中古漢語はngǎn（→呉音ゲン、漢音ガン）である。カモ目の真正ガン類の総称。特に*Anser albifrons*（マガン、中国名白額雁）に当てられる。体長は七〇センチほど。頭と背部は暗褐色、額に白い横紋がある。一雌一雄を守る鳥である。ガン類はほかにサカツラガン（鴻雁）、ヒシクイ（豆雁）などがある。語源はかぎ型に飛ぶ姿を捉えて、岸（┌型の「きし」）・顔（┌型のひたい）などと同系の言葉で呼んだ。和訓の「かり」はラッパのような高い鳴き声がカリカリと聞こえたからという。

古代中国ではガンは六礼（りくれい）（婚姻の六つの儀礼）の最初に礼物として用いられた。また、ガンは四徳があるとされた。季節通りに渡りをするのが信、飛行に順序があるのが礼、配偶を失っても独身を守るのが節、夜間には警戒し、海上を飛ぶときは蘆を口に含むのが智である。ガンは警戒心が強く見張りの役がおり、これを雁奴という。また、列を作って降りる姿を落雁といい、八景（中国では瀟湘八景、日本では近江八景）の中の一点景とされた。漢の蘇武の有名な逸話がある。北地で幽閉されたときガンの足に手紙を巻いて故郷に知らせた。ここから手紙のことを雁信、雁書という。

**[字源]** 「厂（*han）」はがけを描いた図形で、「┌型をなす」というイメージを示す。これは∧型や└型のようなかぎ型のイメージでもかまわない。「厂（音・イメージ記号）＋人（イメージ補助記号）＋鳥または隹（限定符号）」を合わせて、まるで人が行列をなすかのように、かぎ型にきれいに整列して飛ぶ鳥を暗示させた。「鴈」は異体字。ちなみに岸は┌型をなした地形だから「厂」の記号を用いている。また、彦は「厂（音・イメージ記号）＋文（あや）＋彡（飾り）」から成り、額が┌型に整った美男子のこと。顔は「彦（音・イメージ記号）＋頁（限定符号）」を合わせて、┌型をなす額のことだが、意味が拡大して「かお」全体となった。

㊟篆

【別名】候雁・胡雁・賓鳥・陽鳥・朔禽・智禽・征禽・信禽・霜信・天厭・書空匠・知時鳥・翁鶏

【文献】詩経・邶風・匏有苦葉「雝雝鳴鴈、旭日始旦（雝雝たる鳴鴈、旭日始めて旦なり）」、漢書・李広蘇建伝「上林中得鴈、足有係帛書、言武等在某沢中（上林の中に鴈を得たり、足に帛書を係くる有り、武等某沢中に在りと言ふ）」、神農本草経「雁肪味甘平、主治風攣拘急偏枯、気不通利、久服、益気不飢、軽身耐老（雁肪は、味は甘にして平なり。風攣・拘急・偏枯・気通利せずを治するを主る。久服すれば気を益し、飢ゑず、身を軽くし、老に耐ふ）」

**雇**→鳫（262ページ）

**雅**→鴉（260ページ）

**【雎】** 5　㊥音 ショ　㊥訓 みさご（雎鳩）

【語源】上古漢語は*ts'ĭag、中古漢語はts'ĭo（→呉音ソ、漢音ショ）である。雎鳩はタカ目タカ科のミサゴを意味する（鶚の項参照）。鶚（ミサゴ）の古称で、詩経に出ている。雌雄がいつも一緒に居ることから、求愛の歌のモチーフに使われる。語源は足指の形状に着目して、「且」の「ぎざぎざ」のイメージを用いて命名された。

【字源】「且（*ts'ĭag）」は蛆の項でも述べたように、物を段々と重ねる様子を示す象徴的符号である。「重ねる」というイメージから、「不ぞろい」のイメージ、さらに「ちぐはぐ」「じぐざぐ」「ぎざぎざ」などのイメージに展開する。齟齬の齟（ちぐはぐ）や、楂枒の楂（じぐざぐ）、また粗（でこぼこで、あらっぽい）・岨（じぐざぐで険しい）などは共通のコアイメージをもつ。「且（音・イメージ記号）＋隹（限定符号）」を合わせて、ぎざぎざした足指で魚を捕まえる鳥を暗示させた。「鴡」は異体字。

㊥甲　㊥金　㊥篆（且）

㊥篆（鴡）

【別名】鶚

【文献】詩経・周南・関雎「関関雎鳩、在河之洲、窈窕淑女、君子好逑（関関たる雎鳩は、河の洲に在り、窈窕(ちょう)たる淑女は、君子の好逑)」

**【雉】** 5 音チ 訓きじ

**[語源]** 上古漢語は*dier、中古漢語はḍi（→呉音ヂ、漢音チ）である。キジ目キジ科の鳥の総称。特に*Phasianus colchicus*（コウライキジ、中国名環頸雉）に当てられる。頸の周りに白い輪がある。雄は体長が約九〇センチ。羽の色が美しく、尾羽は長い。雌は雄より小さく、尾羽は短い。走るのはうまいが、長い距離は飛べない。中国ではキジの羽を帽子に飾る風習があった。語源は飛翔の仕方に着目し、「矢」の「まっすぐ」のイメージを取る。日本産のキジは*Phasianus versicolor*（キジ）で羽の色は主に深緑色。雄はケンケンと鳴く。「きじ」の古名はキギス、またはキギシで、キギは鳴き声に由来し、スはウグイスなどのスと同じ接尾語という。キジの雌は母性愛が強いとされ、「焼野の雉、夜の鶴」という諺がある。中国の古代歌謡では求愛のモチーフに使われている。

**[字源]** 「矢（*thier）」は「や」を描いた図形で、「まっすぐで、短い」というイメージがある。キジの飛び方はまっすぐだが比較的短い距離で終わってしまう。したがって「矢（音・イメージ記号）＋隹（限定符号）」を合わせて、キジを意味する*dierを表記した。

甲 金 篆 〔矢〕

甲 篆 〔雉〕

**[別名]** 山鶏・山雉・野鶏・雉鶏・原禽・華虫・介鳥・耿介鳥・疏趾

**[文献]** 詩経・邶風・雄雉「雄雉于飛、泄泄其羽（雄雉ここに飛び、泄泄(えいえい)たる其の羽）」、礼記・月令「雉入大水為蜃（雉、大水に入りて蜃と為る）」、名医別録「雉肉味酸微寒無毒、主補中、益気力（雉の肉は味は酸にして微寒、毒無し。中を補ひ、気力を益すを主る）」、埤雅6（宋・陸佃）「雉飛若天、一往而堕（雉飛ぶこと矢の若し、一たび往きて堕つ）」

**翟**→鸐（323ページ）

**雕**→鵰（295ページ）

**雟**→燕（359ページ）・鵑（281ページ）

# 馬の部（うま・うまへん）

## 【馬】0 ㊥バ・メ ㊦うま

**[語源]** 上古漢語は*măg、中古漢語はmă（↓呉音メ、漢音バ）である。奇蹄目ウマ科の動物*Equus caballus*（ウマ）を意味する。中国では六千年前に野生馬が家畜化された。品種によって毛の色が栗毛、鹿毛、青毛、葦毛などいろいろある。詩経では駓（白鹿毛）・駰（どろ葦毛）・駱（かわら毛）・騮（赤毛）・駽（青と黒のぶち）・騂（赤黄毛）・騏（青黒毛）・騧（黄毛）・騅（葦毛）・騢（赤と白のぶち）・騵（腹部が白い赤馬）・驒（連銭葦毛）・驖（黒栗毛）・驪（黒毛）などのウマが出ている。語源は説文解字に「馬は武なり」とあるように、歩武の武（武器をもって勇ましく突き進む）や驀進の驀（まっしぐらに突き進む）、罵（相手に悪口を激しくぶつける↓ののしる）と同源である。和名の「うま」は漢名のmăがムマ↓マと訛ったもの。măは北方アジアでウマを呼ぶ語と同源といわれる。

「老馬の知」という言葉があるくらい、馬は記憶力がよいという。漢代、西域から脚力の優れたウマがもたらされ、天馬、汗血馬と称して珍重した。

**[字源]** ウマの姿を縦に描いた図形。長い頭とたてがみの特徴が現れている。漢字の構成要素になるとき、馬の品種や馬に似た獣の意味領域に限定する符号に使われる。また音・イメージ記号としては罵・禡・螞、イメージ補助記号としては馭、馴、驚、騒、験、騰、篤、闖、騙、驀、馮（憑）などに使われる。

㊥［甲骨文字形］ ㊎［金文字形］ ㊮［篆文字形］

**[別名]** 武獣・火畜・毛胎・玉勒・玉勒・玉鐙・金羈・華鑣・雲鞍・雲轡・霧鬣・緑耳公・四足仙人・抹隣［満州語morinの音写］

**[文献]** 詩経・周南・巻耳「陟彼高岡、我馬玄黄（彼の高岡に陟れば、我が馬は玄黄たり）」、韓非子・説林上「管仲曰、老馬之智可用也、乃放老馬而随之、遂得道（管仲曰く、老馬の智用ゐるべきなりと。乃ち老馬を放ちて之に随ひ、遂に道を得たり）」、名医別録「馬乳止渇（馬乳は渇を止む）」

駈→駱駝（159ページ）

（159ページ）

## 馬刀

㊥バートウ
㊞まてがい（馬刀貝）

**[語源]** 上古漢語は*mǎg-tɔg、中古漢語はmǎ-tau（→呉音メータウ、漢音バータウ）である。マテガイ科の二枚貝 ***Solen strictus***（マテガイ、中国名長竹蟶）を意味する。長方形で、殻の長さは一二センチほど。二つの殻は長さが等しい。色は光沢のある白色。足は細長く、穴を掘る。語源は馬が大の意を表し、刀に似るから、この名がついたという（本草綱目）。和名のマテは真手（そろった手）の意で、両端がそろっている姿を捉えたもの。なお蟶はアゲマキであるが、誤ってマテガイと読むことがある（蟶の項参照）。

**[字源]**「馬」については前項参照。「刀」は中国の青竜刀のように）型に曲がった刀の図形（舠の項参照）。ただしマテガイはこのイメージではなく、包丁やカミソリのような形に近い。日本ではカミソリガイの異名がある。

㊥ 〔篆〕 〔刀〕

**[別名]** 馬蛤・斉蛤・竹蟶・蜌・廲

**[文献]** 神農本草経「馬刀、味辛微寒、主治漏下赤白、寒熱、破石淋、殺禽獣賊鼠（馬刀は、味は辛にして微寒なり。主治は、漏下赤白・寒熱・石淋を破る・禽獣賊鼠を殺す）」

## 馬鹿

㊥バーロク
㊞──

**[語源]** 中世漢語はma-luである。シカ科の哺乳類 ***Cervus elaphus***（アカシカ）を意味する。体長は一・八メートルほど。雄には角がある。毛の色は夏では赤褐色、冬では灰褐色。雌雄は別々に群れをなす。夏は山上に棲み、冬は平原に移る。語源は馬に似た鹿の意である。

秦の趙高が二世皇帝胡亥をたぶらかした「鹿を指して馬と為す」の故事に出てくる動物はこの馬鹿であったという（下記文献参照）。

**[字源]**「馬」「鹿」の各項参照。

**[別名]** 赤鹿

**[文献]** 爾雅翼20（宋・羅願）「陶隠居云、古称馬之似鹿者直百金。今荊楚之地、其鹿絶似馬、当解角時望之

無弁、土人謂之馬鹿、是以知趙高指鹿為馬、蓋以類爾（陶隠居云ふ、古へ馬の鹿に似たる者は直百金と称す。今荊楚の地、其の鹿絶して馬に似たり、角を解く時に当たりて之を望めば弁ずる無し、土人之を馬鹿と謂ふ、是を以て知る、趙高鹿を指して馬と為すは、蓋し類を以てするのみ）」

## 河馬　音カーバ　訓—

【語源】偶蹄目カバ科の哺乳類 *Hippopotamus amphibius*（カバ）を指す。アフリカの川や湖に棲息し、象についで大きい。身長が四メートル、体重が四トンにも達する。四肢は短く四本の指がある。群れをなし、水中に生活する。河馬の名は日本人の創作で、幕末にオランダ語 **nijlpaard**（ナイル河の馬の意）を直訳したものという。現在の中国でも使われている。

【字源】「可（*k'ar）」は「ㄱ型に曲がる」というイメージがある（寄居虫の項参照）。「可（音・イメージ記号）＋水（限定符号）」を合わせて、ㄱ型に曲がる川を表した。黄河は山西省と河南省でほとんど直角に曲がり黄海に注ぐ。古くは単に河といった。一般に大きな川を「河」という。

甲　金　篆　〔河〕

## 海馬　音カイバ　訓うみうま・たつのおとしご

【語源】中古漢語は hai-mă（→漢音カイ-バ）である。ヨウジウオ科 *Hippocampus*（タツノオトシゴ属）の海水魚の総称。体長は一〇～三三センチ。吻は尖り、管状をなす。尾は長くて先端が曲がる。頭を上にして垂直に泳ぐ。雌は雄の袋に産卵し、雄が保護する。中国医学（本草）ではこの魚が雌雄協力して安産をすると考え、難産や陽虚（インポテンツ）などに用いた。語源は頭が馬に似ていることによる。和名は体形を竜になぞらえ、竜の生んだ子という意味でタツノオトシゴ（竜の落し子）と名づけた。

【字源】「海」については海牛の項、「馬」については該項参照。

【別名】水馬

【文献】本草拾遺（唐・陳蔵器）「海馬、謹按異物志云、生西海、大小如守宮虫、形如馬形、具色黄褐、性温平

無毒、主婦人難産、帯之於身神験（海馬は、謹んで按ずるに異物志に云ふ、西海に生じ、大小は守宮虫の如く、形は馬形の如し、其の色は黄褐、性は温にして平、毒無し、婦人の難産を主る、之を身に帯ぶれば神験（しんけん）あり）」

**竈馬** ㊅ソウーバ ㊀かまどうま

**［語源］** 中古漢語は **tsau-mă**（↓漢音サウーバ）である。直翅目カマドウマ科の昆虫の総称。その中の一種 ***Diestrammena unicolor***（モリズミウマ）にも当てられる（辞海）。体長は二センチほど。コオロギに似るが、鳴かない。触角は長く、羽はない。後ろ足で跳躍する。夜行性で、暗い所に棲む。語源は姿や色が馬に似ており、かまどの付近に見られることによる。和名はもとはイトドといったが、竈馬を訓読みにしてカマドウマとなった。

**［字源］**「竈」の下部は「黽」または「鼀」である。「黽」は腹の膨れたカエルを描いた図形（黽の項参照）。「鼀」の上は「先」で、「中（くさ）＋六（丘の形）」から成り、「盛り上がる」というイメージがある（鯥の項参照）。「先（イメージ記号）＋黽（限定符号）」を合わせた鼀は、背中の盛り上がったヒキガエル（蟾蜍）を表した。そのイメージを利用し、「鼀（イメージ記号）＋穴（限定符号）」を合わせた「竈」は、土を盛り上げて作った「かまど」を表した。

㊇（鼀）　㊇（竈）

**［別名］** 竈鶏

**［文献］** 酉陽雑俎17（唐・段成式）「竈馬状如促織稍大、足長、好穴於竈側、俗言、竈有馬、足食之兆（竈馬の状は促織の如くして稍大なり、足は長し、好んで竈側に穴す、俗に言ふ、竈に馬有るは、食足るの兆なりと）」

**馬珂** →蛤蜊（64ページ）

**馬鮫魚** →鰆（212ページ）

**馬陸** →蚿（52ページ）

**水馬** →海馬（157ページ）・水黽（339ページ）

## 【駃騠】4 ㊅ケッーテイ ㊀――

**［語源］** 上古漢語は ***kuăt-deg**、中古漢語は **kuet-dei**（↓呉音ケチーダイ、漢音ケツーテイ）である。雄の馬と雌の

ロバから生まれた動物。ラバより小さいが牽引力に優れる。北狄（古代、中国の北方にいた異民族）が造り出した良馬で、生後七日で母（ロバ）を超えるといわれ、奇畜とされた。語源はモンゴル語 **külütei**（流汗）と同源で、その音写といわれる（史有為、外来詞）。

**[字源]** 外来語を表記するため「夬（*kuăd）」と「是（*dhieg）」を用い、「夬（音記号）＋馬（限定符号）」と「是（音記号）＋馬（限定符号）」を組み合わせた。

篆〔駃〕　篆〔騠〕

**[別名]** 驢騾

**[文献]** 史記・匈奴伝「其畜之所多則馬牛羊、其奇畜則橐駞驢驘駃騠騊駼驒騱（其の畜の多とする所は則ち馬・牛・羊、其の奇畜は則ち橐駞・驢驘・駃騠・騊駼・驒騱）」

**駝鳥** →駝（269ページ）

## 【駱駝】6　音ラクーダ　訓―

**[語源]** 上古漢語は ***g̊lak-dar**、中古漢語は **lak-da**（↓呉音ラクーダ・漢音ラクータ）である。偶蹄目のラクダ科ラクダ属の総称。中国に産するのは *Camelus bactrianus*（フタコブラクダ、中国名双峰駝）である。体高は二メートル内外。褐色の軟毛に覆われる。頸は長く湾曲し、たてがみがある。背に脂肪を蓄えるこぶが二つある。水がなくてもよく耐え、重い荷を運ぶので、「砂漠の舟」と称される。語源は匈奴（古代、中国の周辺にいた異民族）の言葉 **dada** が訛ったもの（漢語外来詞詞典）。ラクダは山海経や戦国策に出ており、先秦時代に西域から中国にもたらされた。

**[字源]** 外来語の **dada** を初めは橐佗、馲駝と音写した。「橐（*t'ak）」は「ふくろ」の意味がある（櫜の項参照）。「乇（*t'ak）」は植物が地上に芽を出している図形で、「何かに身をあずけて安定する」というイメージがあり、托（上に乗せる）・託（あずける）は同源のグループ。また佗（*dar）は駄と通じて「背に物を負う」の意味がある。よって橐佗・馲駝は音意両訳を兼ねる表記となっている。のち橐駝、橐駞、橐它などとも書かれ、音が変化して駱駝の表記となった。

「各（*kak）」は貉の項でも述べたように、歩いてきた足が石にぶつかって止まる様子を暗示する図形で、「ある点で止まる」というイメージから「次々につながる」というイメージに展開し、連絡の絡（つらなる）などのコアを形成する。次々に連なる様子を駱駅（＝絡繹）という。ラクダの表記に「駱」を選んだ理由は、ラクダを連ねて砂漠を渡ってくる隊商の姿を連想させるからであろう。

甲 金 篆〔乇〕 篆〔各〕 篆〔駱〕

**【別名】** 馬腫背・山驢王・它牛豹

**【文献】** 山海経・北山経「伊水出焉、西流注于河、其獣多橐駝（伊水これより出で、西に流れて河に注ぐ、其の獣は橐駝多し）」、後漢書・西域伝「乗象駱駝往来（象・駱駝に乗りて往来す）」、神農本草経「六畜毛蹄甲、味鹹平、主治鬼疰蠱毒、寒熱、驚癇、癲痓狂走、駱駝毛尤良（六畜の毛・蹄・甲は、味は鹹にして平なり。鬼疰蠱毒・寒熱・驚癇・癲痓狂走を治するを主る。駱駝の毛尤も良し）」

## 【騾】 11 音ラ 訓——

**【語源】** 上古漢語は*luar、中古漢語はlua（→呉音・漢音ラ）である。奇蹄目ウマ科の動物、ラバを意味する。雌の馬と雄のロバをかけ合わせた雑種である。体形は馬に似、鳴き声はロバに似る。四肢は強健。粗食に耐え、持久力がある。寿命は馬とロバより長いが、繁殖力はない。語源は蜾蠃（ジガバチ）、蝸螺（カタツムリ）、果蠃（キカラスウリ）、壺盧（ヒョウタン）など、KU-LU~という二音節語が「丸くころころしている」というイメージをもつところから、このLU~を取って名づけたもの。

**【字源】** 本字は「蠃」。説文解字によると、馬を除いた部分がラバの象形文字だというが、はっきりしない。異体字は「羸」（弱い意がある）と「馬」を合わせ、繁殖力の弱い馬を示す。のち羸に代わって「累（音・イメージ記号）＋馬（限定符号）」の字が作られた。「累（*luăr）」は螺の項で説明した通り、「重なる」というイメージがある。騾は二つの違った種の重なった動物を暗示させている。

㊫ 〔𣎆〕 ㊫ 〔驘〕

【別名】馬騾

【文献】呂氏春秋・愛士「医教之曰、得白騾之肝、病則止、不得則死（医之に教へて曰く、白騾の肝を得れば、病則ち止み、得ざれば則ち死せんと）」、塩鉄論・崇礼「騾驢馲駞、北狄之常畜也（騾驢馲駞は、北狄の常畜なり）」、斉民要術6（北魏・賈思勰）「驢覆馬生贏（驢、馬を覆ひて贏を生む）」、千金要方2（唐・孫思邈）「妊娠食驢肉、令子延月、食騾肉産難（妊娠して驢の肉を食へば、子をして月を延べしむ、騾の肉を食へば産難し）」

## 【驢】16 (音)ロ (訓)うさぎうま

【語源】上古漢語は*g̊lag、中古漢語はlo（→呉音ロ、漢音リョ）である。奇蹄目ウマ科の動物 *Equus asinus*（ロバ）を意味する。体は馬に似るが、馬よりは小さい。毛の色は、黒色、栗色、灰色の三種類。四肢は太く、忍耐力に富む。ロバは古代エジプトで家畜化されたが、中国でもロバの祖先である野驢（モウコノロバ）が棲息し、紀元前には家畜化されたらしい。語源について本草綱目は、驢は臚（丸く太った腹）と同源とし、馬は膊（足）に力があるが、ロバは臚に力があることによる命名とした。しかし「盧」には「丸い」のほか「黒い」というイメージもあり（黒い弓を盧弓という）、壚（黒い土）・鱸（黒い魚、「ヤマノカミ」）・鸕（黒い鳥、「ウ」）・黸（くろい）など一連の語と同源である。なお、耳が長いところから、長耳公の別名があり、日本では兎の耳になぞらえて、古くはウサギウマといった。

【字源】「虍（*hag）」は虎と同じ。トラの頭が丸みを帯びる印象から、「丸い」というイメージを表すことがある。「虍（音・イメージ記号）＋甶（飯を入れる器の形）」を合わせた「𪊲（*hlag）」は、丸い形の食器を表した。これに「皿」を添えて「つぼ」の意味を明示したのが「盧（*hlag）」で、「丸い」というイメージがある。一方、丸く囲まれたうつろな内部のことから、「暗い」→「黒い」というイメージに展開する。爐（＝炉。丸くて黒ずんだかまど・こんろ）・矑（丸くて黒い「ひとみ」）・顱（丸くて黒い頭）などは「丸い」と「黒い」のイメージを同時に持つ。「盧（音・イメージ記号）＋

馬（限定符号）」を合わせて、体形が丸みを帯び、毛色の黒い馬を暗示させた。

㊙甲　㊎金　篆〔盧〕　篆〔驢〕

**【別名】** 毛驢・長耳・長耳公・盧山公・漠驪・漢驪

**【文献】** 史記・屈原伝「騰駕罷牛兮驂蹇驢（罷牛に騰駕し蹇驢を驂にす）」、曹植・黄初五年令（芸文類聚54）「諺曰、穀千駑不如養一驢（諺に曰く、千駑を穀（やしな）ふは一驢を養ふに如かず）」

## 海驢　㊥音 カイ-ロ　㊥訓 あしか

**【語源】** 中古漢語は **hai-lo**（→呉音カイ-ロ、漢音カイ-リョ）である。アシカ科の海獣 ***Zalophus californianus***（アシカ）を意味する。体長は二・四メートルほど。毛の色は暗褐色。四肢はひれ状をなす。セイウチと違い牙はなく、アザラシと違い陸上を歩行できる。太平洋に棲息する。語源は体形を驢（ロバ）に見立てたもの。和名は頭部を鹿に見立てて、アマ（海）シカ（鹿）↓アシカになったという。

**【字源】** 「海」については海牛の項、「驢」については前項参照。

**【別名】**（アシカの異表記）海鹿・葦鹿

**【文献】** 本草拾遺（唐・陳蔵器）「海中魚獺海牛海馬海驢等皮毛、在陸地皆候風潮、猶能毛起（海中の魚獺・海牛・海馬・海驢等の皮毛は、陸地に在りて皆風潮を候ひ、猶能く毛起す）」、太平寰宇記20（宋・楽史）「海驢島、島上多海驢、常以八九月于此島乳産、皮毛可長二分、其皮水不能潤、可以禦雨（海驢島、島上に海驢多し、常に八九月を以て此の島において乳産す、皮毛は長さ二分ばかり、其の皮は水も潤す能はず、以て雨を禦ぐべし）」

# 魚の部（うお・うおへん）

## 【魚】0　音ギョ　訓うお・さかな

**[語源]** 上古漢語は*ngɪag、中古漢語はngɪo（→呉音ゴ、漢音ギョ）である。魚類の総称。古代中国では両生類や甲殻類の一部もウオのカテゴリーに入った。語源は硬い骨が筋張っているところから、「こつんとかたい」というイメージをもつ硬（かたい）・梗（かたい木のしん）・鯁（ウオの骨）や、健康の康（体が筋張って丈夫な）などと同源。「うお（うを）」の語源は浮尾(うお)の意という（大槻文彦）。「さかな」は酒菜の意。詩経では魚は性愛の象徴、また豊饒多産の象徴として詩のモチーフに使われている。また古代図案では吉祥、辟邪のシンボルとされ、特に双魚の図案が好まれた。

**[字源]** ウオの姿を描いた図形。漢字の構成要素として、魚や海の生物の意味領域を示す限定符号になる。また音・イメージ記号として漁、イメージ補助記号として鮮、魯、蘇、薊などに使われる。

甲　金　篆

**[文献]** 詩経・陳風・衡門「豈其食魚、必河之魴、豈其取妻、必斉之姜（あにそれ魚を食ふに、必ずしも河の魴(ほう)のみならんや、あにそれ妻(めと)を取るに、必ずしも斉の姜のみならんや）」、三国志・蜀志・諸葛亮伝「孤之有孔明猶魚之有水也（孤の孔明有るは猶魚の水有るがごときなり）」

### 衣魚　音イーギョ　訓しみ

**[語源]** 上古漢語は*·ɪər-ngɪag、中古漢語は·ɪəi-ngɪo（→呉音エーゴ、漢音イーギョ）である。シミ目シミ科の昆虫 *Lepisma saccharina*（セイヨウシミ）を意味する。体長は一センチほどで、平たく細長い。銀色の鱗に覆われる。長い一対の触角をもつ。書物や衣服を食害する。語源は魚のように尾が分岐した姿をし、衣服を食う食性による。蠹(と)（キクイムシ）になぞらえて蠹魚ともいう。また、尾が分かれていることから、「丙」のイメージを取って蛃(へい)の別名があり、また、書物などの中に深く入り込むことから、「覃」のイメージを取っ

て蟫（いん）の別名がある。和名のシミは湿るの「しめ」に由来するという。

**[字源]** 「衣」は前の衿を合わせ、裾を垂らした着物を描いた図形である。「魚」については前項参照。

「丙（*pĭăng）」は二股に分かれて両側にぴんと張っている図形で、魚の尻尾と見ることもできるし、馬の尻と見ることもできる。具体物は捨象して「両側に張り出す」という抽象的イメージだけを取るのが肝心である。「丙（音・イメージ記号）＋虫（限定符号）」を合わせて、尾の中央のひげの両側に二つのひげが張り出した虫を暗示させる。「覃（*dəm）」は「深い」「深く入り込む」というイメージがある（鱏の項参照）。「覃（音・イメージ記号）＋虫（限定符号）」を合わせて、深く入って食害する虫を暗示させた。

甲  金  篆 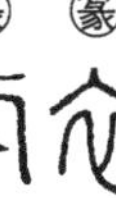 〔衣〕

甲 金  篆 〔丙〕

金  篆 〔覃〕

篆  〔蟫〕

**[別名]** 蛃・蟫・蠹魚・白魚・素魚・書魚・壁魚（シミの異表記）紙魚

**[文献]** 神農本草経「衣魚味鹹温、主治婦人疝瘕、小便不利、小児中風項強背起、摩之、一名白魚、生平沢（衣魚は、味は鹹にして温なり。主治は、婦人の疝瘕・小便不利・小児の中風項強背起、之を摩す。一名白魚。平沢に生ず）」

## 旗魚 音キ-ギョ 訓かじき

**[語源]** 中国では文献の記載に乏しいが、普通はスズキ目マカジキ科の海水魚 *Istiophorus platypterus*（バショウカジキ）に当てられる。下記の文献にもあるように、背びれを旗に見立てるのと合うようである。体は延長し、二メートルあまり。上あごは剣のように長く突き出る。背びれは帆のように高い。和名は背びれをバショウ（芭蕉）に見立てている。なお中国ではマカジキを槍魚、メカジキを箭魚という。日本ではカジキはそれらを含めた通称となっている。カジキの語源は、カジキの吻が船の梶（舵）を通すということから、梶木通し→カジキになった。

**[字源]**「其（*gɪəg）」は箕（み）を描いた図形で、「四角い」というイメージがある（麒麟の項参照）。「其（音・イメージ記号）＋㫃（限定符号）」を合わせて、布を四角に切って作った「はた」を表す。

㊙甲　㊎金　㊕篆〔其〕

㊕篆〔旗〕

**[別名]**（カジキの異表記）梶木

**[文献]** 台湾使槎録（清、黄叔璥）「旗魚色黒、大者六七百觔、小者百余觔、皆翅如旗、鼻頭一刺、長二三尺、極堅利、水面敺魚如飛、船為所刺、即不能脱身、一転動船立沈（旗魚は色黒し、大なる者は六七百觔〔＝斤〕、小なる者は百余觔、皆翅旗の如し、鼻頭の一刺、長さ二三尺、極めて堅利なり、水面魚を敺（か）ること飛ぶが如し、船刺す所と為れば、即ち身を脱する能はず、一たび転動すれば船立ちどころに沈む）」

## 金魚　㊅キン-ギョ　㊁――

**[語源]** 上古漢語は*kɪəm-ngɪag、中古漢語はkɪəm-ngɪo（→呉音コム-ゴ、漢音キム-ギョ）である。コイ科の淡水魚*Carassius auratus*（キンギョ）を意味する。これはフナ（鮒）の変種で、多くの品種が生み出され、形と色の変化に富む。ひれが発達し体形が「文」の字に似た文種、両眼が突き出た竜種、背びれがなく卵形をした蛋種の三つに分類される。語源は金色のものが多いことによる。

フナが金色に突然変異したのが金魚の起源であるが、その発見の時代は確定されていない。抱朴子に出る丹魚や、太平御覧に出る金鱗魚などを金魚だと見る説もあるが疑わしい。金魚の名が最初に見えるのは五〜六世紀である（下記文献参照）。宋代になって漢詩などに登場して注目され、また、南宋以後観賞魚として飼育されるようになった。日本へは室町時代に伝えられたという。

**[字源]**「金」については金糸雀の項参照。

**[別名]** 文魚・火魚・朱魚・朱砂魚・硃砂魚・金鯽魚

**[文献]** 述異記（六朝梁・任昉）「関中有金魚神、云、周平二年、十旬不雨、遣祭天神、俄而生涌泉、金魚躍出而雨降（関中に金魚神有り、云ふ、周平二年、十旬雨

ふらず、天神を祭らしむ、俄かにして涌泉を生じ、金魚躍り出でて雨降る)」

## 秋刀魚 ㊥㊦ ― さんま

[語源] トウゴロウイワシ目サンマ科の海水魚*Cololabis saira*(サンマ)を指す。体は側扁し細長い。全長は四〇センチほど。背は青色、腹は銀白色。下あごが上あごよりも長い。語源は狭真魚が転じたものという(大槻文彦)。サワラのサと同じで、体が側扁して狭い特徴を捉えている。

[字源] 秋刀魚の表記は近代以前の中国の文献に見えない。日本人の考案と考えられる。体形を刀に見立て、また秋が旬なので、秋刀魚と書いた。現代の中国でも秋刀魚を用いているが、ほかに竹刀魚と言い方もある。竹刀とは竹を削って作ったナイフのこと。この表記も近代以前の文献には見えない。本来刀に見立てられる魚は刀魚(エツ)で、別名を鱴刀という。篾(竹を薄く削いだへら)に見立てる(魛の項参照)。そういう下地があるので、竹刀魚の表記が生まれたのであろう。「秋」の字源については鰍の項、「刀」については魛・馬刀の項参照。

## 人魚 ㊥㊦ ニン-ギョ ―

[語源] 上古漢語は*nien-ngiag、中古漢語はnien-ngio(→呉音ニン-ゴ、漢音ジン-ギョ)である。山海経に、いくつかの川で人魚が棲息する記載がある。史記では、秦の始皇帝の墓に地下宮殿があり、人魚の膏で内部の照明をしたという話が出ている。これらの人魚の正体はオオサンショウウオとされている(鯢の項参照)。オオサンショウウオは小児のような声で鳴くので人魚という。ここにはいかなる神秘性もない。しかしいわゆる人魚らしきものも存在した。西洋のマーメードは上半身が女性、下半身が魚の姿をしており、ジュゴンやマナティーがモデルとされている(海牛の項参照)。中国では女性の姿をした海の怪物を海人魚、あるいは髪魚、あるいは鮫人といった(下記文献参照)。

[字源] 「人」は横向きに立つ人をきわめて抽象的に描いた図形である。ただし*nien はヒト一般という抽象化された概念ではなく、親しい身近な人間をいうことばで、仁義の仁(人と人が身近に親しみ合う→思いやり)

と同源である。

甲　金　篆　〔人〕

**[別名]** 魜・鮫

**[文献]** 史記・秦始皇本紀「上具天文、下具地理、以人魚骨為燭」（上は天文を具へ、下は地理を具へ、人魚の骨を以て燭と為す）」、洽聞記（太平広記464）「海人魚、東海有之、大者長五六尺、状如人、眉目口鼻手爪頭、皆為美麗女子、無不具足、皮肉如玉無鱗、有細毛、五色軽軟、長一二寸、髪如馬尾、長五六尺、陰形与丈夫女子無異、臨海之鰥寡多取得養於池沼、交合之際、与人無異（海人魚は、東海に之れ有り、大なる者は長さ五六尺、状は人の如し、眉目口鼻手爪頭、皆美麗の女子と為す、足を具へざるは無し、皮肉玉の如く鱗無し、細毛有り、五色軽軟なり、長さ一二寸、髪は馬尾の如し、長さ五六尺、陰形は丈夫女子と異なる無し、臨海の鰥寡取り得て池沼に養ふもの多し、交合の際は、人と異なる無し）」、魏武四時食制（太平御覧940）「髪魚帯髪如婦人、白肥無鱗、出滇也（髪魚は髪を帯びて婦人の如し、白く肥えて鱗無し、滇に出づるなり）」、博物志・異人（晋・張華）「南海外有鮫人、水居如魚、不廃織績、其眼能泣珠（南海の外に鮫人有り、水居し魚の如し、織績を廃せず、其の眼能く珠を泣く）」

## 翻車魚　音ホンーシャーギョ　訓まんぼう

**[語源]** 中世漢語は fan-tʃ'ie-iu である。フグ目マンボウ科の海水魚 *Mola mola*（マンボウ）を意味する。体は卵円形で平たく、胴が途中で切れたような姿をした魚である。背は暗灰色、腹は銀白色。背びれと尻びれは上下に高く向かい合う。大きなものでは四メートルに達する。語源は体形を翻車（字源を参照）に見立てたもの。和名はもとマンボウザメといい、マンボウは円坊（まるぼう）の訛りという（大槻文彦）。体形が円い特徴を捉えたものであろう。また、水面に浮かぶ習性があるので、ウキギ（浮き木）という別名がある。

**[字源]** 中国の文献では用例が少なく、近世にできた語らしい。「釆（*bǎn）」は手のひらを開いて米粒をばらまく図形。「釆（音・イメージ記号）＋田（イメージ補助記号）」を合わせた「番（*p'ıuǎn）」は、手のひらをかえして田んぼに米粒をまく姿を暗示させる図形で、

「平らに広がる」「平面がひらひらする」などのイメージがある。「番（音・イメージ記号）＋羽（限定符号）」を合わせて、鳥が翼をひらひらとひるがえして飛ぶ様子を暗示させる。「ひっくりかえって裏返しになる」というイメージにも展開する。「車」については蛼螯の項参照。翻車とは鳥を捕る道具で、二つの轅の間に網を張って、鳥が入ると自動的に被さってしまう（ひっくりかえった形になる）装置である。古くは覆車といった。マンボウの体形がそれに似ているというので翻車魚の名が生まれた。

（甲）　（金）　〔番〕　（篆）　〔釆〕

（金）　（篆）　（篆）　〔翻〕

**[文献]** 閩中海錯疏（明・屠本畯）「鏡魚、眼円如鏡、水上翻転如車、亦名翻車魚（鏡魚、眼は円く鏡の如し、水上に翻転して車の如し、亦た翻車魚と名づく）」

## 柳葉魚

（音）――
（訓）ししゃも

**[語源]** ニシン目キュウリウオ科の海水魚 ***Spirinchus lanceolatus***（シシャモ）を指す。体は細長く、長さは一五センチほど。ワカサギに似る。北の海に棲み、産卵のため川をさかのぼる。語源はアイヌ語のススハム（柳の葉の意）に由来するという。

**[字源]** 中国の文献には見えない。和製の漢字表記である。「卯（*mog）」は「丣」と同じで、左右反対方向に向いた戸を描いた図形。「左右に押し開ける」というイメージと、「するすると滑って止まる」というイメージがある。また「筋をなして流れる」というイメージにも展開する。この場合は流・溜（するすると流れ落ちる雨垂れ）・瀏（水がさらさらと流れるさま）などと同源である。「卯（音・イメージ記号）＋木（限定符号）」を合わせて、枝がするすると流れるように垂れ下がる木（シダレヤナギ）を暗示させた。「葉」の字源については蝶の項参照。語源の通りに「柳＋葉＋魚」を結合させて、シシャモの漢字表記とした。

（甲）　（金）　（篆）　〔卯〕

（金）　（篆）　〔柳〕

鰕虎魚→鯊（189ページ）
海鷂魚→鱝（242ページ）
銀魚→鮊（177ページ）
狗母魚→鱠（238ページ）
虎魚→鰧（224ページ）
公魚→鰙（209ページ）
黄鯝魚→鯝（197ページ）
梭子魚→魳（171ページ）
搒双魚→鯯（202ページ）
山椒魚→鯢（196ページ）
章魚→鱆（227ページ）
針魚→鱵（247ページ）
斉魚→鱭（246ページ）
石首魚→鯼（213ページ）
石斑魚→鯎（191ページ）
石鮅魚→鮅（178ページ）
草魚→鯇（188ページ）
丁斑魚→鱂（228ページ）
杜父魚→鰍（211ページ）
刀魚→魛（169ページ）
白魚→鮊（177ページ）
比目魚→鮃（180ページ）・鰈（215ページ）・鰜（220ページ）
飛魚→鰩（225ページ）
雷魚→鱧（243ページ）

## 【魛】2

音 トウ　訓 たちうお

［語源］中国と日本では意味が異なる。中国では上古漢語が*tɒg、中古漢語がtau（→呉音・漢音タウ）で、ニシン目カタクチイワシ科の魚、*Coilia ectenes*（チョウセンエツ）を意味する。体は平たく、尾の方へだんだんと細長くなる。長さは一五〜三〇センチほど。海から川の上流までさかのぼり、河口で産卵する。産卵後は海に帰る。中国では鱠（なます）にして食べた。語源は体形を匕首のような刀に見立てたもの。薄く切りそろえた竹片（篾）と似ているので、鱭（せい）・鮤（れつ）・鱴（べつ）とも称される。ちなみにエツ（*C. mystus*）は中国では鳳鱭という。

日本では壒嚢抄以来和訓を「たちうお」とするが、読み違いである。タチウオ（*Trichiurus lepturus*）はスズキ目タチウオ科の魚で、体長は一メートル以上もある。太刀に見立てて太刀魚と書く。一説では立ち泳ぎすることから。タチウオの漢名は帯魚である。ただし中国北部の方言ではタチウオを刀魚というようである。

【字源】「刀（*tɔg）」は貂の項でも述べたように、中国の刀剣を描いた図形。「刀（音・イメージ記号）＋魚（限定符号）」を合わせて、刀に似た魚を表した。

㊙甲　篆　〔刀〕

【別名】（エツ）刀魚・鱭・刀鱭・毛鱭・江鱭・鮆・鮤・鱴

【文献】爾雅・釈魚「鮤、鱴刀」——郭璞注「今之鮆魚也、亦呼為魛魚（今の鮆魚なり、亦た呼びて魛魚と為す）」、柳宗元・遊南亭夜還叙志七十韻「漁沢従鰌魛（沢に漁して鰌・魛に従ふ）」

## 【魟】3

音 コウ
訓 ——

【語源】上古漢語は*ɦung、中古漢語はɦung（→呉音グ、漢音コウ）である。エイ目の魚のうち、特に*Dasyatis akajei*（アカエイ）に当てられる。全長は約三五センチ。体は扁平で、ほぼ円形ないし菱形を呈する。背面は深い褐色で、腹は黄色。尾はむち状に長く伸びる。尾部に鋭い刺があり、毒をもつ。語源は刺で突き刺す特徴を捉え、「工」の「突き通る」のイメージによって名づけられた。和語の「えい」の語源については鱝の項参照。

【字源】「工（*kung）」は二線の間を縦の線で突き通す様子を示す象徴的符号。あるいは、道具で板などを突き通して工作する場面を設定した図形と考えてもよい。工作することを古代漢語でkungという。この語には「突き通す」というコアイメージがある。「工（音・イメージ記号）＋魚（限定符号）」を合わせて、毒針を突き通して攻撃する魚を暗示させた。

甲 工　金 工　篆 工　〔工〕

【別名】鯆魚・鯆魮魚・蒲魚・荷魚・鍋蓋魚・少陽魚・邵陽魚

【文献】古今注（晋・崔豹）「赤尾曰魟（赤尾なるを魟と曰ふ）」、酉陽雑俎・続集8（唐・段成式）「黄魟魚、色黄、無鱗、頭尖、身似大槲葉、口在頷下、眼後有耳、竅通於脳、尾長一尺、末三刺、甚毒（黄魟魚は、色黄にして、鱗無し、頭尖り、身は大なる槲の葉に似たり、口は頷下に在り、眼後に耳有り、竅(あな)脳に通ず、尾の長さ一尺、末の三刺、甚だ毒あり)」

## 【魦】4　音サ　訓いさざ

[語源] 中国と日本で意味が異なる。中国では上古漢語が*săr、中古漢語がṣă(→呉音シャ、漢音サ)で、サメを意味する古語である(鯊の項参照)。日本ではイサザと読む。スズキ目の淡水魚で、ハゼに似、体長は七センチほど。琵琶湖の特産で、佃煮にされる。語源はイササ(細小・細少の意)の訛り。あるいは、海水魚のイサザ(シロウオの別名)になぞらえたとも考えられる(鱊の項参照)。

[字源] 魦は鯊に取って代わられて、中国ではほとんど使われない。日本では「魚+少」を合わせた「魦」によって、イサザを表記したが、中国の魦とは無関係に創作された字と考えられるから、半国字である。

「少」の字源については鯊の項参照。

[文献] 説文解字11「魦、魦魚也、出楽浪潘国(魦は魦魚なり。楽浪の潘国に出づ)」

## 【魳】4　音ソウ・シ　訓かます

[語源] スズキ目カマス科 *Sphyraena*(カマス属)の海水魚の総称。アカカマス、オニカマスなどがある。体は細長く、丸みを帯びる。口は大きく、口先はとがる。語源は叺(両端を括った袋)に見立てたもの。漢名ではカマスを魣、別名梭子魚(さしぎょ)という。

[字源] 「魳」は中国に存在するが、きわめてマイナーな字である。竜龕手鑑に「魳は魚なり」、類篇に「鰤・魳は老魚」とあるぐらいである。カマスを表す魳は日本で創作された字と考えられる。カマスは凶猛な魚で、集団で小魚を襲撃する。こんな姿を戦に見立て、師(いくさ)の左側を省略した「帀」に魚偏をつけたのであろう。魳はすでにブリを表していたので、先取権をそちらに譲り、このような字形になった。魳は半国字である。

なお漢名の魣は「予」と同源である。「予(*diag)」は機織りの杼(ひ)を描いた図形で、杼の原字。カマスの体形から、杼(梭も同じ意味)に見立てたものである。

甲 篆 〔予〕

【別名】魣・梭魚・梭子魚

## 【魨】4 音トン 訓ふぐ

【語源】中古漢語はduən（→呉音ドン、漢音トン）である。フグ目の魚の総称。フグ科、ハコフグ科などを含む。中国では河豚をフグ科の通称に用い、魨を総称に用いる。魨は河豚の豚（duən）が独立し、duənだけでフグを意味するようになった呼び名。河豚は中国医学（本草）では*Takifugu obscurus*（メフグ、中国名弓斑魨）に当てられる。体は円筒形で、長さは一〇センチほど。鱗はなく、小さい刺が密生する。背は灰褐色で、黒い斑点がある。空気を吸って膨張する。食用になるが、猛毒をもつ。近海に棲むが、淡水にも入る。語源について本草綱目は味が豚のように旨いからとしたが、むしろ体形を豚に見立てたものである。和名は「膨れる」のフクが語源。古くは鰒と書いてフクと読ませたが、鰒は本来はアワビのことである（鰒の項参照）。

【字源】フグの古語は鮭・䲅・鮐・鯸鮧などであるが、近世になって河豚の語が生まれた。川に棲み、豚の腹のように膨れる姿に着目して河豚と称した。豚の異体字に豘・㹠があり、河豚を河豘・河㹠とも書くようになった。その後、偏を魚偏に改め、河魨となり、魨だけでもフグを表すようになった。「屯（*duən）」は草が地下に根を蓄えた情景を描いた図形。多くのものが一か所に集まるというイメージから、「ずっしりと重い」というイメージに展開する。「豘」は腹がずっしりと重く垂れたブタ。豕を魚に換えた魨は、ブタのように腹がふっくらとした魚、つまりフグのこと。

ちなみに鮭・䲅も形態による命名である（これらについては鮭の項参照）。鯸は毒に当たることからの命名。「侯（*fug）」は猴で説明した通り「的に当てる」というイメージがある。鮐については該項参照。

金 篆 〔屯〕

【別名】河豚・鮭・䲅・鯸鮧・鯸鮐・鯆魚・嗔魚・吹肚魚・気泡魚

【文献】玉篇「魨、音豚、魚名」、演繁露3（宋・程大昌）「鯸鮔魨也、背青腹白、触物即怒、其肝殺人、正今人

名為河豚者也（鯸鮧は魨なり、背青く腹白し、物に触るれば即ち怒る、其の肝人を殺す、正に今人名づけて河豚と為す者なり）」

## 【魬】 4 ㊍ハン ㊐はまち

［語源］ ハマチは出世魚であるブリ（鰤）の成長段階（四〇センチぐらいの若魚）における名であるが、養殖ブリをハマチということが多い。古語はハリマチ（和名抄）。語源は身が張って円らかだから張身父（はりまち）という説（賀茂百樹）があるが、はっきりしない。

［字源］ 中国の辞書類では魬は魚の名とあるだけだが、正字通では比目魚の別名とする。比目魚の別名に版魚、板魚がある。「反（*puăn）」は「厂（「型に反った形）＋又（手）」を合わせて、手で押して薄いものを反らす様子を暗示させる図形。「反りかえる」というイメージのほかに、「薄くて平ら」というイメージもある。「反（音・イメージ記号）＋魚（限定符号）」を合わせて、薄くて平らな魚を暗示させた。日本の魬はこれとは関係がなく、ハリマチのハリを近似音の反（ハン）で音写した新作字と考えられる。したがって半国字。

㊙ ㊎ ㊜ 〔反〕

［文献］ 玉篇「魬、魚名」、新唐書・地理志「蘇州呉郡雄土貢…鯔皮魬鯌」

## 【魴】 4 ㊍ホウ ㊐おしきうお

［語源］ 上古漢語は*buang、中古漢語はbıuang（→呉音バウ、漢音ハウ）である。コイ科の淡水魚 *Megalobrama terminalis*（トガリヒラウオ）を意味する。体は平たく、菱形を呈し、背が特に隆起する。色は銀灰色。長さは五〇センチほど。中国の川や湖に棲息する。語源は体形の特徴を方形の「方」で捉えたもの。トガリヒラウオは旧満州の日本人生物学者が名づけたもので、鯿（へん）（ヒラウオ）に似て、背が尖っていることによる。日本の古辞書はフナ、タイ、オシキウオ（タナゴの異名）などと読み違えた。

［字源］ 「方（*piang）」は蒡の項でも述べたが、両側に柄の張り出た鋤を描いた図形。「両方に張り出す（↔）」のイメージが「四方に張り出す（✣）」のイメージに、さらに「四角形（□）」のイメージに展開する。

方形の方はこれである。「方（音・イメージ記号）＋魚（限定符号）」を合わせて、四角形をずらした◇の形をした魚を表した。

甲 金 篆〔方〕 篆〔魴〕

**【別名】** 魾・大鯿・青魴・三角鯿・平胸鯿・槎頭鯿・縮項仙人

**【文献】** 詩経・陳風・衡門「豈其食魚、必河之魴（あにそれ魚を食ふに、必ずしも河の魴のみならんや）」

## 【魴鮄】 4 音 ―― 訓 ほうぼう

**【語源】** カサゴ目ホウボウ科の海水魚 *Chelidonichthys spinosus*（ホウボウ）を意味する。頭は角張り、体は円筒形で、尾の方へだんだん細くなる。紫褐色の地に赤色の斑紋がある。胸びれは大きく、緑色。うきぶくろでグーグーという音を出す。胸びれで海底を歩く特徴から、「這う這うの体」の「ほうほう」が語源。

**【字源】** 魴鮄の表記は日本人の創作。中国では近代以前の文献になく、日本から輸入して、現在は科の名に使われている。ホウボウの中国名は緑鰭魚。それと似て色の赤いカナガシラ（金頭）を火魚、紅娘魚という。日本では昔、カナガシラが兜を連想させるところから、武家で尊ばれた。カナガシラと似ているということで、洒落て彷彿・髣髴（よく似ている意）の語にちなみ、魴鮄を創作したと思われる。なお魴は前項の通り淡水魚の名であるが、鮄（音はフツ）は全くマイナーな字で、奇字の類である。したがって鮄は半国字。

## 【魹】 4 音 ―― 訓 とど

**【語源】** アシカ科の海獣、*Eumetopias jubatus*（トド）を意味する。アシカに似るが、それより大きく、体長三メートル、体重一トンに達する。北方の海域に棲息する。アシカの仲間ではこれ以上はない大きさになるので、届く・止まるの「とど」が語源という説がある。一説では、ギリヤーク語に由来する。

**【字源】** アシカの類にはたてがみ状の毛が生えているので、「魚＋毛」の字が考案されたと考えられる。魹の字は中国にも存在するが（辞書類にはない）、全くの奇字なので、魹は半国字としてよい。なおトドを胡獱、海馬とも書く。胡獱は日本の創作熟語。胡は外国産の生物の名につける接頭語（胡麻、胡椒などの胡）、獱はカワウソの意だが、トドとは似ても似つかない（獱の項参照）。海馬はもともとタツノオトシゴ、あるいは、セイウチのことであって、トドではない（海馬の項参照）。

**魣**→魳（171ページ）

## 【鮗】5

音 —　訓 このしろ

**[語源]** コノシロは鮗のほか鰶・鯯・鱅などの漢字表記がある。コノシロの語源などについては鰶の項参照。

**[字源]**「鮗」は中国の文献には見えない。新撰字鏡で初めて登場し、コノシロの訓が与えられている。造形の意匠はおそらく味覚ないし季節感によるものであろう。すなわち正月料理によく使われるので、「冬（ふゆ）」に魚偏を添えて「鮗」を創作した。現代では秋が旬とされ、秋の季語になっている。国字。

「冬」は冬を越すための保存食を蓄える情景を描き、篆文では「冫」（こおり）を添える（夊の項参照）。

甲 　金 　篆　〔冬〕

**[別名]**（コノシロの異表記）鰶・鯯・鱅

**鮏**→鮭（185ページ）

**鮖**→鰍（211ページ）

**鮔**→鱓（237ページ）

## 【鮐】5

音 タイ　訓 —

**[語源]** 上古漢語は*t'əg、中古漢語はt'ai（→呉音・漢音タイ）である。この語はフグとサバの二通りの意味がある。フグは川にも棲息し、身近だったから、フグが最初の意味と思われる。詩経に出る台背の台は鮐（フグ）とされる。老人の皮膚を斑点のあるフグの背に喩えている。語源は「台」の「人工を加える」というイメージによる命名であろう。魚の食べ方が名の由来。和名のフグの語源については魨の項、サバについては鯖の項参照。

**[字源]**「台（*dəgまたは*diəg）」は貽貝の項でも述べたが、「ム（鋤）」+口（場所）」を合わせて、農作業をす

る場面を設定した図形。「手を加えて何かをする」というイメージを示す。中国人はフグを好んで食べたが、毒の処理が先決である。だからこの魚を「人工を加えて処理する」のイメージで捉えて、「台（音・イメージ記号）＋魚（限定符号）」を合わせた鮐の視覚記号を作った。

金　　篆（台）　篆（鮐）

[別名] ①（フグ）鮐 ②（サバ）青鱄・青花魚・油筒魚

[文献] ①詩経・大雅・行葦「黄耇台背」――鄭箋（漢・鄭玄の注）「台之言鮐也、大老則背有鮐文（台の言は鮐なり、大いに老ゆれば則ち背に鮐文［フグの文様］有り）」 ②史記・貨殖伝「鮐鮆千斤（鮐［サバ］と鮆［エツ］は千斤）」

## 【鮎】5 音ネン 訓なまず・あゆ

[語源] 中国と日本では意味が異なる。中国では上古漢語が*nām、中古漢語が**nem**（→呉音ネム、漢音デム）で、ナマズ目ナマズ科の淡水魚*Silurus asotus*（ナマズ）を意味する。体長は一メートル前後。頭は扁平で、口が大きく、二対のひげがある。語源は鱗がなく、皮膚に粘液腺があって粘々するので、粘と同源。別名の鮧・鯷・鰋はいずれも「低い」のイメージに基づいている。和名の「なまず（なまづ）」も体表が滑らかな特徴と、棲息場所を捉えて、「滑（なめ）つる泥魚」の意という（賀茂百樹）。ヅはヒヂ（泥）のヂと同じ。

日本ではニシン目アユ科の淡水魚*Plecoglossus altivelis*（アユ）を指す。体長は三〇センチほど。春に川をさかのぼる。一年で死ぬので年魚、香気があるので香魚とも書く。「あゆ」の語源はアユル（木の実が落ちる意）、あるいは、ア（小）ユ（白）という説がある。一説では、アイヌ語の**ay**（矢の意）が転じたもの（吉田金彦）。

[字源] まず中国の「鮎」について。「占（*tiam）」は「ト（うらない）＋口（場所を示す符号）」を合わせて、占いによって一定の場所を占める場面を設定する図形。「一つの場所に定着する」というイメージがある。「一か所に取りついて離れない」というイメージから「（何かが、または、何かに）くっついて動かない」というイメージにも展開する。點（＝点。一定の所にくっついた黒いぽち）・粘（糊などがねばねばとくっつく）・店（行

商ではなく、一定の場所を動かずに商売する、その「みせ」）などは同源のグループ。「占（音・イメージ記号）＋魚（限定符号）」を合わせて、皮膚がぬるぬると粘る魚を暗示した。日本ではナマズには国字の鯰を使っている。

別名は鰋（えん）。「匽（*·iǎn）」は蝘蜓の項で述べたように「低く伏せる」というイメージがある。頭が低く平らなナマズの特徴を捉えて造形されている。

次に日本の「鮎」について。これは日本人が創作した字で、本草和名に出る。戦に勝てるかどうかをアユで占った神武天皇や神功皇后の故事（古事記に見える）にちなんで、「占（うらない）」に魚偏を添えた「鮎」でアユを表記した。これは中国に存在した「鮎」とは無関係なので、半国字である。

㊙甲　㊎金　㊞篆〔占〕

㊞篆〔鮎〕

㊎金　㊞篆〔匽〕　㊞篆〔鰋〕

**［別名］** ①（ナマズ）鮧・鮷・鯷・鰋　②（アユ）秋生魚・記月魚・海胎魚（アユの異表記）香魚・年魚

**［文献］** ①詩経・小雅・魚麗「魚麗于罶、鰋鯉（魚は罶（りゅう）に麗（かか）る、鰋と鯉）」――毛伝「鰋、鮎也」、易林3（漢・焦延寿）「鱣鰋鮎鯉、衆鳥饒有（鱣・鰋・鮎・鯉、衆鳥饒（ゆた）かに有り）」、斉民要術9（北魏・賈思勰）「餅炙、用生魚、白魚最好、鮎鯉不中用（餅炙は、生魚を用ふ、白魚最も好し、鮎・鯉は用に中（あ）てず）」

## 【鮊】 5　音ハク　訓しろお・しらうお

**［語源］** 中国と日本では意味が異なる。中国では上古漢語が*bǎk、中古漢語がbʌk（→呉音ビャク、漢音ハク）で、コイ科の淡水魚 *Culter erythropterus*（カワヒラ）を意味する。体長は五〜一〇センチほど。背は灰色、腹は銀白色。口が上方を向く。水面に飛び跳ねる習性がある。古くは白魚といい、周の武王が殷を伐った際、この魚が船に飛び込んできたという伝説があり、瑞祥のシンボルとされる。

日本では和名抄がシロオ（シラウオの古名）としたが、読み違いである。シロウオとは別（鱊の項参照）。シラウオ（*Salangichthys microdon*）はキュウリウオ目シラウオ科の魚で、体は細長く、一〇センチほど。沿岸や汽水域に棲み、春の産卵期に川をさかのぼる。半透明だが、死ぬと白くなるので、シラウオ（白魚）という。漢名とされる銀魚はシラウオの一種 ***Protosalanx hyalocranius***（タイリクシラウオ、中国名大銀魚）である。シラウオより大きい。長江などで獲れる。呉王闔閭が魚の鱠を全部食べないうちに捨てたら、この魚になったという伝説があり、鱠残魚、王余魚の異名が生まれた。

**[字源]**「白（*bǎk）」はクヌギなどのどんぐりの殻斗を除いた部分を図形にしたもの。櫟（クヌギ）の右側に含まれている。どんぐりの中身がほの白いので、色の名に用いた。ちなみに殻斗の部分は「皁」の字で表す。白（しろ）と皁（くろ）は対をなす。「白（音・イメージ記号）＋魚（限定符号）」を合わせて、腹部の白い魚を表した。

甲　金　篆〔白〕　篆〔鮊〕

**[別名]** ①（カワヒラ）白魚・鱎・陽鱎　②（シラウオ）銀魚・鱠残魚・王余魚・麵条魚・水晶魚・白小

**[文献]** ①広雅・釈魚「鮊、鱎也」

## 【鮅】5　音ヒツ　訓—

**[語源]** 上古漢語は*biet、中古漢語はbiĕt（→呉音ビチ、漢音ヒツ）である。鱒（カワアカメ）の異名であるが、これとは別にコイ科の淡水魚 ***Zacco platypus***（オイカワ）を石鮅魚という。体長は一八センチほど。背は灰黒色、腹は銀白色。しりびれが非常に大きく、尾まで達する。生殖期に追い星が現れる。浅瀬の砂礫にすみ、石のすきまに卵を産むので、「必」の「びっしりと締めてすきまがない」のイメージに基づき、石鮅魚といった。和名の「おいかわ（追河）」の語源については、互いに追いかけて戦うからという説や、追い立てる漁法に由来するという説がある。

**[字源]**「弋」は先がふたまたになった道具（鳥などをからめとる狩猟具、「いぐるみ」）を描いた字。「必（*piet）」は「弋＋八（両側から挟む符号）」を合わせて、いぐるみに紐を巻きつける様子を示す図形。「両側から締めつけて動かない」というイメージがあり、「びっしり

締めつけてすきまがない」というイメージにも展開する。分泌の泌（両側を締めつけて、すきまから水分を出す）、秘密の秘（すきまなく隠して内容がわからない）、密林の密（びっしりとすきまがない）、蜜（びっしり閉じこめたハチミツ）などは同源のグループ。「必（音・イメージ記号）＋魚（限定符号）」を合わせて、すきまにびっしりと卵を産みつける魚を暗示させた。そのような魚はオイカワだけとは限らないが、石鮅魚でオイカワを意味させたのは言語の恣意性である。

(金)　(篆)〔必〕　(篆)〔鮅〕

**【別名】** 鱵・桃花魚

**【文献】** 爾雅・釈魚「鮅、鱒」、本草拾遺（唐・陳蔵器）「石鮅魚生南方渓澗中、長一寸、背裏腹下赤、南人以作鮓、甚美（石鮅魚は南方渓澗の中に生ず、長さは一寸、背裏腹下は赤し、南人以て鮓を作る、甚だ美なり）」

## 【鮒】5　(音) フ　(訓) ふな

**【語源】** 上古漢語は*bug、中古漢語はbu（→呉音ブ、漢音フ）である。コイ科の淡水魚 *Carassius auratus*（フナ）を意味する。コイと似るが、口ひげはない。体長は二〇センチあまり。体は側扁し、体高が高い。濁った水にすむ。語源は産卵時に大群をなす状態を「付」の「びっしりとつく」というイメージで捉えたもの。別名の鯽も同趣旨による。和名の「ふな」は鮒魚の重箱読みとする説（新井白石）、オフ（生）ナ（魚）の意とする説（吉田金彦）などがある。古代中国では婚礼の膳に尾頭付きのフナが用いられた。鮒と付の同音により、夫婦が依附するようにとの願いを寓意したという。

**【字源】** 「付（*pug）」は「人＋寸（て）」を合わせて、人の体に手をつけようとする情景を設定した図形。「ぴったりとくっつく」というイメージを示す。付与の付（相手の手に物をつけて渡す）、附属の附（ある物のそばに何かがくっつく）、腐敗の腐（肉の組織が崩れて、べとべとくっつく↓くさる）、符節の符（割った竹を合わせてくっつけ、身分を証明する「わりふ」）、府庫の府（文書をくっつくほどに詰めておく保管庫）などは同源のグループ。「付（音・イメージ記号）＋魚（限定符号）」を合わせて、くっつくほどに群れをなす魚を暗示させた。

また、「即（*tsiak）」は「皀（器に盛った食べ物）＋卩（ひざまずく人）」を合わせて、すぐそばにつく様子を暗示させる図形。即位の即は「つく」の意。「即（音・イメージ記号）＋魚（限定符号）」を合わせて、鮒の別名とする。ちなみに宋の陸佃は「此の魚旅行し、沫(あわ)を吹くこと星の如く然り、則ち相即くを以て之を鯽と謂ひ、相附すを以て之を鮒と謂ふ」と述べ、語源を産卵の状況と結びつけている（埤雅）。

金 甲 篆 金 〔付〕　篆〔鮒〕　篆〔即〕　篆〔鯽〕

**[別名]** 鮒魚・鯽・鰿・鯖・軽薄使

**[文献]** 易経・井「井谷射鮒（井谷鮒に射(そそ)ぐ）」、荘子・外物「周顧視、車轍中有鮒魚焉（周顧視すれば、車轍の中に鮒魚有り）」

## 【鮃】 5 音 ヘイ 訓 ひらめ

**[語源]** カレイ目ヒラメ科の海水魚の総称。また、その中の一種 *Paralichthys olivaceus*（ヒラメ）を指す。全長は七〇センチほど。体は平たく、両目とも左側にある。語源は体形が平たいのにちなむ。一説では、目が片平にあることから（大槻文彦）。

**[字源]** 「鮃」はわずかに玉篇に魚の名とあるぐらいで、中国では全くマイナーな字である。「鮃」は日本人が「平（ひら）」に魚偏を添えて、ヒラメを表記するために考案した字と考えられる。したがって半国字。ちなみに清稗類鈔（徐珂撰）に「日本人則ち両眼の右側に在る者を鰜と曰ひ、而して左側に在る者を鮃と為す」とある。「鮃」は中国に里帰りし、今ではヒラメの意味で使われている。

「平」は水面に浮かぶ水草を描いた図形で、萍（ウキクサ）の原字。ここから「たいら」のイメージを示す記号となる。

金 篆 〔平〕

**[別名]** 比目魚

## 【鮑】 5 音 ホウ 訓 あわび

【語源】上古漢語は*bŏg、中古漢語はbău（→呉音ベウ、漢音ハウ）である。中国の古典に出る「鮑」は食品の名であって、アワビではない。アワビの漢名は鰒である。ところが近世（明、清代）になって、「世間では鰒のことを鮑ともいっている」と記した文献が現れる。これはアワビが日本から中国に輸出され珍重されたため、日本人が作った「鮑」が中国の民衆に受け入れられたことを示している。現在の中国でも「鮑」がアワビの意味で使われている。アワビの語源などについては「鰒」の項参照。

【字源】まず本来の「鮑」について。「包（*pŏg）」は胎児が子宮膜または胞衣で丸く取り囲まれている姿を暗示する図形で、「中の物を周囲から丸く取り巻く」というイメージを示す。包（つつむ）・抱（いだく）・胞（胎児を包む「えな」）・泡（空気を包んだ「あわ」）・飽（腹いっぱいに詰め込んで食い飽きる）などは同源のグループ。「包（音・イメージ記号）＋魚（限定符号）」を合わせて、はらわたを取り除いて、内部に塩を詰め込んだ魚を暗示させた。魚の塩漬けを上古漢語で*bŏgといい、「鮑」の視覚記号で表記した。

次に日本の「鮑」について。平城京の跡地から出土した木簡に「鮑」の字があり、中国の鮑とは無関係に創作されたと考えられる。アワビは片方の殻が岩に付着して、身が包まれた形に見える。そんな姿に着目して、「包（つつむ）」に魚偏を添えて、「鮑」の字が生まれた（「鮑」も創作された）。「鮑」は日本人の考案した和製漢字だが、たまたま中国にも存在したので、半国字といえる。

篆〔包〕　篆〔鮑〕

【文献】史記・秦始皇本紀「車載一石鮑魚（車に一石の鮑魚［塩漬け魚］を載す）」、五雑組9（明・謝肇淛）「鰒音撲入声、今人読作鮑非也（鰒の音は撲の入声、今人読んで鮑に作るは非なり）」

## 【鮟鱇】6

音 ―
訓 あんこう

【語源】アンコウ目アンコウ科の海水魚、特に*Lophiomus setigerus*（アンコウ）と*Lophius litulon*（キアンコウ）を指す。体の前半部は平たく、円盤形。口は大きく、鋭い歯をもつ。背びれを糸状に伸ばし、他の魚をおびき寄せる習性がある。語源については、顎の特徴を捉えて、アンゴ→アンゴウ→アンコウになったという説がある。しかしヒキガエルを方言でアンゴウというから、体形の特徴を捉えて、ヒキガエルに見立てたと考えられる。漢名の異名（福建方言）に蝦蟇魚があるのは、中国でも同じ発想があったことを示している。漢名では琵琶に見立てて琵琶魚、糸状の背びれを綬（組紐）に見立てて綬魚、また、それを美しい臍と洒落て華臍魚という。

**[字源]** 節用集（室町時代）に鮟鱇の表記が現れる。「鮟」は類篇などで単に魚名、正字通で鰋の異体字とするほとんど奇字の類。「鱇」は中国の典籍には見えない。したがって「鮟鱇」は日本人の創作と考えられる。鮟鱇は近代生物学とともに日本から中国に入り、今も **ān-kāng** と読んで使われている。「鮟」は半国字で、里帰り漢字（不明の魚が別の魚名で復活）、「鱇」は国字で、逆輸出漢字（日本→中国という受容過程）である。

**[別名]** 琵琶魚・綬魚・華臍魚・老婆魚

## 【鮪】6 ㊅イ ㊂まぐろ

**[語源]** 上古漢語は***ɦuər**、中古漢語は **ɦui**（→呉音・漢音ヰ）である。鮪は中国と日本で全く意味が違う。中国ではチョウザメ科の一種 ***Acipenser sinensis***（カラチョウザメ、中国名中華鱘）に同定されている。体長は二メートル以上。五列の骨板が走る。中国の近海や河川に棲息し、川の上流までさかのぼる。それを見た古代の中国人は、竜門（黄河の難所）を登り切ると竜になると考えた。これが登竜門の由来。非常に長命の魚で、多くの卵（いわゆるキャビア）が採れるところから、詩経では婚姻を祝福するモチーフに使われている。語源は、普段は水底にじっとしているが、春になると姿を現す魚だと考えられて、「有」の「（無いものが）出現する」というイメージによって名づけられた。和名の「ちょうざめ（蝶鮫）」は鱗の形が蝶に似るからといわれる。

日本では鮪を「まぐろ」と読み、サバ科 ***Thunnus***（マグロ属）の総称、またホンマグロ（クロマグロ）を意味する。これは和名抄などが「鮪」をシビ（マグロの別名）と読み違えたことに由来する。詩経などの古典に出る「鱣（てん）」や「鮪」の注釈を見た日本人が、その巨大さからマグロと誤解したらしい。これが代々受け継がれて今日に至った。「しび」の語源はシシミ（繁肉の意）から、「まぐろ」の語源は真黒、または、眼黒から来ている。

**[字源]**「有（*ɦuər）」は「蛔」（＝蛕）の項でも説明したが、「又（右手）＋肉」を合わせて、物を枠の中に囲う様子を暗示させる図形。「物が囲まれた枠の中に存在する」というイメージから「無いものがひょっこり出現する」というイメージに展開する。「有（音・イメージ記号）＋魚（限定符号）」を合わせて、春になって水面に姿を現す魚を暗示させた。古代中国では、チョウザメは冬には湖と通じている山の穴で眠り、陽気とともに川に入ると考えた。春一番に獲れたチョウザメを廟に供えて祭る風習があった。

金　　篆〔有〕　篆〔鮪〕

**[別名]** ①（チョウザメ）鱣（てん）・鰉・鱏（じん）・鱘・鮥（らく）・鮛（しゅく）鮪（い）・黄魚・碧魚・含光・玉版・仲明・尉魚　②（マグロ）金槍魚

**[文献]** ①詩経・衛風・碩人「鱣鮪発発（鱣鮪発発たり）」、淮南子・氾論訓「牛蹏之涔、不能生鱣鮪（牛蹏（ぎゅうてい）の涔（しん）、鱣鮪を生ずる能はず）」――高誘注「鮪大魚、亦長丈余、仲春二月従西河上得過竜門、便為竜（鮪は大魚なり、亦た長さ丈余、仲春二月、西河の上より竜門を過ぐるを得れば、便（すなわ）ち竜と為る）」

## 【鮣】6　音イン　訓―

**[語源]** 上古漢語は*·ien、中古漢語は·iĕn（→呉音・漢音イン）である。スズキ目コバンザメ科の海水魚*Echeneis naucrates*（コバンザメ）を意味する。体は円筒形で延長し、長さは約八〇センチ。頭上に小判型の吸盤があり、他の大きな魚や船底に吸い付く。語源は印鑑の印と同源。

**[字源]**「印（*·ien）」は「爪（下向きの手）＋卩（ひざまずく人）」を合わせて、人を上から押さつけえてひざまずかせる場面を設定した図形。これによって「上から下に押さえつける」というイメージを示し、押すハンコのことを*·ien（印）という。「印（音・イメージ記号）＋魚（限定符号）」を合わせて、ハンコのような吸盤をもつコバンザメを表した。

㊎ ㊮ 〔印〕

【別名】印頭魚

【文献】左思・呉都賦（文選5）「鮣亀鰭鯌」

## 【鮠】6 ㊥ガイ ㊙はや・はえ

【語源】中古漢語は**nguai**（↓呉音ゲ、漢音はグワイ）である。中国と日本では意味が異なる。中国ではギギ科の淡水魚*Leiocassis longirostris*（イノシシギギ、中国名長吻鮠）を指す。体長は二五センチほど。背は灰色を帯び、腹は白い。吻は錐のような形で、前に突き出ている。四対のひげがある。鱗はない。長江流域に棲息する。語源は吻が著しく突き出た姿を捉えて「危」と同源のことばで呼んだ。

日本では鮠を「はや」としたが、和名抄が間違えたもの。中国の注釈書に「鮎（ナマズ）に似、色が白い」とある鮎をアユと誤解したせいであろう。ハヤの古名はハエで、オイカワの別名である。蠅を好んで食うので、ハヘ→ハエになったといわれる。

【字源】「危（***ngueg**）」は「厂（がけの形）」の上と下にひざまずいた人の形を配した図形。空間的・同時的な配置だが、上から下へ変化する時間的過程を表象した図形と考えたい。すなわち高所に臨む人が落ちる状況を暗示させている。「不安定であやうい」ことを古代漢語で***ngueg**といい、「危」の視覚記号で表記する。不安定で崩れそうであるというイメージから、「高くてけわしい」というイメージに展開する。危峰、危楼の危はこのイメージ。縦方向を横に見ると、前に鋭く突き出るというイメージにもなりうる。これを利用して、「危（音・イメージ記号）＋魚（限定符号）」を合わせて、吻が鋭く突出した魚を暗示させた。

㊮ 〔危〕

【別名】鮰・鱯

【文献】竜龕手鑑（後梁・行均）「鮠魚名、似鮎（鮠は魚の名、鮎に似る）」、本草拾遺（唐・陳蔵器）「鮠魚…作鱠白如雪（鮠魚…鱠と作せば白きこと雪の如し）」

## 【鮨】6 ㊥キ・ゲイ ㊙はた

【語源】日中で意味が異なる。中国では上古漢語が

*gier、中古漢語が**gii**（→呉音ギ、漢音キ）で、魚醬（魚の塩辛）、また魚のひれを意味する。また生物名としては山海経に出ていて、鯢（げい）（サンショウウオ）の類とされる。

日本ではスズキ目スズキ科のハタ類を表すのに用いる。マハタ（*Epinephelus septemfasciatus*）は熱帯・温帯海域の岩礁に棲む。長さが九〇センチほどで、赤みを帯びる。鰭の刺が発達している。語源は刺のある鰭の特徴を捉えたもの。古語で「ひれ」のことを「はた（鰭）」といった。魚の名の漢字表記としては「鰭」の字を崩した「鮨」が用いられた。「ひれ」の「はた」は鰭、魚の「はた」は鮨と書き分けたと考えられる。

**[字源]** 「旨（*tier）」は「匕（スプーン）＋甘（口に含む）」を合わせて、スプーンで物を口に入れて深く味わう様子を暗示させる図形。「味がこってりして深い」というイメージを示し、脂（あぶら）と同源。「旨（音・イメージ記号）＋魚（限定符号）」を合わせた鮨は、深く味をつけた魚の塩辛、また、鱠（魚肉を細かく切って味付けして食べる食品）を表した。また、「耆（*gier）」は「旨（音・イメージ記号）＋老（限定符号）」を合わせて、年を重ねて深い味の出た老人を意味する。魚のひれ（フカヒレなど）は中国人の好物なので、「旨」や「耆」のイメージを用いて、「耆（音・イメージ記号）＋魚（限定符号）」によって、魚の「ひれ」を表した。鮨と鰭は同系の語である。日本では「鰭」を古語でハタと読み、魚の名となり、「鮨」に代えて、これをハタと読むようになった。なお現在の中国では「鮨」をハタの意味で使うことがあるが、日本からの輸入漢字であろう。したがって「鮨」は半国字。

㊙甲　㊙金　㊙篆〔旨〕　㊙篆〔鮨〕

**[文献]** 山海経・北山経「其中多鮨魚、魚身而犬首、其音如嬰児（其の中に鮨魚多し、魚身にして犬首、其の音は嬰児の如し）」

**鮴** →鰍（211ページ）

## 【鮭】 6 音ケイ 訓さけ

**[語源]** 上古漢語は*kueg、中古漢語は**kuei**（→呉音ケ、

漢音ケイ）である。中国と日本では全く意味が違う。中国ではフグを指す（魨の項参照）。論衡に毒魚の代表として鮭が出ている。フグの体形は一般に丸みを帯びたイメージだが、角形（三角形、四角形、五角形）を呈する種類もある。「∧型や┐型をなす」というイメージをもつ「圭」と同源のことばで名づけられた。ちなみに鯢もフグの意味だが、「規」（コンパスの意）の「丸い」というイメージから名を得た。

　日本では鮭をサケに用いる。これはサケ目サケ科の海水魚 ***Oncorhynchus keta***（サケ）である。川で生まれ、海で育ち、再び川に帰る習性がある。語源はアイヌ語のシャケンペからという。

**【字源】** まずフグの「鮭」。「圭（*kueg）」は蛙の項でも述べたが、「土」を二つ重ねた図形で、⌂の形をした玉器を意味する。先端が尖った形なので、「∧型をなす」というイメージ、さらに「┐型」「└型」「┌型」などのイメージも示す記号となる。「圭（音・イメージ記号）＋魚（限定符号）」を合わせて、角形の体形をもつ魚（フグ）を暗示させた。角のある形は、古代中国人の美意識では、「姿がきちんとしている」「整って美しい」というイメージを連想させる。「桂」もこのイメージによる命名。

　次にサケの「鮭」。最初、本草和名では「鮏」にサケの訓を与えた。生臭い魚だから「魚＋生」の字を創作したのであろう。しかし「鮏」の字は中国に存在し、生臭い意で、魚の名ではない。したがって「鮏」は半国字。新撰字鏡では「鮭」をサケとした。おそらく「鮏」をイメージの悪い字と考え、「生」を「圭」に変えたとものと思われる。「桂」や「佳」の「圭」は良いイメージをもつ。しかし「鮭」はすでに中国に存在していたので、日本人の発案した「鮭」は半国字である。「鮭」は中国に里帰りし、現在はフグではなくサケの意味で使われている。

㊎ 圭　(篆) 圭　〔圭〕

**【別名】** ①（フグ）河豚・魨・鯢・鮐　②（サケの異表記）鮏

**【文献】** ①山海経・北山経「其中多赤鮭（其の中に赤き鮭多し）」、論衡・言毒篇「毒螫渥者…在魚則為鮭与鯵鰍、故人食鮭肝而死（毒螫の渥き者は…魚に在りては則ち鮭と鮧鰍と為す、故に人、鮭の肝を食ひて死す）」

## 【鮫】6 ㊥コウ ㊊さめ

**[語源]** 上古漢語は*kɔ̆g、中古漢語はkău（→呉音ケウ、漢音カウ）である。軟骨魚類のサメの総称。ホオジロザメ、ジンベエザメ、シュモクザメなど種類が多い。体形は紡錘形で、皮は硬い鱗で覆われる。古代、皮を刀剣の飾り物に用いた。中国医学（本草）では ***Mustelus manazo***（ホシザメ）などに当て、皮・鰭（ふかひれ）・胆・鰾（うきぶくろ）を生薬とする。語源は蛟（ミズチ）と同源で、「体をくねらせる」というイメージを取る。和名の「さめ」の語源については、目が小さいのでサ（狭）メ（目）だという説、サヒ（鋭い剣の意）→サメになったという説、寒いときさめ肌ができるのでサム（寒）ミ（身）→サメになったという説などがある。

**[字源]** 「交（*kɔ̆g）」は蛟の項でも説明した通り、人が足を交差させる姿を描いた図形。「(二つの物が）交差する」「ねじれる」「よじれる」というイメージがあり、二つの物が実際に交差しなくても、よじれるような形を呈すれば、「くねくねする」というイメージになる。蛟はまさにこのイメージでできた語。同じように、「交（音・イメージ記号）＋魚（限定符号）」を合わせて、紡錘形の体をくねらせて泳ぐ魚を暗示させた。

甲　金　篆　〔交〕

篆　〔鮫〕

**[別名]** 鯊・沙魚・魚虎・剣魚・溜魚・瑰雷魚・河伯健児

**[文献]** 荀子・議兵「楚人鮫革犀兕以為甲鞈如金石（楚人は鮫革・犀兕を以て甲鞈を金石の如きを為る）」、史記・秦始皇本紀「常為大鮫魚所苦（常に大鮫魚の苦しむ所と為る）」、新修本草「鮫魚皮主蠱気、蠱疰方用之、即装刀靶鯌魚皮也（鮫魚の皮は蠱気を主る。蠱疰方之を用ゐる、即ち刀靶を装ふ鯌魚の皮なり）」

**鯊**→魟（169ページ）
**鮧**→鯷（216ページ）
**鮲**→鯒（193ページ）
**鮀**→鯔（199ページ）

## 【鯇】7 音カン 訓あめのうお

**[語源]** 上古漢語は*ɦuǎn、中古漢語はɦuǎn（→呉音ゲン、漢音クワン）である。中国と日本では意味が異なる。中国ではコイ科の淡水魚 *Ctenopharyngodon idellus*（ソウギョ）を指す。アジア大陸東部の原産。体は円筒形で、長さは九〇センチ以上。背は茶黄色、腹は灰白色。水草を食べるので、草魚の別名がある。戦前日本に移入され、ソウギョと呼ばれた。中国四大養殖魚の一つ。語源は「完」の「丸い」というイメージを取る。

日本では古来アメノウオ（ビワマスの別名）と読まれてきたが、読み違いである。中国の注釈書に「鯇は鱒に似る」とあり、鱒をマスと読んだための誤解による。ビワマス（*Oncorhynchus masou rhodurus*）はサケ科の淡水魚で、琵琶湖などの原産。体長は約六〇センチ。産卵のため湖に注ぐ川をさかのぼる。餌は昆虫や小魚など。「あめのうお」の語源は雨の時期に獲れるからという。

**[字源]**「元（*ngruǎn）」は人体（儿・兀）の頭の部分を「二」や「●」の符号によって強調した図形。もともと喪元（頭を失う意）などの用例に見るごとく、「あたま」の意味があった。頭のような「〇の形（丸い、円い）」というのが「元」のコアイメージである。「丸い」というイメージは「まんべんなく行き渡る」というイメージにも展開する。「元（音・イメージ記号）＋宀（イメージ補助記号）」を合わせた完は、家に屋根を被せるように、まんべんなく行き渡る様子を暗示させる。「完（*ɦuan）」も「元」と同様に「丸い」というイメージを示しうる。「完（音・イメージ記号）＋魚（限定符号）」を合わせて、体形が丸みを帯びた魚を暗示させた。

甲 金 篆 〔元〕

篆 〔完〕

篆 〔鯇〕

**[別名]**（ソウギョ）草魚・鯶魚・鰀魚

**[文献]** 爾雅・釈魚「鯇」──郭璞注「今鯶魚、似鱒而大（今の鯶魚、鱒に似て大なり）」、謝霊運・山居賦（漢魏六朝百三家集65）「魚則…鱒鯇鰱鯿」、本草拾遺（唐・陳蔵器）「鯇似鯉、生江湖間（鯇は鯉に似、江湖の間に生ず）」

## 【鯊】7　音サ　訓はぜ

**[語源]** 上古漢語は*săr、中古漢語はṣă（→呉音シヤ、漢音サ）である。中国と日本で意味が異なる。中国では最初はコイ科の淡水魚 ***Pseudogobio esocinus***（カマツカ）を意味した。詩経に出ている。体は細長く、一五センチほど。砂にもぐり、砂を吹く習性がある。語源は沙（砂）にちなんだもの。和名は鎌の柄になぞらえる。

日本では鯊を「はぜ」と読む。ハゼ科の魚で種類が多い。マハゼ（*Acanthogobius flavimanus*）は全長二〇センチほどで、細長い。河口付近の砂泥にすむ。泥の中にトンネルを掘って産卵する。中国の注釈書に「吹砂の小魚」とあるのを見た古代の日本人は「鯊」をハゼだと考えたが、読み違いであった。「はぜ」の語源は古語のハセ（ペニスの意）に由来し、小児のペニスになぞらえたという説がある。ハゼの漢名は鰕虎魚という。

中国での二番目の意味はサメである。鮫の別名として「魦」が存在したが、近世になって、「鯊」をサメの意味で使い始めた。皮が砂のようにざらざらしているのによる。サメについては鮫の項参照。

**[字源]** 「小（*siɔg）」は蛸・雀の項でも説明したが、「小さくばらばらになる」というイメージがある。「小（音・イメージ記号）＋ノ（斜めに払う符号）」を合わせた「少（*thiɔg）」は、小さくそぎとる様子を示す。「小」も「少」も「ばらばらになって小さい」というイメージを示す記号となる。「少（音・イメージ記号）＋水（限定符号）」を合わせた「沙（*săr）」は、岩が水で洗われて小さくばらばらになった小石を暗示した（さんずいを石偏にかえた「砂」は意味を明確にした異体字）。「沙（音・イメージ記号）＋魚（限定符号）」を合わせた「鯊」は、砂に潜って砂を吹く習性のある魚を表した。カマツカの別名を吹沙という。

サメを表す本字は「魦」で、皮の特徴を捉えて、「沙（音・イメージ記号）の略体＋魚（限定符号）」を合わせたものである。

甲 　金 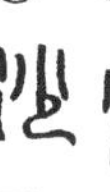　篆 〔少〕

金 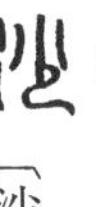　篆〔沙〕　篆 〔魦〕

**[別名]** ①（カマツカ）吹沙・沙鰮・鮀・呵浪魚・新婦

臂 ②（サメ）鮫 ③（ハゼ）鰕虎魚

**［文献］** ①詩経・小雅・魚麗「魚麗于罶、鱨鯊（魚は罶に麗る、鱨と鯊と）」②六書故20（宋・戴侗）「鯊…海中所産以其皮如沙而得名（鯊…海中に産する所は其の皮の沙の如きを以て名を得たり）」

## 【鮹】7 音ショウ 訓たこ

**［語源］** 日中で意味が異なる。中国では中古漢語が siɛu（→呉音・漢音セウ）で、ヤガラ科の海水魚 ***Fistularia petimba***（アカヤガラ）を意味する。体はきわめて細長く、一メールほど。淡紅色。長い管状の吻と、むち状に長く伸びた二本の尾びれがある。語源は梢（細長い木の「こずえ」）などと同源。和名の「やがら」は体形を矢柄（矢の幹）になぞらえたもの。日本では鮹を「たこ」と読むが、誤用というよりは、創作漢字と思われる。タコの語源などについては鱆の項参照。

**［字源］**「肖（*siɔg）」は蠨蛸の項でも述べたが、「小（*siɔg）」の「小さくばらばらになる」のイメージを用い、「小（音・イメージ記号）+肉（限定記号）」を合わせて、粘土や木を削って、本体に似せた小さな人体像を造ることを表した。肖像の肖（似せる）が現実の意味。コアイメージは「削って小さくする」「小さく細くなる」ということである。「肖（音・イメージ記号）+魚（限定符号）」を合わせて、体が削られたように細長い魚を暗示させた。

日本では、新撰字鏡で鮹、本草和名で海蛸子・小鮹魚、和名抄で海蛸子を「たこ」と読ませている。蛸は蠨蛸（アシナガグモ）に使われる字であるが、日本人はタコとアシナガグモとの共通点（長い八本の足）を見つけて、「たこ」を「蛸」と書き、また、魚の種類と考えて魚偏の鮹を考案した。したがって鮹は半国字。

甲 金  篆 〔小〕

金 篆 〔肖〕

**［別名］** ①（ヤガラ）煙管魚 ②（タコの異表記）蛸・鱆・章魚

**［文献］** ①本草拾遺（唐・陳蔵器）「形似馬鞭、尾有両岐、如鞭鞘、故名（形は馬鞭に似、尾に両岐有り、鞭鞘の如し、故に名づく）」

**【鯎】** 7 ㊟―― ㊖うぐい

**[語源]** コイ科の魚 ***Tribolodon hakonensis***（ウグイ）を意味する。体は細長く、丸みを帯びる。背は暗褐色、腹は銀白色。産卵期に腹が赤くなる。雌雄が多数集まって小石の上に産卵をする習性がある。語源は体形が細くスマートなところから、いぐひ（斎杭）に由来するという。なお日本で石斑魚を「うぐい」と読むが、誤用らしい。唐詩に「石斑魚の鮓香しく鼻を衝く」（李頻の七言絶句）の句があり、酢の物にすると旨いといわれる渓流魚であるが、春に毒をもつという点がウグイと異なる。現在の中国では石斑魚はハタの種類に使われている。

**[字源]**「鯎」の字源は不詳。「鯎」は国字とされているが、海錯百一録に「念鯎」という語が見える。魚の名だが、どんな種類かは不明。したがって「鯎」は半国字とするのが妥当であろう。

**鯑**→**鯷**（216ページ）

**【鮬䱐】** 7 ㊟フーハイ ㊖――

**[語源]** 上古漢語は*p'iŏg-p'iuăd、中古漢語はp'iu-p'iuʌi（→呉音フーホ、漢音フーハイ）である。クジラ目ネズミイルカ科の哺乳類 ***Neophocaena phocaenoides***（スナメリ）を意味する。体長は一・五メートルほど。全身が灰黒色。頭は円く、背びれはない。川をさかのぼる。語源は浮（うかぶ）と肺（息を吐く）のイメージを組み合わせて、双声の二音節語にしたもの。別名は江豚（こうとん）だが、これはヨウスコウカワイルカにも使われる（鱀の項参照）。和名のスナメリ（砂滑）は、餌を捕るとき砂の上を滑るようにして行くから、すなめり（砂滑り）が語源という。

**[字源]**「孚（*p'iŏg）」は蜉蝣でも述べたが、「爪（下向きの手）＋子」を合わせて、子供の頭を手でかばう様子を暗示する図形。「へ型に覆う」というイメージがあり、浮（水面をへ型に覆う→うかぶ）は同源の語。「巿」は市場の市とは別で、「朩（*p'iuăd）」の変形。「屮（草）＋八（両側に分かれる）」を合わせて、草の芽が両側に開いて出る様子を暗示する図形。「勢いよくぱっと出

る」というイメージを示す記号である。肺（息を押し出す器官）や柿（木を削ると分かれ出る「こけら」で、「柿[カキ]」とは別）は同源の語。「孚（音・イメージ記号）＋魚（限定符号）」と「市（音・イメージ記号）＋魚（限定符号）」を組み合わせて、水面に浮かび上がり、息を吐き出す魚を暗示させた。古代中国ではスナメリは風が吹こうとすると水面に躍り上がると考えられた。

㊙甲 ㊙金 ㊙篆〔孚〕

㊙篆〔巿〕 ㊙篆〔魳〕

[別名] 江豚・鯆⿰魚孚（ほふ）・奔⿰魚孚・⿰魚匊（きく）

[文献] 魏武四時食制（太平御覧939）「⿰魚孚魳魚黒色、大如百斤猪、黄肥不可食、数枚相随、一浮一沈、一名敷魚、常見首、出淮及五湖（⿰魚孚魳魚は黒色、大きさは百斤の猪の如し、黄肥にして食すべからず、数枚相随ひ、一に浮かび一に沈む、一名敷魚、常に首を見（あら）はす、淮及び五湖に出づ）」

## 【鮸】 7 ㊥メン ㊧にべ

[語源] 上古漢語は*mĭăn、中古漢語はmɪɛn（→呉音メン、漢音ベン）である。スズキ目ニベ科の海水魚 *Miichthys miiuy*（ホンニベ）を意味する。近海の中下層に棲むが、汽水域にも棲む。体形は長楕円形で、長さは五〇センチほど。体の色は灰褐色。尾は矛状をなす。イシモチのような耳石がある。うきぶくろを振動させて音を出す。語源は音を出す特徴を捉えて、「免」の「無理を冒して押し出す」のイメージから来ている。和名の「にべ」はうきぶくろから膠を製するところから、粘るのネバに由来するという。説文解字に「薉邪国（注—朝鮮にあったという国）に出づ」とあるのが最初の記載だが、朝鮮ではニベは古くから大衆魚として親しまれたという（茲山魚譜）。

[字源] 「免（*mĭăn）」は「ク（しゃがんだ人）＋冖（尻、または産道）＋儿（人体）」を合わせて、女性がお産をする場面を設定した図形。分娩の娩の原字である。お産は胎児が狭い産道を通り抜けて出てくるものであるし、無理に力を出すものであるから、「どうにかしてやっと通る」「無理を冒して出す」というイメージがある。免除の免（やっと抜け出る、やっと逃れる）・勉（無理に力を出してはげむ）・挽（無理に引っ張る）などは同源

のグループ。「免（音・イメージ記号）＋魚（限定符号）」を合わせて、うきぶくろを伸縮させて無理に音をしぼり出す魚を暗示させた。

㊎ 〔金文〕 ㊟ 〔篆文〕〔免〕 ㊟ 〔篆文〕〔鮸〕

**【別名】** 鰵（びん）

**【文献】** 皮日休・詩（全唐詩613）「正滞江南為鮸魚（正に江南に滞るは鮸魚が為なり）」、食物本草10「鮸魚生東海、形似石首、但頭小而青白、肉鬆而腥気更重、味之下者（鮸魚は東海に生ず、形は石首に似る、ただ頭小にして青白、肉鬆にして腥気更に重し、味の下なる者なり）」

## 【鯒】 7　㊚ ——　㊙ こち

**【語源】** カサゴ目コチ科の海水魚の総称。特に *Platycephalus* sp.（マゴチ）を指す。体は延長し、五〇センチほど。押しつぶされたように平べったい体形をしている。頭は大きく、とげ状の隆起がある。海底の砂地にすむ。語源は頭部が骨張っているところからコチという名がついた（吉田金彦）。

**【字源】** 漢字のようで漢字でない。つまり和製漢字（国字）である。初めは平たく伏せたような体形を捉えて、魚偏に伏の「鮲」で表記した。これも国字である。その後「鯒」が登場する。中国ではコチを牛尾魚とか鞭子魚といい、細長い尾部の特徴に着目した命名になっているが、日本人は逆に大きな頭部に着目して桶や樋に見立てたものではあるまいか。つまり魚偏に桶ないし樋の省略形である甬を添えて「鯒」が作られた。ちなみに近代生物学とともに「鯒」は中国に輸出され、yǒng の音、コチの意味で使われている。

「用（*diung）」は「卜型の印＋筒型の印」を合わせて、上から下に突き通す様子を示す図形。「用（音イメージ記号）＋道具の形」を合わせた「甬（*diung）」は、道具でとんとんと突く様子を暗示し、「突き通す」「突き抜ける」というイメージを示す記号。竹の節を抜いて筒型になった「竹づつ」を「筩（とう）」という。同様に「桶（とう）」は筒型の「おけ」、「樋」は雨水を通す筒型の「とい」である。

㊙ 〔甲骨文〕 ㊎ 〔金文〕 ㊟ 〔篆文〕〔用〕

㊎ 〔金文〕 ㊟ 〔篆文〕〔甬〕

## 【鯉】7 ㊟リ ㊥こい

**[語源]** 上古漢語は*lıəg、中古漢語はlıei（→呉音・漢音リ）である。コイ科の淡水魚 ***Cyprinus carpio***（コイ）を意味する。体は青黄色で、尾びれの下が赤い。長さは約一メートルに達する。二対のひげがある。中国では二千年以上も前から養殖され、品種が多い。語源は三六枚の側線鱗が並ぶ特徴を捉えて、「里」の「きちんとした筋が通る」というイメージによって名づけられた。和名の「こい」の語源は恋と結びつける説が古くからある。有名なのは、景行天皇がある女性に恋をしたとき、魚を媒介にして彼女を得たという説話に由来するというもの。

コイは繁殖力・生命力が強く、一五年ほど生きるが、中には五、六〇年の長命を保つものもあるという。中国ではコイは長寿・吉祥の象徴とされ、また、仙人の乗り物とされた。なお登竜門の故事（これが転化したのが「鯉の滝登り」）に出る魚は本当はコイではなくチヨウザメであった（鮪の項参照）。

**[字源]** 「田」は縦横に畝を通したたんぼを描いた図形。「里（*lıəg）」は「田（イメージ記号）＋土（限定符号）」を合わせて、縦横に道を通した土地、つまり人の住む村里を表した。「里」は「縦横にきちんと筋が通る」というイメージを示す記号となり、理（筋が通ったこと）・狸（筋模様のあるヤマネコ）などは同源のグループ。「里（音・イメージ記号）＋魚（限定符号）」を合わせて、側線鱗がきちんと筋をなして並ぶ魚を暗示した。

㊎ ㊢〔里〕 ㊢〔鯉〕

**[別名]** 六六魚・六六鱗・魚王・健魚・文魚・琴高魚・赤鯶公・跨仙君子

**[文献]** 詩経・陳風・衡門「豈其食魚、必河之鯉（あにそれ魚を食ふに、必ずしも河の鯉のみならんや）」、斉民要術6（北魏・賈思勰）「陶朱公養魚経云…所以養鯉者、鯉不相食、又易長也（陶朱公養魚経に云ふ…鯉を養ふ所以の者は、鯉相食まず、又長じ易ければなり）」、本草経集注（六朝梁・陶弘景）「鯉魚最為魚之主、形既可愛、又能神変、乃至飛越山湖、所以琴高乗之（鯉魚は最も魚の主為（た）り、形既に愛すべし、又能く神変し、乃ち山湖を飛越するに至る、琴高の之に乗る所以なり）」

**【鯏】** 7 音 リ 訓 あさり

**[語源]** 蜊の項参照。

**[字源]** 浅蜊の蜊を魚偏に換えてアサリを表記したものので、その意味では国字である。しかし中国にも「鯏」は存在した。閩中海錯疏に蚶（アカガイ）の別名とあり、普済方では鰻鯏魚が出ている。これはおそらく鰻鱺魚（ウナギ）のことと思われる。したがって「鯏」は半国字である。

**【鯲】** 8 音 ― 訓 どじょう

**[語源]** 鰌の項参照。

**[字源]** 壒嚢鈔に「どじょう（どぢやう）」の表記として「鯲」が出ている。この字は中国の典籍に見えない。しがって国字である。ドジョウは泥鰌とも書かれるように、泥の中にすむ習性がある。「どろ」を意味する漢字は泥のほかに淤がある。この字のさんずいを省略した「於」に魚偏を添えて「鯲」が創作された。

ちなみに⿰土於は砂泥が滞って水が流れない意、瘀は血液の流れが滞って起こる病気の意。漢方でいう瘀血はこれ。ここに共通する「於（*·ag）」は「烏（カラス）」の古文の字体である。カラスの鳴き声のようにのどに詰まった感じの擬音語を*·ag-ɦag（於乎）ともいい、烏乎・嗚呼とも書く。のどに詰まった状態は何かにつかえてスムーズに通らないというイメージがある。於・⿰土於・瘀は同じコアイメージをもつグループである。

金　古　〔於〕

**【𩸽】** 8 音 ― 訓 ほっけ

**[語源]** カサゴ目アイナメ科の海水魚 ***Pleurogrammus azonus***（ホッケ）を意味する。体はやや細長く、長さは約四〇センチ。青緑色の地に黒い斑紋がある。北海道付近の寒海にすむ。語源はアイヌ語に由来するという。

**[字源]** 国字である。字鏡に初めて出るが、ハエと読ませている。これが忘れられ、いつごろからか、ホッケを表記する字に再生した。花のように美しい模様があることから、魚偏に花の字を創作したと考えられる。あるいは、ホッケのケの音を「花（け）」で表記したと考え

ることもできる。

【鯢】8 音ゲイ 訓――

[語源] 上古漢語は*nger、中古漢語はngei（→呉音ゲ、漢音ゲイ）である。サンショウウオ目の両生類を意味する。大きなものは体長が一八〇センチに達する。*Andrias davidianus*（チュウゴクオオサンショウウオ）を背は暗褐色で、大きな黒斑がある。頭は扁平でいぼがある。口は大きく、目は小さい。四肢は短い。小児のような鳴き声を発するので、娃娃魚（娃娃は赤ちゃんの意）の別名がある。古代中国では食用にされた。語源は「兒」の「丈が低い」のイメージを取る。和名の「さんしょうお（山椒魚）」は山椒と似た香りがすることによるという。秦の始皇帝の墓の内部は人魚の脂で照明されたという記述が史記にあるが、人魚とは実はオオサンショウウオのことである（人魚の項参照）。

[字源]「兒（*nger）」は頭蓋骨がまだ固まっていない子供を描いた図形。身の丈がまだ大きくない子供のことから、「丈が低い」というイメージがある。身を低くして辺りを見回すことを睥睨、敵情を覗けるように城壁の上に作った丈の低い垣（姫垣）を埤垷というが、扁平な頭を左右に動かして辺りを見回すこの動物の姿態が睥睨の動作や埤垷の形とそっくりなので、オオサンショウウオを*ngerといい、「兒（音・イメージ記号）＋魚（限定符号）」を合わせた鯢で表記した。なお鯢には雌のクジラの意味もある。これは、雄のクジラを鯨といい、「京」の「大きい」のイメージを取ったのに対し、「兒」の「小さい」のイメージを取ったものである。

甲 金 篆〔兒〕 篆〔鯢〕

[別名] 孩児魚・娃娃魚・人魚・魶魚・納魚

[文献] 荘子・庚桑楚「夫尋常之溝、巨魚無所還其体而鯢鰌為之制（それ尋常の溝は、巨魚其の体を還（めぐ）らす所無くして、鯢鰌之が制を為す）」、管子・軽重甲「魚以為脯、鯢以為殽（魚を以て脯と為し、鯢を以て殽と為す）」、本草拾遺（唐・陳蔵器）「在山渓中、似鮎、有四脚、長尾、能上樹…声如小児啼、故曰鯢魚（山渓中に在り、鮎に似、四脚有り、長尾、能く樹に上る…声、小児の啼く

が如し、故に鯢魚と曰ふ)」

**【鯨】** 8 音ゲイ 訓くじら

**[語源]** 上古漢語は*gıăng、中古漢語はgıʌng（→呉音ギヤウ、漢音ゲイ）である。クジラ目の哺乳類の総称。体長が五メートル以下のものはイルカと呼ぶ。最大のシロナガスクジラは体長が三〇メートルに達する。日本ではクジラは古くから漁撈の対象であり、なじみ深いが、中国の古典では半ば空想的な怪物のイメージがある。雄のクジラを鯨、雌のクジラを鯢といい、鯨鯢という語は奸悪な人間の比喩となる。語源は「京」のイメージによって名を得た。和名の「くじら（くぢら）」は口が大きいところから、クチ（口）ナ（魚）に由来するという（吉田金彦）。朝鮮語の**korari**と同源とする説（大野晋）もある。

**[字源]**「京（*kıăng）」は高い丘の上に建物が建っている情景を描いた図形。古代中国では湿地を避けて高い場所に都市を造営した。「京」の現実の意味は「みやこ」だが、この語には「高く大きい」というコアイメージがある。「京（音・イメージ記号）＋魚（限定符号）」を合わせて、きわめて大きな魚を暗示させた。鱷は異体字。

甲　金　篆〔京〕　篆〔鯨〕

**[別名]** 長鯨・京魚・浮礁・海鰌・海鰍

**[文献]** 春秋繁露・五行逆順「竜深蔵、鯨出見（竜は深く蔵れ、鯨は出で見はる）」、左思・呉都賦（文選5）「長鯨呑航、修鯢吐浪（長鯨航を呑み、修鯢浪を吐く）」

**【鮰】** 8 音コ 訓わたか（黄鮰魚）

**[語源]** 日中で意味が異なる。中国では中世漢語が**ku**で、コイ科の淡水魚*Xenocypris davidi*（黄鮰魚）を意味する。体長は二〇センチほど。頭は円錐形を呈する。背は黒灰色、腹は銀白色、尾びれは黄色。語源は角質の突起があるので「固」のイメージによる。一説では、鮰は魚の腸の意で、腸が肥えて脂がのっていることによる命名（本草綱目）。

日本では黄鮰魚を「わたか」と読むが、読み違いと思われる。ワタカ（*Ischikauia steenackeri*）は琵琶湖特産のコイ科の淡水魚である。体長は約三〇センチで、背は淡い黒褐色。ワタ(腸)カ(香)が語源という。

**【字源】**「古(*kag)」は頭蓋骨を紐で吊した状態を図形にしたもので、「ひからびて固い」というイメージを示す記号となる。「古(音・イメージ記号)+口(限定符号)」を合わせた「固(*kag)」は、周囲をがっちりと固めたありさまを表す。「固(音・イメージ記号)+魚(限定符号)」を合わせて、固い突起のある魚を暗示させた。

(甲)　(金)　(篆)〔古〕　(篆)〔固〕

**【別名】**黄姑・黄骨魚

**【文献】**本草綱目44(明・李時珍)「黄鯝魚…生江湖中、小魚也、状似白魚而頭尾不昂、扁身細鱗白色、闊不踰寸、長不近尺、可作鮓菹、煎炙甚美(黄鯝魚は…江湖の中に生ず、小魚なり、状は白魚に似て頭尾昂らず、扁身細鱗白色、闊さ寸を踰えず、長さ尺に近からず、鮓・菹と作すべし、煎炙甚だ美なり)」

## 【鯱】8

㊥—
㊧しゃち・しゃちほこ

**【語源】**クジラ目マイルカ科の哺乳類 *Orcinus orca*(シャチ)を意味する。体長は約一〇メートル。背は黒く、腹は白い。突起した大きな背びれがある。これを逆鉾に見立て、別名をサカマタ(逆叉)という。性質は凶猛で、群れをなして鯨をも襲うことがある。「しゃち」は「しゃちほこ」の省略形。語源は一説によると、タチオコ(立尾魚)が訛ったものという(大槻文彦)。シャチは実在の動物の名、シャチホコは空想的な動物の名に使われる。シャチホコは虎に似た頭と、魚の体と尾をもつ海獣で、それを象ったものが建物の棟に据えつけられた。形象は現実のシャチがモデルであろうが、火災除けの意味は中国の鴟尾(しび)の影響であろう。鴟尾は蚩尾、蚩吻ともいわれ、竜の生んだ九子の一つで(狴犴の項参照)、水の精である。そのため火災を防ぐ力があるとされ、建築物に飾られた。

**【字源】**古くは鱐をシャチホコと読ませたが、江戸時代には魚虎をシャチに当て、やがてこれの合字である「鯱」が創作された。したがって鯱は国字である。ちなみに魚虎は本草綱目にあり、ハリセンボンに同定されている。

## 【鯤】 8 ㊥コン ㊞—

**[語源]** 上古漢語は*kuən、中古漢語はkuən（→呉音・漢音コン）である。鵬に変身するという伝説上の大魚を意味する。本来は魚の卵を意味したが、荘子が大小の観念をひっくりかえすために意味を逆転させたものである。

**[字源]**「比」は二人が並ぶ図形。いくつか、また、たくさんの物が並ぶというイメージを示す。「昆」は「比（イメージ記号）＋日（イメージ補助記号）」を合わせて、丸い太陽のように、物が並んで集まる様子を暗示させる。「丸い一団をなして集まる」というイメージを示し、昆虫の昆（群れをなして集まる虫）、昆弟の昆（一団をなす仲間や兄弟、狭義では兄）、混沌の混（混じり合って一つになり、全体がまだ分かれていないカオス［宇宙の最初の状態］）、棍棒の棍（丸く太い木の棒）などは、共通のコアイメージをもつ。「昆（音・イメージ記号）＋魚（限定符号）」を合わせて、丸くてたくさん集まる魚の卵を表した。荘子の作った鯤は、丸くて大きく、カオスのように得体の知れぬ魚というイメージである。

㊎　㊕　〔昆〕

**[文献]** 荘子・逍遥遊「北冥有魚、其名為鯤、鯤之大、不知其幾千里也、化而為鳥、其名為鵬（北冥に魚有り、其の名を鯤と為す、鯤の大いさ、其の幾千里なるを知らざるなり、化して鳥と為る、其の名を鵬と為す）」

## 【鯔】 8 ㊥シ ㊞ぼら

**[語源]** 上古漢語は*tsïəg、中古漢語はtṣïei（→呉音・漢音シ）である。ボラ科の海水魚 *Mugil cephalus*（ボラ）を意味する。淡水や汽水域にも棲む。体は細長い円筒形で、頭部は扁平。背は青黒い。口は「人」の形を呈する。海面を飛び跳ねる習性や、泥を食う習性がある。語源は緇（し）（黒い）と同源で、体の色に着目したもの。和名の「ぼら」の語源は腹が太い意だという（大槻文彦）。日本では出世魚とし、成長にしたがって、スバシリ（鯐）→イナ（鰡）→ボラ（鯔）→トドと名が変わる。からすみ（鱲）はボラの卵巣を加工した食品。

[**字源**]「𡿧（*tsəg）」は「巛（=川）+一」を合わせて、川をせき止める図形。スムーズに流れないことを示す。「一」を略した「巛」は災（自然の流れを止める「さざわい」）にも含まれている。「𡿧（音・イメージ記号）+田」を合わせた「甾（*tsïəg）」は、田の作物が育たず荒れる様子を暗示させる。作物が枯れると黒ずむし、田が荒れると土は汚れて黒くなるから、「甾」は「黒い」というイメージを示す記号となる。緇（黒い）・淄（黒く染める）・菑（荒れ地、また、立ち枯れの木）は同源のグループ。「甾（音・イメージ記号）+魚（限定符号）」を合わせて、体の色が黒い魚を暗示させた。なお日本では鰡もボラと読むが、これは鯔が崩れた字。本来ある鰡（音はリュウ、意味は吹沙魚［カマツカ］の類）と衝突したので、半国字である。鯐（スバシリ）・鮱（ボラ）は国字。

甲　篆〔𡿧〕　篆〔甾〕

[**別名**] 子魚・通応子魚

[**文献**] 左思・呉都賦（文選5）「鮫鯔琵琶」、神仙伝9「介象…与先主共論鱠魚、何者最上、象曰鯔魚為上（介象…先主と共に鱠魚を論ず、何者ぞ最上なる、象曰く、鯔魚を上と為すと）」

## 【鯧】8 音 ショウ 訓 まながつお

[**語源**] 中世漢語は tʃ'iaŋ である。マナガツオ科の海水魚 ***Pampus argenteus***（マナガツオ）を意味する。体は側扁し、丸みのある菱形を呈する。背は青灰色、腹は銀白色。体長は約四〇センチ。初夏、近海に来て産卵する。語源について李時珍は「昌は美、味をもって名づく」というが、むしろ体の色に着目した命名であろう。和名はマナ（学）カツオ（鰹）、つまりカツオをまねるがカツオではないという意味による命名。カツオが入らなかった地方で、この魚をカツオになぞらえて賞味したことから起こった名という（本朝食鑑の説）。

[**字源**]「昌（*t'iaŋ）」は「日（イメージ記号）+曰（言語行為にかかわる限定符号）」を合わせて、太陽が光を発して空高く上るように、明るく盛んにおしゃべりをする状景を暗示させる図形。これによって、「明るい」というイメージと「盛ん」というイメージを示す記号

とする。「昌（音・イメージ記号）＋魚（限定符号）」を合わせて、体の色が明るい光沢のある魚を暗示させた。

㊎　㊮　〔昌〕

【別名】銀鯧・鏡魚・平魚・娼魚・昌鼠・昌侯魚・鯧鯸魚・鱠魚

【文献】六書故20（宋・戴侗）「鯧海魚、似鯿、繊鱗少骨、甚肥（鯧は海魚なり、鯿に似、繊鱗にして骨少なし、甚だ肥ゆ）」

## 【鯖】8　㊥セイ　㊧さば

【語源】日中で意味が異なる。中国では上古漢語が*ts'eng、中古漢語が*ts'eng（→呉音シヤウ、漢音セイ）で、コイ科の淡水魚 *Mylopharyngodon piceus*（アオウオ、中国名青魚）を意味する。頭は扁平、体は円筒形で、青黒色。成長が速く、長さが一メートル以上になる。中国四大養殖魚の一つ。語源は体色の特徴を捉えて青魚といい、のち青の部分の tʃiɛng が独立して一音節語となった。この魚が日本に入ったとき、青魚を訓読みにして「あおうお」と呼んだ。

一方、日本ではサバを表記するために「鯖」の字を用いた。これはサバ科の海水魚 ***Scomber japonicus***（マサバ、一名ホンサバ）や ***S. australasicus***（ゴマサバ）を含む。マサバは紡錘形をなし、背は青緑色で、「く」の字型の斑紋がある。「さば」の語源は口の中に微細な歯があるところから、サ（小）ハ（歯）の意。一説では、たくさん集まる（または、獲れる）ので、サハ（多の意）と同源という（吉田金彦）。

【字源】「青（*ts'eng）」については蜻蛉の項でも述べた通り、「汚れがなく澄み切っている」というコアイメージがある。澄み切って清々しい印象のある色を「青」という。「青（音・イメージ記号）＋魚（限定符号）」を合わせて、青色の魚を表す。

日本の「鯖」は出雲国風土記に初出。おそらく色の特徴から魚偏に青の字が創作されたと考えられる。中国の「鯖」とは命名の発想は共通だが、直接の関係はなかったので、半国字である。

㊎　㊮　〔青〕

【別名】①（アオウオ）青魚　②（サバ）鮐

【文献】①左思・呉都賦（文選5）「鯖鰐涵泳平其中（鯖鰐其の中に涵泳す）」、南史・梁王室伝「好食鯖魚頭、常日進三百（好んで鯖魚の頭を食ひ、常日三百を進む）」

## 【鯯】8 音セイ 訓このしろ・さっぱ

【語源】日中で意味が異なる。中国では上古漢語が*tiad、中古漢語がtʃiɛi（→呉音セ、漢音セイ）で、鱭（エツ）・鰶（エツ）に同じとされる（魛の項参照）。日本では和名抄がコノシロの訓を与えた。鰶をコノシロと読むのと平行した現象である。しかし時代はわからないが、サッパを表すのに使われるようになった。鱭とは別の魚で、小骨が多く、頭が特に旨い魚の名という中国の文献から同定されたか。サッパ（*Harengula zunasi*）はニシン科の海水魚で、コノシロと似ているが、背びれなどが違う。岡山県の倉敷地方の名産であるママカリはこの魚。ご飯が足りないほど旨いから飯借り、コノシロより味がさっぱりしているのがサッパの由来とされる。拶双魚という和製の漢字表記もあるが、謂われは不明。

【字源】「制（*tiad）」は「未（枝葉の出た木の形）＋刀」を合わせて、伸び過ぎた枝葉を切る情景を暗示する図形。「出過ぎたものを程よくカットして形を整える」というのがコアイメージである。余計な部分を切ると形がスマートになる。「制（音・イメージ記号）＋魚（限定符号）」を合わせて、身が削がれたように細い魚を暗示させた。エツの体形はまさにこのイメージ通りである。「⿱制魚」は異体字。

篆 〔制〕

【別名】①（エツ）鱭・鰶・魛 ②（コノシロの異表記）鮗・鰶・鱅 ③（サッパの異表記）拶双魚

【文献】①臨海水土異物志（三国呉・沈瑩）「鯯魚至肥、炙食甘美、諺曰、寧去累世宅、不去鯯魚額（鯯魚は至つて肥ゆ、炙食すれば甘美なり、諺に曰く、寧ろ累世の宅を去るも、鯯の額を去らざれと）」、世説新語・紕漏（六朝宋・劉義慶）「天時尚煥、鯯魚鰕鮭未可致（天時尚煥かなり、鯯魚鰕鮭未だ致すべからず）」

鯮→鯼 （213ページ）

**【鯛】** 8 ㊥チョウ ㊞たい

**[語源]** 上古漢語は*tög、中古漢語はteu（→呉音・漢音テウ）である。この語は説文解字に「骨耑脃也（骨の端がもろい）」とあり、他の古字書類にも魚名としかない、全くマイナーなものである。したがって日本でタイを鯛と表記するのは、中国の鯛とは無関係といわざるを得ない。日本ではスズキ目タイ科の海水魚の総称で、特に*Pagrus major*（マダイ）を指す。体長は五〇センチほど。体は平たい楕円形で、赤色の優美な姿をしている。古来めでたい魚として尊ばれる。延喜式で平魚という書き方があるのを見ると、「平ら」のタイ（タヒ）が語源といえる。江戸初期、日本に亡命した朱舜水は「鯛をタヒと訓ずるも分明ならず」と言っている（朱舜水談綺）。中国学者も鯛をタイとするのに疑問を呈したわけだ。しかしタイが貿易品の一つとして中国に輸出されると（和漢三才図会に見える）、中国でも鯛をタイに用いるようになり、現在に至っている。

**[字源]** タイはめでたい魚であり、祝い事には欠かせない。先祖を祭ったり、一族の繁栄を祝ったりする宴席で使うので、一族に幸を行き渡らせるという意味合いを込めて、「周」（全部に行き渡る意）に魚偏を添えた「鯛」が創作された。あるいは、調和の調と関係づけて、一族を調和させるめでたい魚と解することもできる。結果的には中国にもともとある鯛と衝突したので、半国字である。

「周」の字源について。「周（*tiog）」の原形は苗や種がびっしり植えてある田んぼを描いた図形で、それに「口」（領域・土地を示す符号）を添えて「周」となった。「すみずみまでまんべんなく行き渡る」というイメージを示している。全体をまんべんなくととのえることが調和の調である。

㊙ ㊎ ㊟〔周〕 ㊟〔鯛〕

**[別名]** 棘鬣・吉鬣・奇鬣・赤鬃魚

**[文献]** 類篇（宋・司馬光）「鯛鮉、説文骨端脆也、一曰小魚名（鯛・鮉は、説文に骨端脆きなり、一に曰く小魚の名）」、膳夫録（白孔六帖16）「膾莫先於鯽魚、鯿魴鯛鱸次之（膾は鯽魚に先んずるものは莫し、鯿・魴・鯛・

鱸、之に次ぐ）」

【鯳】8 音 ―― 訓 すけとうだら

[語源] タラ科の海水魚 *Theragra chalcogramma*（スケトウダラ）を指す。体長は五〇センチほど。口は大きく、下あごが上あごより長い。体側に小さな黒点が走る。朝鮮語でミョンテ（明太）ともいい、卵巣を明太子（めんたいこ）という。語源はスケ（鮭）に似たタラ（鱈）の意味に由来するという（大槻文彦）。

[字源] 海の比較的底層に近い所に棲むので、「底」に魚偏を添えて「鯳」が創作された。国字である。介党鱈も創作当て字。なお「底」の字源については鴟の項参照。

[別名] 助惣鱈（すけそうだら）

【鯰】8 音 ―― 訓 なまず

[語源] 鮎の項参照。

[字源] ナマズを意味する本字は「鮎」である。日本でこの字がアユを表記する「鮎」と衝突したため、ネンの音を「念」で表す「鯰」の字が創作され、これをナマズに用いるようになった。その意味で「鯰」は国字である。新撰字鏡に登場するのが最初。しかし中国の文献にもきわめて少数の用例が存在する。和名抄で引用された中国の逸文と、証類本草である（下記の文献参照）。すなわち両者ともフグとナマズが似ているという内容である。鯰の用例はこれだけである。鯰は唐代の一時期に出現し、あと全く姿を消した字らしい（字書類に全く見えない）。日本の「鯰」はその名残であろうか。そうすると完全な国字とは言い切れない。ちなみに鯰は一九一五年の辞海には見えず、採録されたのは最近である。現代中国でナマズの生物学上の名称（音は nián）として使われている。

[文献] 崔禹食経（和名抄所引）「鯰、貌似鮧而大頭者也（鯰は、貌鮧に似て大頭なる者なり）」、証類本草21「河豘…陳蔵器云、如鯰魚、口尖、一名鲀魚也（河豘は…陳蔵器云ふ、鯰魚の如し、口尖る、一名鲀魚なり）」

【鯡】8 音 ヒ 訓 にしん

[語源] 中世漢語は fəi である。この語は魚の卵を意味する。魚の名としては類篇などが鯡、つまり飛魚（ト

ビウオ）としたが、用例がないため確かではない。要するに鯡は中国ではかなりマイナーな字である。日本では鯡をニシン科の海水魚 ***Clupea pallasii***（ニシン）に用いる。体長は三〇センチほど。背は青黒色、腹は銀白色。鱗は剥がれやすい。春に産卵のため岸に近づいてくるので、春告魚の異名がある。ニシンの語源は二身、つまり身を二つに欠くことに由来するという（大槻文彦）。

**［字源］** ニシンを表記する「鯡」は日本で創作された字だが、造字の過程は二通り考えられる。一つは中国の鯡がヒントになったこと。つまり鯡に魚の卵の意味があるのを知り、数の子が採れるニシンを表記するために鯡を借用した。二つ目は、「非」は物事を否定する語で、「左右反対に分ける」というイメージがあるので、ニシンの語源に合わせて、「非」に魚偏を添えて、身を二つに欠いて食べる魚という意味合いをこめた「鯡」を創作した。

なお中国の「鯡」（魚の卵の意）の字源について。「非（*piuər）」は鳥の羽が反対方向に向いている図形で、「左右に分かれる」というイメージがある。左右に分かれて存在するものは、「二つが両方に並ぶ」というイメージにもなる。扉（左右に開く「とびら」）、輩出の輩（次々に並ぶ）などは同源のグループ。魚の卵はたくさん並ぶから、「非（音・イメージ記号）＋魚（限定符号）」を合わせて鯡と書いた。ちなみに現代中国でも鯡はニシンの意味で使われている。鯡は半国字で、里帰り漢字である。

㊎　㊫　〔非〕

**［別名］**（ニシンの異表記）鰊

**［文献］** 玉篇「鯡、魚子也」

## 【鯥】 8 ㊀リク ㊃むつ

**［語源］** 上古漢語は*liok、中古漢語はliuk（→呉音ロク、漢音リク）である。日中で意味が異なる。中国では伝説上の怪魚を意味する。山海経に出ており、牛に似、蛇の尾、鳥の翼をもつ（下記文献参照）。語源はおかに棲む魚なので陸と同源。あるいは、陸のように盛り上がった体形を捉えたとも考えられる。

日本では鯥をムツに用いるが、中国の鯥とは関係がない。スズキ目ムツ科の海水魚 ***Scombrops boops***（ムツ）を指す。体は紡錘形で、長さは約六〇センチ。目と口が大きい。東北以南の海に棲む。語源は陸奥に由来するという。ただし仙台地方では陸奥守（伊達家の官名）をはばかってロクノウオ（六の魚）という。ロクは鯥の音であろう。

**[字源]** 日本の「鯥」は、陸奥の「陸」を省略した「坴」に魚偏を添えた字。一説では睦魚の合字という（大槻文彦）。いずれにしても半国字である。中国の「鯥」も陸と縁がある。「陸」の原形は「六（***liok**）」で、土を盛り上げた地形を描いた図形である。これに「中（くさ）」をつけて「先（***liok**）」となり、「土」をつけて「坴（***liok**）」となった。さらに盛り土や丘を示す限定符号である「阝（＝阜）」を添えたのが「陸（***liok**）」。「坴」や「陸」は「高く盛り上がる」というイメージがある。

甲　金　篆〔六〕　篆〔先〕　篆〔坴〕

**[文献]** 山海経・南山経「有魚焉、其状如牛、陵居、蛇尾、有翼、其羽在魼下、其音如留牛、其名曰鯥、冬死夏生、食之無腫疾（魚有り、其の状は牛の如く、陵居す、蛇（へび）の尾、翼有り、其の羽は魼［＝脇］の下に在り、其の音は留牛の如し、其の名を鯥と曰ふ、冬に死し夏に生ず、之を食へば腫疾無し）」

## 【鯪】8　㊥リョウ　㊞—

**[語源]** 上古漢語は***lıəng**、中古漢語は**lıəng**（→呉音・漢音リョウ）である。普通は鯪鯉という語形で使われ、有鱗目（センザンコウ目）の哺乳類 ***Manis pentadactyla***（コミミセンザンコウ）を意味する。全長はほぼ五〇〜一〇〇センチ。体は松かさのような鱗で覆われる。小さな耳と長い尾をもつ。歯はなく、長い舌でアリなどを食べる。敵に遭うと体を丸める習性がある。中国南部に棲息する。語源は陵・稜などと同源で、「筋をなして並ぶ」というイメージによる命名。鱗の形や並び方がコイに似ているので、***lıəng-lıəg**（鯪鯉）という双声の二音節語とした。中国医学（本草）ではこの動物の鱗甲を薬用とし、穿山甲と称するが、これが通り名となった。山（地面）を穿つ（穴を掘る）甲（甲羅）という意味で名づけられた。

**[字源]**「夌（*lieng）」の上部の「圥」は陸に含まれ、盛り上がったおかを表す図形（鯥の項参照）。「圥＋夂（あし）」を合わせた「夌」は、陸（おか）を踏み越えて行く情景を暗示させる図形。山の尾根を越えることから、「∧型の筋をなす」というイメージを示す記号となる。凌辱の凌（力ずくで踏み越える→しのぐ）・稜（∧型のかど）・菱（∧型にとがった実のなるヒシ）・陵（∧型の尾根のある丘）などは同系のグループ。「夌（音・イメージ記号）＋魚（限定符号）」を合わせて、鯉のように鱗がきちんとした筋をなす動物を暗示させた。

(篆)　〔夌〕

**[別名]**穿山甲・石鯪魚・陵魚・竜魚・竜鯉・鱗鯉

**[文献]**楚辞・天問「鯪魚何所（鯪魚は何れの所ぞ）」、本草経集注（六朝梁・陶弘景）「鯪鯉甲…其形似鼉而短小、又似鯉魚、有四足、能陸能水、出岸開鱗甲、伏如死（鯪鯉甲…其の形鼉（だ）に似て短小、又鯉魚に似、四足有り、能く陸能く水、岸を出でて鱗甲を開き、伏すれば死するが如し）」、魏書・高祐伝「此三呉所出、厥名鯪鯉（此れ三呉の出だす所、厥（そ）の名は鯪鯉）」

**鰻**→鮎（176ページ）
**鰕**→蝦（87ページ）
**鰕虎魚**→鯊（189ページ）

## 【鰐】9　㊥ガク　㊞わに

**[語源]**上古漢語は*ngak、中古漢語はngak（→呉音・漢音ガク）である。ワニ目の爬虫類の総称。特に*Crocodilus porosus*（イリエワニ、中国名湾鰐）を指す。中国南部の広東省、福建省の河口や入り江に棲息する。体長は一〇メートルにも達し、ワニの中では最も大きい。性質は凶猛で、人畜を襲う。語源は顎と同系で、噛み合う大きな顎の特徴を捉えた命名。中国には別種のワニである鼉（だ）（ヨウスコウワニ）も棲息する（該項参照）。和名の「わに」はアニやオニが訛ったという説がある。本来はサメの古語であったが、性質が凶猛で恐ろしいという共通点から、爬虫類の名にワニを借用したらしい。

**[字源]**ワニを表す古字は[虫屰]（説文解字に出る）であった。「屰（*ngiăk）」は「大」（両手両足を大きく広げて立つ人）の字を逆さにした図形で、「反対向きになる」

というイメージを示す。「屰」は「逆」の原形である。「逆」は「↑↓」のイメージなら「さからう」の意味になり、「↓↑」のイメージなら「むかえる」の意味（逆旅の逆）になる。ワニの強大な顎の特徴に着目して、「↓↑」の形に噛み合うというイメージを「屰」で表して、「屰（音・イメージ記号）＋虫（限定符号）」を合わせた視覚記号によって、*ngakを表記した。しかしこの字は廃れて「鰐」に代わった。「咢」は「屰＋吅」を合わせた字で、やはり「屰」が基本にある。「吅」は「口」二つを並べて、やかましくしゃべる様子を暗示させる。「屰（音・イメージ記号）＋吅（イメージ補助記号）」を合わせた「咢」は、意見や議論を相手にやかましくぶつける情景を暗示させる。侃々諤々の諤がまさにこのイメージである。意見が対立するので、「↓↑」の形を呈するというコアイメージが、ここにも根底にある。顎（↓↑型をなす「あご」）、萼（花びらを↓↑型に支えている「がく」）、驚愕の愕（予期しない事態に対して感情が↓↑型にぶつかる→おどろく）、鶚（↓↑型に噛み合う強力なくちばしをもつ猛禽、ミサゴ）などは同源のグループである。「鱷」は異体字。

㊙甲 金  篆〔屰〕

篆〔咢〕 篆〔⿰虫屰〕

【別名】忽雷・骨雷・忽律・土奴魚

【文献】左思・呉都賦（文選5）「鯖鰐涵泳乎其中（鯖鰐其の中に涵泳す）」、博物志・異魚（晋・張華）「南海有鰐魚、状似鼉（南海に鰐魚有り、状は鼉に似たり）」

## 【鰉】9 音コウ 訓ひがい

【語源】日中で意味が異なる。中国では宋代に出現した語であり、中世漢語が**huang**で、チョウザメの一種*Huso dauricus*（ダウリアチョウザメ）を表している。チョウザメの中では最も大型なところから、語源は「皇」の「大きい」というイメージに基づいている。鱣（てん）の別名である。

日本ではコイ科の淡水魚*Sarcocheilichthys variegatus*（ヒガイ）を意味する。体長は一五センチほどで、細長い。体の色はほぼ黄褐色。短い一対のひげがある。語源は江戸語で痩せて弱々しい人を「ひがいす」といったことにちなむという。

**【字源】** まず中国の「鰉」について。チョウザメの異名である黄魚の黄が独立して鱑と書かれ、これがやがて鰉に取って代わった。「皇（*ɦuang）」については蝗の項でも述べている通り、「大きい」というイメージがある。「皇（音・イメージ記号）＋魚（限定符号）」を合わせて、体の大きな魚を暗示させた。

次に日本の「鰉」は、明治天皇がこの魚を好んだのにちなみ、天皇の皇に魚偏を添えた字を創作してヒガイを表記した。したがって鰉は半国字。

甲　金　篆　〔王〕
金　篆　〔皇〕

**【別名】**（チョウザメ）鱣・鮪

**【文献】** 類篇（宋・司馬光）「鱑・鰉、魚名」、夢粱録16（宋・呉自牧）「鮮鰉鮓」、岳陽風土記（宋・范致明）「岳州人極重鰉魚子、毎得之、瀹以皂角水少許塩漬之即食、味甚甘美（岳州の人、極めて鰉魚の子［たまご］を重んず、之を得る毎に、瀹（やく）するに皂角、水、少許の塩を以てして之に漬けて即ち食す、味甚だ甘美なり）」

## 【鰘】 9　音 ―　訓 むろあじ

**【語源】** アジ科の海水魚 *Decapterus muroadsi*（ムロアジ）を意味する。アジ（マアジ）とよく似ているが、背びれとしりびれの後ろに小さなひれがある。背は青緑色、腹は銀白色。体側に縞模様が走る。秋が旬で、干物にする。語源は兵庫県の室津でよく獲れたことから、この名がついたという。

**【字源】** 室津の室に魚偏をつけた国字。室鰺とも書かれる。

## 【鰙】 9　音 ジャク　訓 わかさぎ

**【語源】** 日中で意味が異なる。中国では中世漢語で ruo といい、カレイ目の魚、現代中国でいう箬鰨魚に当たると考えられる。これはウシノシタ（シタビラメ）、あるいはササウシノシタの類である。海底に棲息するが、ある種のものは川をさかのぼり、淡水にも棲む。古典での用例はきわめて少ないが、箬魚（＝篛魚）から生まれた語で、体形を箬（笹の一種）の葉に見立てた命名である。日本で笹に見立てたのと発想が似ている。

次に日本ではニシン目キュウリウオ科の *Hypomesus nipponensis*（ワカサギ）を指す。汽水にも淡水にも棲息する。体は細長く一五センチほど。背は暗灰色、腹は銀白色。結氷した湖で穴釣りが行われる。「わかさぎ」の語源は未詳。昔、将軍に献上されたことから公魚という表記が生まれた。中国にも公魚があるが、*Schizothorax yunnanensis*（中国名、雲南裂腹魚）に同定されている。これは雲南省の洱海に産するコイ科の淡水魚である。

**[字源]**「若（*niak）」は女性が髪を梳かしている姿を描いた図形で、「柔らかい」というイメージを示す。葉の柔らかい笹の一種を箬という。体形がこの笹と似た魚を箬魚といい、「箬」の竹を省略した「若」に魚偏を添えた鰙が生まれた。日本ではこれとは無関係に、ワカサギを若鷺とも書いたので、この「若」に魚偏をつけて「鰙」を創作した。したがってこの「鰙」は半国字。

㊙甲　㊙篆　〔若〕

**[別名]** ①（ウシノシタ）箬魚・篛魚・箬葉魚・箬鰨魚
②（ワカサギの異表記）公魚・若鷺

**[文献]** ①夢粱録16（宋・呉自牧）「鰙鮝」、浙江通志101「篛魚、形似篛、蓋比目之類、俗書作鰙（篛魚は、形篛に似たり、蓋し比目の類、俗書に鰙に作る）」

## 【鰌】9 音シュウ 訓どじょう

**[語源]** 上古漢語は*dziog、中古漢語はdziəu（→呉音ジュ、漢音シウ）である。ドジョウ科の淡水魚 *Misgurnus anguillicaudatus*（ドジョウ）を意味する。体は細長い円筒形で、一五センチほど。頭は尖り、吻が突き出る。暗褐色の地に小さな黒点がある。五対のひげをもつ。泥の中に潜り、時々水面に浮かんで空気を吸う習性がある。語源は細く締まったような体形を捉えて、「酋」の「引き締める」というイメージによる命名。*dziog の一音節だけでドジョウだが、鯨の別名である海鰌ができたため、それと区別して泥鰌の二音節語となった。和名の「どじょう」はドロツウオ（泥の魚の意）が訛ったものという（大槻文彦）。

**[字源]**「酋（*dziog）」は「八（分かれ出る符号）+酉（酒つぼ）」を合わせて、酒つぼから酒の香りが分かれ出

る様子を暗示させる図形。要するに、酒造りの場面を設定したものである。酒を搾る杜氏を*dziogといい、「酋」で表記した。酒を搾る行為には、「搾って引き締める」というイメージがある。「酋（音・イメージ記号）＋魚（限定符号）」を合わせて、体が引き締まって細い魚を暗示させた。

篆（酋）　篆（鰌）

**[別名]** 鰍・鰌・泥鰌・泥鰍

**[文献]** 荘子・斉物論「鰌与魚游（鰌、魚と游ぐ）」、荀子・富国「黿鼉魚鼈鰌鱣以時別、一而成群（黿・鼉・魚・鼈・鰌・鱣、時を以て別れ、一にして群を成す）」、爾雅・釈魚「鰼、鰌」――郭璞注「今泥鰌」

## 【鰍】 9　音シュウ　訓かじか

**[語源]** 中国と日本では意味が異なる。中国では上古漢語が*ts'iog、中古漢語がts'iəu（→呉音シュ、漢音シウ）で、ドジョウを指す。ドジョウを*dziogといい、「鰌」で表記したことは前項で述べたが、また*ts'iogともいい、「鰍」で表記したのである。両者はほとんど同語で、時代の差か方言の違いであろう。「秋」には「縮まる」というコアイメージがあるので、細く締まった体形を捉えた語であるのは「鰌」と同じ発想である。

一方、日本ではカジカ科の魚の総称で、特にその中の一種*Cottus pollux*（カジカ）を指す。体形はハゼに似、細長い。頭と口は大きい。暗灰色の地に褐色の斑紋がある。小石が多く水の澄んだ川に棲む。古名はチチカブリで、土を被る意に由来する。一説では、カジカガエル（河鹿蛙）と混同した名称だという（吉田金彦）。なおカジカを漢名で杜父魚という。杜父は土附の当て字で、いつも石や砂に付いていて、浮き上がらないことによるという。

**[字源]** 「秋（*ts'iog）」は「禾（いね）＋火」を合わせて、稲のわらを火で乾かす情景を暗示させる図形。この情景は「あき」の季節を髣髴させるが、言葉の命名の発想はまた別。乾くと物は縮まるので、「縮まる」のイメージが「あき」の命名の由来。古代中国人は季節の「あき」を粛殺のイメージで捉えて*ts'iogといい、「秋」と表記したのである。「秋」には「縮まる」、また「引き締まる」というコアイメージがある。「秋（音・イメ

ージ記号）＋魚（限定符号）」を合わせて、体が細く締まった魚を暗示させた。

次に、日本ではカジカは秋が旬とされたので、魚偏に秋と書いて「鰍」を創作した。これは半国字である。なおカジカは石の下に潜る習性があるので、魚偏に石の「鮖」、魚偏に休（やすむ）の「鮴」が創作された。いずれも国字で、「鮖」はカジカ、またはイシブシ（カジカの別名）、「鮴」はゴリ（カジカの別名）と読む。

籀　篆　〔秋〕

**[別名]** ①（ドジョウ）鰌 ②（カジカ）杜父魚・渡父魚・土附・土歩・土父・吐哺・土部魚・主簿魚・伏念魚・船碇魚・童子魚

**[文献]** ①抱朴子・広譬（晋・葛洪）「䱇鰍褻絳虬於淵洿（䱇鰍（せんしゅう）［タウナギとドジョウ］、絳虬を淵洿に褻（けが）す）」

## 【鰆】9 音シュン 訓さわら

**[語源]**「鰆」は中国の少数の文献で魚名とあるだけの、きわめてマイナーな字である。日本の「鰆」はこれとは関係がなく、サバ科の海水魚 *Scomberomorus niphonius*（サワラ）を指す。体は延長し、約一メートル。吻は尖り、口は斜め上方に向く。上体に青緑色の斑紋がある。春に産卵のため内湾に入ってくる。「さわら」の語源はサ（狭）ハラ（腹）の意だという。なおサワラの漢名を馬鮫魚という。春社（春の祭礼）の時節に出現するので社交魚とも称された。

**[字源]**「鰆」は類聚名義抄に初出。春に回遊して近海に出現し、また、春が旬の魚なので、魚偏に春と書いて「鰆」が創作された。半国字である。ただし近代生物学とともに中国にも輸出されている。

「春」の字源は「屯」がコアにある。「屯（*duən）」は地下に根がずっしりと蓄えられ、芽が地上に出かかる様子を示す図形（豚・魨の項参照）。「屯（音・イメージ記号）＋艸（イメージ補助記号）＋日（限定符号）」を合わせた「春（*t'iuən）」は、草が活動を開始する季節を暗示させた。

金 　篆　〔屯〕　篆　〔春〕

**[別名]** 馬鮫魚・馬交魚・社交魚・青箭・溜魚

**[文献]** 類篇（宋・司馬光）「鰆、魚名」

鯽→鮒（179ページ）

【鯼】9 音ソウ 訓いしもち

[語源] 上古漢語は*tsung、中古漢語はtsung（→呉音ス、漢音ソウ）である。この語には二つの意味がある。一つは石首魚と同じで、ニベ科の海水魚イシモチの類。体は長楕円形で、小さいもので一〇センチ、大きなものので一メートルに達する。頭に耳石がある。うきぶくろを振動させて音を出すことができる。*Pseudosciaena crocea*（フウセイ、別名オオガタキングチ、中国名大黄魚）、*P. polyactis*（キグチ、中国名小黄魚）などの種類がある。語源は「㚇」の「一か所に集めておさめる」という意味と関係がある。漢名の石首魚も、和名のイシモチも耳石をもつことにちなむ命名。

もう一つの意味は、コイ科の淡水魚*Luciobrama macrocephalus*（ズナガウオ、中国名鯮魚）である。体は著しく延長する。頭も長く、先端は鴨のくちばしと似る。腹部は丸みを帯びる。語源は「㚇」の「一筋に通る」「縦に細長い」というイメージを取る。

[字源]「㚇（*tsung）」は「兇（恐ろしいもの）＋夊（足）」を合わせて、怖しいものに直面して、足が棒のように突っ立つ情景を暗示させる図形。現実の意味は、説文解字に「足を斂むるなり」とあり、鳥が飛ぶ時、足をたたみ収めて、棒のようにまっすぐになることを*tsungという。ここから「集めて一筋になる」「縦に細長く通る」というイメージに展開する。㩐（鳥が羽をおさめて飛ぶ）・鬉（たてがみ）・䡯（一筋に集まる）は同源のグループ。「㚇」の「一か所におさめる」というイメージを用い、「㚇（音・イメージ記号）＋魚（限定符号）」を合わせて、頭に石をおさめた魚を暗示させた。

また、「㚇」には「縦に細長く通る」のイメージがあるので、鯼でもって体が細長い魚を表した。後者の場合「宗」を用いて「鯮」とも書く。「宗（*tsong）」は「宀（いえ）＋示（祭壇）」を合わせて、家の中で祭りをする情景を設定した図形。先祖を祭る中心となる家（本家）を*tsongという。「中心となるもの」のイメージから、「縦に通る本筋」「縦に細長く通る」というイメージに展開する。崇（山が縦に長い→高い）・棕（幹が直立する木、シュロ）は同源の語である。

（甲）（金）（篆）〔宗〕　（篆）〔鯊〕

**[別名]** ①（イシモチ）石首魚・石頭魚・黄魚・黄花魚・元鎮　②（ズナガウオ）鴨嘴鯨・尖頭鱤

**[文献]** ①広雅・釈魚「石首、鯊也」、郭璞・江賦（文選12）「鯊鮆順時而往還（鯊・鮆時に順ひて往還す）」――李善注「字林曰、鯊魚出南海、頭中有石、一名石首（字林に曰く、鯊魚は南海に出づ、頭中に石有り、一名石首）」②本草綱目44（明・李時珍）「鯊性啖魚、其目瞜視、故謂之鯊（鯊の性は魚を啖ふ、其の目は瞜視す、故に之を鯊と謂ふ）」

## 【鰂】

9　㊅ソク　㊆いか

**[語源]** 上古漢語は*dzək、中古漢語はdzək（→呉音ゾク、漢音ソク）である。軟体動物のイカ類の総称。中国医学（本草）では*Sepia*（コウイカ属）と*Sepiella*（シリヤケイカ属）のイカに当てられる。五対の腕があり、そのうち二対の触腕は長くて、吸盤をもつ。敵に遭うと墨を吐いて身を守る。舟形の甲羅を中国医学で海螵蛸と呼び、生薬に用いる。語源は「則」の「くっつく」のイメージが取られた。吸盤で餌を捕まえることに着目したもの。和名の「いか」は「厳めしい」のイカで、形が角張っているからという説などがあるが、はっきりしない。漢名の別名に烏賊があり、普通はこれをイカの表記として使う。水面に浮かぶイカを死んだと思った烏が巻き取って食べてしまうことから、烏がイカの天敵と考えて、烏賊と呼んだという民間語源説話が中国にある。

**[字源]** 「則」（*tsək）」の左側は「鼎」（古代、食べ物を煮炊きした食器、「かなえ」）の変化した形。「鼎＋刀」を合わせた「則」は、鼎のそばにナイフがついている情景を暗示する図形で、本体のそばに備品が備えつけてある→そばにぴったりついているというイメージがあり、これが「AがBにくっついて離れない」というイメージにもなる。側（そば）・測（手本に従ってはかる）・廁（母屋のそばにくっついている「かわや」）などは同源のグループ。「則（音・イメージ記号）＋魚（限定符号）」を合わせて、吸盤を獲物にくっつけて捕まえる魚を暗示させた。のち黒い墨を吐くことから、黒い

意を表すため烏をつけて、烏鰂となり、さらに同音の易しい字に代えて烏賊となった。ここから鰞鰂の表記も生まれた。

㊎ [古字] ㊧ 則〔則〕 ㊧ 鰂〔鰂〕

**[別名]** 烏賊・烏鰂・墨魚・算袋・纜魚・甘盤校尉・河伯従事・海若白事小吏

**[文献]** 説文解字11「鰂、烏鰂魚也」、素問・腹中論篇「以四烏鰂骨一藘茹二物并合之（四烏鰂骨と一藘茹の二物を以て并せて之に合す）」、神農本草経「烏賊魚骨味鹹微温、主治女子漏下赤白経汁、血閉、陰蝕、腫痛、寒熱、癥瘕、無子（烏賊魚の骨は味は鹹にして微温なり。女子漏下赤白経汁・血閉・陰蝕・腫痛・寒熱・癥瘕・無子を治するを主る）」

## 【鮹】 9 ㊥タ ㊩たかべ

**[語源]** 鮹は説文解字に出ている鰖と同じとされるが、ほとんど奇字に等しい。しかも魚の名ではなく、稚魚、または、蟹の卵の意味である。日本ではこの字を「たかべ」と読み、スズキ目タカベ科の海水魚 *Labracoglossa argentiventris*（タカベ）を指す。体は側扁し、長さが約二五センチ。青緑色の地に黄色の縦帯が走る。岩礁の多い海域に棲む。「たかべ」の語源は未詳。

**[字源]** 江戸時代の魚鑑に初出。「たかべ」の「た」を惰の右側、あるいは隋（タの音がある）を略した記号で表し、魚偏をつけた字。半国字である。

## 【鰈】 9 ㊥チョウ ㊩かれい

**[語源]** 上古漢語は*dāp、中古漢語は dep（→呉音デフ、漢音テフ）である。カレイ目カレイ科（Pleuronectidae）の魚の総称。マガレイ、ホシガレイ、メイタガレイなど多くの種類がある。海に棲息するが、川をさかのぼる種類もある。体は薄く楕円形で、黒い斑紋がある。両眼は体の右側に寄り集まっている。左側に集まるものをヒラメという。語源は蝶と同源で、「薄い」というイメージに基づく。和名はもとはカラエヒであった。カラは韓、エヒは鱝である。朝鮮は鰈域という異名があるくらいカレイが多かった。また、体形がエイに似ているので、韓でよく獲れ、鱝に似た魚という意味で、

カラエイという名がついたと思われる。漢名は比目魚ともいう。比目は目が並ぶという意味で、両目が並んでいる奇妙な姿から、古代中国人は、片方だけでは行けず、両片が合体して初めて行ける魚だと空想した。現在は比目魚は鰈・鮃・鰜・鰨などの総称とされる（下記の別名にはこの比目魚の別名を挙げてある）。ただし日本では比目魚はヒラメと読む。

**[字源]**「枼（*diap）」は蝶の項でも述べたが、木の葉を描いた図形で、「薄い」というイメージを示す記号。チョウは薄い羽をもつ昆虫なので*dāpといい、「蝶」と表記する。これと同様に、「枼（音・イメージ記号）＋魚（限定符号）」を合わせた「鰈」によって、体の薄い魚を表した。

(金)　(篆)〔枼〕　(篆)〔鰈〕

**[別名]** 比目魚・魪・魼・板魚・版魚・鞋底魚・婢屣魚・奴屩魚・箬葉魚・王余・左介

**[文献]** 爾雅・釈地「東方有比目魚焉、不比不行、其名謂之鰈（東方に比目魚有り、比せずんば行かず、其の名之を鰈と謂ふ）」

## 【鯷】9　(音)テイ　(訓)ひしこ

**[語源]** 上古漢語は*deg、中古漢語はdei（→呉音ダイ、漢音テイ）である。中国と日本では意味が異なる。中国では*Parasilurus*（アジアナマズ属）の淡水魚で、大型のナマズ、すなわちビワコオオナマズの類を指す。長江やその支流、また、長江に通じる湖沼に棲息する。性質は凶猛で、昼間は潜んでいて、夜間に活動する。体長は九〇センチ以上、体重は四〇キロに達する。

日本では*Engraulis japonica*（カタクチイワシ）を指す。イワシ科の海水魚で、体は細長く一五センチほど。背が青黒色なのでセグロイワシ（背黒鰯）の別名がある。ごまめや煮干しの原料になる。古名はヒシコイワシで、縮まってヒシコといった。イワシコ（鰯子）→ヒシコになったという説（東雅）がある。カタクチイワシ（片口鰯）は上あごが下あごよりも長い口の形による命名。

**[字源]**「是（*dhieg）」は柄のまっすぐ延びたスプーンを描いた図形で、匙（さじ）に含まれている。「是」は「まっすぐ延びる」というイメージを示し、提（手をまっすぐ延ばして持つ）・堤（まっすぐ延びた「つつ

み」）・題（頭部のまっすぐな部分、「ひたい」）などと同源のグループ。「是（音・イメージ記号）＋魚（限定符号）」を合わせて、体がまっすぐ延長する魚を暗示させた。ナマズのうち比較的長いオオナマズを表した。

別名は鮧（てい）・鮷（てい）。「夷（*d̥ier）」は「大（大の字型に立つ人の形）＋弓（つる状のものが巻く形→折りたたまれる符号）」を合わせて、背の低い人を表す。「弟（*der）」は鵜の項で述べているように「低く垂れる」というイメージがある。いずれも頭が低く平らなナマズの特徴を捉えた造形である。

次に日本の鯷は和名抄がヒシコイワシと読んだが、引用した四声字苑なる中国の散逸本の「小鮎魚なり。黒くして味少なし」という鮎をアユと取り違えたために起こった読み違いと思われる。誤読された鯷は近代生物学とともに中国にも輸入されている。

金〔是〕　篆〔是〕

金〔夷〕　篆〔夷〕

金　篆〔弟〕　篆〔鮷〕

**［文献］** 戦国策・趙「黒歯雕題、鯷冠秫縫、大呉之国也（黒歯雕題、鯷冠秫縫は、大呉の国なり）」、捜神記19（晋・干宝）「没手仆於地、乃是大鯷魚也、長九尺余（手を没して地に仆る、乃ち是れ大鯷魚なり、長さ九尺余り）」

## 【鰒】 9　音 フク　訓 あわび・ふぐ

**［語源］** 上古漢語は*bɪuək、中古漢語はbɪuk（→呉音ブク、漢音フク）である。中国と日本で意味が異なる。中国では、ミミガイ科の巻貝アワビ類の総称であるが、特に *Haliotis gigantea*（メガイアワビ、中国名大鮑）に当てられる。殻は硬くて厚く、耳状を呈する。殻のへりに呼吸のための孔がある。中国医学（本草）では殻を石決明といい、生薬に用いる。語源は腹や蝮と同源で、「ふっくらとしている」というイメージによる命名。和名の「あわび」の語源は、殻が片側だけで蓋がなく、岩に付着して蓋を合わせようとする姿を捉えて、アハム（合はむ）→アハビ（アワビ）になったという。日本人が古くからアワビを好んだことは魏志倭人伝に見えるが、中国でも漢の王莽や魏の曹操がアワビを好んだ記録がある。近世になると日本から輸入するようになり、「鮑」の字も逆輸入され、アワビの意味で使わ

れるようになった（鮑の項参照）。

一方、日本での鰒の用法は本草和名や和名抄以来フグである。これはフグの古名がフクなので、フクの音をもつ鰒を借用したのであろう。一説では腹がふくれるから鰒と書いたという（東雅）。そうするとこの鰒は半国字となる。後に河豚の表記が伝わり、河豚と鰒が平行するようになる（魨の項参照）。

| | 〈中国〉 | 〈日本〉 |
|---|---|---|
| アワビ | 鰒 | 鮑 |
| フグ | 魨（河豚） | 鰒 |

**【字源】**「复（*bıuək）」は蝮の項でも述べた通り、「重なる」というイメージから、「ふくれる」というイメージにつながる記号である。「复（音・イメージ記号）＋魚（限定符号）」を合わせて、体形がふっくらとした魚（海産の生物）を暗示させた。

㊜

**【別名】**①（アワビ）石決明・千里光　②（フグ）河豚

**【文献】**①漢書・王莽伝「莽憂懣不能食、亶飲酒啗鰒魚（莽憂懣して食する能はず、亶ら酒を飲み鰒魚を啗ふ）」、後漢書・伏湛伝「詣闕上書献鰒魚（闕に詣り上書して鰒魚を献ず）」、三国志・魏志・東夷伝「人好捕魚鰒、水無深浅、皆沈没取之（人好んで魚鰒を捕らふ、水深浅と無く、皆沈没して之を取る）」

## 【鯿】9　㊊ヘン　㊌—

**【語源】**上古漢語は*pian、中古漢語はpiɛn（→呉音・漢音ヘン）である。コイ科の淡水魚*Parabramis pekinensis*（ヒラウオ）を意味する。魴と非常に似ていて、色は銀灰色。体長は三〇センチほど。体形は菱形で、著しく側扁する。漢詩ではポピュラーな魚だが、日本人にはなじみがない。語源は扁平の扁に由来する。和名は旧満州での通称。

**【字源】**「扁（*p'ian）」は蝙蝠の項でも述べたように、戸（とびら）も冊（文字を書く札）も薄くて平らなものなので、「戸＋冊」を合わせることによって、「薄くて平ら」というイメージを示す記号とする。「扁（音・イメージ記号）＋魚（限定符号）」を合わせて、薄くて平らな魚を暗示させた。「鯾」は異体字。

篆〔扁〕　篆〔編〕

【別名】窄胸鯿・北京鯿

【文献】後漢書・馬融伝「魴鱮鱏鯿」

## 【鰊】9　音 レン　訓 にしん

【語源】鯡の項参照。

【字源】節用集に初めて登録されるが、字体は「鰊」ではなく「鰊」となっている。東海に産する魚なので「東」に魚偏をつけて「鰊」と書いたという（本朝食鑑）。この字は中国にもあるがきわめてマイナーな字であるから、ニシンを表す「鰊」は半国字である。「鰊」が「鰊」に変わったのはこの魚の象徴性があずかっていたと思われる。ニシンの別名をカド（鰊）といい、その卵をカドの子、訛って数の子という。数という言葉が使われたのは偶然ではなく、子孫の数を殖やすという意味合いがあるからである。これがニシンの象徴性の一つ。ところで端午の節句に邪気を払い福を招くためにセンダン（古名はオウチ）を飾る風習があった。オウチを楝と書く。縁起のある木とめでたい魚を結びつけて、鰊を改めて鰊と書くようになったと思われる。この字も半国字である。鰊は中国も存在する字だが、魚名としかわからない奇字の類であって、ニシンではない。

「東」と「柬」の字源について。「東（*tung）」は棒を通して両端をしばった土嚢の図形である（蠹・駱駝の項参照）。「突き通す」というイメージを示す記号となる。方角の「ひがし」は、昔、太陽がそこから突き通って出てくると考えられたので*tungといい、「東」で表記する。「柬（*kăn）」は「東（束ねた木）＋八（分ける符号）」を合わせて、良いものと悪いものをより分ける様子を暗示する図形。昔、オウチは邪悪なものを取り除く木と考えられたので、「柬（音・イメージ記号）＋木（限定符号）」を合わせて「楝」と書いた。

甲   金   篆  〔東〕

金    篆   〔柬〕

【別名】（ニシンの異表記）鯡

【文献】郭璞・江賦（文選5）「鮹鰊鰧鮋」、類篇（宋・司馬光）「鰊魚名、如縄（鰊は魚の名、縄の如し）」

【鰮】10 音オン 訓いわし

[語源] 鰯の項参照。

[字源] 「鰮」は中国ではかなりマイナーな字で、本草綱目では淡水魚の鯊(カマツカ)の別名とある。「鰮」をイワシと読んだのは江戸初期であるが、「馬鮫(サワラ)に似て小さく、鱗あり。大きさは僅かに三四寸」(閩中海錯疏)などの記事から勝手にイワシに当てたのかもしれない。あるいは、六～二〇度の、どちらかと言えば温帯に多く棲息するので、「温(あたたかい)」と関連づけて、「鰮」の字を創作したとも考えられる。そうすると半国字になる。ちなみに近代生物学とともに中国にも逆輸出され、イワシの意味に使われている。

「𥁕」の字源は「囚(中に閉じこめる形)＋皿(さら)」を合わせて、食器の中に食べ物の熱気を閉じこめて逃さない様子を暗示する図形。「熱気がこもる」というイメージを示し、温(あたたかい)・縕(あたたかい綿入れ)・蘊(中にこもる)などは同源のグループである。

篆 𥁕 〔𥁕〕

[別名] (イワシの異表記) 鰯

[文献] 本草求真(清・黄宮繡)「渓澗沙鰮、因居沙溝、吹沙而遊、咂沙而食、故以沙名(渓澗の沙鰮は、沙溝に居りて、沙を吹きて遊び、沙を咂(か)みて食すに因りて、故に沙を以て名づく)」

【鰜】10 音ケン 訓—

[語源] 上古漢語は*klām、中古漢語はkem(→呉音・漢音ケム)である。古典で比目魚とされる魚で、現在はカレイ目ボウズガレイ科の海水魚 *Psettodes erumei*(ボウズガレイ)に用いられる。体長は四〇センチほど。色は褐色。口が大きい。両眼は左側または右側のどちらかに集まる。語源は「兼」の「二つ合わせる」のイメージによる命名。

[字源] 「兼(*klām)」は「秝(イネを並べた形)＋又(て)」を合わせて、二つのものを合わせる様子を暗示する図形。「二つ(または、それ以上)のものをかね合わせる」というイメージを示す。「兼(音・イメージ記号)＋魚(限定符号)」を合わせて、一眼をもった片割れどうしが合体したとされる魚、つまり比目魚を表した。比目

魚は古代では空想的色彩が強い（鰈の項参照）。二羽が合体した空想上の鳥である比翼鳥を鶼というが、これと同じ発想から生まれた名であり、字である。

㊎ [古字] ㊖ [古字]〔兼〕 ㊖ [古字]〔鰜〕

**[別名]** 比目魚・鰈

**[文献]** 臨海水土異物志（三国呉・沈瑩）「比目魚一名鰈、一名鰜、状似牛脾、細鱗、紫黒色、一眼両片相合乃行（比目魚は一名鰈、一名鰜、状は牛脾に似、細鱗、紫黒色、一眼両片相合して乃ち行く）」

## 【鰤】10 ㊥シ ㊙ぶり

**[語源]** 中国の「鰤」は毒魚の一種としかわかっていない、きわめてまれな奇字である。日本ではアジ科の海水魚 *Seriola quinqueradiata*（ブリ）を指す。背は青緑色、腹は銀白色で、体側に黄色い帯が走る。出世魚の一つで、七センチ以下はモジャコ、一五センチでワカシ、四〇センチでイナダ、六〇センチでワラサ、一メートル以上に成長したものをブリという。語源は年を「経る」のフルが訛ってブリになったといわれる。

**[字源]**「鰤」が登場するのは室町時代。寒ブリという言葉があるくらい冬が旬の魚である。年末に初漁が始まり、大晦日に「歳取り魚」の一つとして用いられた。そのため師走の師に魚偏をつけた「鰤」の字が考案されたと考えられる。鰤は半国字である。ちなみに近代生物学とともに中国にも逆輸出されている。なお「師」の字源については獅の項参照。

**[文献]** 類篇（宋・司馬光）「鰤鰤、老魚。一説、出歴水食之殺人（鰤・鰤は老魚なり。一説に、歴水より出で、之を食へば人を殺す）」

## 【鰣】10 ㊥ジ ㊙はす

**[語源]** 日中で意味が異なる。中国では中世漢語が sɪ で、ニシン科の海水魚 *Tenualosa reevesi*（ヒラコノシロ）を意味する。体長は二五センチほど。前あごの骨に凹みがある。背は緑色で、ほかは銀白色。初夏に産卵のため川をさかのぼる。この頃が脂がのって最も美味とされた。中国人はこの魚を珍重し、時魚と称した。

一方、日本ではコイ科の淡水魚 *Opsariichthys uncirostris*（ハス）を指す。体は細長く、二五センチほど。口は大きく「ヘ」の字の形を呈する。琵琶湖などに棲む。泳ぎが速いから「馳す」に由来するという説があるがはっきりしない。

**[字源]**「止（*tiag）」は足（foot）の図形で、その機能から「進む」と「止まる」の二つのイメージがある。「止（音・イメージ記号）＋一（イメージ補助記号）」を合わせた「之（*tiag）」は、目標めざしてまっすぐ進む様子を表す。「寺（*diag）」は「之（音・イメージ記号）＋寸（限定符号）」を合わせて、手足を動かして働く様子を暗示させる。雑用をする役人を寺人といい、寺人の勤める役所を「寺」といった（「てら」の意味は仏教伝来後に生じた）。「寺」には「手足を動かす」「まっすぐ進む」というイメージがある。「寺（音・イメージ記号）＋日（限定符号）」を合わせた「時（*dhiag）」は、日が進行すること、つまり「とき」を表す。ヒラコノシロは特定の時期に獲れて賞味された魚なので、時魚といい、「時（音・イメージ記号）＋魚（限定符号）」を合わせて「鰣」ができた。日本では、和名抄が唐韻の「魴に似て肥美。江東四月これ有り」を典拠としてハソ（ハスの古名）と読んだが、読み違いである。

〔止〕 甲 金 篆

〔之〕 甲 金 篆

〔寺〕 金 篆

〔時〕 甲 金 篆

**[別名]**（ヒラコノシロ）時魚・魱・当互・箭魚・三鯬魚

**[文献]** 類篇（宋・司馬光）「鰣魚之美者（鰣は魚の美なる者）」、王安石・後元豊行「鰣魚出網蔽洲渚、荻筍肥甘勝牛乳（鰣魚網を出でて洲渚を蔽ふ、荻筍（てきじゅん）肥甘にして牛乳に勝る）」

## 【鰯】 10 音 — 訓 いわし

**[語源]** ニシン目の海水魚イワシ類の総称。特に ***Sardinops melanostictus***（マイワシ）を指す。体は細長く、一八センチほど。背は青緑色、腹は銀白色。体側に黒点が並ぶ。鱗ははがれやすい。イワシの語源は「弱し」で、陸に揚げると死にやすいし、煮ると形が崩れやすいし、多くの魚の餌食になるなど、弱々しい印象が強い魚で

ある。古代、イワシは下賤の者の食べる魚とされ、紫式部がイワシを好んだが、隠れて食べたという逸話がある。

**【字源】** 中国の古籍にはない。平城京の木簡に初めて「鰯」という字が登場する。弱いという印象がある魚なので、「弱」に魚偏をつけたもので、国字である。江戸初期にイワシを意味する漢語「鰮」が発見されたが、読み違いであった（鰮の項参照）。ちなみに「鰯」は中国に輸出されている。ただし正式の用語は沙丁魚（沙丁はsardineの音写）である。

漢字の「弱（*niok）」の字源は、「弓（曲がって弾力性のあるゆみの形）＋彡（柔らかい毛やひげの形）」を二つ並べた図形。弓や毛のように弾力性と柔軟性がある様子を暗示させ、「柔らかくてしなやか」というイメージを示している。若（柔らかくてしなやか）と非常に近い。「よわい」の意味はそこから派生する。

(篆)　〔弱〕

**【別名】**（イワシの異表記）鰮

## 【鰰】 10

(訓)(音)　―　はたはた

**【語源】** スズキ目ハタハタ科の海水魚*Arctoscopus japonicus*（ハタハタ）を指す。体長は二〇センチほど。口は斜め上に向く。胸びれは大きい。背に褐色の斑紋がある。海底の砂に潜る習性がある。秋田名物の「しょっつる（塩汁）」に使われる。語源については、北日本で、冬期、雷の鳴るころ産卵のため海岸に押し寄せるということから、ハタハタの名がついたといわれる。ハタハタとはハタハタガミ（霹靂）の略で、雷のことである。

**【字源】** 雷との縁から魚偏に神と書く「鰰」と、魚偏に雷と書く「鱩」の表記が生まれた。いずれも国字。

「申（*thien）」は稲光を描いた図形。昔、雷を神としたので、「申（音・イメージ記号）＋示（限定符号）」を合わせて、雷神を表した。広く「かみ」や神秘的なことを意味する。「畾（*luər）」は同じものがいくつも重なる様子を示す図形（螺の項参照）。ごろごろと轟く音声を視覚的に物の重なりと捉え、「畾（音・イメージ記号）＋雨（限定符号）」を合わせた「靁（＝雷）」によって「かみなり」を表象した。

甲　金　篆　〔申〕

甲　金　篆　〔神〕

甲　金　篆　〔雷〕

【鰧】10　音 トウ　訓 おこぜ

**[語源]** 中国と日本で意味が異なる。中国では上古漢語が*daŋ、中古漢語がdaŋ（→呉音ドウ、漢音トウ）で、スズキ科の淡水魚 ***Siniperca scherzeri***（コウライケツギョ、中国名銭斑鱖）あるいは ***S. obscurus***（中国名暗鱖）を意味する。これは山海経に出る鰧をニーダムや郭郛が同定したものである。ケツギョ（鱖）の仲間で、体は青黄色。黒色の不規則な斑紋がある。背びれに硬い刺がある。長江や黄河流域に棲息する。

日本ではカサゴ目の海水魚オコゼ類の総称。特にオニオコゼ（***Inimicus japonicus***）を指すことが多い。頭は凸凹で、姿が非常にグロテスクである。背びれに毒腺があり、刺されると激痛を起こす。古名はヲコジで、烏滸（おこ）（おろか）と同源という。

**[字源]**「关（＝弁。*diaŋ）」は「送」の右側にも含まれており、「午（杵の形）＋廾（両手）」を合わせて、杵を両手で持ち上げる図形。「上に持ち上げる」というイメージを示す記号である。「朕（*dɪəm）」は「关（音・イメージ記号）＋舟（限定符号）」を合わせて、舟が浮力で水の上に浮き上がる様子を暗示させ、これも「上に上がる」というイメージを示す記号となる。騰（高く上がる）・勝（人の上に上がる→かつ・まさる）・藤（つるが巻き付いて木の上に上がっていく「フジ」）などは同系のグループ。「朕（音・イメージ記号）＋魚（限定符号）」を合わせて、背びれの刺が高く立ち上がっている魚を暗示させた。この「鰧」を和名抄は唐韻を根拠にしてオコゼとしたが、読み違いである。なお恐ろしい容貌を虎になぞらえて、虎魚の表記もある。ちなみに鰧は中国に逆輸入されてオコゼの意味で使われている。

金　篆　〔朕〕

**[別名]**（オコゼの異表記）虎魚

**[文献]** 山海経・中山経「合水出于其陰而北流注于洛、多鰧魚、状如鱖、居逵、蒼文赤尾、食者不癰、可以為

瘻（合水其の陰に出でて北に流れて洛に注ぐ、鰧魚多し、状は鱖の如し、逵に居り、蒼文赤尾、食ふ者は癰せず、以て瘻を為むべし）」

**【鰩】** 10 音ヨウ 訓とびうお

**[語源]** 上古漢語は*diog、中古漢語はyiɛu（→呉音・漢音エウ）である。ダツ目トビウオ科の海水魚の総称、またその中の一種*Cypselurus agoo*（ホントビウオ）を指す。体は長楕円形で、長さは三〇センチほど。胸びれは長くて大きく、海面から躍り上がって飛ぶ。最大一五〇メートル滑空できる。語源は揺と同源で、「ゆらゆらと動かす」というイメージによる。中国の古典ではトビウオはかなり空想的色彩が強い。

**[字源]**「䍃（*diog）」は「肉＋缶（ほとぎ）」を合わせて、土器の中に肉を入れてこねる情景を暗示させる図形。「ゆらゆらと動かす」というイメージがあり、揺（ゆらゆらとゆれ動く）・謡（声をゆらせて歌う）などは同源のグループ。「䍃（音・イメージ記号）＋魚（限定符号）」を合わせて、ひれを振って空中を飛ぶ魚を暗示させた。

篆〔䍃〕　篆〔鰩〕

**[別名]** 飛魚・飛鱗・文魚・文鰩魚・燕鰩魚

**[文献]** 呂氏春秋・本味「雚水之魚、名曰鰩、其状若鯉而有翼、常従西海夜飛游於東海（雚水の魚、名を鰩と曰ふ、其の状は鯉の若くして翼有り、常に西海より夜に飛びて東海に游ぶ）」、左思・呉都賦（文選5）「文鰩夜飛而触綸（文鰩夜飛びて綸に触る）」

**【鰡】** 10 音リュウ 訓ぼら

**[語源]** 文選などの古典に出ているが、実体は鯊（カマツカ）の属としかわかっていない。したがって語源も字源も未詳。日本では和英語林集成がボラの表記に使っている。ボラの語源などについては鯔の項参照。

**[字源]**「鰡」と「鯔」の旁がよく似ているため、間違って「鯔」をボラと読んだか、あるいは、「鯔」の字体が崩れて「鰡」となったかのいずれかであろう。後者の場合は半国字である。

**[文献]** 張衡・帰田賦（文選15）「懸淵沈之魦鰡（淵に沈む魦鰡を懸く）」

## 【鱀】11 ㊔キ ㊓―

**[語源]** 上古漢語は*gier、中古漢語はgii（→呉音ギ、漢音キ）である。クジラ目カワイルカ科の哺乳類 ***Lipotes vexillifer***（ヨウスコウカワイルカ、中国名白鰭豚）を意味する。長江や銭塘江などに棲息する中国特産の種。体長は一・五～二・五メートル。背は藍灰色で、腹と鰭は白色。吻は細長い。絶滅危惧種の一つ。語源は腹の大きな特徴を捉えて、「既」の「いっぱい満ちる」のイメージによる命名であろう。

**[字源]** 「旡（*kıər）」は後ろを向いて、げっぷをする人の図形。げっぷが体内に満ちていることから、「いっぱい満ちる」というイメージを示す。「皀」は食べ物を器に盛った形。「旡（音・イメージ記号）＋皀（イメージ補助記号）」を合わせた「既（*kıər）」は、ごちそうを食べて、腹にいっぱい満ちる様子を暗示する図形。これも同様に「いっぱい満ちる」というイメージを示す記号になる。「既（音・イメージ記号）＋魚（限定符号）」を合わせて、江豚という異名がある通り、脂肪が多くて豚のように腹のふくれた魚（水生動物）を表した。

㊙甲 ㊙篆 ［旡］

㊙甲 ㊙金 ㊙篆 ［既］

**[別名]** 江豚・江猪・水猪・白鱀豚・鱀魚

**[文献]** 爾雅・釈魚「鱀是鱁」――郭璞注「体似鱏、尾如鮪、大腹、喙小、鋭而長、歯羅生、上下相銜、鼻在額上、能作声、少肉多膏（体は鱏［ヘラチョウザメ］に似、尾は鮪［スナメリ］の如し、大腹、喙は小さく、鋭くして長し、歯は羅生し、上下相銜む、鼻は額上に在り、能く声を作す、肉少なく膏多し）」

## 【鰶】11 ㊔サイ・セイ ㊓このしろ

**[語源]** 日中で意味が異なる。中国では中世漢語がtsiɛiで、宋代の文献では魚名とあるだけのマイナーな字だが、正字通などは鱭（エツ）と同じとする（魛・鱭の項参照）。

日本では新撰字鏡や和名抄でコノシロと読んでいる。ニシン科の海水魚 ***Konosirus punctatus***（コノシロ）を指す。体長は二五センチほど。背は青色、腹は銀白色。背びれの後ろが糸状に伸びる。出世魚の一つで、幼魚はシンコ、一〇センチになるとコハダ（またはツナシ）、成長したものをコノシロと呼ぶ。語源に関して、継母に虐められた子が父に告げ口すると、父は下男に子を殺すように命じるが、下男はツナシを焼いて、その臭いで子を殺したようにごまかしたので、子の代（子の代わりの意）と呼ぶようになったという説話がある。

**[字源]** まず中国の「鰶」。「祭（*tsiad）」は「肉＋又（手）＋示（祭壇）」を合わせて、祭壇に肉を供えて神を祭る場面を設定した図形。神に供えるために供え物は清められている。また、祭りは穢れを祓う行為である。したがって「祭」は「汚れたものを払い清める」というイメージがある。摩擦の擦（汚れを取るためにこする）はこのイメージから派生した。「こすって汚れを落とす」というイメージから、「余計なものを削って形を整える」というイメージに展開する。「祭（音・イメージ記号）＋魚（限定符号）」を合わせて、余計な部分をそぎ落としたかのように尾に向かってだんだん細くなる魚（エツ）を表した。

次に日本の「鰶」は中国の「鰶」とは無関係に創作された半国字と考えられる。コノシロは狐の好物なので稲荷に供えて祭るという信仰があった（本朝食鑑）。このことから魚偏に「祭」と書いてコノシロを表記した。ちなみに鰶は中国に逆輸入され、中国でもコノシロに使っている。

(甲)　(金) 　(篆) 　〔祭〕

**[別名]** ①（エツ）鱭・鯯・魛 ②（コノシロの異表記）鮗・鯯・鱅

**[文献]** ①類篇（宋・司馬光）「鰶・鯯、魚名」、正字通（明・張自烈）「鰶、鱭字之譌」

## 【鱆】11 (音)ショウ (訓)たこ

**[語源]** 中世漢語は **tʃiang** である。軟体動物のタコ目の総称。中国医学（本草）では ***Octopus vulgaris***（マダコ）に当てる。全長八〇センチほど。腕が八本あり、吸盤がついている。外敵に遭うと墨を吐いて逃げる。海底の砂地や岩礁の間に棲む。語源は体色を変える特徴を捉えて、あや・模様の意味をもつ「章」でもって名づけ、章魚（二音節語）と称した。のちに一音節の **tʃiang** だけでもタコを意味するようになった。和名の「たこ」

は手が多いから夕（手）コ（子）だという説（東雅）がある。

**【字源】**「章（*tiang）」は「辛」（刃物の形）の中間に「曰」が入った字である。「曰」は「いう」とは関係がなく、何らかの印や模様を示している。刃物で鮮やかな模様をつける様子を暗示させる図形が「章」で、「はっきりと現し出す」というイメージを示す記号となる。「章（音・イメージ記号）＋魚（限定符号）」を合わせて、鮮やかに体色を変える魚（海産の生物）を暗示させた。なお蛸・鮹は日本の半国字である（当該の項参照）。

金　篆　〔章〕

**【別名】**章魚・章拒・章巨・章挙・望潮・八帯魚

**【文献】**閩中海錯疏（明・屠本畯）「鱆、腹円、口在腹下、多足（鱆は、腹は円く、口は腹下に在り、足多し）」

## 【鱂】11 音ショウ 訓——

**【語源】**中世漢語は tsiang である。古くは鯧の別名で、マナガツオを意味したらしい。しかし近代の中国ではメダカ科の淡水魚 *Oryzias latipes*（メダカ）を指す。体は細長く、三～四センチほど。色は銀灰色。池や水田に棲み、ボウフラなどを食う。語源は「将」の「細長い」というイメージを取る。目が高く突き出ているので、日本ではメダカ（目高）の名がある。日本では丁斑魚の表記もあるが、誤用である。丁斑魚はトウギョ（闘魚）の別名で、背に走る黒褐色の線を「丁」の字に見立て、丁字の斑をもつ魚と名づけた。

**【字源】**「爿（*ts'iang）」はベッドを縦に描いた図形で、「細く長い」というイメージを示す記号。「爿（音・イメージ記号）＋肉（イメージ補助記号）＋寸（限定符号）」を合わせた「將（*tsiang）」は、細くて長い指（中指）を表す。「將（音・イメージ記号）＋魚（限定符号）」を合わせて、体長が中指ほどの魚を暗示させた。

甲　篆　〔爿〕

金　篆　〔將〕

## 【鰷】11 音ジョウ 訓はえ

**【語源】**上古漢語は*dög、中古漢語はdeu（→呉音デウ、漢音テウ）である。日中で意味が異なる。中国ではコ

イ科の淡水魚 *Hemiculter leucisculus*（カワイワシ）を意味する。体は細長く、一五センチほど。頭がとがり、口は上方に向く。春から秋にかけて水面をすばやく泳ぐ。語源は「條」の「細長い」のイメージに基づく。和名のカワイワシはおそらく旧満州の生物学者による命名であろう。日本では貝原益軒がアユに同定したが、それを否定する小野蘭山はハエ（オイカワの別名）とした。しかしダブル読み違いである。

**[字源]**「攸（*diog）」は「人＋丨（点々と水が垂れるさま）＋攵（限定符号）」を合わせて、人の背中に一筋の水を点々と垂らす情景を設定した図形。「細く長い」というイメージを示す記号になる。「攸（音・イメージ記号）＋木（限定符号）」を合わせた「條（*dög）」は、細く長い木の枝を表す。「條（音・イメージ記号）＋魚（限定符号）」を合わせて、体の細長い魚を暗示させた。

甲　金　篆　〔攸〕

篆　〔條〕　篆　〔鯈〕

**[別名]** 白鰷・白鯈・鮂魚・鰲魚（ハエの異表記）鮠

**[文献]** 詩経・周頌・潜「鰷鱨鰋鯉」、埤雅1（宋・陸佃）「鰷魚形狭而長、若条然、故曰鰷也（鰷魚は形狭くして長し、条の若く然り、故に鰷と曰ふなり）」

## 【鱈】11　音 ―　訓 たら

**[語源]** タラ科の魚の総称。特に *Gadus macrocephalus*（マダラ）を指す。体長は一メートル以上になる。体の色は灰褐色。頭と口は大きく、口先にひげが一本ある。北方の寒い海域に棲む。語源は背にまだら模様があるので、マダラ→タラになったという。

**[字源]** 中国にも存在したが音義不明の全くの奇字。「鱈」は室町時代に日本で魚名として創作された。タラは冬場、特に吹雪のあるころによく獲れるということから、魚偏に雪という字が発想された。半国字。中国では大頭魚といったが、近代生物学とともに「鱈」を輸入し、xuěと読む。

「雪」の字源について。「彗（*ɦiuad）」は「竹ぼうきの形＋又（て）」を合わせて、ほうきで掃く様子を暗示する図形。実現される意味は「ほうき」と「はく」だが、「清める」というコアイメージがある。「彗（音・イメージ記号）＋雨（限定符号）」を合わせた「䨮

（＊siuat）」は、白くて清らかな「ゆき」、あるいは、すべての物を掃き清めて白一色にする「ゆき」を暗示させた。「雪」は篆書の霻が楷書で略された字体。

(篆)〔彗〕　(篆)〔霻〕

## 【鰺】11 (音)ソウ (訓)あじ

**[語源]** 中国では鱢(そう)（魚が生臭い意）の誤字とされる奇字の類。日本ではアジ科の海水魚の総称とする。特に***Trachurus japonicus***（マアジ）を指す。体は紡錘形で、長さは四〇センチほど。背は青褐色、腹は銀白色。体側に硬い稜鱗（「ぜんご」または「ぜいご」という）が走る。尻びれの付近に刺がある。語源は味がよいからという説が古くからある。民間語源くさいが、代案がない。漢名は竹筴魚という。筴は箸の意で、ぜんごを竹の箸に見立てたもの。

**[字源]** 新撰字鏡に初出。アジは海の中層を群れをなして回遊する。群れをなすという特徴に着目して、参集の参を利用して、魚偏に「參」の「鰺」を創作したと考えられる。「參」は日本風の意味（「まいる」）ではなく、正当な漢語の意味を用いている。「鰺」は半国字だが、近代生物学とともに中国に逆輸入され、shēnと読む。

「參（＊sam）」は女性が頭に三つのアクセサリーを載せている姿を描いた図形。これが変化して、「晶」（三つの星）が頭上にある姿とも解されるようになった。いずれにしても、三つ（つまり、たくさん）のものが入り交じるというイメージを示している。参加・参集の参とは「たくさん入り交じる」という意味である。

(金)　(篆)〔參〕

**[文献]** 竜龕手鑑（後梁・行均）「鰺俗、鱢正」、正字通（明・張自烈）「鰺、鱢字之譌、俗為鰲鰷之鰲（鰺は鱢字の譌、俗に鰲鰷の鰲と為す）」

鰲→鼇 （341ページ）

## 【鰻】11 (音)マン・バン (訓)うなぎ

**[語源]** 上古漢語は＊**muan**、中古漢語は**muan**（→呉音マン、漢音バン）である。ウナギ科の魚***Anguilla***

*japonica*（ウナギ）を意味する。体は円筒形で、細長く、約六〇センチに達する。背は灰黒色、腹は銀白色。体表には粘液が多い。海で生まれ、淡水にさかのぼって成長する。語源は蔓（つる）と同系で、「曼（まん）」の「ずるずると長く延びる」のイメージを取る。和名の「うなぎ」はム（身の古語）ナギ（長の転化）が語源という（吉田金彦）。胸黄（ムナギ）や棟木（ムナギ）からウナギになったという説もある。古代中国ではウナギは蛇に似ているという理由で食用にされず、専ら薬用にされた。

**［字源］**「曰」は「冃」の変形で、下にある物を上から覆い被せる符号である。「冃（イメージ記号）＋目＋又（手）」を合わせたのが「曼（*muan）」で、目の前に覆い（ベールや仮面など）を被せる情景を暗示する図形。「広く（どこまでも）覆い被さる」というイメージから、「どこまでも切れ目なく延びる」というイメージに展開する。漫（だらだらと延び広がり、締まりがない）・慢（締まりがなくだらける）・蔓（ずるずると延びる植物の「つる」）・鏝（塗料を被せて塗る「こて」）などは同源のグループ。「曼（音・イメージ記号）＋魚（限定符号）」を合わせて、ずるずると長く延びた体形の魚を暗示させた。

金　篆〔曼〕　篆〔鰻〕

**［別名］**鰻鱺・鰻鱺魚・白鰻・白鱓・青鱓・蛇魚・海竜

**［文献］**説文解字11「鰻、魚名」、名医別録「鰻鱺魚味甘有毒、主治五痔瘡瘻、殺諸虫（鰻鱺魚は味は甘にして毒有り。五痔・瘡瘻を治し、諸虫を殺すを主る）」――六朝梁・陶弘景集注「能縁樹食藤花、形似鱓、取作臛食之、炙以熏諸木竹、辟蛀虫（能く樹に縁（よ）りて藤花を食ふ、形は鱓（せん）［タウナギ］に似たり、取りて臛（かく）を作りて之を食す、炙りて以て諸（これ）を木竹に熏ずれば、蛀虫を辟（さ）く）」

**海鰻** →鱧（243ページ）

**【鱅】** 11　音ヨウ　訓このしろ

**［語源］**上古漢語は*diung、中古漢語はyiong（→呉音ユウ、漢音ヨウ）である。日中で意味が異なる。中国ではコイ科の淡水魚*Aristichthys nobilis*（コクレン）を意味する。体は紡錘形で、長さは一メートルほど。背

は黒色で、不規則な小さな斑点がある。頭は大きく、目は下方につく。中国四大養殖魚の一つ。語源について李時珍は、この魚は下品で、普段の食膳に供するので、「庸」によって名づけられたという（本草綱目）。鰱（れん）（ハクレン）に似て、色が黒いので黒鰱（コクレン）の別名がある。

日本では鱅を本草和名がチチカブリ（カジカの古名）としたが、読み違いである。江戸時代になるとコノシロの訓が現れた。これは本草綱目に「海上の鱅魚はその臭ひ尸（死体の意）の如し、海人これを食ふ」とある記事と、コノシロの語源説話（鰶の項参照）とを結びつけたものであろう。

**[字源]**「庚」は「干（しん棒）＋廾（両手）」を合わせて、硬いしん棒を手に持つ図形。「用（*diung）」は「⊦型の印＋筒型の印」を組み合わせた図形で、とんとんと上から下に突き通すイメージを示す。「用（音・イメージ記号）＋庚（イメージ補助記号）」を合わせた「庸（*diung）」は、棒でとんとんと突き通して全体をまんべんなく均す様子を暗示させる。全体に通って及ぶことから、どこにも通用して代わり映えがないこと、つまり普通、一般的という意味になる。「庸（音・イメージ記号）＋魚（限定符号）」を合わせて、特別の魚ではなく、誰もがいつも食する魚を暗示させた。

甲　金　篆　〔用〕

金　篆　〔庸〕

篆　〔鱅〕

**[別名]** ①（コクレン）鱃・鰫・青鰱・黒鰱・花鰱・胖頭魚　②（コノシロの異表記）鮗・鯯・鰶

**[文献]** ①史記・司馬相如伝「鰅鱅鰬魠」、埤雅1（宋・陸佃）「鱅庸魚也、故其字从庸（鱅は庸魚なり、故に其の字、庸に从（したが）ふ）」、本草綱目44（明・李時珍）「此魚中之下品、蓋魚之庸常以供饈食者、故曰鱅（此れ魚中の下品、蓋し魚の庸常以て饈食に供する者、故に鱅と曰ふ）」

**鰱**→鱮（244ページ）

## 【鱊】 12　音 イツ　訓 いさざ

**[語源]** 日中で意味が異なる。中国では上古漢語が*diuet、中古漢語が**yiuĕt**（→呉音イチ、漢音イツ）で、

コイ科 ***Acheilognathus***（タナゴ属）の淡水魚を指す。体はほぼ卵円形で、長さは四〜一五センチほど。春に孵化した稚魚を塩で漬けた食品を鵞毛脡と称し、珍重された。語源は橘などと同源で、「円い」のイメージによる命名であろう。

　ちなみに爾雅に出る鱊鮬は鰟鮍または鰟鮍鯽（タイリクバラタナゴ）と同じ。銀灰色の魚で、青衣魚の別名がある。

　日本では和爾雅が鱊をイサザ（シロウオの別名）に当てたが、読み違いである。シロウオ（***Leucopsarion petersi***）はハゼ科の海水魚で、円筒形で細長い。長さは五センチほど。春、産卵のため川をさかのぼる。半透明なのでシロウオ（素魚）の名がついた。

**【字源】**「冏」は裔（衣のすそ）や鷸（ツバメ）などに含まれ、尻の形を示す図形。尻→円い穴というイメージに連合する。「矞（*diuet）」は「矛（ほこ）＋冏」を合わせて、道具で円い穴を開ける様子を暗示させる。ちなみに説文解字に「錐を以て穿つ所有るなり」という解説がある。「矞（音・イメージ記号）＋魚（限定符号）」を合わせて、円い形をした魚を暗示させた。

（篆）〔矞〕

**【別名】**春魚・麦魚

**【文献】**北戸録2（唐・段公路）「恩州出鵞毛脡、乃塩蔵鱊魚、其味絶美、其細如蝦（恩州鵞毛脡を出だす、乃ち鱊魚を塩蔵す、其の味絶美にして、其の細やかなること蝦の如し）」

## 【鱚】12　音キ　訓きす

**【語源】**キス科（Sillaginidae）の海水魚の総称。狭義は ***Sillago japonica***（シロギス）を指す。体はほぼ円筒形を呈する。長さは二〇センチほど。色は銀灰色。口先は長く尖る。砂に潜る習性がある。沿岸の浅い砂地に棲む。和名の語源については、沿岸に普通の魚だからキシ（岸）コ（子）→キスになったという説や、肉質が潔白だからキヨシ（潔）→キスになったという説がある。漢名は沙鑽魚。鑽は大工道具のきりの意。口先が尖り、砂に潜ることから、きりに見立てたもの。

**【字源】**中国では字彙補に熹の異体字と出ているだけの奇字である。魚の名としては日本の江戸時代にキスを表記するために考案された。キスのキをめでたそうな「喜」の字で表し、魚偏に喜と書いたもの。半国字。ちなみに近代生物学とともに中国に逆輸入され、xǐと読む。

「喜」の字源は「壴（太鼓）＋口（くち）」を合わせて、大きな声を立ててはしゃぐ様子を暗示する図形。うれしがって喜ぶことを意味する。アシナガグモが出現すると喜ばしいことが起こるという信仰から、アシナガグモを蟢という（蠨蛸の項参照）。

㊙甲 ㊎金 ㊉篆 〔喜〕

**【別名】** 沙鑽魚・船釘魚

## 【鱖】 12

音 ケイ・ケツ　訓 ——

**【語源】** 上古漢語は*kɪuad、中古漢語はkɪuɛi（→呉音クワイ、漢音ケイ）である。スズキ科の淡水魚 *Siniperca chuatsi*（ケツギョ）を意味する。体は紡錘形で、背が隆起する。体長は三〇センチほど。背びれは硬い刺をなす。色は青黄色で、不規則な黒い斑紋がある。性質は凶猛で、他の魚やエビを捕食する。語源について李時珍は、蹶（けつ）（はねあげる）と同源で、体がぴんとしてこわばるようだからと説く（本草綱目）。日本ではかつてアサヂ（オイカワの古名）やサケに当てられたが、読み違いである。中国では詩文などによく登場するポピュラーな魚だが、日本には棲息しない。

**【字源】** 「屰（*ngăk）」は「大」の字を逆さにしたもので、「逆方向に行く」というイメージを示す（鰐の項参照）。「屰（音・イメージ記号）＋欠（ある種の動作にかかわる限定符号）」を合わせた「欮（*kuăt）」は、体内の気が逆方向に行く様子を暗示させる。瘚（気が逆上する病気）の原字。「欮（音・イメージ記号）＋厂（石を示すイメージ補助記号）」を合わせた「厥（*kuăt）」は、弓から石を発射する様子を暗示させる。「欮」も「厥」も「反対方向にはねあげる」というイメージがある。「厥（音・イメージ記号）＋魚（限定符号）」を合わせて、背びれの刺が逆立つ魚を暗示させた。

甲 金 篆 〔屰〕

篆 〔欮〕　篆 〔厥〕　篆 〔鱖〕

**［別名］** 鱖豚・水豚・桂魚・石桂魚・鯚魚・罽魚

**［文献］** 山海経・中山経「多鱶魚、状如鱖（鱶魚多し、状は鱖の如し）」、本草綱目44（明・李時珍）「鱖蹶也、其体不能屈曲如僵蹶也（鱖は蹶なり、其の体屈曲する能はずして僵蹶するが如きなり）」

## 【鰹】12 音ケン 訓かつお

**［語源］** 中国と日本で意味が異なる。中国では上古漢語が*ken、中古漢語がken（→呉音・漢音ケン）で、ライギョを意味する。中国で出世魚の概念はないが、ライギョは成長段階で名が違うらしい。大きなライギョが鰹、中くらいが鱧（れい）、小さいのが鮵（たつ）だとされる（鱧の項参照）。語源は生命力が強いことから、「堅」の「かたくて丈夫」というイメージが取られた。

日本ではサバ科の海水魚 ***Katsuwonus pelamis***（カツオ）を指す。体はきれいな紡錘形で、長さは九〇センチほど。背は青褐色、腹は銀白色。腹部に青黒色の縦帯が走る。温帯・熱帯の海域に棲み、速いスピードで回遊する。カツオの語源は用途による命名で、かちかちになるほど乾燥させるので、カタ（堅）ウオ（魚）→カツオとなった。

**［字源］** まず中国の「鰹」。「臣（*ghien）」は大きな目玉を横から見た図形。見張った目玉に焦点を当てて、主君の前で緊張してかしこまる家来を表した。「臣」は「かたくこわばる」というコアイメージをもつ。「臣（音・イメージ記号）＋又（ある種の動作にかかわる限定符号）」を合わせた「臤（*k'ien）」は、体をかたくして緊張する様子を示し、これにも「かたくこわばる」というイメージがある。「臤（音・イメージ記号）＋土（限定符号）」を合わせた「堅（*ken）」は、土がこわばってかたいことを表す。緊張の緊（かたく引き締まる）、腎（精力をつけ、体を丈夫にする臓器）などは同源のグループ。「堅（音・イメージ記号）＋魚（限定符号）」を合わせて、がっしりとして頑丈な魚を暗示させた。

次に日本の「鰹」。古事記などではカツオは堅魚と表記されている。これは語源をそのまま表したものだが、やがて堅魚の合字として「鰹」が創作された。したがってこれは半国字である。ちなみに近代生物学とともに「鰹」は中国に逆輸入され、カツオの専用名としている。

甲 金 篆〔臣〕　甲 金 篆〔臤〕　篆〔堅〕

**[別名]** ①（ライギョ）鱧　②（カツオの異表記）堅魚・松魚

**[文献]** ①爾雅・釈魚「鰹、大鮦、小者鮵」、山堂肆考224「鰹…至難死、雖斬頭身尚能動、猶有蛇性、故或謂之鰹（鰹は…至つて死に難し、頭身を斬ると雖も尚能く動く、猶蛇の性有り、故に或は之を鰹と謂ふ）」

## 【鱏】12　音ジン　訓えい

**[語源]** 日中で意味が異なる。中国では上古漢語が*diəm、中古漢語が**ziəm**（→呉音ジム、漢音シム）で、チョウザメ目ヘラチョウザメ科の淡水魚***Psephurus gladius***（シナヘラチョウザメ、中国名白鱘）を意味する。全長二メートルあまり。背は灰褐色で、腹は白い。目は小さく、吻は剣状に突き出て長い。長江に産する珍種のチョウザメである。古くからその存在が確認され、琴の名人が笛を吹くと水面に頭を出して音楽を聞き入ったという伝説がある。語源は長い鼻の特徴を捉えて、「覃」の「深く長い」というイメージを取る。

日本ではエイに用いるが、読み違えたもの。エイを表す正式の漢字は鱝である（該項参照）。

**[字源]**「覃（*dəm）」の上部は酒を入れる器の形、下部は「厚」の「厂」を省いた形で、二つを合わせて、下の方へ分厚くなった器を暗示させる。これによって「深い」「長く延びる」という意味をもつ*dəmという語を再現する視覚記号とする。潭（深いふち）・罈（酒などを入れる深いかめ）などは同源のグループ。「覃（音・イメージ記号）＋魚（限定符号）」を合わせて、鼻が長く延びた魚を暗示させた。

「鱘」は異体字で、現在は専らこれを用いる。「彐（＝又）＋工」は「左」の字、「寸（＝又）＋口」は「右」の字で、「左＋右」を合わせたのが「尋（*diəm）」。左右の手を広げて長さを測る様子を暗示させる。長さをたどって測っていく→長く引き続く→長くのびるというイメージを表している。「尋（音・イメージ記号）＋魚（限定符号）」を合わせた鱘の図形的意匠は鱏と全く同じ。日本では和名抄が鱏をエイとしたが、読み違いである。和漢三才図会は鱘をカジキに当てたが、これも読み違い。

㊎〔覃〕㊕〔鱏〕㊕〔尋〕㊕

[別名]①（ヘラチョウザメ）淫魚・淵魚・象鼻魚・白鱘　②（エイ）鱝・魟

[文献]①史記・賈生伝「横江湖之鱣鱏兮、固将制於螻蟻（江湖に横たはる鱣鱏（てんじん）、固（まこと）に将（まさ）に螻蟻に制せられんとす）」、馬融・長笛賦（文選18）「鱏魚喁於水裔（鱏魚水裔に喁（あぎと）ふ）」

**鱘**→鱏（236ページ）

**【鱓】** 12　㊂セン　㊋うつぼ

[語源]中国と日本では意味が異なる。中国では上古漢語が*dhian、中古漢語がʒiɛn（→呉音ゼン、漢音セン）で、タウナギ目の淡水魚 *Monopterus albus*（タウナギ、中国名黄鱔）を意味する。蛇と似、体は細長い。前部は円く、尾の方へだんだん側扁する。体長は五〇センチほど。黄褐色の地に黒い斑点がある。夜行性で、昼間は池や水田の泥の中に潜む。中国人はタウナギを好んで食べる。語源は「單」の「平ら」のイメージによる命名。

日本ではウナギ目の海水魚 *Gymnothorax kidako*（ウツボ）を指す。体形はウナギと似、長さは九〇センチほど。黄褐色の地に暗褐色の横縞がある。鋭い歯を持ち、性質が荒い。夜行性で、岩礁の穴に潜む。和名の語源は太い筒型をなす靫（うつぼ）（矢を入れる道具）に見立てたもの。

[字源]「單（*tan）」は蟬の項で述べた通り、網のような狩猟用の道具を描いた図形で、「薄くて平ら」というイメージを示す。タウナギは薄くはないが、頭は蛇に似ても体が比較的側扁しているので、「單（音・イメージ記号）＋魚（限定符号）」を合わせた鱓によって表記した。䱇・鱔は異体字。「旦（*tan）」は坦（平ら）・壇（平らな台）と同系で、「平ら」のイメージを示す。日本では中国側の文献の記述から、新撰字鏡でウナギとしたが、江戸時代に小野蘭山がウツボに同定し、この訓が定着した。しかし読み違いである。

甲 金 篆（單） 篆（蟬）

**[別名]**（タウナギ）黄鱔

**[文献]** 山海経・北山経「其中多滑魚、其状如鱓（其の中に滑魚多し、其の状は鱓の如し）」、本草経集注（六朝梁・陶弘景）「鱓是荇芩根化作之（鱓は是れ荇芩の根化して之と作る）」

**鱔**→鱓（237ページ）

## 【鱛】

12 音 ―― 訓 えそ

**[語源]** ハダカイワシ目エソ科の海水魚の総称。_Saurida_ sp.（マエソ）などが代表的。体は細長い円筒形で、四〇センチほど。色は淡い褐色。口は大きく斜めに開き、歯が多い。蒲鉾の原料になる。語源は笑ったような口の姿から、笑壺に由来するという（大槻文彦）。漢名は狗母魚というが、由来については未詳。

**[字源]** 運歩色葉集（室町時代）に初出。エソのソを「曾」で表し、魚偏に曾と書いた「鱛」を創作した。国字である。

## 【鱒】

12 音 ソン 訓 ます

**[語源]** 中国と日本で意味が異なる。中国では上古漢語が*dzuən、中古漢語がdzuən（→呉音ゾン、漢音ソン）で、コイ科の淡水魚 _Squaliobarbus curriculus_（カワアカメ、中国名赤眼鱒）を意味する。体は円筒形で、腹部は丸く、後部はやや側扁する。長さは三〇センチほど。背は赤褐色、腹は淡い青色。目は大きく、光彩が赤い。語源について、この魚は独行を好むから「尊」の名がついたという古人の説があるが、むしろ筒型の丸みを帯びた体形を樽に見立てたものであろう。

日本ではサケ科のマス類を指す。サクラマスやカラフトマスを含む。川で生まれて海に降り、再び川をさかのぼる習性がある。産卵期に赤い婚姻色が現れる。「ます」の語源については、味が他の魚に勝るからとか、繁殖力が盛んで増すからなど、諸説があるがはっきりしない。

**[字源]**「尊（*tsuən）」の古い字体は「酉（酒つぼ）＋

廾（両手）」を合わせた形。のち「酋（酒つぼから香りが発散する形）＋寸（手）」を合わせた字体に変わった。いずれも酒つぼを大事そうにささげ持つ情景を暗示し、「ずっしりと重々しい」というイメージを示す。ずっしりと安定した酒だるを尊（＝樽）といい、この樽のように丸みを帯びて優雅な体形をした魚の名を同じ音で呼び、「尊（音・イメージ記号）＋魚（限定符号）」を合わせた鱒で表記した。中国の文献に「赤目の魚」などとある情報から、新撰字鏡ではマスに当てたが、読み違いであった。鱒は日本に棲息しない魚であり、旧満州でカワアカメと称された。ちなみに近代生物学とともに中国にもマスの鱒が入っている。

甲 

金 

篆（尊）

篆（鱒）

【別名】（カワアカメ）赤眼魚・赤眼鱒・紅目鱒・鮅

【文献】詩経・豳風・九罭「九罭之魚、鱒魴（九罭の魚は、鱒と魴）」、埤雅1（宋・陸佃）「孫炎正義曰、鱒好独行、制字从尊、殆以此也（孫炎正義に曰く、鱒は独行を好む、字で制するに尊に从ふは、殆ど此を以てなり）」

## 【鱤】13　音 カン　訓 ―

【語源】上古漢語は*kəm、中古漢語はkəm（→呉音コム、漢音カム）である。コイ科の淡水魚 *Elopichthys bambusa* を意味する。体は細長く、長さは一メートルに達する。頭は長く、吻はとがる。背の色は灰黒色、腹は銀白色。頬と鰭は黄色。性質は凶猛で、他の魚を襲う。害魚だが、肉はうまいという。語源は「感」の「ショックを与える」のイメージを取る。竿魚という俗称があるように棒状の魚なので、旧満州ではボウウオと呼ばれた。

【字源】「咸（*ɦăm）」は「戌（武器）＋口（くち）」を合わせて、武器でおどして口を封じる様子を暗示させる図形。物が言えないほどショックを与えるというイメージを表している。「咸（音・イメージ記号）＋心（限定符号）」を合わせた「感（*kəm）」は、心に強いショックを与えることである。ショックを受けて心を動かすことから、震撼の撼（動かす）という意味も派生する。「感（音・イメージ記号）＋魚（限定符号）」を合わせて、他の魚に衝撃を与える凶猛な魚を暗示させた。

甲 金 篆〔咸〕 篆〔感〕

**【別名】** 鰥・鮥魚・黄頬魚・竿魚・杆条魚・竹魚

**【文献】** 山海経・東山経「減水出焉、北流注于海、其中多鱤魚（減水これより出でて、北に流れて海に注ぐ、其の中に鱤魚多し）」

## 【鱟】 13 音 コウ 訓 かぶとがに

**【語源】** 上古漢語は*ɦug、中古漢語はɦəu（→呉音グ、漢音コウ）である。剣尾目の節足動物 ***Tachypleus tridentatus***（カブトガニ）を意味する。体長は約七〇センチ、幅が約三〇センチ。半円形の頭部、五角形の腹部、剣状をなす長い尾部から成る。海底の砂の中に棲む。古代中国では食用のほか、漢方薬に使われた。語源は雌が雄を負う習性があるところから、学・交などと同源で、「交わる」というイメージによって命名された。和名は体形が兜と似ているから兜蟹の名がついた。

**【字源】** 「爻（*ɦŏg）」は×の印を二つ重ねて、「二つが×型に交わる」というイメージを示す記号。「爻（音・イメージ記号）＋臼（両手）＋冖（屋根）＋子」を合わせた「學（*ɦŏk）」は、屋根の下で子が先生と交わっている情景を設定した図形である。子⇅先生における知識の交流が↓の過程なら*ɦŏk（學）といい、↑の過程なら*kɔg（教）という。これらは「交わる」という行為の盾の両面である。カブトガニは雄が雌の背に乗って、二つが交わる姿を呈するので、「學（音・イメージ記号）の省略形＋魚（限定符号）」を合わせた鱟によって表記した。

甲 金 篆〔學〕

**【別名】** 候魚・長尾先生・仙衣使者

**【文献】** 広志（晋・郭義恭）「鱟魚似便面、雌常負雄而行、失雄則不能独活（鱟魚は便面に似たり、雌常に雄を負ひて行く、雄を失へば則ち独り活くる能はず）」、左思・呉都賦（文選5）「乗鱟黿鼉、同罛共羅（乗鱟・黿鼉、罛(あみ)を同じくし羅(あみ)を共にす）」、食療本草（唐・孟詵）「鱟微毒、治痔、殺虫、多食発嗽并瘡癬（鱟は微毒あり、痔を治し、虫を殺す、多食すれば嗽并びに瘡癬を発す）」

【鱪】13 音 ―― 訓 しいら

[語源] シイラ科の海水魚 *Coryphaena hippurus*（シイラ）を指す。体長は一メートルあまり。頭は高く、額が隆起する。背びれは非常に長い。体の色は青緑色で、体側に小さな黒点がある。漂流物に集まってくる習性がある。語源は背びれの形を空籾(からもみ)の意である「しひな（粃）」に見立て、シヒナ→シイナ→シイラになったという（吉田金彦）。漢名は鯕鰍(きしゅう)という。

[字源] 書言字考節用集に初出。暖海に棲む魚なので、魚偏に暑と書いて「鱰」を創作した。「鱪」はそれが崩れた字体であろう。二つとも国字である。「暑」の字源については猪の項参照。

【鱣】13 音 テン 訓 ――

[語源] 上古漢語は*tian、中古漢語はtiɛn（→呉音・漢音テン）である。チョウザメ科の魚 *Huso dauricus*（ダウリアチョウザメ）を意味する。体長は五メートル、体重は一トンに達する。頭は三角形で、吻は長く突き出る。体には五列の菱形の骨板が走る。川をさかのぼる習性がある。肉も卵も食用になる。肉は黄色を帯びるので黄魚の異名がある。現在は黒竜江が主な産地だが、古代では黄河の遠い支流までさかのぼってきたことが文献に見える。骨板のある姿から竜を連想したらしく、竜門（黄河の中流にある難所）を登ると竜になるという伝説が生まれた。これが登竜門の由来。語源は「亶」の「豊かに大きい」というイメージによって名づけられた。和名の「ちょうざめ」の語源については鮪の項参照。

[字源]「旦（*tan）」は地平線（または水平線）の上に太陽が出る図形で、「隠れたものが平面に現れ出る」というイメージがある。「亩」は米を貯蔵する倉の図形で、㐭（米倉）の原字である。「旦（音・イメージ記号）＋亩（イメージ補助記号）」を合わせて、内部にたっぷりとしまわれているものが表面に現れ出る様子を暗示させる。これによって「物があり余るほど多い」というイメージを表す。「亶（音・イメージ記号）＋魚（限定符号）」を合わせて、体形が大きく身がたっぷりと豊かな魚を暗示させた。

なおセンの音の場合は鱓(せん)（タウナギ）と同じ。

甲　金　篆〔旦〕

篆〔亶〕　篆〔鱣〕

【別名】鰉・鱑・黄魚・鱘鰉魚・鱘鱑魚・王鮪・玉版魚・蠟魚・着甲魚・含光魚・阿八児忽魚・乞里麻魚

【文献】詩経・周頌・潜「潜有多魚、有鱣有鮪（潜に多魚有り、鱣有り鮪有り）」、水経注4（北魏・酈道元）「爾雅曰鱣鮪也、出鞏穴、三月則上渡竜門、得渡為竜矣、否則点額而還（爾雅に曰く、鱣は鮪なりと。鞏穴を出で、三月則ち上りて竜門を渡る、渡るを得れば竜と為る、否らずんば則ち額に点じて還る）」

## 【鱝】13 音フン 訓えい

【語源】上古漢語は*buən、中古漢語はbuən（→呉音ブン、漢音フン）である。エイ目の魚の総称。体は扁平で、菱形を呈する。目は背部に、口は頭部の腹側にある。尾は細長く、毒針をもつものもある。トビエイやイトマキエイなどのように、海面を飛び跳ねる習性があるところから、噴（吹き上げる）などと同源の名がついた。別名の海鷂魚は、鷂（チュウヒ）になぞらえた名づけである。和名の「えい」の語源は、長い尾の特徴を捉えて、エンビ（燕尾）→エヒになったという説（東雅）がある。日本でエイを鱏とも書くが、これは和名抄が読み違えたもので、本来はチョウザメの類である（鱏の項参照）。

【字源】「卉」は花卉の卉の用法がある通り、「屮（くさ）」を三つ重ねて、こんもりとした草むらを暗示する図形で、「むっくりと盛り上がる」というイメージがある。「貝」は二枚貝を描いた図形。「卉（イメージ記号）＋貝（イメージ補助記号）」を合わせた「賁（*buən）」は、むっくりとふくれて盛り上がった二枚貝を暗示させる。ただしこんな意味ではなく、「むくむくとふくれる」というイメージを表す記号である。ふくれたものが限界に達すると、中から勢いよく飛び出すから、「勢いよく飛び出す」というイメージに展開する。噴（吹き出す）・憤（怒りを吹き出す→いきどおる）・墳（土を盛り上げた「はか」）などは同系のグループ。「賁（音・イメージ記号）＋魚（限定符号）」を合わせて、水上に飛び出す習性のある魚を暗示させた。

篆　〔賁〕

**[別名]** 海鷂魚・燕子魚・老鴉頭・魟・荷魚・蒲魚・鍋蓋魚

**[文献]** 臨海水土異物志（三国呉・沈瑩）「鱝魚如円盤、口在腹下、尾端有毒（鱝魚は円盤の如し、口は腹下に在り、尾端に毒有り）」、本草綱目44（明・李時珍）「海鷂魚…蔵器曰、生東海、形似鷂、有肉翅、能飛上石頭（海鷂魚…蔵器曰く、東海に生じ、形は鷂に似、肉翅有り、能く飛びて石頭に上る）」

**鱩** → 鰤 （223ページ）

## 【鱧】13　音 レイ　訓 はも

**[語源]** 中国と日本では意味が異なる。中国では上古漢語が*ler、中古漢語がlei（→呉音ライ、漢音レイ）で、タイワンドジョウ科の淡水魚 *Channa argus* を意味する。和名は朝鮮語のカムルチーが正式名だが、通称として台湾で鱧魚（れいぎょ）を訛ったライヒー（雷魚）を取り入れ、ライギョと呼んでいる。体は円筒形で、長さは五〇センチほど。頭部は蛇と似ている。口は裂けて大きい。全身灰黒色で、体側に黒色の斑点が連なる。空気呼吸ができるので、水を出ても比較的長く生きられる。性質は凶猛で、他の魚類を襲って食う。養殖の害魚なので嫌われる。古代中国では七つの斑点を星と見て、夜に北斗七星に頭を向ける自然の儀礼を備えているから、禮の名を得たと語源を説く（羅願、爾雅翼）。しかし「豊（れい）」は「形よく整う」というイメージがあり、七つの星が形よく並ぶという点に着目した命名であろう。

日本ではハモ科の海水魚 *Muraenesox cinereus*（ハモ）を指す。体形はウナギに似、細長く、長さは二メートルに達する。背は紫褐色、腹は白色。口は大きく裂け、鋭い歯がある。水を出てもなかなか死なない。和名の「はも」の語源は蛇と似ているので、ハミ（ヘビの古語）→ハム→ハモとなった。ハモの漢名は海鰻という。

**[字源]** 「豊（*ler）」は禮（＝礼）・體（＝体）を構成する記号で、豊富の豊（旧字体は豐）とは別。「豊」は豆（「たかつき」という古代の器）の上に供え物を盛りつけた図形で、儀礼用の器を表した。「形よく整う」というコアイメージをもつ。形式の整った作法を禮（＝礼）

という。「豊（音・イメージ記号）＋魚（限定符号）」を合わせて、七つの星（斑点）がきちんと並んだ魚を暗示させた。この漢字が日本に入って、本草和名がハモとしたが、読み違いである。ライギョはもともと日本に棲息しない。戦前移入された外来魚である。

甲　金　篆（豊）　篆（鱧）

【別名】①（ライギョ）鰹・蠡魚・烏鱧・烏魚・玄鱧・黒魚・文魚・七星魚・北斗魚・蛇皮魚・火柴頭魚　②（ハモ）海鰻・狼牙鱔

【文献】①詩経・小雅・魚麗「魚麗于罶、魴鱧（魚は罶（りゅう）に麗（かか）る、魴と鱧と）」、張衡・西京賦（文選2）「然後釣魴鱧（然る後に魴・鱧を釣る）」

## 【鱮】14 音ショ 訓たなご

【語源】中国と日本で意味が異なる。中国では上古漢語が*diag、中古漢語が**zio**（→呉音ジョ、漢音ショ）で、コイ科の淡水魚 ***Hypophthalmichthys molitrix***（ハクレン）を意味する。体は紡錘形で、長さは一メートルに達する。色は銀白色。性質は活発で水面からよく跳躍する。別名を鰱（れん）、また白鰱という。目が下方についているので、日本ではシタメとも呼ばれる。語源について陸佃は、旅行（連なって行く）の性質があるので「與」（いっしょになる）や「連」と同源だという（埤雅）。

日本ではコイ科タナゴ亜科（Acheilognathinae）の淡水魚を指す。体は細長く、長さは八センチほど。背は青みがかった褐色、腹は銀白色。釣りの対象になる。語源は比較的小さいので、手の子、つまり手のひらほどの小魚の意だという。

【字源】「与（*ɦiag）」は二つのものがかみあう符号。「舁」は四本の手の形。「与（音・イメージ記号）＋舁（イメージ補助記号）」を合わせた「與（*ɦiag）」は、手を組み合わせて仲間を作る情景を暗示する図形である。これによって「いっしょに手を組む」「いっしょに持ち上げる」というイメージを示す。擧（＝挙。手を組んで持ち上げる）・輿（手を組んで持ち上げる「こし」）などは同源のグループ。「與（音・イメージ記号）＋魚（限定符号）」を合わせて、いっしょに群れを作る魚を暗示させた。群れを作るのは一般に魚の習性だが、特にこの魚に名づけたのは言語の恣意性である。日本では大和本草が鱮をタナゴに同定したが、読み違いである。

(篆)〔与〕　(金)　(篆)〔與〕　(篆)〔鱮〕

**[別名]**（ハクレン・シタメ）鰱・白鰱・白鱮・連魚

**[文献]** 詩経・斉風・敝笱「敝笱在梁、其魚魴鱮（敝笱（へいこう）梁に在り、其の魚は魴と鱮）」、潘岳・西征賦（文選10）「華魴躍鱗、素鱮揚鬐（華魴鱗を躍らせ、素鱮鬐（ひれ）を揚ぐ）」

## 【鱨】14 (音)ショウ (訓)——

**[語源]** 上古漢語は*dhiang、中古漢語はʒiang（→呉音ヤウ、漢音シヤウ）である。コイ目ギギ科の淡水魚*Pseudobagrus fulvidraco*（コウライギギ、中国名黄顙魚）を意味する。体長は二〇センチほど。前部は平たく、後部は側扁する。黄色の地に褐色の斑紋がある。鱗はなく、口に四対のひげがある。昼は水底に潜み、夜間に水面に浮かび、餌を探す。語源について李時珍は味によって「嘗」の名を得たと言っている（本草綱目）。胸びれで音を発するところから、擬音語由来で鉠軋（おうあつ）ともいう。また、水面に躍り上がる習性から、揚、黄揚の異名もある。和名は高麗のギギの意。ギギ（義義）は胸びれでギー、ギーと音を発することに由来し、俗にギギユウ、ゲギユウとも呼ばれる。

**[字源]**「向」は「宀（いえ）＋口（あな）」を合わせて、空気を通す孔を示す図形。「八」は両側に分かれることを示す記号。「八（イメージ記号）＋向（イメージ補助記号）」を合わせた「尚（*dhiang）」は、空気が抜けて空中に分散する情景を暗示する図形である。「高く上がる」というイメージから、「上に乗せる」というイメージにもつながる。「旨」は味を舌で味わうことを意味する（鮨の項参照）。「尚（音・イメージ記号）＋旨（イメージ補助記号）」を合わせた「嘗（*dhiang）」は、食べ物を舌の上に乗せて味わうことを表す。ここにも「上に乗せる」というコアがあり、もとをただせば「高く上がる」のイメージから来ている。「嘗（音・イメージ記号）＋魚（限定符号）」を合わせて、水面に躍り上がる魚を暗示させた。

㊙甲 金 篆〔尚〕

金 篆〔嘗〕 篆〔鱨〕

**【別名】** 䱀魟・黄顙・黄頬魚・揚・黄揚・黄䱀・黄魟

**【文献】** 詩経・小雅・魚麗「魚麗于罶、鱨鯊（魚は罶(りゅう)に麗(かか)る、鱨と鯊と）」

## 【鱭】

14 音 セイ 訓 えつ

**【語源】** 上古漢語は*dzer、中古漢語はdzei（→呉音ザイ、漢音セイ）である。カタクチイワシ科の海水魚エツ、特にチョウセンエツを意味する。魛の別名である（魛の項参照）。エツは体が側扁して長く、尾の方へだんだんと細くなる。まるで刀で削いだような形なので、「剤」（生薬を切る）と同源だと、李時珍は語源を説く。

**【字源】** 「齊（*dzer）」は蝤蠐の項でも述べた通り、同じようなものがそろって並ぶ様子を暗示する象徴的符号。「等しくそろう」というイメージを示す。漢方薬を作るとき、草根木皮を等量に切りそろえることを剤という。この語源を利用し、「齊（音・イメージ記号）＋魚（限定符号）」を合わせて、刀で生薬を切ったように、身の削がれて細くなった印象を与える魚を暗示させた。日本ではエツの漢字表記を斉魚とするが、「鱭」の字を分析したものである。

甲 金 篆〔齊〕

**【別名】** 魛

**【文献】** 斉民要術8（北魏・賈思勰）「乾鱭魚醤法、一名刀魚、六月七月取乾鱭魚（乾鱭魚醤法、一名は刀魚、六月七月に取りて鱭魚を乾かす）」、本草綱目44（明・李時珍）「鱭魚…魚形如剤物裂篾之刀、故有諸名（鱭魚…魚の形は物を剤(ざい)し篾(べつ)を裂くの刀の如し、故に諸名有り）」

## 【鱶】

15 音 ショウ 訓 ふか

**【語源】** 中古漢語はsiang（→漢音シヤウ）である。本来は魚の干物の意味であって、魚名ではない。日本ではフカに用いる。フカという言葉はサメの大型のものを指す俗称である。語源は深い所に棲むからフカだという説が古くからある。

**【字源】** 和名抄では「鯗」をフカと読む。この字は鱶の俗字で、鰧（ケツギョの一種）を読み誤ってフカとしたらしい。一方、鮝は鱶（音はショウ、意味は魚の干物）の異体字でもあったので（鱶→鯗→鮝となる）、江戸時代になると専ら鱶がフカを表すようになった。

本来の「鱶」の字源について。「養」は「羊」をもとにした字である。「羊（*ɡi̯aŋ）」には視覚や味覚にからむイメージを作る記号で、「おいしい」というイメージにもなる（羊の項参照）。「羊（音・イメージ記号）＋食（限定符号）」を合わせた「養（*ɡi̯aŋ）」は、おいしい食べ物で体をやしなうことを暗示させた。「おいしい食べ物」というイメージを利用し、「養（イメージ記号）＋魚（限定符号）」を合わせた鱶（鯗・鮝）は、おいしい魚の干物を表した。特にイシモチの干物を白鮝（はくしょう）といい、珍味とされた。

篆　〔養〕

**[文献]** 竜龕手鑑（後梁・行均）「鮝俗、直稔反、正作鰧、魚名、似鰕（鮝は俗、直稔反［チンの音］、正は鰧に作る、魚名、鰕に似たり）」、類篇（宋・司馬光）「鯗・鱶、写両切［シヤウの音］、魚腊」

## 【鱵】 15　音 シン　訓 さより

**[語源]** 上古漢語は*tiəm、中古漢語はtʃɪəm（→呉音・漢音シム）である。サヨリ科の魚*Hemirhamphus sajori*（サヨリ）を意味する。体は細長く円柱形をなし、長さは二〇センチ内外。下あごが上あごよりも長い。驚くと水面に飛び上がる習性がある。近海や汽水域に棲み、また淡水にも入ってくる。語源は長い下あごを針に見立て、箴魚（しんぎょ）（針魚）の名が生まれた。和名「さより」の古語はヨリトウオ。卵が縒り糸のようにつながっているので、この名がついた。サヨリはヨリトウオを略したヨリにサ（狭く長いの意）をつけたもの。

**[字源]** 「咸（*ɦăm）」は鰔の項でも述べたように、「戌（武器の形）＋口（くち）」を合わせて、相手を武器で脅して口を封じる様子を暗示させる図形。「強いショックを与える」というイメージがあり、感（強いショックに触れて心を動かす）は同源の語。「咸（音・イメージ記号）＋竹（限定符号）」を合わせた「箴（*tiəm）」は、生体に刺激を与えて病気を治療する竹製の針を表す。金属製の針なら鍼と書く。「箴（音・イメージ記号）＋

魚（限定符号）」を合わせて、上あごが針のように突き出た魚を表す。日本では針魚や細魚の表記を使うのが普通だが、細魚は日本だけに通用する。

㊇〔咸〕　㊇〔箴〕

**[別名]** 箴魚・針魚・針口魚・針工魚・姜公魚

**[文献]** 臨海水土異物志（三国呉・沈瑩）「鱵魚一名姜公魚、形如鱠残、但有一細骨如針（鱵魚は一名姜公魚、形は鱠残の如し、ただ一細骨の針の如き有り）」

**鱵**→**鮴**（178ページ）

**鱷**→**鰐**（207ページ）

## 【鱸】16 ㊐ロ ㊈すずき

**[語源]** 上古漢語は***glag**、中古漢語は**lo**（→呉音ル、漢音ロ）である。本来はカジカ科の淡水魚 ***Trachidermus fasciatus***（ヤマノカミ）を意味する。体はほぼ円筒形で、長さは一二センチほど。黄褐色の地に黒い斑紋がある。胸びれは大きく円い。鰓の膜の上に二筋の斜めの紋があるので、四つの鰓があるように見える。そのため四鰓鱸（しさいろ）とも呼ばれる。冬、河口に降り、春、産卵のため淡水に入る。古代中国では非常にポピュラーな魚で、鱠にして食べた。松江（現在の上海の呉淞江）の産が特に名高い。語源は「盧」の「黒い」の意味に基づく命名。

日本では和名抄が中国の文献を引用してスズキに当てた。スズキ科の海水魚 ***Lateolabrax japonicus***（スズキ）をさす。体長は四〇センチほど。背は灰色、腹は銀灰色で、体側に小さな黒点がある。下あごが上あごよりも長い。近海に棲み、春、産卵のため汽水域に入る。日本では出世魚の一つ。「すずき」の語源は身が白くすすいだようなので、ススキ→スズキ、あるいはスヂユキ（筋雪）→スズキになったという。現代の中国でも鱸をスズキの意味で使っている。ただし古代の文献に出る鱸はスズキだという説もある。この場合は和名抄の同定は間違っていないことになる。

**[字源]**「盧（***hlag**）」は驢の項で説明したように、「黒い」というイメージを示す記号になる。「盧（音・イメージ記号）＋魚（限定符号）」を合わせて、黒い斑紋のある魚を暗示させた。

㊙甲　㊎金　㊞篆　〔盧〕

【別名】四鰓魚・松江鱗・季鷹魚・季鷹鱸・歩兵鱸

【文献】後漢書・左慈伝「今日高会、珍羞略備、所少呉松江鱸魚耳（今日の高会、珍羞略(ほぼ)備はる、少(か)くる所は呉松江の鱸魚のみ）」、晋書・張翰伝「見秋風起、乃思呉中菰菜蓴羹鱸魚膾（秋風起こるを見、乃ち呉中の菰菜・蓴羹・鱸魚の膾を思ふ）」、本草綱目44（明・李時珍）「鱸魚…黒色曰盧、此魚白質黒章、故名、淞人名四鰓鱸（鱸魚…黒色を盧と曰ふ、此の魚、白質黒章、故に名づく、淞人は四鰓鱸と名づく）」

# 鳥の部（とり・とりへん）

## 【鳥】0　㊥チョウ　㊒とり

【語源】上古漢語は*tög、中古漢語はteu（→呉音・漢音テウ）である。この語は「とり」を意味する。一般に鳥類の総称に用いる。語源は尾を垂らす姿に着目したもので、弔問の弔*tög（重く垂れ下がる気分）や吊*tög（ぶら下がる）など、「垂れ下がる」というコアイメージをもつ同源語群に属している。

【字源】尾の長いとりを描いた図形。これに対して「隹」は尾が短くずんぐりしたとり。漢字の構成要素になるときは、両者とも鳥類に意味領域を限定する符号になるが、必ずしも尾の長短で区別されることはない。音・イメージ記号としては島（搗）・蔦・裊などに、またイメージ補助記号としては鳴、梟などに使われる。

甲  　金 　篆 

【文献】詩経・小雅・伐木「鳥鳴嚶嚶（鳥鳴くこと嚶嚶(おうおう)

たり)」、説文解字4「鳥、長尾禽総名也」

## 姑獲鳥　音 コーカクーチョウ　訓 うぶめ

**[語源]** 中古漢語は **ko-ɦuək-teu**(→呉音クーワククーテウ、漢音コークワクーテウ)である。空想的な鳥の名であるが、本草にも記述されている。死んだ産婦が化した鳥という。夜間に活動し、子がないため人の子を奪い取る。もし小児の衣を外に出しておくと、この鳥が血で衣に印をつけておき、子に驚癇や疳疾をもたらす。和名は産女(うぶめ)の意。

これとよく似た鳥に、姑悪鳥がある。姑に虐められて死んだ嫁がこの鳥に化したという伝説がある。現在では苦悪鳥といい、ツル目クイナ科の ***Amaurornis phoenicurus***(シロハラクイナ、中国名白胸秧鶏)に同定されている。全長は三五センチほど。背は茶褐色で、胸から腹にかけて白色。姑悪はクワックワッという鳴き声を写した擬音語である。右の姑獲鳥の姑獲も姑悪と同じ擬音語由来であろう。案外この鳥がモデルとなったのではあるまいか。字面(姑が獲ると読める)から伝説が生まれたと考えられる。

**[字源]**「古(*kag)」は頭蓋骨を描いた図形で、「ひからびて固い」というイメージがある(螻蛄・鯝の項参照)。「古(音・イメージ記号)+女(限定符号)」を合わせて、若い嫁に対し、体が固くなった女を暗示させる。「蒦(*ɦuăk)」は「萑(ミミズク)+又(て)」を合わせて、ミミズクを捕まえる場面を設定した図形。「枠の中に入れ込む」というイメージを示す(蠖の項参照)。「蒦(音・イメージ記号)+犬(限定符号)」を合わせて、犬を使って獣や鳥を捕まえる様子を暗示させた。

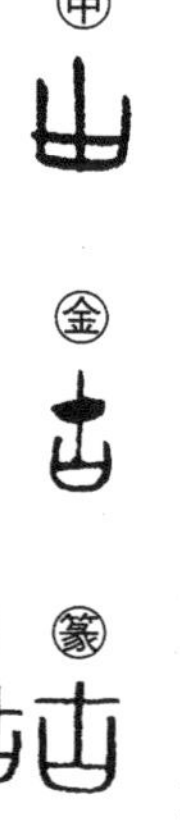


**[別名]** 乳母鳥・夜行遊女・天帝少女・女鳥・無辜鳥・鬼鳥・隠飛・鈎星

**[文献]** 玄中記(太平御覧883)「姑獲鳥夜飛昼蔵、蓋鬼神類、衣毛為飛鳥、脱衣為女人、名為天帝少女…喜取人子、養為子、人養小児、不可露其衣、此鳥度即取児也、故世人名為鬼鳥、荊州為多(姑獲鳥は夜飛びて昼

蔵る、蓋し鬼神の類なり、毛を衣れば飛鳥と為り、衣を脱すれば女人と為る、名づけて天帝少女と為す…喜んで人の子を取り、養ひて子と為す、人小児を養ふに、其の衣を露すべからず、此の鳥度りて即ち児を取るなり、故に世人名づけて鬼鳥と為す、荊州多しと為す)」

## 文鳥

音ブン-チョウ　訓—

**[語源]** スズメ目カエデチョウ科の *Lonchura oryzivora*（ブンチョウ）を指す。全長は一四センチほど。くちばしは太くて紅色。足は淡い紅色。頬は白色で、頭と尾は黒色。飼い鳥とされる。語源はあやがあって美しいので、文（あや、模様の意）の語を冠する。中国南部や東南アジアに分布し、日本へは江戸時代に中国から伝わったという。現在の中国では文鳥の語はスズメ目カエデチョウ科の *Lonchura*（キンパラ属）に用いられている。腹部が白いのをギンパラ（銀腹）、赤褐色のものをキンパラ（金腹）と呼ぶ。

**[字源]**「文」は衣の衿元に見える飾り模様を描いた図形（蚊の項参照）。あや、模様を意味する語を*muenといい、それを代替する視覚記号を「文」とする。文鳥は中国の文献では用例に乏しく、始めからブンチョウであったのか、それともキンパラ（ギンパラを含む）であったのかはっきりしない。どちらかというとキンパラだったか。というのは、光沢のある濃褐色を主色とし、黒（頭部・上体）、白（胸）、黒（腹・腰）と、鮮やかな三色をなすところから、three-coloured mannikin の英名をもつ（ジャポニカ）のと、文の語が一脈通ずるからである。

甲

金

篆

〔文〕

## 蚊母鳥

音ブン-ボ-チョウ　訓よたか

**[語源]** 上古漢語は*muen-mug-tög、中古漢語は muen-meu-teu（→呉音モン-モ-テウ、漢音ブン-ボ-テウ）である。ヨタカ目ヨタカ科の鳥 *Caprimulgus indicus*（ヨタカ）を意味する。体長は二九センチほど。褐色の地に黒褐色や赤褐色の斑紋が交じる。夜行性で、飛びながら口を開けて蚊などを吸って食べる。古人は蚊を吐き出すと誤認し、蚊の母という名がついた。和名は羽がタカに似、夜間に現れるので、ヨタカ（夜鷹）という。蚊

吸鳥の異名もある。

**［字源］**「蚊」については該項参照。「母」は二つの乳房のある女を描いた図形（海牛の項参照）。

甲　金　篆　〔母〕

**［別名］** 吐蚊鳥・鷏

**［文献］** 爾雅・釈鳥「鷏、蟁母」――郭璞注「似烏鸔而大、黄白雑文、鳴如鴿声、今江東呼為蚊母、俗説此鳥常吐蚊、因以名云（烏鸔（うばく）に似て大なり、黄白にして文を雑ふ、鳴くこと鴿（はと）の声の如し、今江東呼んで蚊母と為す、俗説に、此の鳥常に蚊を吐く、因りて以て名づくと云ふ）」

## 雷鳥

音 ライ-チョウ　訓 ――

**［語源］** キジ目キジ科の *Lagopus mutus*（ライチョウ）を指す。日本アルプスに棲息する鳥で、特別天然記念物に指定されている。体長は三〇センチほど、夏羽は暗褐色だが、冬羽は白色になる。イヌワシに襲われるのを避けて悪天候のときに姿を現すので、この名がついたという（ジャポニカ）。一説では精霊の霊がライになったともされる（吉田金彦）。この鳥を殺すと暴風雨が起こるとか、この鳥の名を書けば雷除けになるといった俗信が生じた。環境保護には役立つ民間信仰であるが、山林を破壊すると元の木阿弥である。

中国の黒竜江の流域には *Lagopus lagopus*（カラフトライチョウ）が棲息し、これを雷鳥というが、日本語の借用であろう。近代以前の中国の文献には見えない。漢名では松鶏というが、これは *Tetrao urogallus*（オオライチョウ）を指す。

**［字源］**「雷」の字源については鰤の項参照。

## 獦子鳥

音 ――　訓 あとり

**［語源］** スズメ目アトリ科の *Fringilla montifringilla*（アトリ）を指す。体長は一八センチほどで、スズメよりやや大きい。上体は光沢のある黒色、胸部は黄褐色、腹部は白色。山地で草木の実などを食べる。語源は群れをなす習性があるので、集まる鳥の意味を取って、アツトリ→アトリになったという。

**［字源］** 新撰字鏡では蠟嘴鳥、猟子鳥をアトリと読ませているが、蠟嘴（ろうし）はイカルの別名である（鳫の項参照）。二つは同じ種類の鳥で、くちばしが蠟の色に近いので

混同したらしい。和名抄で獦子鳥の表記が現れる。臘の異体字を臈と書くのに倣って、獵の異体字を獦とする（本来はカツと読む字である）。蠟嘴を音の似た字に当てて獵子と書き、ついに獦子になったと推測される。ちなみに中国ではアトリを燕雀または花雀という。

**伽藍鳥**→鵜（284ページ）
**九官鳥**→鷯（318ページ）
**七面鳥**→吐綬鶏（290ページ）
**翠鳥**→鴗（270ページ）・翡翠（366ページ）
**駝鳥**→鴕（269ページ）
**啄木鳥**→鴷（277ページ）
**白鳥**→鴻（273ページ）・鵠（282ページ）
**八哥鳥**→鴝鵒（267ページ）
**比翼鳥**→鶼（307ページ）

## 【鳦】1

㊅アツ・イツ　㊂つばめ

**[語源]** 上古漢語は*·ăt、中古漢語は·ʌt（→呉音エチ、漢音アツ）である。スズメ目ツバメ科の鳥 ***Hirundo rustica***（ツバメ、中国名家燕）を意味する。全長は一七センチほど。上体は黒色、下体は白色を帯びる。尾は二股をなす。夏に渡来し、冬は南方に去る。ほかの種類に胡燕（コシアカツバメ）、石燕（イワツバメ）などがある。なお中華料理に使われる燕窩は金糸燕（シロハラアナツバメ）の巣である。*·ăt の語源は鳴き声をなぞった擬音語に由来する。語尾の **t** が **n** に替わると *·ăn（燕）となる。和名「つばめ」の古語はツバクラメで、翅黒女の意という。

中国神話で、殷の始祖の契は母がツバメの卵を呑んで生まれた。ツバメは子授けの神として祭られた。この信仰は漢字の「乳」に反映されている。説文解字は「乳」の右側は「乙」と同じで、人や鳥が子を生むことが「乳」だと解釈している。

**[字源]** 「乙（*·ăt）」はツバメが飛んでいる跡をイメージ化した抽象的な図形。これだけでツバメを表したが、のち鳥偏をつけて「鳦」となった。「乙」は甲乙の乙と混同され、ツバメの異名を乙鳥という。ツバメを表す漢字はほかに「燕」「鷰」がある。燕の項参照。

㊞篆　㊞篆  〔鳦〕

**[別名]** 燕・乙鳥・玄鳥

**[文献]** 説文解字12「乙、燕燕、乙鳥也」、魏書・陽尼伝「鳦遺卵而孕殷（鳦、卵を遺して殷を孕む）」

## 【鳩】2 音キュウ 訓はと

**[語源]** 上古漢語は*kiog、中古漢語は kɪəu（→呉音ク、漢音キウ）である。ハト目ハト科の鳥の総称。古くはハト類以外の鳥にも接尾語として使われたが（例えば鳲鳩、雎鳩）、単独名としては専ら *Streptopelia orientalis*（キジバト、中国名斑鳩）を指す。羽は淡褐色で、首の両側に灰青色の斑紋がある。平野・山林に棲み、木の実を食べる。巣作りは下手である。ほかに斑鳩の仲間にカノコバト、シラコバト、ベニバトなどがある。漢代以後、家禽化されたハトは鴿といい、鳩と区別する。*kiog の語源は鳴き声に由来する。和名の「はと」の語源は、飛翔力が強いことからハヤトリ（速鳥）→ハトになったという説などがある。

ハトはくちばしを水中に入れたまま水を飲む習性がある。古代中国では、これになぞらえて、噎ばないようにとの意をこめて、杖の先にハトを象った飾りをつけて老人への贈り物とした。また、ハトは一雌一雄を守るため、愛情の象徴とされた。平和の象徴は西欧伝来の考えである。

**[字源]**「九（*kiog）」でもってハトの鳴き声を写した。だが「九」を選んだ理由はそれだけではない。「九」は腕を伸ばそうとして、つかえて曲がる姿を描いた図形で、「（つかえた結果）これ以上は進めないどん詰まり」というイメージがある。これが数詞の9を表す九となった。9は基数の最後の数だからである。一方、9は基数の中では最大の数だから、「九」は「数が多い」というイメージにもなる。このイメージは「（多くのものが）一緒に集まる」というイメージに展開する。ハトは群れて集まる習性があるから、「九（音・イメージ記号）＋鳥（限定符号）」を合わせて、ハトを表す視覚記号とした。

甲 金 篆〔九〕

篆〔鳩〕

**[別名]** 鴿・鵓鴣

**[文献]** 詩経・衛風・氓「于嗟鳩兮、無食桑葚（ああ

鳩よ、桑葚(そうじん)を食ふ無かれ)」、周礼・夏官・羅氏「献鳩以養国老(鳩を献じて以て国老を養ふ)」、列子・説符「邯鄲之民、以正月之旦献鳩於簡子、簡子大悦、厚賞之、…正旦放生、示有恩也(邯鄲の民、正月の旦を以て鳩を簡子に献ず、簡子大いに悦び、厚く之を賞す、…正旦に生を放つは恩有るを示すなり)」

**斑鳩**　㊥ハン-キュウ　㊧いかる・いかるが

**[語源]** 中国と日本では意味が異なる。中国では上古漢語が*păn-kiog、中古漢語がpăn-kɪəu (→呉音ヘン-ク、漢音ハン-キウ)で、ハト科の*Streptopelia* (キジバト属)を指す(鳩の項参照)。キジバト(*S. orientalis*、山斑鳩)のほか、シラコバト(*S. decaocto*、灰斑鳩)、カノコバト(*S. chinensis*、珠頸斑鳩)、ベニバト(*S. tranquebarica*、火斑鳩)などが棲息する。語源は首の両側に斑紋があることによる。

日本ではアトリ科のイカルを指す。日本書紀でイカルガに斑鳩を当てたが、誤用であろう。のち和名抄で「鵤」が創作された。これはイカルの語源に従った和製漢字である(鵤の項参照)。漢名は桑扈(そうこ)という(鳸の項参照)。

**[字源]** 「斑」の本字は「辬」である。「辛」は刃物の図形で、これを二つ合わせた「辡(*pıan)」は、二つに分けることを示す記号となる。「文」はあや、模様の意味(蚊の項参照)。「辡(音・イメージ・記号)+文(イメージ補助記号)」を合わせて、模様が分かれて散らばった様子(つまり「まだら」)を暗示させる。のち「班」(分ける意)と同源の意識から、「班の略体+文」の字体に変わった。

㊮〔辡〕　㊮〔辬〕

**[別名]** ①(キジバト)鶉鳩・祝鳩・斑鵻・山鳩・錦鳩　②(イカルの異表記)鵤

**[文献]** ①毛詩草木鳥獣虫魚疏(三国呉・陸璣)「鶪大如斑鳩(鶪は大なること斑鳩の如し)」、傅咸・斑鳩賦(太平御覧921)「斑鳩音声可悦(斑鳩、音声悦ぶべし)」

**【鳭】**2　㊥チョウ　㊧とき

**[語源]** 日本と中国では意味が異なる。中国では鳭(ちょう)鷯(りょう)で一語。その上古漢語は*tög-lög、中古漢語はteu-leu（→呉音・漢音テウ-レウ）である。スズメ目ヒタキ科の鳥 ***Acrocephalus arundinaceus***（オオヨシキリ）を意味する。体長は一八センチほど。羽の色はウグイスに似る。沼や川辺の葦原に棲む。葦の茎に穴を開けてその中の昆虫を食べることから、漢名で剖葦（ぼうい）の異名がある。語源も物を割く働きをする「刀」になぞらえて刀鷯といった。和名も葦切り（よしきり）で、同趣旨による。また、やかましく鳴く声を模して、行々子（ぎょうぎょうし）の異名がある。

日本では鳭の一字をトキに用いる（鴇の項参照）。

**［字源］** もとは刀鷯、のちに鳭鷯と書き、畳韻の二音節語となった。「刀（*tôg）」は）型に反った中国風のかたなの図形。「尞（*lôg）」は火の粉を飛ばして燃える焚き火の様子を図形にしたもので、「次々に連なる」というイメージのほかに、「ばらばらに散らばる」というイメージもある。「刀（音・イメージ記号）＋鳥（限定符号）」と「尞（音・イメージ記号）＋鳥（限定符号）」を組み合わせた鳭鷯でもって、くちばし（刀に見立てる）で葦を割いてばらばらにして、中にいる虫を捜す鳥を暗示させた。日本の鳭は、トキの古名の一つにタウがあり、タウを「刀」で音写し、鳥を添えたもの。これは半国字である。

甲　篆〔刀〕

甲　金　篆〔尞〕

篆〔鷯〕

**［別名］** ①（オオヨシキリ）鳭鷯・剖葦・蘆虎 ②（トキの異表記）鴇

**［文献］** ①爾雅・釈鳥「鳭鷯、剖葦」、説文解字4「鷯、刀鷯、剖葦、食其中虫（鷯は、刀鷯なり。葦を剖きて、其の中の虫を食ふ）」

## 【鳰】 2

音 ―
訓 にお

**［語源］**「にお（にほ）」はカイツブリの古名である。鸊鷉の項参照。

**［字源］** 字鏡に初出。「入（ニフ）」は音がニホと近似しているし、水に入る鳥との意味も兼ねて、「入」に鳥を添えた「鳰」を創作した。国字である。なお「入」の字源については蚋の項参照。

## 【鳧】 2

音 フ
訓 かも・けり

【語源】上古漢語は*bug、中古漢語はbɪu（→呉音ブ、漢音フ）である。カモ目カモ科の水鳥の総称。狭義では*Anas platyrhynchos*（マガモ、中国名緑頭鴨）を指す。体長は六〇センチほど。雄は頭と首が緑色で、首の下に白い輪がある。北方で繁殖し、冬に渡ってくる。川や湖の葦原で群れをなして棲む。マガモを家禽化したアヒルを鶩（ぼく）、または鴨（おう）という。語源は足の短い姿がまるでかがんだように丈が低く見えることから、伏（身をふせる）・俯（うつむく）などと同源の言葉で呼んだと思われる。和名の語源は浮かぶ鳥→うかむ鳥→カモドリ→カモになったという説がある（大槻文彦）。

日本では鴨をカモに使い、鳧をケリ（*Vanellus cinereus*）に使う。ケリはチドリ科の鳥で、体長は三五センチほど。背は茶褐色、足は黄色で長い。ケリの語源は鳴き声に由来する。

【字源】「几」はカモの飛ぶ姿を抽象的に図形にしたもの（「つくえ」の几とは別で、シュの音）。説文解字には「鳥の短羽飛びて几几たるなり。象形」とある。ツバメの飛ぶ跡を抽象化した「乙」（鳦の項参照）と似た手法による造形である。「鳥＋几」を合わせて、鳧とした。この字は語源を反映していない。

㊎　㊔〔几〕

㊔〔鳧〕

【別名】（カモ）野鴨・野鶩・晨鳧・沈鳧・松鳧

【文献】詩経・鄭風・女曰鶏鳴「弋鳧与雁（鳧と雁とを弋（よく）す）」、荘子・駢拇「鳧脛雖短、続之則憂（鳧の脛（はぎ）短しと雖も、之を続（つ）がば則ち憂へん）」

## 【鳶】3　㊠エン　㊫とび

【語源】上古漢語は*diuan、中古漢語はyiuɛn（→呉音・漢音エン）である。タカ目タカ科の鳥*Milvus migrans lineatus*（トビ）を意味する。体長は六五センチほど。背は茶褐色で、下体に黒褐色の斑紋がある。翼と尾は長い。小鳥や小動物の死体などを食べる。ピーヒョロヒョロと鳴きながらゆっくりと旋回して飛ぶ。語源はその飛ぶ姿を「∞型にぐるぐる回る」というイメージで捉えて名づけた。和名の「とび」も飛びが語源とされる。

伝説によると、中国の戦国時代、墨子が風に乗って空を回翔するトビにヒントを得て、「木鳶（もくえん）」を製作したという。これはスパイ用の飛行物体であるが、凧（風鳶、紙鳶）の起源はこれである。

**[字源]**「弋」は先端が二股になった棒の図形で、ある種の武器や道具を表象している。狩猟工具の「いぐるみ」を*diək といい、この記号で表記する。「いぐるみ」は矢に糸をつけて発射し、獲物に巻き付けて捕まえる道具である。巻き付く姿に「∞型に互い違いに入れ替わる」というイメージがあり、これが「ぐるぐる回る」というイメージにもつながる。船が行ったり来たり徘徊することを遊弋というのは、まさにこのイメージを用いている。「弋（音・イメージ記号）＋鳥（限定符号）」を合わせて、∞型に空中をぐるぐる飛び回る習性のある鳥を暗示させた。

㊎ 〔篆〕 〔弋〕

**[別名]** 雀鷹・老鴟・隼鴟

**[文献]** 詩経・小雅・旱麓「鳶飛戾天（鳶は飛んで天に戻（いた）る）」、列子・湯問「墨子作木鳶、飛三日不集（墨子木鳶を作り、飛ぶこと三日、集らず）」

## 【鳲】 3 ㊒シ ㊙—

**[語源]** 上古漢語は*thiər、中古漢語はʃii（→呉音・漢音シ）である。鳲鳩（しきゅう）はホトトギス目カッコウ科の鳥 ***Cuculus canorus***（カッコウ、中国名大杜鵑）を意味する。体長は三五センチほど。背は灰褐色で、腹は白色の地に黒褐色の横縞が混じる。他の鳥の巣に托卵し、雛も巣の主に育てさせる習性がある。夏に渡ってくる。語源は鳩に似ているがそれよりは小振りということから、「短い」のイメージをもつ「尸」をつけて尸鳩といった。別名の郭公・秸鞠（かっきく）などは単に鳴き声を写した語だが、布穀・撃穀などは擬音語を写すほかに農時を告げる鳥という意味を兼ねる。他人の住まいや地位を横取りすることを「鵲巣鳩居」というが、この鳩は鳲鳩のことで、詩経・召南・鵲巣篇に基づく。和名は漢名の別名郭公（正しくはクワク-コウ）の音読みであろうが、閑古鳥のカンコという言い方もあるから、もともとカッコウと聞きなした可能性もある。

**[字源]**「尸（*thiər）」は背をかがめて尻を突き出した人を描いた図形。「短い」「丈が低い」というイメージ

を示し、低（ひくい）・弟（兄に比べて背の低い人↓おとうと）・夷（背の低い人↓えびす）などと同源である。「尸（音・イメージ記号）＋鳥（限定符号）」を合わせて、ハトに似るがやや短小な鳥を暗示させた。

（甲）　（金）　（篆）〔尸〕

**［別名］** 尸鳩・郭公・秸鞠・秸鵴・拮鞠・結誥・布穀・撃穀・穫穀・撥穀・搏穀・播穀・催耕・割麦挿禾・脱却破袴

**［文献］** 詩経・曹風・鳲鳩「鳲鳩在桑、其子七兮（鳲鳩桑に在り、其の子は七つ）」

## 【鳳】3　（音）ホウ　（訓）おおとり

**［語源］** 上古漢語は*bluəm、中古漢語はbıung（↓呉音ブ、漢音ホウ）である。想像上の鳥である鳳凰を意味する。雌雄を区別するときは鳳が雄、凰が雌である。頭は鶏、首は蛇、あごは燕、背は亀、尾は魚で、五色が備わっている。瑞祥動物の一つで、環境（国家、社会、自然）が調和し、理想的状態が達成されるときに姿を現すという。語源は風（*pluəm）と同源。殷代、風を起こすと考えられた神鳥が鳳であった。*bluəmは風の起こる擬音語に由来する。なお鳳凰を実在の鳥であるフウチョウ（風鳥）に当てる説（ニーダムら）や、カンムリセイランに当てる説もある。

**［字源］**「凡（*bıăm）」は近似的に*bluəmを再現させる音記号。それだけではなく、「凡」は帆を描いた図形で、帆は全体に広く張り広げるものだから、「広く覆う」というイメージを表すこともできる。「凡（音・イメージ記号）＋鳥（限定符号）」を合わせて、翼が広く覆う大鳥を暗示させた。帆はまた風を孕むものでもあるから、「凡（音・イメージ記号）＋虫（イメージ補助記号）」を合わせた「風」によって、生物の生命を発生させる原動力となる「かぜ」を表した。風が神格化されたのが鳳である。

次に「王（*ɦuang）」大きな鉞（まさかり）の図形によって、偉大な権力者を表す。「王（音・イメージ記号）＋白（＝自。イメージ補助記号）」を合わせた「皇（*ɦuang）」は、人類最初の偉大な王を暗示させた（蝗・鰉の項参照）。「王」も「皇」も「大きく広がる」というコアイメージがあり、これを大鳥を表象するのに用い、鳳を二音節語化して鳳皇とした。のち「皇」に「鳳」の一部を省略した「几」を合わせて、「凰」が作られた。

甲 金 篆 （凡）

甲 篆 （鳳）

甲 篆 （風）

金 篆 （皇）

**[別名]** 仁禽・仁鳥・丹禽・丹鳥・丹鳳・火精・九苞・玉雀・凡鳥

**[文献]** 詩経・大雅・巻阿「鳳皇于飛（鳳皇ここに飛ぶ）」、論語・微子「鳳兮鳳兮、何徳之衰（鳳よ鳳よ、何ぞ徳の衰へたる）」

## 【鴉】 4 音ア 訓からす

**[語源]** 上古漢語は*·ăg、中古漢語は·ă（→呉音エ、漢音ア）である。スズメ目カラス科の*Corvus*（カラス属）の総称。ハシブトガラス、ハシボソガラス、コクマルガラス、ミヤマガラスなどを含む。体はほとんど黒いが、コクマルガラスだけは腹が白い。くちばしが太いのはハシブトガラス、細いのはハシボソガラスである。古代中国では反哺（成長した子が逆に親に餌を与える）の習性があるものを烏（別名は慈烏）、その習性がないものを鴉とした。一説では、烏はコクマルガラス、鴉はハシブトガラス、またはハシボソガラスに当てる（烏の項参照）。語源は*·ăg（鴉）も*·ag（烏）もカラスの鳴き声を模した擬音語に由来する。和名の「からす」の語源は「黒し」の訛りとする説や、鳴き声のカラに接尾語のス（キギス、ウグイスのスと共通）をつけたとする説がある。

　詩経などではカラスは凶鳥のイメージが強いが、反哺の考えが生まれてから吉鳥となった。中国神話では太陽に三足烏が棲むといい、太陽の象徴。また、太平の世に現れる白烏、赤烏、蒼烏などは瑞祥のシンボルである。

**[字源]**「牙（*ngăg）」は擬音語の*·ăgを近似的に再現させる記号。それだけでなくイメージも表す記号である。「牙」は蚜の項で述べたように、二つの物が互い違いにかみ合っている図形。ハシブトガラスなどの強力にかみ合うくちばしの特徴を捉えて、「牙（音・イメ

ージ記号）＋鳥（限定符号）」を合わせて「鴉」とした。もともと「鴉」と「雅」は同音同義（つまり異体字）であったが、後者は「正しい、みやびやか」を意味する*ngăgを表記するのに使われるようになった。

㊎ 〔牙〕 ㊕ 〔牙〕 ㊕ 〔雅〕

［別名］烏・鸒・鴉烏・雅烏・寒鴉・慈烏・楚烏・孝鳥・仁烏・霊烏・青烏・黒烏・卑居・鵯鶋・疋居・璧居

［文献］荘子・斉物論「鴟鴉耆鼠（鴟鴉［チュウヒとカラス］は鼠を耆む）」、易林4（漢・焦延寿）「鴉噪庭中、以戒災凶（鴉庭中に噪（さわ）ぐ、以て災凶を戒む）」

鴈→雁（152ページ）

## 【鴂】4 ㊅ケツ・ケキ・ゲキ ㊗もず

［語源］上古漢語は*kuāt、中古漢語はkuet（→呉音ケチ、漢音ケツ）である。二通りの意味がある。一つは鸋鴂（ねいけつ）の語形で、ミソサザイを意味する（鷦鷯の項参照）。ミソサザイのくちばしが錐に似ているので、「夬」の「えぐる」というイメージで名づけられた。もう一つは鴂を単独で用いる場合でモズを意味する。鶪（げき）（鵙）と同じで、音も*kuekとなった。モズのくちばしは鋭く湾曲しており、獲物を串刺しにする習性があるので、やはり「夬」の「えぐる」というイメージを用いた（鶪の項参照）。詩経では鶪、孟子では鴂が使われている。鴂舌は異民族の言語に喩えられる。

［字源］「夬（*kuăd）」は「コ」と「｜」と「又」を合わせて、手の指をコ型にして引っ張る様子を暗示させる図形。弓の弦を引くのに用いる凵型の道具、「ゆがけ」を表す。コ型や凵型を呈することは、「えぐりとる」というイメージに展開する。抉（えぐる）・決（堤防が凵型にきれる→決壊）などは同源のグループ。「夬（音・イメージ記号）＋鳥（限定符号）」を合わせて、えぐるのに適したくちばしをもつ鳥を暗示させた。鴃は異体字。

㊕ 〔夬〕 ㊕ 〔鴂〕

［別名］①（モズ）鶪 ②（ミソサザイ）鷦鷯

［文献］①孟子・滕文公上「今也南蛮鴂舌之人、非先王之道（今や南蛮鴂舌（げきぜつ）の人、先王の道に非ず）」、大戴礼

記・夏小正「五月…鴂則鳴（五月…鴂則ち鳴く）」②方言8（漢・揚雄）「桑飛…自関而東、謂之鸋鴂（桑飛は…関より東、之を鸋鴂と謂ふ）」

## 【鳸】4 音コ 訓—

**[語源]** 上古漢語は*ɦag、中古漢語はɦo（→呉音ゴ、漢音コ）である。桑鳸（そうこ）はスズメ目アトリ科の鳥 ***Eophona personata***（イカル、中国名蠟嘴雀）を意味する。体長は二〇センチほど。くちばしは黄色で太く、円錐形を呈する。額と頭は黒色、背は灰褐色。翼はつやのある黒色で、先端は白い。くちばしで堅い実を割って食べる。古代中国で、鳸は農事を告げる九種類の鳥で、九鳸（九扈）と総称された。春秋左氏伝に「九扈は九農正と為る。民を扈（とど）めて淫（いん）無なからしむる者なり」とあり、これらは民に農時を知らせてくれて、怠慢をとどめて勤しむようにさせる鳥と考えられた。

**[字源]** 説文解字では雇が本字、鳸が異体字になっている。「戸（*ɦag）」は「門」の左側で、片開きの扉を描いた図形。「出入りを止める」というイメージがあり、「枠を被せて押さえる」というイメージにも展開する。扈従の扈（勝手な行動を押さえて主人に従う）は同源である。「戸（音・イメージ記号）＋隹または鳥（限定符号）」を合わせて、民の怠慢を押さえて、農事に勤しむように季節を告げる鳥を暗示させた。鳸と扈は同系なので、桑鳸は桑扈とも書く。なお国字では鵤（いかる）と書く（該項参照）。

甲 篆〔戸〕 篆〔雇〕

**[別名]** 桑扈・竊脂・蠟嘴・青雀・白頰鳥

**[文献]** 詩経・小雅・桑扈「交交桑扈、有鶯其羽（交交たる桑扈、鶯（おう）たる有り其の羽）」

## 【鴆】4 音チン 訓—

**[語源]** 上古漢語は*dɪəm、中古漢語はdɪəm（→呉音ヂム、漢音チム）である。古く中国南部に棲息していたらしい毒鳥であるが、すでに絶滅した。最近、ニューギニアで毒鳥の棲息が確認され、これが鴆の正体であろうとされている（真柳誠、物のイメージ、一九九四年、朝日新聞社）。スズメ目ヒタキ科の ***Pitohui***（モリモズ属）である。大きさはカラスほどで、色はオレンジ色で、

一部が黒色。羽に毒がある。中国ではこの羽を浸した酒を酖酒といい、殺人に用いた。語源は「深く入り込む」というイメージをもつ「沈」と同源。別名の運日や同力などは、ニューギニアのピトフーイと同様の擬音語に由来する語であろう。

**【字源】**「冘（*diəm）」は人の首の部分にⅠ型の枠をはめて下に押し下げる様子を暗示する図形。沈（水中に下がっていく）・枕（頭を押し下げる「まくら」）・耽（深入りする）などは同源のグループ。「冘」には「押し下げる」というイメージがあり、これは「深く入り込む」というイメージにつながる。「冘（音・イメージ記号）＋鳥（限定符号）」を合わせて、毒が体内に深く入り込んで、人を殺す毒鳥を暗示させた。その鳥の羽を深く浸した酒が酖である。

篆〔冘〕　篆〔鴆〕

**【別名】**運日・雲日・同力・陰諧・暉目・曇鳥・檀鶏

**【文献】**山海経・中山経「玉山…其鳥多鴆（玉山…其の鳥鴆多し）」、国語・晋語「寘鴆于酒、（鴆を酒に寘(お)く）」、名医別録「鴆鳥毛有大毒、入五蔵爛殺人、其口主殺蝮蛇毒、一名鴆日、生南海（鴆鳥の毛は大毒有り、五蔵に入れば爛らして人を殺す。其の口は、蝮蛇の毒を殺すを主る。一名鴆日(うんじつ)、南海に生ず）」

## 【鴇】4　音ホウ　訓とき

**【語源】**中国と日本で意味が異なる。中国では上古漢語が*pog、中古漢語がpau（→呉音・漢音ホウ）で、ツル目ノガン科の鳥 *Otis tarda*（ノガン、中国名大鴇）を意味する。雁に似るが、それより大きく、体長は約一メートル。頭は小さく、首と足は長い。背は黄褐色で、黒色の斑紋がある。草原地帯に群れをなして棲む。走るのがうまい。繁殖期に雄が雌に求愛のディスプレーをすることや、また、一雄多雌のつがいを作ることから、中国では多淫の鳥とされ、遊女の譬えに使われる。語源は保・包と同系で、「中のものを取り巻く」というイメージによって命名された。

日本ではコウノトリ目トキ科の *Nipponia nippon*（トキ）を指す。体長は約七五センチ。羽は淡紅色を帯びた白色。くちばしは長くて湾曲し、先端が赤い。足も赤い。日本産のトキは絶滅した。トキの古名はツキ。

おそらく「突き」と同源で、首を突き出して飛ぶことに由来する名であろう。漢名は朱鷺、別名を鐶目という。鐶は環（丸い「わ」）・還（回ってもとに戻る）と同系で、「ぐるりと丸く回る」というイメージを示す。目の回りが赤い皮膚で取り巻かれたトキの特徴を捉えている。

**【字源】**「匕」は女性性器の割れ目を示す図形で、妣や牝の原字である。「𠦒（*pog）」は「匕（めす）＋十」を合わせて、十羽のめすに囲まれた鳥を暗示させる。一羽の雄を中心に多くの雌に取り巻かれた家族を作る習性のあるノガンをこの記号で表した。のち鳥を添えて鴇とした。異体字は鮑。「包（*pŏg）」は鮑の項で述べたように、「中のものを回りから丸く取り巻く」というイメージを示す記号である。造形の意匠は鴇と同趣旨である。日本で鴇をトキに当てたのはおそらく読み違いによる。鴾は鴇が崩れた字体（国字）。鵇はさらに鴾が崩れた字体（半国字）。

甲　金　篆〔匕〕

篆〔𠦒〕　篆〔鴇〕

**【別名】**①（ノガン）独豹・鴻豹・地鵏・七十鳥　②（トキの異表記）朱鷺・鴾・鵇・鳵・桃花鳥

**【文献】**①詩経・唐風・鴇羽「粛粛鴇羽、集于苞栩（粛粛たる鴇の羽、苞(ほう)栩(く)に集まる）」

## 【鴛鴦】5　音 エン-オウ　訓 おしどり

**【語源】**上古漢語は*·ɪuăn-·ɪang、中古漢語は·ɪuʌn-·ɪang（→呉音ヲン-アウ、漢音ヱン-ヤウ）である。カモ目カモ科の水鳥 ***Aix galericulata***（オシドリ）を意味する。雄の体長は四五センチほど。羽は橙色で美しい。鴨脚羽を扇のように広げて立てる。雌は雄より小さく、羽の色も地味である。湖や渓流に棲み、木の洞穴に巣を造る。古代中国では、片方が死ぬと他方は思い死にするとされ、匹鳥(ひっちょう)（カップルの鳥）の異名がある。漢名は鳴き声を写した双声の二音節語である。オシドリは雄がウイブ、雌がアックと鳴くというが（ジャポニカ20）、中国人には*·ɪuăn-·ɪang と聞こえたのであろう。雌雄で区別するときは、·ɪuăn（鴛）が雄、·ɪang（鴦）が雌とされる。和名は古くは単にヲシといった。「愛(いと)し(お)」、つまり雌雄が互いに愛おしむという意味から来ている。古来、愛の象徴として詩や説話などに登場し、また吉祥図にも描かれている。

**[字源]** *·ıuăn-ıang に鴛鴦の表記を採用したのは単に音象徴の問題だけではない。イメージもかかわっている。「夗（*·ıuăn）」は「夕＋㔾（＝卩。背を曲げてかがむ人）」を合わせて、夜に体を曲げて寝る情景を暗示させる図形。「夗（音・イメージ記号）＋宀（イメージ補助記号）」を合わせた「宛」も「夗」と同趣旨の図形で、屋根の下に体を曲げて寝るように、丸く曲がっているというイメージを示す記号である。腕（手の丸く曲がる部分、すなわち手首）・椀（丸く曲がった食器）・豌（苗がくねくねと曲がる草、エンドウ）などは同源のグループ。次に「央（*·ıang）」は「大（大の字型に立つ人）＋冂（枠）」を合わせて、人体の中心である首根っ子を押さえつける図形で、「真ん中を押さえる」というイメージがあり、それが「中心がくぼむ」というイメージに展開する。「夗（音・イメージ記号）＋鳥（限定符号）」と「央（音・イメージ記号）＋鳥（限定符号）」を組み合わせて、羽を丸く曲げて立てて、背中がくぼんだ姿になる鳥を暗示させた。

篆〔夗〕　甲　金　篆〔鴛〕　篆〔央〕　篆〔鴦〕

**[別名]** 匹鳥・匹禽・相思鳥・文鴛・河曲鳥・節木鳥・黄鴨・官鴨

**[文献]** 詩経・小雅・鴛鴦「鴛鴦于飛（鴛鴦ここに飛ぶ）」、古今注（晋・崔豹）「鴛鴦水鳥、鳧類也、雌雄未嘗相離、人得其一、則一思而至死、故曰匹鳥（鴛鴦は水鳥、鳧の類なり、雌雄未だ嘗て相離れず、人其の一を得れば、則ち一は思ひて死に至る、故に匹鳥と曰ふ）」、食療本草（唐・孟詵）「鴛鴦…主夫婦不和、作羹臛私与食之、即立相憐愛也（鴛鴦は…夫婦の不和を主る、羹臛を作りて私に与に之を食へば、即立に相憐愛するなり）」

## 【鴨】5　音オウ　訓かも

**[語源]** 上古漢語は*ăp、中古漢語はăp（→呉音エフ、漢音アフ）である。この語はアヒルを意味する。カモを家禽化した鳥がアヒルである。古くはカモを鳧とい

い、アヒルを鶩（ぼく）といったが（鳧・鶩の項参照）、漢代以後はアヒルを鴨というようになった。*ǎp はアヒルの鳴き声を写した擬音語に由来するが、狎と同源で、「手なずける」というイメージともかかわる。日本ではカモには鴨を用い、アヒルは家鴨と書く。漢から三国にかけて、池や川のほとりに檻を設けて、水上でアヒル同士を戦わせる遊びが流行した。

**[字源]**「甲（*kǎp）」はアヒルの鳴き声を近似的に写したものだが、「甲」を選んだ理由はほかにもある。「甲」は中の物を周囲から覆い被せて閉じこめる様子を示す象徴的符号である。これによって「物の表面に被さる堅いから（甲羅など）」の意味を表すが、ほかに、「表面に被さる」というイメージから「枠を被せて手なずける」というイメージに展開し、「狎」（なれる、なじむ）と同じ意味も表す。詩経・衛風・芄蘭に「能く我と甲（なじ）まず（私と狎れ狎れしくしない）」とある「甲」はこれである。「甲（音・イメージ記号）＋鳥（限定符号）」を合わせて、野生のものを飼いならした鳥を暗示させた。鵝（ガチョウ）も飼いならした鳥だが、これは別の造形法を取る。

甲　金　篆〔甲〕　篆〔鴨〕

**[別名]** ①（アヒル）鶩・家鴨・家鳧・舒鳧　②（カモ）鳧

**[文献]** ①西京雑記2（晋・葛洪）「魯恭王好闘鶏鴨及鵝雁（魯の恭王、鶏鴨及び鵝雁を闘はすを好む）」、三国志・呉志・陸遜伝「建昌侯慮於堂前作闘鴨欄（建昌侯、堂前に於いて鴨を闘はす欄を作らんことを慮る）」

## 【鴞】5　音 キョウ　訓 ふくろう

**[語源]** 上古漢語は*ɦɪɔg、中古漢語はɦɪɛu（→呉音ゲウ、漢音ケウ）である。フクロウ目フクロウ科の鳥の総称。顔はハート型の盤面状で平たく、目玉が大きい。森林の樹洞などに棲む。多くは夜行性で、小鳥や鼠などを襲って食べる。耳角があるものを日本ではミミズクと呼ぶ。中国にはフクロウ（*Strix*）のほかに、コノハズク（*Otus*）、トラフズク（*Asio*）、ワシミミズク（*Bubo*）、スズメフクロウ（*Glaucidium*、鵂鶹）など二六種類が棲息するが、数多い漢名がどの種に当たるか同定する

のは難しい。*ɦɔg の語源は鳴き声を写した擬音語に由来する。梟も同義だが、上古音が kög、中古音が keu（→呉音・漢音ケウ）で、県*kög（逆さに吊す）と同源（梟の項参照）。和名の「ふくろう（ふくろふ）」は鳴き声に因んだ命名という。「みみずく（みみづく）」はツクが古名で、耳が突き出るから「突く」が語源であろう。漢名の木兎は耳の特徴をウサギになぞらえたもの。

古代中国では、フクロウは親を食う不孝な鳥とされ、甚だイメージが悪く、不祥、邪悪の象徴となる。フクロウを捕まえてはりつけにしたり、官僚に食わせて戒めにしたりした。また、周礼にはフクロウの巣を覆す官職まである。それほどフクロウは憎まれ虐待された。

**[字源]**「号（*ɦɔg）」は擬音語を写した音記号だが、それだけではない。「丂（k'ɔg）」は伸び出ようとして一線でつかえて曲がる様子を示す象徴的符号である。「丂（音・イメージ記号）＋口（限定符号）」を合わせた「号」は、声がのどで屈曲してかすれて出る様子を暗示させる。「号（音・イメージ記号）＋鳥（限定符号）」を合わせて、ホーホーとかすれたような声で鳴く鳥を暗示させた。

㊙甲 ㊙金 ㊙篆〔丂〕　㊙篆〔号〕　㊙篆〔鴞〕

**[別名]** 梟・鴟・鴟梟・梟鴟・鴟鴞・鴟鵂・鴟鳩・角鴟・怪鴟・土梟・山鴞・鵩・鵂鶹・旧留・流離・鶹鷅・鴞鶀・忌欺・鶚鳺・木兎・老鵵・萑・訓狐・幸胡・猫頭鷹・猫児頭・夜猫子・不孝鳥・禍鳥・悪声鳥・唖十三・呼咾鷹・夜食鷹・轂轆鷹

**[文献]** 詩経・陳風・墓門「墓門有梅、有鴞萃止（墓門梅有り、鴞有りて萃(あつ)まる）」、荘子・斉物論「見弾而求鴞炙（弾を見て鴞炙を求む）」

## 【鴝鵒】5　音 クーヨク　訓 ——

**[語源]** 上古漢語は*gɪug-gi̊uk、中古漢語は gɪu-yiok（→呉音・漢音クーヨク）である。スズメ目ムクドリ科の鳥 *Acridotheres cristatellus*（ハッカチョウ、中国名八哥）を意味する。体長は二六センチほど。体は黒色で、額に短い冠羽がある。翼の縁は白く、飛ぶとき「八」の字に見えるので八哥の異名がある。哥は「お兄さん」の

意を添える愛称。中国南部の原野に棲息する。他の鳥の鳴き声や人の言葉をまねる。語源は交尾の際の習性を捉えた命名であろう。すなわち、ハッカチョウ（八哥鳥）は交尾するとき、まるで戦っているかのように足をひっかけ、翼を震わし、しばしば地面に落下する。そこを捕まえて、かぎ型に交わった足を媚薬に用いるという（酉陽雑俎）。

**【字源】**「句（*kug）」は狗の項で述べた通り、かぎ型の符号二つと「口」を合わせた図形で、かぎ型で文章に切れ目をつける様子を暗示させる。「かぎ型に曲がる」のイメージがあり、勾（かぎ型にひっかける）・鉤（かぎ）と同源である。鴝の左側はもとは「臾」であった。「臾（*diug）」は「臼（両手）＋人」を合わせて、人を両手で縛る様子を暗示させる図形。「句（音・イメージ記号）＋鳥（限定符号）」と「臾（音・イメージ記号）＋鳥（限定符号）」を組み合わせて、交尾の際に足を縛ったように交わらせる鳥を暗示させた。鸜鵒とも書く。

（甲）（金）（篆）〔句〕　（篆）〔鴝〕

（金）（篆）〔臾〕　（篆）〔雊〕　（篆）〔鵒〕

**【別名】**八哥・八八鳥・捌哥・哵哵鳥・寒皐・慧鳥・花鴿

**【文献】**春秋左氏伝・昭公25「有鸜鵒来巣（鸜鵒有り、来りて巣くふ）」、新修本草「鴝鵒肉味甘無毒、主五痔止血、炙食或為散飲服之（鴝鵒の肉は味は甘にして毒無し、五痔・止血を主る、炙りて食ふ、或いは散と為し之を飲服す）」

## 【鴟】5 （音）シ （訓）とび

**【語源】**上古漢語は*t'ier、中古漢語はtʃ'ii（→呉音・漢音シ）である。この語には二つの意味がある。一つはタカ科の鳥であるチュウヒを意味する。中国医学（本草）では*Circus cyaneus*（ハイイロチュウヒ、中国名白尾鷂）に当てる。体長は四八センチほど。上体は灰色で、暗灰色の横斑がある。開けた湿原に棲む。葦原の上をすれすれに飛び、獲物を狙う習性から、語源は「低」と同源。古典では鳶の属とされ、トビと混同されることが多い。和名の「ちゅうひ」は低く飛ぶことから、中飛の意という。もう一つの意味は *Strix*（フクロウ属）である。一般にフクロウやミミズクの類を梟・鴟という。二音節語の鵄鵂または鵄鴞（鵄梟）は *Otus*（コノハズク属）などを指す。後漢の名医華佗の考案した五禽戯（導引・気功の類）の一つに「鵄顧」がある。これはフクロウのように首を後ろに回す術である。

**[字源]**「氐」はスプーンや箆に似た道具を描いた図形。それに「一」を添えたのが「氐（*ter）」で、物の底部を指し示す図形である。したがって「いちばん下の方」「これ以上は行けない根元」というイメージを示し、低（ひくい）・底（そこ）・柢（木の根元）などは同源のグループ。「氐（音・イメージ記号）＋鳥（限定符号）」を合わせて、低く飛んで獲物を狙う鳥を暗示させた。フクロウの意味も表すのは身を低くしたように見える姿からの命名であろう。

㊎ 　㉧〔氐〕　㉧〔鵄〕

**[別名]** ①（チュウヒ）灰鷹・灰鷂・鷂鷹 ②（フクロウ）梟・鴞 ③（トビ）鳶

**[文献]** ①荘子・秋水「鵄得腐鼠（鵄、腐鼠を得たり）」②詩経・大雅・瞻卬「懿厥哲婦、為梟為鵄（懿なる厥の哲婦、梟と為し鵄と為す）」、詩経・豳風・鵄鴞「鵄鴞、既取我子（鵄鴞よ鵄鴞よ、既に我が子を取る）」③韋応物・鳶奪巣（全唐詩194）「鵄鳶恃力奪鵲巣（鵄鳶力を恃みて鵲巣を奪ふ）」

## 【鴕】 5 ㊅ダ ㊉—

**[語源]** 上古漢語は*dar、中古漢語はda（→呉音ダ、漢音タ）である。ダチョウ目ダチョウ科の鳥 *Struthio camelus*（ダチョウ）を意味する。現在の鳥類の中では最も大きく、高さが二メートル以上。翼は退化して飛べないが、走るのは非常に速い。雄の羽は黒色、雌は褐色。砂漠地帯に棲み、脚力が強いので、ラクダ（駱駝）になぞらえて駝鳥の名がついた。漢代、西域からシルクロードを通って中国にもたらされ、始めは大雀と称された。

**[字源]** ラクダを橐駝、また駱駝という。この「駝」の馬偏を鳥偏に換えて、ラクダに似た鳥を表した（駱駝の項参照）。

［別名］駝鳥・駝鶏・駝蹄鶏・錦駝鶏・食火鶏・骨托禽・大雀・大爵・巨雀・大馬雀

［文献］広志（晋・郭義恭）「大爵頸及身膺蹄都似橐駝、挙頭高八九尺、張翅丈余、食大麦、其卵如甕、即今之駝鳥也（大爵は頸及び身・膺（むね）・蹄都（すべ）て橐駝に似、頭を挙ぐれば高さ八九尺、翅を張れば丈余、大麦を食ふ、其の卵甕（かめ）の如し、即ち今の駝鳥なり）」

【鴫】5 音 ―― 訓 しぎ

［語源］チドリ目シギ科の鳥の総称。また、その近縁種を指す。シギ類は体長が一三〜六〇センチほどで、体の色は主に灰褐色。くちばしと足は長い。干潟や水田などに棲み、貝などを食べる。雛が襲われると地上に伏せて翼をばたばたさせる習性がある。語源ははばたきが頻繁なところから、「繁し」のシゲ、または「頻り」のシキに由来するという。漢名は鷸（いつ）。

［字源］田んぼによく見られる鳥なので田鳥と書き、この合字が鴫である。国字。

【鴗】5 音 リュウ 訓 そに・そにどり

［語源］上古漢語は*lıəp、中古漢語はlıəp（→呉音・漢音リフ）である。ブッポウソウ目カワセミ科の鳥*Alcedo atthis*（カワセミ、中国名翠鳥）を意味する。体長は一五センチほど。くちばしは大きくて長い。頭は緑色、背は金属光沢を帯びた青色で美しい。水辺に棲み、魚を捕らえて食べる。また、*Megaceryle lugbris*（ヤマセミ、中国名冠魚狗）にも当てられる。体長は四〇センチほど。頭に黒色の冠羽がある。語源は「立」の「まっすぐ」のイメージを取ったものであろう。和名の古語は「そに」で、訛ってソビ→ショウビンとなり、またカワセミやヤマセミのセミにも転じた。「そに」は赤い意で、カワセミの足の色が赤いことにちなむ。なお日本では翡翠を「かわせみ」と読むが、中国では*Halcyon*（ヤマショウビン属）を指す。翡翠の項参照。

［字源］「立（*lıəp）」は人が地上に立つ姿を描いた図形。「まっすぐ立つ」というイメージを用い、「立（音・イメージ記号）＋鳥（限定符号）」を合わせることによって、水上からまっすぐなくちばしを立てるようにして水中に突入して魚を捕らえる鳥を暗示した。

甲 金 篆 〔立〕
篆 〔鳿〕

[別名] 天狗・水狗・魚虎・魚師・釣魚郎・翠鳥・翠碧・翠碧鳥

[文献] 爾雅・釈鳥「鴗、天狗」――郭璞注「小鳥也、青似翠、食魚、江東呼水狗（小鳥なり、青きこと翠に似、魚を食ふ、江東水狗と呼ぶ）」

## 【鴳】6 音アン 訓――

[語源] 上古漢語は*·ăn、中古漢語は·ăn（→呉音エン、漢音アン）である。ツル目ミフウズラ科の鳥 ***Turnix tanki***（チョウセンミフウズラ、中国名三趾鶉）を意味する。体長は一六センチほど。形はウズラに似るが小さい。頭は黒褐色、背は黒色・代赭色・灰色の三色が交じる。足の指は三つで、後ろ指がない。性質は臆病で、驚くと跳び上がるが、二、三〇メートル飛ぶと降下する。山坂の草むらや草原に棲む。語源について陸佃は「木処せずして安らかなり」という（埤雅）。木に止まるのは不安定だが、地上に生活して安定しているから、「安」の名を得たというのであろう。和名の「みふうずら」は三斑鶉の意。

[字源]「安（*·an）」は「宀（いえ）+女」を合わせて、女性が家の中にいる情景を設定する図形である。これによって「やすらかに落ち着く」というイメージを示す。これは「上から下に押さえて落ち着ける」というイメージにもなる。按摩の按（上から下に押さえる）・案（腰を落ち着ける「つくえ」）・鞍（腰を落ち着ける「くら」）などは同源のグループ。「安（音・イメージ記号）+鳥（限定符号）」を合わせて、あまり飛べず、飛ぶとすぐに地上に降りて身を落ち着ける鳥を暗示させた。

鷃は異体字。「晏（*·ăn）」は「安（音・イメージ記号）+日（限定符号）」を合わせて、日が下の方に落ち着く（日が暮れる）様子を暗示させ、やはり「やすらかに落ち着く」というイメージがある。鴳と造形の意匠は同じである。日本では鷃を古くは「かやくき」と読む。今のカヤクグリ（茅潜）のことで、スズメ目イワヒバリ科の小鳥を指す。しかし鷃に当てたのは誤用である。

甲 金 篆 〔安〕 篆 〔鴳〕

**[別名]** 斥鴳・尺鴳・鴳雀・鷃・鴽・鴾・鴾母・牟母

**[文献]** 荘子・逍遥遊「斥鴳笑之曰、彼且奚適也（斥鴳之を笑ひて曰く、彼且に奚くに適かんとするや）」、国語・晋語「平公射鴳、不死（平公鴳を射るも、死せず）」

## 【鵂鶹】 6

㊅ キュウ-リュウ　㊊ ——

**[語源]** 上古漢語は*hiog-liog、中古漢語はhɪəu-lɪəu（→呉音クール、漢音キウーリウ）である。フクロウ目フクロウ科の鳥*Glaucidium cuculoides whitelegi*（オオスズメフクロウ、中国名斑頭鵂鶹）を意味する。体長は三〇センチほど。頭部と翼は暗褐色で、白い横紋がある。夜間だけでなく昼間も森林の中で活動する。長江以南に棲息する。鳴き声はhooloo-hooloo からkok-kokに変わりchir-で終わる。鬼哭啾々（幽霊が鳴く声）の正体はこれだという。語源はその鳴き声を*hiog-liogのような擬音語で名づけたのであろう。単に鶹（山海経）ともいう。また、流離（詩経）も同義。

**[字源]** 鳴き声を畳韻の二音節語で捉え、「休（*hiog）」と「留（*liog）」で音写した。休と留を選んだのは「物陰に身を寄せて、じっと止まる」というイメージも兼ねていると思われる。「休」は「人＋木」を合わせて、人が木のそばに寄る場面を設定した図形で、「やすむ」ことを暗示させる。「留」は「丣」にコアイメージがある。これは「卯」と同じで、「戸」が反対方向に向く図形。「両側に開ける」というイメージのほかに「するすると行って止まる」というイメージを示す記号となる。「丣（音・イメージ記号）＋田（イメージ補助記号）」を合わせて、ある場所まで移動して来て止まる様子を暗示させる。溜飲の溜（流れてきた水が一所に止まってたまる）と同源である。

甲 金 篆 〔休〕 篆 〔鵂〕 甲 金 篆 〔卯〕 金 篆 〔留〕 篆 〔鶹〕

【別名】鶹・鶹鷅・流離

【文献】爾雅・釈鳥「鵅、鵋䳢」——郭璞注「今江東呼鵂鶹為鵋䳢（今江東鵂鶹を呼んで鵋䳢と為す）」、梁書・侯景伝「所居殿常有鵂鶹鳥鳴、景悪之（居る所の殿に常に鵂鶹鳥有りて鳴く、景之を悪む）」

## 【鴻】6　音コウ　訓おおとり

【語源】上古漢語は*ɦung、中古漢語はɦung（→呉音グ、漢音はコウ）である。カモ目カモ科の水鳥*Cygnus cygnus*（オオハクチョウ、中国名天鵝、大天鵝）を意味する。体長は一・五メートルほど。全身白色で、くちばしと足は黒い。湖や沼に群れて棲み、植物の種子のほか魚介も食べる。一雄一雌制を守ることから、愛情の象徴、また、高いところを速く飛行することから、遠大な志の象徴となる。語源は「江」（大きな川）と同源。別名を鵠という。

【字源】「工（*kung）」は虹でも述べたが、二線の間を縦の線で突き通す図形で、「突き通す」というイメージを示す。「工（音・イメージ記号）＋水（限定符号）」を合わせた江（*kŭng）は、中国大陸を東西に突き抜ける大河、つまり長江（揚子江）を表す。「江（音・イメージ記号）＋鳥（限定符号）」を合わせて、長江のように大空を突き抜けて渡っていく大きな鳥を暗示させた。

甲　金　篆〔工〕　金　篆〔江〕　篆〔鴻〕

【別名】鵠・黄鵠・鴻鵠・天鵝・白鵝・遙翮・烏孫公主

【文献】詩経・豳風・九罭「鴻飛遵陸（鴻は飛んで陸に遵ふ）」、史記・陳渉世家「燕雀安知鴻鵠之志（燕雀安んぞ鴻鵠の志を知らんや）」

## 鴻雁　音コウガン　訓——

【語源】上古漢語は*ɦung-ngăn、中古漢語はɦung-ngăn（→呉音グーゲン、漢音コウーガン）である。カモ目カモ科の水鳥*Anser cygnoides*（サカツラガン）を意味する。体長は九〇センチほど。羽はほぼ茶褐色で、くちばしは黒い。雄はくちばしの基部に大きなこぶがある。川や沼に棲む。シナガチョウの祖先。和名のサカツラは酒面で、顔が赤みを帯びることによる。

**【字源】** ガンの中では比較的大きく、体形が鴻（オオハクチョウ）に似るので、雁に鴻をつけた表記である（雁・鴻の各項参照）。

**【別名】** 駕鵝・騀鵝・野鵝・都鵝

**【文献】** 詩経・小雅・鴻雁「鴻雁于飛、集于中沢（鴻雁ここに飛び、中沢に集まる）」、礼記・月令「鴻雁来、玄鳥帰（鴻雁来り、玄鳥帰る）」

## 【鴿】 6 音 コウ 訓 はと

**【語源】** 上古漢語は*kəp、中古漢語はkəp（→呉音コフ、漢音はカフ）である。ハト目ハト科の鳥*Columba*（カワラバト属）の総称。カワラバトは羽が灰色で、頸は緑と紫を帯びる。カワラバトから家禽化されたのが、イエバト（ドバト）である。中国では用途によって信鴿（伝書バト）、菜鴿（食用バト）、観賞鴿（観賞バト）の三つに分ける。伝書鳩は唐代から流行し飛奴と称した。白鴿（白バト）は瑞祥とされた。語源について李時珍は、このハトは雌が雄に乗って交尾する、そのように性が淫なるため、合し易いことに因んだ命名という（本草綱目）。これは一雄一雌制を守ることの儒教的解釈であろう。

**【字源】** *kəpは鳴き声を写したもので、これを近似的に「合（*ɦəp）」で表した。それだけではなくイメージも兼ねる。すなわち群れをなして集合する習性があるから、集合の合を利用し、「合（音・イメージ記号）＋鳥（限定符号）」を合わせて、鴿の字を作った。「合」の字源については蛤の項参照。

甲　金　篆　〔合〕

篆　〔鴿〕

**【別名】** 鵓鴿・飛奴・人日鳥・半天嬌・插羽佳人

**【文献】** 毛詩草木鳥獣虫魚疏（三国呉・陸璣）「晨風…撃鳩鴿燕雀食之（晨風は…鳩・鴿・燕・雀を撃ちて之を食ふ）」、宋書・符瑞志「白鴿見酒泉（白鴿酒泉に見る）」

## 【鴴】 6 音 —— 訓 ちどり

【語源】チドリ目チドリ科の鳥の総称。種類が多い。羽はたいてい灰色で、褐色などの斑紋がある。くちばしは短く、先端がふくらむ。足は細長く、指は三本で、後ろ指がない。水辺や田んぼなどに棲む。チドリ（千鳥）の語源は、群れをなすから千（数が多い）の鳥と名づけられたと思われる。

【字源】ジグザクに歩くことを千鳥足という。このようにチドリの足運びに特徴があるので、「行」に鳥を加えて鵆と書いた。これは国字である。一方、鴴という漢字があるが、全くマイナーな字である（玉篇に「鴴、荒鳥」とあるが実体不明）。ところが現代の中国では鴴をチドリの意味で使っている。これは近代生物学とともに日本の鵆が中国に伝わり、古字書にしかない鴴を蘇らせたものであろう。

「行」は十字路を描いた図形。これによって「いく」ことを意味する*ɦăngを表記する視覚記号とする。

㊙甲　㊙金　㊙篆　〔行〕

## 【鵄】6 ㊙音 シ ㊙訓 とび

【語源】音義とも鴟と同じ。チュウヒ、またフクロウを意味する。鴟は古典で鳶の類とされてトビと混同された。それと平行して、鵄もトビとされることが多い。鴟の項参照。

【字源】「至（*tied）」は蛭の項でも述べたように、矢が地面に届く様子を暗示する図形。「どん詰まりまで来る」というイメージから、「すきまなく近づく」というイメージも表すことができる。「至（音・イメージ記号）＋鳥（限定符号）」を合わせて、草の上をすれすれに飛んで獲物を狙う鳥、チュウヒを表した。

㊙甲　㊙金　㊙篆　〔至〕

【文献】名医別録「鵄頭味鹹平無毒、主治頭風眩顚倒、癇疾（鵄頭は味は鹹にして平、毒無し。頭風眩顚倒・癇疾を治するを主る）」、類篇（宋・司馬光）「鴟、鵄」

## 【鴲】6 ㊙音 シ ㊙訓 しめ

【語源】説文解字に「鴲、瞑鴲也」、類篇に「一曰、青雀」、広韻に「小青雀」とあるぐらいで情報に乏しいが、おそらくイカルの類であろう（鳫・鵤の項参照）。日本では和名抄がシメに当てた。スズメ目アトリ科の鳥 ***Coccothraustes coccothraustes***（シメ）を指す。体長は一九センチほど。くちばしは鉛色で太い。背は暗褐色で、白斑がある。「しめ」は鳴き声による命名という（大槻文彦）。

**[字源]**「旨（*tier）」は鮨の項でも述べたが、「匕（スプーン）＋甘（口に物を含む）」を合わせて、味を深く味わう様子を暗示する図形。「味がこってりしている」というイメージがあり、脂（こってりとして旨い動物の脂肪）は同源の語である。脂肪のようにてかてかとした光沢のあるくちばしをもつ鳥を「旨（音・イメージ記号）＋鳥（限定符号）」によって表した。イカルの異名を窃脂（淡い脂肪の意）、蠟嘴（蠟の色をしたくちばしの意）という。シメはイカルと似ており、また、現代の中国でシメを錫嘴雀というから、和名抄の同定は当たっているかもしれない。ただしシメのシを「旨」で表記し、鳥偏をつけた半国字という可能性もある。

㊙甲　㊙金　㊙篆〔旨〕

㊙篆〔鴲〕

## 【鵀】6　㊟ジン　㊞—

**[語源]** 上古漢語は*ɲıəm、中古漢語はɲıəm（→呉音ニム、漢音ジム）である。ブッポウソウ目ヤツガシラ科の鳥 ***Upupa epops***（ヤツガシラ、中国名戴勝）を意味する。体長は三〇センチほど。頭に扇状の冠羽があり、羽の先端は黒い。くちばしは細くて曲がる。尾の腺から臭いを出す。ポ・ポ・ポという声で鳴く。語源は「任」の「かかえこむ」のイメージを取る。戴勝が通り名である。勝は女性が頭につける飾り物の一種で、これを頭に載せた姿に冠羽を見立てる。和名は植物のヤツガシラ（八頭）に見立てたもの。

**[字源]**「壬（*ɲıəm）」は糸巻きを描いた図形。糸を巻くと中央がふくれた姿になるので、「ふれる」というイメージを示す記号となる。女性がみごもると腹がふくれる。妊娠の妊はこのイメージ。また、人が腹の前に荷物をかかえると、やはりふくれた姿になる。「仕事などをかかえこむ」ことを任という。ヤツガシラは頭に独特の冠羽を載せている。これを、かかえこんでふくれた姿と見て、「任（音・イメージ記号）＋鳥（限定

符号)」を合わせた視覚記号によって捉えた。

(甲)　(金)　(篆)　〔壬〕

(甲)　(金)　(篆)　〔任〕

[別名] 戴鵀・戴勝・織鳥・鶏冠鳥・山和尚・花蒲扇・臭姑鴣

[文献] 爾雅・釈鳥「鵖鴔、戴鵀」、三国志・魏志・管寧伝「夫戴鵀陽鳥、而巣門陰、此凶祥也(それ戴鵀は陽鳥なり、而して門陰に巣くふは、此れ凶祥なり)」

鴾→鴇 (263ページ)

## 【鴾】 6 音 ボウ 訓 とき

[語源] 日中で意味が異なる。中国では上古漢語が*mɪog、中古漢語がmɪəu(→呉音ム、漢音ボウ)で、ミフウズラ(三斑鶉)を意味する。物に驚くと飛び上がるが、あまり飛べずに降下する。そんな姿を捉えて、務(無理に力を出す)と同源による命名。鴽の項参照。

日本ではトキに用いるが、漢名の鴾とは無関係である(鳵・鴇の項参照)。

[字源] 「牟(*mɪog)」は蝤蛑の項で説明した通り、「ム(声の出るさま)+牛」を合わせて、牛の鳴き声を暗示させる図形。これによって「むさぼる」という意味をもつ*mɪogを表記する。この意味は牛の反芻の習性から比喩的に連想されたものである。ここに「無理に求める」というイメージがあり、「無理を冒して突き進む」というイメージに展開する。鉾(敵に突き進める「ほこ」)や眸(対象に視線を進める「ひとみ」)などは同源のグループ。矛(ほこ)や務(無理に力を出してつとめる)とも同系である。「牟(音・イメージ記号)+鳥(限定符号)」を合わせて、飛ぶ力が弱いので無理に力を出して飛ぼうとする鳥を暗示させた。日本で使う鴾は鴇が崩れた字体で、半国字である(鴇の項参照)。

(篆)　〔牟〕

[別名] ①(ミフウズラ)鴽 ②(トキの異表記)鴇

[文献] ①爾雅・釈鳥「鴷、鴾母」

## 【鴷】 6 音 レツ 訓 —

**【語源】** 上古漢語は*liat、中古漢語はlɪɛt（→呉音レチ、漢音レツ）である。キツツキ目キツツキ科の鳥の総称。多くの種類がある。くちばしはまっすぐとがり、舌は長く伸縮できる。足は短く、木によじ登る。木の表面や中にいる昆虫を食べる。語源は「列」の「切り裂く」のイメージによる。通名は啄木鳥。木をついばむ意から来ている。和名の語源は木を叩くことから、木突きの意。

**【字源】**「歹」は「死」にも含まれているように、ばらばらになった骨の形である。「列」の左側は「歺」が変わったもの。「歺（*liat）」は「巛（三筋に分ける符号）＋歹（骨）」を合わせて、骨を幾筋かに切り分ける情景を暗示させる図形。「切り分ける」というイメージを示す。「歺（音・イメージ記号）＋刀（限定符号）」を合わせた「列（*liat）」は、刀でいくつかに切り分けることを表した。裂（切り裂く）・烈（切り裂けるように火花が散って燃えるさま→はげしい）は同源のグループ。いくつかに分けられたものは並んでいる状態になるので、「いくつか並ぶ」というイメージにもなる。行列の列はこのイメージ。キツツキは木を切断するわけではないが、樹皮を分けて中にいる虫を食べるので、「列（音・イメージ記号）＋鳥（限定符号）」によって、キツツキを表す視覚記号とした。

篆〔歺〕　篆〔列〕

**【別名】** 啄木・斲木・樹啄

**【文献】** 爾雅・釈鳥「鴷、斲木」——郭璞注「口如錐、長数寸、常斲樹食虫、因名云（口は錐の如く、長さ数寸、常に樹を斲りて虫を食ふ、因りて名づくと云ふ）」、朝野僉載1（唐・張鷟）「庁前樹上有鴷窠（庁前の樹上に鴷の窠有り）」

## 【鵝】7　音ガ　訓——

**【語源】** 上古漢語は*ngag、中古漢語はŋɑ（→呉音・漢音ガ）である。カモ目カモ科の鳥 *Anser cygnoides* var. *domestica*（シナガチョウ）を意味する。サカツラガン（鴻雁）から家禽化された。体長は約六〇センチ。首は長く、前額部に肉こぶがある。羽毛が白色のものと、褐色のものとの二種類がある。ガチョウは争いを好む性質があるので、古代、闘鵝のゲームが行われた。

語源は鳴き声を模した擬音語に由来する。別名の右軍・羲愛は晋の王羲之がガチョウを愛好した故事による。

**【字源】** 鳴き声を「我（*ngar）」で表記し、鳥偏をつけた。「我」を選んだ理由はそれだけではない。ガチョウは警戒心が強く、首を高く挙げる。したがって峨（山がぎざぎざして高い）と同源でもある。「我」は蛾の項でも述べたが、刃がぎざぎざした武器の図形で、「∧型や「型をなす」というイメージを示す記号である。ガチョウが首を挙げて辺りを警戒する姿が「型に見える。鵞・鵝は異体字。

甲　金　篆〔我〕　篆〔鵝〕

**【別名】** 家雁・舒雁・蒼鵝・白鵝・鶂鶂・右軍・羲愛・兀地奴

**【文献】** 爾雅・釈鳥「舒雁、鵝」、史記・司馬相如伝「弋白鵠、連駕鵝（白鵠を弋し、駕鵝［サカツラガン］を連ぬ）」、名医別録「白鵝膏主治耳卒聾、以灌之（白鵝の膏は耳卒聾を治するを主る、以て之を灌ぐ）」、西京雑記2（晋・葛洪）「魯恭王好闘鶏鴨及鵝雁（魯の恭王、鶏鴨及び鵝雁を闘はすを好む）」

## 【鵤】 7　㊌ ―　㊋ いかる

**【語源】** アトリ科のイカルを指す。くちばしは太くて強い。堅い実を回しながらくちばしで割って食べることから、豆回しの異名がある。「いかる」の語源はくちばしが角立つ特徴から、イカル（稜起）カド（角）の意という。漢名は桑扈（そうこ）（桑鳸）で、その異名を窃脂、蠟嘴（ろうし）という。くちばしの色が黄色で、脂肪や蠟に似て光沢があることに由来する。扈の項参照。なお日本では斑鳩をイカル、またイカルガ（イカルの古名）と読むが、本来の斑鳩はキジバトを指す（斑鳩の項参照）。

**【字源】** イカルの語源に従って、「角」に鳥偏をつけて、鵤を創作した。国字。

「角」は獣の尖った「つの」を描いた図形である。つのは∧型を呈するので、∧型の「かど」という意味を派生する。

甲　金　篆〔角〕

**【鵟】** 7 ㊅キョウ ㊆のすり

**[語源]** 日中では意味が異なる。ただし鵟は中国の古典ではほとんど用例がないが、爾雅に「狂、茅鴟」とあり、この狂が鵟の古語である。茅鴟はフクロウやミミズクの類を意味する。したがって鵟もこの意味である。日本では類聚名義抄が鵟をクソトビ（ノスリの別名）に読み違えた。それは鴟にフクロウのほかトビ（実はチュウヒ）の意味もあったからと考えられる（鴟の項参照）。ノスリ（*Buteo buteo*）はタカ科の猛禽で、体長が五四センチほど。羽毛は褐色。円を描いたり、滑空したりして、鼠などを捕食する。ノスリの古名はノセ。セはセウ（兄鷹）の略で、雄のタカの意。したがって野原に居る雄のタカというのがノスリの語源である。

**[字源]** 「王（*ɦuang）」は「大きく広がる」というコアイメージがある（蝗・凰の項参照）。「王（音・イメージ記号）＋止（あし）」を合わせた㞷（*ɦuang）は、方向を定めずどこまでも足を延ばして行く様子を示す。往来の往の原字である。「㞷（音・イメージ記号）＋犬（イメージ補助記号）」を合わせた「狂（*gɦuang）」は、犬がむやみやたらに走り回る（つまり、おかしくなって暴れ回る）様子を暗示させた。正常を逸脱することが狂である。フクロウやミミズクは気味の悪い声で鳴くので、茅鴟（フクロウの一種）を狂といい、鳥偏をつけて鵟となった。日本でノスリに使われ、これが近代生物学とともに中国に逆輸入されている。

㊙甲 ㊙金 ㊙篆 〔王〕

㊙甲 ㊙篆 ㊙篆 〔㞷〕

㊙篆 〔狂〕

**[文献]** 類篇（宋・司馬光）「鵟、鳥名、鴟属」

**【鵙】** 7 ㊅ゲキ ㊆もず

**[語源]** 上古漢語は***kuek**、中古漢語は**kuek**（→呉音キャク、漢音ゲキ）である。スズメ目モズ科の***Lanius***（モズ属）の総称。中国では九種類のモズが棲息する。体長は二〇センチ内外。尾は長い。くちばしは猛禽のように鋭く湾曲する。虫類のほか小動物を襲って食べる。

食べ残しの獲物を小枝に刺しておく習性があり、これを「モズの速贄（はやにえ）」という。また、キィーキィキィという高い声で鳴いて縄張りの宣言をする習性があり、これを「モズの高鳴き」という。*kuek の語源は鳴き声を写した擬音語に由来する。和名はモが鳴き声で、ズはウグイスなどのスと同じ接尾語という。モズは他の鳥をまねるので百舌とも書かれるが、これは日本の表記であって、漢語の百舌はクロウタドリを指す。

**[字源]** 鵙は鶪が崩れた字体。モズの鳴き声を「狊（*kuek）」で表記した。この奇字を用いた理由はそれだけではない。「狊」は「目＋犬」を合わせて、犬が目を張る様子を暗示する図形。これは敵を狙って攻撃するときの目つきであり、撃と同系の語である。鷹をも撃つというモズの性質を捉えて、「狊（音・イメージ記号）＋鳥（限定符号）」を合わせて鶪とした。

㊮〔狊〕　㊮〔鶪〕

**[別名]** 鴂・伯労・博労・伯鷯・百鷯・伯趙・雀王・鳳凰卑隷

**[文献]** 詩経・豳風・七月「七月鳴鵙（七月鵙鳴く）」、礼記・月令「仲夏之月、小暑至、鵙始鳴（仲夏の月、小暑至り、鵙始めて鳴く）」

## 【鵑】7

㊥ケン　㊦ほととぎす（杜鵑）

**[語源]** 上古漢語は*kuăn、中古漢語は kuen（→呉音・漢音ケン）である。カッコウ目カッコウ科の鳥 *Cuculus poliocephalus*（ホトトギス、中国名杜鵑、小杜鵑）を意味する。体長は二八センチほど。カッコウに似るが、小さく細っそりしている。背は灰色、腹は白色に黒色の横斑が交じる。カッコウと同様、托卵の習性がある。夏に渡ってきて、鋭い声で鳴く。伝説によると、蜀王の杜宇が家来の妻と通じたために追放され、死後魂がこの鳥に変身し、「不如帰（帰るに如かず）」と叫ぶかのように赤い血を吐いて鳴く。ここから杜宇、蜀魂などの名が生まれたという。しかし杜鵑の杜という字や、口の中が赤いことから逆に説話が形成された可能性が強い。帰・規・巂・鴂・鳺・鵑などのK音は鳴き声を写した擬音語と考えられる。杜鵑の杜も鷤鴂・鶗鴃などのT音とともに鳴き声であろう。したがって杜鵑の全体が擬音語由来と考えてよい。日本でもホト

トギスの鳴き声を特許許可局のようにT—Kの音で聞きなすことがある。和名の「ほととぎす」はホトトキ（ここにもT音、K音が含まれている）が鳴き声、スが接尾語という。

**[字源]**「肙（*·iuan）」は近似的に***kuăn**を暗示させる音記号だが、イメージも兼ねる。「肙」は蜎の項でも述べたように、ボウフラを描いた図形で、「小さく細い」というイメージがある。絹（細いシルク）・娟（女性の体が細っそりしたさま）などは同源のグループ。「肙（音・イメージ記号）＋鳥（限定符号）」を合わせて、カッコウの仲間で、体形が比較的小さく細っそりした鳥を表した。

(篆) 〔肙〕

**[別名]** 子規・子鴂・子鳺・子巂・子鵑・秭帰・秭鳺・催帰・思帰鳥・田鵑・鷤鴂・鶗鴃・鵜鳺・杜宇・杜魂・杜魄・怨魄・怨鳥・蜀魂・蜀魄・蜀鳥・楚鳥・望帝・巂周・周燕・陽雀・陽禽・謝豹（日本でホトトギスの異表記）時鳥・不如帰・霍公鳥・沓手鳥・郭公

**[文献]** 華陽国志3（晋・常璩）「時適二月、子鵑鳥鳴、故蜀人悲子鵑鳥鳴也（時たまたま二月、子鵑鳥鳴く、故に蜀人、子鵑鳥の鳴くを悲しむなり）」、酉陽雑俎16（唐・段成式）「杜鵑始陽相催而鳴、先鳴者吐血死（杜鵑、始陽に相催して鳴く、先づ鳴く者は血を吐いて死す）」

## 【鵠】7 (音)コク (訓)くぐい

**[語源]** 上古漢語は***ɦok**、中古漢語は**ɦok**（→呉音・漢音コク）である。カモ科のオオハクチョウ（大白鳥）を意味する。鴻の別名。***ɦung**（鴻）の語尾が入声と入れ替わった語形である。オオハクチョウは一たび上がれば千里を飛ぶとされ、遠大な志の象徴となる。また、一雄一雌制で、いつもカップルをなし、一羽が死ぬと他の一羽は終生単独で暮らすといわれ、愛情の象徴となる。語源は皓（しろい）と同源。和訓の「くぐい（くぐひ）」はハクチョウ（白鳥）の古名。

**[字源]** 古代漢語で明るく白いことを意味することばに***ɦog**（皓・皜）があり、語尾を入れ替えた***ɦok**で白鳥を表した。視覚記号としては、「告（音記号）＋鳥（限定符号）」を合わせて「鵠」を作った。「告（***kok**）」は「牛＋口（四角い枠）」を合わせて、牛の角をきつ

く縛る場面を設定した図形であるが、「きつく縛る」というイメージは用いないで、ただ*ɦokを近似的に暗示したものである。

甲　金　篆〔告〕　篆〔鵠〕

**【別名】** 鴻

**【文献】** 荘子・庚桑楚「越鳥不能伏鵠卵（越鳥は鵠の卵を伏する能はず）」、漢書・西域伝「願為黄鵠兮帰故郷（願はくは黄鵠と為りて故郷に帰らん）」

## 【鵔鸃】7　音 シュンーギ　訓 —

**【語源】** 上古漢語は*tsiuən-ngiar、中古漢語はtsiuĕn-ngiĕ（→呉音・漢音シュンーギ）である。キジ目キジ科の鳥 *Chrysolophus pictus*（キンケイ、中国名錦鶏）を意味する。雄の体長は一メートルほど。頭に金色の糸状の羽冠があり、首に覆いかぶさる。背は濃緑色、腹は赤色。尾は幅が広くて長い。山地の竹林に棲息する。中国西南部の特産。語源について本草綱目では「儀容俊秀なり」とあり、俊と儀のイメージを合わせた命名であろう。古代、キンケイの羽は侍中職の冠の飾りに用いられ、鵔鸃冠と称した。

**【字源】** 「夋（*tsiuən）」は「允（細くすらりと立つ人）＋夊（あし）」を合わせて、人が高くスマートに立つ姿を表す図形である。「ひときわ抜きん出ている」というイメージを示す。俊（抜きん出ている）・駿（背が高く足の速い馬）・峻（山が高いさま）などは同源のグループ。「義（*ngiar）」は蟻の項でも述べたように、「形がきちんと整っている」というイメージを示す。「夋（音・イメージ記号）＋鳥（限定符号）」と「義（音・イメージ記号）＋鳥（限定符号）」を組み合わせて、容姿が優れて整って美しい鳥を暗示させた。鵕鸃とも書く。

甲　金　篆〔允〕

篆〔夋〕　篆〔鵔〕

甲　金　篆〔義〕

篆〔鸃〕

**【別名】** 鷩雉・山鶏・采鶏・金鶏・錦鶏

**【文献】** 史記・司馬相如伝「揜翡翠、射鵔鸃（翡翠を揜（おお）

ひ、駿鸃を射る)」

## 【鵜】7 音テイ 訓う

[語源] 中国と日本では意味が異なる。中国では上古漢語が*deg、中古漢語がdei(→呉音ダイ、漢音テイ)で、ペリカン目ペリカン科の鳥 ***Pelecanus philippensis*** (ハイイロペリカン、別名ガランチョウ、中国名鵜鶘)を意味する。体長は二メートルに達し、ペリカンの中では最大。羽は白色。翼は大きくて広い。くちばしの下に大きな袋があり、捕らえた魚を貯える。古代には黄河流域にも棲息していたらしい。語源は「弟」の「低く垂れ下がる」というイメージによる命名。和名の伽藍鳥は仏典から取られたという。日本では鵜をウに用いるが、読み違いである。ウの漢名は鸕鷀(ろし)という(該項参照)。

[字源]「弋」は鳶の項でも述べたように、先端が二股になった武器や道具の図形。それに紐を巻き付ける様子を示す符号をつけたのが「弟(*der)」である。「下から上に段々と上がる」というイメージを表すが、見方を変えると、「上から下に低く垂れ下がる」というイメージにもなる。弟(兄弟の中で、兄より背や年が低い方)・梯(高い所に上るため、段々になった「はしご」)・第(段々と上がっていく順序)・涕(垂れ落ちる「なみだ」)などは同源のグループ。「弟(音・イメージ記号)+鳥(限定符号)」を合わせて、くちばしの下に袋が垂れ下がる鳥を暗示させた。鵜は異体字で、「夷」には「低い」というイメージがあり、弟と同系の語である(鯷の項参照)。

のち鶘(*ɦag)を添えて、鵜鶘(ていこ)の二音節語となった。「古(*kag)」は紐でぶら下げた頭蓋骨の図形で、「固い」というイメージのほかに「上から下に垂れ下がる」というイメージを示す記号にも使われる。「古(音・イメージ記号)+肉(限定符号)」を合わせた「胡(*ɦag)」は、あごの下に垂れ下がる肉を表す。「胡(音・イメージ記号)+鳥(限定符号)」を合わせて、くちばしの下に垂れ下がる袋をもつ鳥を暗示させた。鵜と造形の意匠が似ている。ちなみに「胡」はあごひげの意味も派生する。さらにあごひげを蓄えたアラビア方面の人を指す語となり、ここから中央アジア方面から伝来したものに添える語となった(胡麻、胡椒、胡桃など)。

日本では新撰字鏡が日本に棲息しないペリカンをウに読み違えてから、ウの訓が定着した。

甲　金　篆　〔弟〕
篆　〔鶘〕
篆　〔鵜〕
甲　金　篆　〔古〕
篆　〔胡〕

【別名】①（ペリカン）鵜鶘・鵜胡・鶘胡・鵹鶘・犁湖・犁塗・淘河・逃河・淘鵝・駝鶴・洿沢・汚沢・鴮鸅・水流鵝　②（ウ）鸕鷀

【文献】①詩経・曹風・候人「維鵜在梁、不濡其翼（維(こ)れ鵜(てい)梁に在り、其の翼を濡らさず）」、荘子・外物「魚不畏網而畏鵜鶘（魚は網を畏れずして鵜鶘を畏る）」、証類本草19「鵜鶘…昔為人窃肉入河、化為此鳥、今猶有肉、因名逃河（鵜鶘は…昔人の為に肉を窃み河に入り、化して此の鳥と為る、今猶肉有り、因りて逃河と名づく）」

## 【鵥】7　音——　訓かけす

【語源】スズメ目カラス科の鳥 *Garrulus glandarius*（カケス）を指す。体長は三三センチほど。頭に黒い縦斑、翼に藍と黒の交じった斑紋がある。尾は黒い。樹上に枯れ枝で巣を造ってぶら下げるところから、懸巣の名がついた。一説では、カケは鳴き声、スは小鳥につける接尾語という。

【字源】カケスは他の鳥や動物、また人の声をまねるのが巧いので、「判（わかる）」に鳥を添えて「鵥」が創作された。国字。

「八（*puăt）」は両側に分けることを示す象徴的符号。「八（音・イメージ記号）+牛（イメージ補助記号）」を合わせた「半（*puan）」は、牛を解体するように、二つに分ける様子を暗示する。「半（音・イメージ記号）+刀（限定符号）」を合わせた「判（*p'uan）」は、刀で両断することを表した。二つに断ち切ること（剖判の判）から、白か黒か、善か悪か、どちらかにきっぱりと分けること（裁判の判）、さらに、事分けして理解する（判断の判）の意味に展開する。

甲　金　篆　〔八〕
金　篆　〔半〕
篆　〔判〕

**【鵐】** 7 音ブ 訓しとど

［語源］ 中国ではほとんど用例がないが、類篇に鴽（ミフウズラ）と同じとする。日本ではシトド（古くはシトト）と読む。ホオジロ、ホオアカ、アオジ、アカジなどを含めた総称だが、専らホオジロの別名ともされる。シトドは巫女が占いに使ったといわれ、ミコドリの異名もある。ホオジロ（***Emberiza cioides***）はスズメ目ホオジロ科の鳥で、体長は一五センチ内外。背は赤褐色、腹は褐色。額・頬・喉の部分が白いので、頬白の名がついた。さえずりは「一筆啓上」などと聞こえる。

［字源］ 日本書紀で「巫鳥」と書かれ、和名抄で「鵐」と書かれた。鵐は巫鳥の合字である。しかしたまたま中国にも存在したので、半国字。鵐は近代生物学とともに中国に逆輸入され、現在は***Emberiza***（ホオジロ属）の鳥を表すのに用いている。

漢語で女のみこを巫（*muag）、男のみこを覡（*ɦök）という。「巫」の原形は「王」（玉の古い形）を縦と横に組み合わせた図形で、神秘な玉で神と交信する女性を表した。舞と同源の語である。

甲 金 篆  〔巫〕

**【鵪】** 8 音アン 訓うずら

［語源］ 上古漢語は*·əm、中古漢語は·əm（→呉音オム、漢音アム）である。ウズラまたはミフウズラを指す。二つはよく似ているが、はっきりした違いは、ミフウズラの足には後ろ指がないことである。ウズラについては鶉、ミフウズラについては鴽の項参照。鵪鶉の二音節語はウズラを意味する。

［字源］ 「申」は稲妻を捉えた図形で、「長く伸びる」というイメージを示す。「大」（蓋の形）＋「申」を合わせた「奄」（*·iam）」は、上に伸び出ようとするものに蓋を被せる様子を暗示する図形で、「上から覆い被せる」というイメージを示す。掩（覆い被せる）・庵（屋根を被せた「いおり」）などは同源のグループ。「覆いを被せる」というイメージは「上から覆いを被せて、その中に隠れる」というイメージに展開する。「奄（音・イメージ記号）＋鳥（限定符号）」を合わせて、草むらの陰に身を隠す鳥を暗示させた。

説文解字では雓・䳺になっている。「今」は蓋を被せて中の物をふさぐというイメージがある（金糸雀の項参照）。「今（音・イメージ記号）＋酉（限定符号）」を合わせて、酒壺に酒を閉じこめておく様子を暗示させる。䳺は物陰に閉じこもる鳥という造形の意匠が読み取れる。陰（いん）（かげ）・歓（いん）（＝飲。液体を口に入れこむ）と同源である。

(甲)　(金)　(篆)〔申〕

(篆)〔奄〕

(籀)〔䳺〕　(篆)〔雓〕

【別名】①（ミフウズラ）鴳　②（ウズラ）鶉

【文献】①大戴礼記・夏小正「鴽、鵪也」　②竜龕手鑑（後梁・行均）「鵪、鵪鶉也」

## 【鶍】8

(音)――
(訓)いすか

【語源】スズメ目アトリ科の鳥 *Loxia curvirostra*（イスカ）を指す。体長は一七センチほど。体は赤色で、尾は黒褐色。松林に棲み、松の実を食べる。くちばしは太くて曲がり、上下が交差している。古語でねじけていることを很（いすか）しといい、その語根イスカが名の由来。漢名は交嘴鳥という。

【字源】大槻文彦は鶍は鵙の譌字かという（大言海）。節用集（室町時代）ではイスカを鵙と表記しているが（鵙はモズであってイスカではない）、江戸時代になって鵙に代わって「鶍」が登場する。「易」は交易の易で、物と物を換える→交差するというイメージがあるから、「易＋鳥」でイスカを表したと考えられる。国字である。なお「易」の字源については蜥蜴の項参照。

【別名】（イスカの異表記）交喙

## 【鶏】8

(音)ケイ
(訓)にわとり

【語源】上古漢語は*ker、中古漢語はkei（→呉音ケ、漢音ケイ）である。キジ目キジ科の鳥 *Gallus gallus* var. *domesticus*（ニワトリ）を意味する。セキショクヤケイ（*Gallus gallus*、中国名原鶏）が家禽化されたもので、中国では約四四〇〇年前の竜山文化の遺跡からニワトリの骨や陶鶏が発掘されている。原鶏は今も雲南、広東、海南島に棲息する。*ker の語源はおそらく鳴き声を模した擬音語に由来する。和名の古語であるカケも鳴き声といわれる。
　古代中国では、ニワトリには五徳があるとされた。頭に冠を戴くのが「文」、足にけづめを持つのが「武」、敵と戦うのが「勇」、食を見て呼び合うのが「仁」、夜を守り時を失わないのが「信」である（韓詩外伝）。ニワトリの闘争心を利用した闘鶏の起源は古く、春秋左氏伝に見えるが、唐代が最も盛んであった。ニワトリには霊力があると考えられ、除夜に門戸に懸けて邪悪を祓う風習があった。また、「鶏」の音が「吉」に通じることから、吉祥のシンボルとなる。

**【字源】** 鳴き声を「奚（*ɦer）」で表記するが、この記号を選んだ理由はそれだけではない。「奚」は「爪（下向きの手）＋幺（ひも）＋大（人）」を合わせて、人を紐でつなぐ情景を暗示する図形である。紐でつながれた奴隷を「奚」で表した。「紐でずるずるとつなぐ」「一筋につながる」というイメージがあり、渓（谷から川に筋をなして流れる水）・蹊（一筋につながる細道）などは同源のグループ。「奚（音・イメージ記号）＋鳥（限定符号）」を合わせて、紐でつないで飼い馴らした鳥を暗示させた。「雞」は異体字。

㊙甲　㊙金　㊙篆（奚）

㊙甲　㊙籀（鶏）　㊙篆（雞）

**【別名】** 時夜・燭夜・司晨・司晨鳥・金禽・窓禽・徳禽・兌禽・巽羽・翰音・羹本・赤幘・花冠・戴冠郎・長鳴都尉官・西日将軍

**【文献】** 詩経・斉風・鶏鳴「鶏既鳴矣、朝既盈矣（鶏既に鳴けり、朝既に盈てり）」、論語・陽貨「割鶏焉用牛刀（鶏を割くに焉んぞ牛刀を用ゐんや）」、神農本草経「丹雄鶏味甘微温、主治女人崩中漏下…通神、殺毒、辟不祥（丹雄鶏は味は甘にして微温なり。女人崩中漏下を治するを主る。…神に通じ、毒を殺し、不祥を辟く）」

## 烏骨鶏

㊥ウーコッーケイ　㊀―

**【語源】** ウコッケイはニワトリの品種の名である。原産地は中国の江西省泰和県という。体形はずんぐりとして、糸状の白い絨毛に覆われる。皮、肉、骨はみな黒い。中国医学（本草）では生薬に用いる。

**【字源】** 「烏」はカラスを描いた図形（該項参照）。カラスは黒いので、「黒い」を意味するために添えられる語である。「冎（*kuăr）」は上の骨に下の骨がはまりこんだ関節を表す図形（蝸の項参照）。「骨（*kuət）」は「冎（音・イメージ記号）＋肉（限定符号）」を合わせて、体の「ほね」を表した。

㊕（冎）　㊕（骨）

**［別名］** 烏鶏・薬鶏・竹糸鶏・絨毛鶏

**［文献］** 物類相感志「烏骨鶏、舌黒者則骨黒、舌不黒者、但肉黒（烏骨鶏は、舌黒き者は則ち骨黒し、舌黒からざる者は、ただ肉黒し）」

## 秧鶏　㊅オウーケイ　㊂くいな

**［語源］** 中世漢語は·iang-kiei である。ツル目クイナ科の *Rallus aquaticus*（クイナ）を意味する。体長は三〇センチほど。くちばしは頭より長い。背は灰褐色で、黒い斑紋がある。足は赤褐色で、指は長い。速く歩くが、あまり飛べない。沼沢や水田に棲み、昆虫や植物の若芽などを食べる。語源は秧（稲の苗）が生える頃（夏から秋にかけて）に姿が見られるからこの名がついたという。和名の「くいな（くひな）」の語源は、クヒが鳴き声を表す擬音語で、ナは「鳴く」の語根だという（大槻文彦）。日本では水鶏とも書くが、これは本来カエルの一種である（蛙の項参照）。

**［字源］** 「央（*·ianɡ）」は「真ん中を押さえる」というイメージがある（鴛鴦の項参照）。「央（音・イメージ記号）＋禾（限定符号）」を合わせて、上から押さえるようにして植える稲の苗を表した。

㊙　㊎　㊕（央）

㊕（秧）

**［別名］**（クイナの異表記）水鶏

**［文献］** 食物本草12「秧鶏、大如小鶏、白頬、長嘴短尾、背有白斑、多居田沢畔、夏至後夜鳴達旦、秋後即止（秧鶏は大きさ小鶏の如く、白頬、長嘴短尾、背に白斑有り、多く田沢畔に居る、夏至の後夜鳴きて旦に達す、秋後即ち止む）」

## 軍鶏　㊅―　㊂しゃも

**［語源］** シャモはニワトリの品種の名である。江戸時代にタイから伝わった。当時タイはシャムロ（暹羅）

といい、シャムロケイ（暹羅鶏）↓シャモとなった。闘争を好む性質があるので闘鶏に利用される。戦の意味のある「軍」を取って、漢字表記を軍鶏とした。中国ではシャモを闘鶏という。荘子の木鶏の故事にあるように、古くから闘鶏が盛んに行われ、鶤鶏という品種が作り出されている。日本でこれとシャモを交配させてトウマルが生まれた（鶤の項参照）。

**[字源]**「軍」の字源については鶤の項参照。

## 吐綬鶏 音トージューケイ 訓——

**[語源]** 上古漢語は ***t'ag-dhiog-ker***、中古漢語は **t'o-ʒiau-kei**（→呉音トーズーケ、漢音トーシウーケイ）である。この語には二つの意味がある。最初はキジ目キジ科の ***Tragopan caboti***（ジュケイ、中国名黄腹角雉）を指した。中国中南部の高山に棲む。体長は四六～六一センチ。ずんぐりと丸みを帯び、尾は短い。のどに肉垂れがあり、繁殖期に膨らんで青色や赤色を呈し、綬（くみひも）を吐くように見える。そのため吐綬鶏の名がついた。和名は別名の綬鶏による。

もう一つはキジ目キジ科の ***Meleagris gallopavo***（シチメンチョウ）を指す。古代メキシコで家禽化され、食用とされる。全身が赤褐色。頭から首にかけて皮膚が裸出し、青や赤に色が変わる。この点が右の吐綬鶏と似ているため、中国ではシチメンチョウを吐綬鶏というようになった。日本では七面鳥という。七は多い意で、顔の色がたくさん変わる鳥の意を寓している。

**[字源]**「土（*t'ag）」は盛り上げた土を描いた図形。「中身が詰まって盛り上がる」というイメージがある。「土（音・イメージ記号）＋口（限定符号）」を合わせて、腹に詰まった食べ物がせり上がるようにして口から出る（つまり「はく」）ことを表した。

次に「舟（*tiog）」は舟を描いた図形。舟はこちらの岸からあちらの岸に人を渡すものなので、「AからBへ受け渡しする」というイメージがある。「舟（音・イメージ記号）＋爪（下向きの手）＋又（上向きの手）」を合わせた「受（*dhiog）」は、二つの手の間で受け渡しをする様子を暗示させる。「うける」ことを「受」、「さずける」ことを「授」と書いて区別する。「受（音・イメージ記号）＋糸（限定符号）」を合わせて、官位のしるしとして受ける（または、授ける）ひも、つまり「くみひも」を表した。

㊙ (甲) ㊎ (金) ㊞ (篆)〔土〕
(甲) (金) (篆)〔吐〕
(甲) (金) (篆)〔舟〕
(篆)〔受〕
(篆)〔綬〕

**[別名]** ①（ジュケイ）吐綬鳥・綬鳥・綬鶏・鷊・錦囊・功曹・避株鳥　②（シチメンチョウ）火鶏

**[文献]** ①古今注（晋・崔豹）「吐綬鳥一名功曹」、酉陽雑俎16（唐・段成式）「魚復県南山有鳥、大如鴝鵒、羽色多黒、雑以黄白、頭頬似雉、有時吐物長数寸、丹彩彪炳、形色類綬、因名為吐綬鳥（魚復県の南山に鳥有り、大きさは鴝鵒の如し、羽の色は黒多し、雑ふるに黄白を以てす、頭と頬は雉に似たり、時有りて物を吐く、長さ数寸、丹彩彪炳たり、形色は綬に類す、因りて名づけて吐綬鳥と為す）」

# 矮鶏

㊊ワイ-ケイ
㊋ちゃぼ

**[語源]** チャボはニワトリの品種の名である。体は小さく、足が短い。愛玩用に飼われる。江戸時代、原産地のベトナムから日本に輸入された。中国南部に産した矮鶏と同一種と考えられる。和名の語源はベトナム南部にあった古代国家チャンパ（占婆）に由来する。

**[字源]** 「禾（*ɦuar）」は稲の穂が垂れ下がる図形で、「しなやかに垂れる」というイメージがある。「委（音・イメージ記号）＋女（イメージ補助記号）」を合わせた「委（*.ɪuar）」は、女がしなだれて男に身を任せるように、自分ではやらないで他人の言いなりになる様子を暗示する。ここにも「しなやかに垂れる」というコアイメージがあり、「上から下に垂れ下がる」というイメージに展開する。「委（音・イメージ記号）＋矢（イメージ補助記号）」を合わせて、垂れ下がって低くなり、矢のように短い様子を暗示させる。倭（背の低い人）・夷（丈が低い）などと同源の語である。

(甲) (金) (篆)〔禾〕
(篆)〔委〕
(篆)〔矮〕

**[別名]** 矮脚鶏

【文献】本草綱目48（明・李時珍）「江南一種矮鶏、脚纔二寸許也（江南の一種矮鶏、脚纔（わず）かに二寸ばかりなり）」

錦鶏→鵔鸃（283ページ）

## 【鵼】8 音コウ 訓ぬえ

【語源】中国の字書に怪鳥の名とあるだけで、用例のない奇字。日本ではヌエに用いる。これは平安時代、源頼政が退治したという怪鳥であるが、正体はスズメ目ヒタキ科のトラツグミ（*Zoothera dauma*）とされている。夜行性で、ヒーと悲しげな声で鳴くところから、イメージの悪い鳥とされ、ついに空想的な怪物に仕立てられた。ヌエの語源は「和え（なえ）」で、鳴き声の感じから来ているという。

【字源】「空」（真実がない、根拠がない意）に鳥を添えた半国字。鵼とも書く。

「工（*kung）」は上下の二線の間を縦線で突き通す様子を示す象徴的符号で、「突き通す」というイメージを示す（缸・蛩の項参照）。「工（音・イメージ記号）＋穴（イメージ補助記号）」を合わせた「空（*k'ung）」は、穴が開いたように突き通っている状態、つまり空っぽで何もないことを表す。「そら」の意味はそこから派生したもの。

金 篆〔空〕

【別名】（ヌエの異表記）鵺

【文献】広韻「鵼、怪鳥」

## 【鵲】8 音ジャク 訓かささぎ

【語源】上古漢語は*ts'iak、中古漢語はts'iak（→呉音サク、漢音シャク）である。スズメ目カラス科の鳥*Pica pica sericea*（カササギ）を意味する。体長は四六センチほど。羽はカラスに似て黒いが、肩と腹は白い。尾は長く、止まっているとき上下に揺れる。高い木の枝に球形の大きな巣を造る。語源はチャーク・チャークという鳴き声を写したもの。和名の「かささぎ」は朝鮮語のカチ（古名はカサ）に由来する。カチガラスの異名もある。古代中国では、カササギは風を予知する鳥、未来を知る鳥などのイメージがある。また、カササギの騒がしい鳴き声は吉事の前兆とされ、喜鵲と呼ばれる。

**[字源]** カササギの鳴き声を*ts'iakと捉え、「昔（*siăk）」の音記号によって近似的に再現させる。「昔（音記号）＋鳥（限定符号）」を合わせた形声文字である。雔は異体字。

なお「舄（*siăk）」はカササギを描いた象形文字である。カササギがあちこちに移動することから、「ある場所から別の場所に移っていく」というイメージを作り出し、寫（＝写。絵や字を別の場所にうつす）、潟（海水を移して後に塩分だけが残った所）、瀉（水が別の場所に流れていく→そそぐ）などの構成要素になる。

金 　篆（舄）　篆（雔）

**[別名]** 喜鵲・霊鵲・乾鵲・鳱鵲・烏鵲・神鵲・陽鳥・神女・知来鳥・飛駁鳥・麻尾鵲

**[文献]** 詩経・周南・鵲巣「維鵲有巣、維鳩居之（維これ鵲に巣有り、維れ鳩之に居る）」、淮南子・人間訓「夫鵲先識歳之多風也、去高木而巣扶枝（それ鵲先づ歳の風多きを識るや、高木を去りて扶枝に巣くふ）」、西京雑記3（晋・葛洪）「乾鵲噪而行人至（乾鵲噪ぎて行人至る）」

**山鵲** →鷽 （318ページ）

## 【鶉】8 音ジュン 訓うずら

**[語源]** 上古漢語は*dhiuən、中古漢語はʒiuĕn（→呉音ジュン、漢音シュン）である。キジ目キジ科の鳥 *Coturnix japonica*（ウズラ）を意味する。キジ科では最も小型の鳥で、体長が二〇センチほど。体形は鶏の雛に似、丸くずんぐりしている。頭は小さく、尾は短い。背は褐色の地に黒色の横紋が交じる。腹は白色に近い。山地や平原の草むらに棲む。雄は闘争を好む。語源はずんぐりした体形に着目し、淳・敦などと同源で、「ずっしりと重い」というイメージによる命名。和名の「うずら（うづら）」もその体形から「蹲（うずくま）る」や「堆（うずだか）い」のウヅに接尾語のラをつけたものという（吉田金彦）。古代中国ではウズラは食用に飼育され、また闘鶉のゲームが流行した。

**[字源]** 享楽の享、城郭の郭、半熟の熟に含まれる「享」は字源がそれぞれ違う。まず享楽の亯は、祖先を祭る

建物（宗廟）を描いた図形で、先祖に供物を供えてもてなし（享祭）、お返しに幸せを受ける（享福、享受）という意味合いを表している。ここから、A→B、B→Aのように物や心が通い合うというイメージが作り出され、「一方から他方へスムーズに通る」というイメージに展開する。この「享」に「羊」を合わせたのが孰の左側の「享（＝𦎧［*dhiuən］）」で、火をよく通して羊を煮込む様子を暗示させる。これに「丸（＝丮。両手を差し出す形）」を添えたのが「孰」で、時間をかけてたっぷり煮込むことを表す。これに「灬（火）」をつけたのが完熟・半熟の熟（煮る）である。「孰」の左側は敦・淳などにも利用されるが、イメージがかなり変化している。火を通してよく煮込むと、煮込まれたものはよくなじんでいってだんだんと落ち着く。ここから「どっしりと落ち着く」「ずっしりとした重みがある」というイメージに展開する。醇（よく醸したこくのある酒）・敦（ずっしりと重みがあって、安定している）・惇（人柄に厚みがある）・淳（ずっしりと深く厚い）などは同源のグループ。「𦎧（音・イメージ記号）＋鳥（限定符号）」を合わせて、大きくはないがずんぐりと下ぶくれしているため、ずっしりと重い感じのする鳥を暗示させた。雗は異体字。

甲　金　篆　〔享〕

甲　金　篆　〔𦎧〕

金　篆　〔雗〕

**［別名］** 鵪鶉・早秋

**［文献］** 詩経・鄘風・鶉之奔奔「鶉之奔奔、鵲之彊彊（鶉の奔奔たる、鵲の彊彊たる）」、荀子・大略「子夏貧、衣若県鶉（子夏貧し、衣は鶉を県（か）くるが若し）」

**【鵻】** 8　音スイ　訓—

**［語源］** 上古漢語は*tiuər、中古漢語はtʃiui（→呉音・漢音スイ）である。ハト科の斑鳩（キジバト）の類のうち、*Streptopelia decaocto*（シラコバト、中国名灰斑鳩）を意味する。体長は二八センチほど。頭から胸にかけてほぼ灰色。首の後ろに黒い輪がある。平野や林に棲む。一説では*S. tranquebarica*（ベニバト、中国名火斑鳩）に当てる。斑鳩の中では小さいほうで、全長が約二三

センチ。翼がほぼ紅色を呈する。平原や丘陵に棲む。語源は「隹」のもとのイメージを用いたもの。

**[字源]**「隹（*tiuăr）」は尾が短く体形がずんぐりとした鳥を描いた図形。こんな鳥は鳩だけとは限らないが、斑鳩の仲間に特化して、「隹」の「下ぶくれしている」「ずんぐりとしている」というイメージを用い、「隹（音・イメージ記号）＋鳥（限定符号）」を合わせた鵻を作った（隹の項参照）。

㊫

**[別名]** 鵻其・隹其・鳺鴀・夫不・鵓鳩・楚鳩

**[文献]** 詩経・小雅・四牡「翩翩者鵻、載飛載下（翩翩たる鵻、載ち飛び載ち下る）」

## 【鶎】 8

㊥ ——
㊦ きくいただき

**[語源]** スズメ目ヒタキ科の鳥 *Regulus regulus*（キクイタダキ）を指す。体長は一〇センチほどで、雀よりも小さい。体の色は主に暗緑色。頭に菊花に似た黄色の冠羽があるので、菊戴きの名がついた。

**[字源]** 菊花は天皇家の紋。宗主・宗室の宗に鳥をつけて「鶎」を創作したと思われる。江戸初期に生まれた字。「宗」の字源については鯼の項参照。

## 【鵰】 8

㊥ チョウ
㊦ わし

**[語源]** 上古漢語は*tög、中古漢語は teu（→呉音・漢音テウ）である。タカ目タカ科のワシ類、特に *Aquila chrysaetos*（イヌワシ、中国名金鵰）を意味する。体長は一メートルほど。体の色は暗褐色。首の後ろに黄金色の羽がある。くちばしはかぎ型に湾曲し、後ろ爪は特に長い。性質は凶猛で、鳩や雉のほか、動物をも捕食する。高山の岩や木に巣を造る。語源は円を描いて飛び、獲物を襲うことから、「周」の「まわる」のイメージを取る。和名の「わし」も、獲物を見つけるとその上をぐるりと飛び回ることから、輪為（輪を作る意）が語源という（中村浩）。

**[字源]**「周（*tiog）」の原形は田にびっしりと苗が植えてある図形（鯛の項参照）。それに「口」（領域を示す符号）を添えたのが「周」である。ある区画の全体に行き渡る様子を暗示させる。「すみずみまでまんべんなく行き渡る」というイメージから、「まわりをぐる

りと取り巻く」というイメージに展開する。週（一めぐりの期間）と同系の語である。「周（音・イメージ記号）+鳥（限定符号）」を合わせて、ぐるりと空を旋回して獲物を狙う鳥を暗示させた。「雕」は異体字。

㊙甲 ㊙金 ㊙篆〔周〕

㊙籀〔鵰〕 ㊙篆〔雕〕

**【別名】** 鷲・鷻・鷲鵰・潔白鵰・紅頭鵰

**【文献】** 漢書・李広伝「広曰、是必射鵰者也（広曰く、是れ必ず鵰を射る者なりと）」（史記では雕に作る）

**鵯**→鵯 （303ページ）

**【鵯】** 8 ㊥ヒ ㊞ひよどり

**【語源】** 中国と日本で意味が異なる。中国では上古漢語が*pieg、中古漢語がpiĕ（→呉音・漢音ヒ）で、スズメ目カラス科の鳥*Corvus dauuricus*（コクマルガラス）を意味する。体長は約三〇センチ。ハシブトガラスやハシボソガラスよりは小さく、腹が白い。反哺（雛が成長すると逆に親を養う）の習性があるといわれ、慈鳥・孝鳥の異名がある。語源は「卑」の「小さい」のイメージを取る。

日本ではスズメ目ヒヨドリ科の*Hypsipetes amaurotis*（ヒヨドリ）を指す。くちばしがとがり、尾は長い。灰褐色の胸腹に白斑が交じる。木の実や昆虫を食べる。古名はヒエドリで、稗を食べるからといわれるが、ヒエもヒヨも鳴き声を写した擬音語であろう。

**【字源】** 「卑（*pieg）」は蜱の項でも述べた通り、薄っぺらな杓文字の図形で、「薄い」というイメージがある。このイメージは「平ら」、さらに「低い」「小さい」というイメージに展開する。卑小の卑である。「卑（音・イメージ記号）+鳥（限定符号）」を合わせて、カラスの中で比較的小さい鳥を表した。日本の鵯は鳴き声を「卑（ひえ）」で表し、鳥を添えた字。あるいは、稗と関連づける語源意識では、稗の略体に鳥をつけた字。いずれにしても半国字である。現在の中国でもヒヨドリの意味で使われている。

㊙金 ㊙篆〔卑〕

**【別名】**（コクマルガラス）鴉鶋・寒鴉・慈烏・孝烏・楚烏

**【文献】**張衡・東京賦（文選3）「鴉鶋秋棲、鶻鵃春鳴（鴉鶋秋に棲み、鶻鵃春に鳴く）」

## 【鵩】

8　㊅フク　㊇ふくろう

**【語源】**上古漢語は*bıuək、中古漢語はbıuk（→呉音ブク、漢音フク）である。フクロウ、ミミズクの類であるが、いかなる種類かはわからない。夜に気味の悪い声で鳴くので縁起の悪い鳥とされる。鴞の項参照。漢の賈誼が流寓したときこの鳥を詠んだことで有名になっている。語源は「服」の「ぴったり寄り添う」のイメージを取る。

**【字源】**「𠬝（*bıuək）」は「人＋又（手）」を合わせて、人の背中に手をつける様子を暗示する図形。「ぴったり付ける」というイメージを示す記号である。「𠬝（音・イメージ記号）＋舟（限定符号）」を合わせたのが「服（*bıuək）」で、舟の両側に、安定させるための板を付ける様子を暗示させる。衣を身に付けることや、馬を車に付けることなどを*bıuəkといい、「側にぴったり付けて離さない」というコアイメージをもつ。服従の服（相手にぴったり付き従う）の意味にも展開し、伏（身を地面にぴったり付ける）とも同系である。「服（音・イメージ記号）＋鳥（限定符号）」を合わせて、夜行性で、昼間は木の陰に体を伏せて隠れている鳥を暗示させた。そんな習性のある鳥はフクロウとは限らないが、フクロウのイメージの一つを捉えた命名に過ぎない。

㊙　㊎　㊞〔𠬝〕

㊞〔服〕

**【別名】**鴞・服鳥

**【文献】**賈誼・鵩鳥賦序（文選3）「有鵩鳥、飛入誼舍、止於坐隅、鵩似鴞、不祥鳥也（鵩鳥有り、飛びて誼の舎に入り、坐隅に止まる、鵩は鴞に似、不祥の鳥なり）」、陶淵明・読史述九章「感鵩献辞（鵩に感じて辞を献ず）」

## 【鵬】

8　㊅ホウ　㊇おおとり

**【語源】**上古漢語は*bəng、中古漢語はbəng（→呉音ボウ、漢音ホウ）である。想像上の大鳥を意味する。

鳳と同じで、風の化身である（鳳の項参照）。語源も風に由来する。荘子が寓言に利用したのが有名。鯤という魚がこの鳥に変身し、風にはばたいて南海に飛行するという物語に仕立てた。ここから大事業や大人物の比喩に使われる。

**［字源］** 説文解字では鳳の古文が「朋」、籀文が「鵬」となっている。「鳳」の原形（甲骨文字）は大鳥の全形を描いた図形だが、「朋」は下半部を描いたもの。それに鳥を添えて「鵬」となった。

㊔（朋）　㊕（鵬）

**［別名］** 鳳

**［文献］** 荘子・逍遥遊「北冥有魚、其名為鯤、鯤之大、不知其幾千里也、化而為鳥、其名為鵬、鵬之背、不知其幾千里也…鵬之徙于南冥也、水撃三千里、摶扶揺而上者九万里、去以六月息者也（北冥に魚有り、其の名を鯤と為す、鯤の大いさ、其の幾千里なるを知らざるなり、化して鳥と為る、其の名を鵬と為す、鵬の背、其の幾千里なるを知らざるなり…鵬の南冥に徙るや、水に撃つこと三千里、扶揺を摶ちて上る者九万里、去りて六月を以て息ふ者なり）」

## 【鵺】8 ㊅ヤ ㊆ぬえ

**［語源］** 上古漢語は*dïăg、中古漢語は**yiă**（→呉音・漢音ヤ）である。中国と日本では意味が異なる。中国では山海経・北山経に出る鳥の名で、キジに似、頭に模様があり、足が黄色。ニーダムらはこれをキジ科の鳥 ***Tetraogallus tibetanus***（チベットセッケイ、中国名雪雉、または雪鶏）に同定している。上体は赤みを帯びた灰褐色で、羽の端に白斑がある。中国西北部の高山地帯に棲息する。語源は白斑が点々とある姿を、「夜」の「点々とつながる」のイメージで捉えたか。日本ではヌエを指す。空想的色彩のある鳥だが、トラツグミがモデルといわれる（鵼の項参照）。

**［字源］** 「亦（*dïăk）」は「大」（両手両足を広げた人の形）の両側に点々をつけて、両脇を暗示する図形。「同じものが間を挟んでもう一つある」「同じものが点々とつながる」というイメージ、要するに「・|・」「・・・」というイメージを示す記号である。「亦（音・イメージ記号）＋夕（限定符号）」を合わせた「夜（*dïăg）」は、

昼（活動する主たる時間帯）を挟んで両側にある「よる」を暗示させる。腋（わき）・液（点々と滴る水↓しる）は同源のグループ。「夜（音・イメージ記号）＋鳥（限定符号）」を合わせて、羽ごとに白斑があり、点々とつながるように見える鳥を暗示させた。日本の「鵺」は、トラツグミが夜間に気味の悪い声で鳴くところから、「夜」に鳥を添えてヌエ（トラツグミ）を表した半国字である。

甲　金　篆　〔亦〕

金　篆　〔夜〕

**【別名】**（ヌエの異表記）鴭

**【文献】**山海経・北山経「有鳥焉、其状如雉而文首、白翼、黄足、名曰白鵺、食之已嗌痛、可以已瘌（鳥有り、其の状は雉の如くして文首、白翼、黄足、名を白鵺と曰ふ、之を食へば嗌痛を已やし、以て瘌を已やすべし）」

## 【鶚】9　音 ガク　訓 みさご

**【語源】**上古漢語は*ngak、中古漢語はngak（→呉音・漢音ガク）である。タカ目タカ科の鳥 ***Pandion haliaetus***（ミサゴ）を意味する。体長は五〇センチほど。背は暗褐色、腹は白色。足に鋭い爪がある。海辺や川辺に棲み、魚の影を見ると急降下して水に突入する。捕らえた魚を貯える習性がある。語源がかぎ状に曲がった強力なくちばしの特徴を捉えて、顎（あご）と同源。和名の「みさご」は「水探る」、つまり水中で魚を探って捕らえることからの命名という。詩経では雎鳩の名で登場し、雌雄がいつも仲良く一緒に居ることを詩のモチーフとしている。

**【字源】**「咢」は鰐の項でも説明した。「屰（*ngăk）」は「大」を逆さにした図形で、「逆方向にいく」というイメージ、つまり「↓↑」または「↑↓」のイメージを示す記号。「屰（音・イメージ記号）＋吅（口々に言うことを示す限定符号）」を合わせたのが「咢（*ngak）」で、「↓↑」の形に意見をぶつけ合って騒がしい様子を暗示させる。これも「逆方向」のイメージがコアにある。「咢（音・イメージ記号）＋鳥（限定符号）」を合わせて、「↓↑」の形にくちばしがかみ合う猛禽を暗示させた。鶚は異体字。

**[別名]** 睢鳩・王睢・魚鷹・食魚鷹・雕鶏・沸河・沸波・金喙鳥・黄金鶚・下窟鳥

**[文献]** 列子・黄帝「雖虎狼鵰鶚之類、無不柔馴者（虎狼鵰鶚の類と雖も、柔馴せざる者無し）」、漢書・鄒陽伝「鷙鳥絫百、不如一鶚（鷙鳥百を絫ぬるも、一鶚に如かず）」

## 【鶡】9 音 カツ 訓 ——

**[語源]** 上古漢語は*ɦat、中古漢語はɦat（→呉音ガチ、漢音カツ）である。キジ目キジ科の鳥 ***Crossoptilon mantchuricum***（ミミキジ、中国名褐馬鶏）を意味する。体長は約一メートル。羽は主に褐色、顔は赤色。山西省と河北省の高山地帯に棲息する。雄は雌を争って激しく戦うので、古代、この鳥の尾羽を冠の左右に立てて飾りとして、鶡冠と称し、勇気の象徴とした。語源は羽の色が褐色であることや、竭（尽きる）と同源で、力が尽きるまで戦う習性にちなむ。尾が馬の尾のように房をなして垂れるので、現代中国では馬鶏という。和名は顔に角状の白い耳羽が出ていることによる。別名はカッショクカケイ。カケイは鶡鶏の訛りである。

**[字源]**「曷（*ɦat）」は蠍の項でも述べたように、「遮り止める」というイメージから、「喉がかすれる」、さらに「水分がなくなる」というイメージに展開する。渇（喉がかわく、水が尽きる）・竭（尽きる）・歇（活動をやめる）などは同源のグループ。潤いのない粗末な衣を褐といい、ひからびた感じの茶色を褐色という。ミミキジは羽が褐色であるし、また、力が尽きるまで激しく戦う習性があるので、「曷（音・イメージ記号）＋鳥（限定符号）」を合わせて表記した。

篆〔曷〕 篆〔鶡〕

**[別名]** 鶡鶏・角鶏・耳鶏・馬鶏・黒雉・勇雉・毅鳥・神雀

**[文献]** 山海経・中山経「煇諸之山…其鳥多鶡（煇諸の山…其の鳥鶡多し）」、曹植・鶡賦（芸文類聚90）「鶡

之為禽、猛気共闘、終無勝負、期於必死」（鶡鴟の禽為るや、猛気共に闘ひ、終に勝負無く、必死に期す）」、本草拾遺（唐・陳蔵器）「鶡鶏味甘無毒、食肉令人勇健（鶡鶏は味は甘にして毒無し、肉を食へば人をして勇健ならしむ）」

**【鶤】** 9　音 コン　訓 とうまる（鶤鶏）

**[語源]** 上古漢語は*kuən、中古漢語はkuən（→呉音・漢音コン）である。ニワトリの品種の名。古代、蜀（今の四川省）で作り出された大型のニワトリで、高さが三尺あった。日本に入り、シャモ（軍鶏）と掛け合わされてできたのがトウマル（唐丸）であるという。羽は黒色で、鳴き声が長い。語源は「軍」の「丸く取り巻く」というイメージによるものであろう。あるいはストレートに「いくさ」の意に取り、闘鶏に利用されたことに由来するか。

**[字源]** 「軍（*kuən）」は「勹（丸く取り囲む符号）＋車」を合わせて、戦車をめぐらせて陣地を作る情景を設定した図形。「丸く取り巻く」というイメージがある。暈（太陽の回りを取り巻く「かさ」）・褌（腰の回りを取り巻く「ふんどし」）は同源の語。「軍（音・イメージ記号）＋鳥（限定符号）」を合わせて、頭から顔にかけてとさかが丸く取り巻いた鳥を暗示させた。

金  篆 〔軍〕 篆 〔鶤〕

**[別名]** 鵾鶏・蜀鶏

**[文献]** 爾雅・釈畜「鶏三尺為鶤（鶏三尺なるを鶤と為す）」

**【鶖】** 9　音 シュウ　訓 ―

**[語源]** 上古漢語は*ts'ioɡ、中古漢語はts'iəu（→呉音シュ、漢音シウ）である。コウノトリ目コウノトリ科ハゲコウ属の鳥 *Leptoptilos javanicus*（コハゲコウ）を意味する。体長は約一メートル。背は黒色、腹は白色。頭と首は裸出する。足は長い。湖沼や湿地帯に棲み、蛇や蛙を食べる。詩経ではグロテスクなものの象徴に使われている。語源は「秋」の「縮む」というイメージをもとに成立したことばであろう。和名は禿げた鸛（こうのとり）の意。

**[字源]** 「秋（*ts'ioɡ）」は鰍の項でも述べたように、「縮

まる」「細く締まる」というイメージがある。ハゲコウは頭と首に羽毛がなく、羽のある体と比べると、そこだけ痩せて縮まったような印象を与える。だから「秋（音・イメージ記号）＋鳥（限定符号）」を合わせて視覚記号とした。

㊕

**［別名］** 禿鶖・鵚鶖・禿鸛・扶老

**［文献］** 詩経・小雅・白華「有鶖在梁（鶖有り梁に在り）」

## 【鶩】 9 ㊌ボク・ブ ㊞あひる

**［語源］** 上古漢語は*mıŏg、中古漢語はmıu（→呉音ム、漢音ブ）、または、上古漢語は*muk、中古漢語はmuk（→呉音モク、漢音ボク）である。カモ目カモ科の鳥*Anas platyrhynchos* var. *domestica*（アヒル）を意味する。中国で四〇〇〇〜三〇〇〇年前、マガモ（鳧）を飼い馴らして家禽とした。殷代の墓から石製のアヒルの像が出土している。マガモよりも大型で、飛翔力はないが泳ぐのはうまい。古代、人と会う際に持参する礼物は、卿が羊、大夫が雁、士が雉であったが、庶民は鶩とされた。それは鶩が木（素朴）に通じるからという。鴨（アヒル）は鶩よりも新しい名である。和名の語源はみずかきの姿から、足広→アヒロ→アヒルになった。

**［字源］** 鶩の語源を木と同源とし、性が質木だからとしたのは李時珍である。しかし「敄（*mıŏg）」は盤蝥の項でも説明したように、「無理に突き進む」というイメージを示す記号である。それは矛（ほこ）のイメージから来ている。務（無理に力を出す）も同源の語。アヒルは飛べず、尻を振り振り前進する。したがって「敄（音・イメージ記号）＋鳥（限定符号）」を合わせて、飛ぼうとしても飛べないで、ただ突き進む鳥を暗示させた。

㊎ ㊕〔矛〕 ㊕〔敄〕 ㊕〔鶩〕

**［別名］** 鴨・家鴨・家鳧・舒鳧・青頭鶏・減脚鵝

**［文献］** 春秋左氏伝・襄公28「公膳日双鶏、饔人窃更之以鶩（公の膳は日に双鶏、饔人（ようじん）窃かに之を更（か）ふるに鶩を以てす）」

**【鶇】** 9 音 ― 訓 つぐみ

**[語源]** スズメ目ヒタキ科の鳥 ***Turdus naumanni***（ツグミ）を指す。体長は二四センチほど。ツグミは冬鳥で、夏になると鳴き止むところから、語源は「噤む」に由来するという。なお礼記・月令に「（仲夏の月）反舌声なし」とある。反舌はツグミの一種クロウタドリ（漢名は百舌）のことで、立春に鳴き始め、夏至に鳴き止むとされる。そこから報春鳥、懐春鳥の異名がある。

**[字源]** 和名抄などでは鶫をツグミと読ませている。「鶇」は鶫が崩れた字体。ツグミは日本海方面から本土に渡来し、太平洋側に移動して冬を越す。そんな生態を捉えて、「東＋鳥」の字を創作したと考えられる。中国にも鶇の字は存在したが、用例のない全くの奇字である。したがって鶇は半国字、鶫は国字である。なお鶇は近代生物学とともに中国に逆輸入され、現在の中国では ***Turdus***（ツグミ属）の総称として使われている。「東」の字源については鰊の項参照。

**鶚**→鴞 （271ページ）

**【鶯】** 10 音 オウ 訓 うぐいす

**[語源]** 上古漢語は*·uĕng、中古漢語は·ɛng（→呉音ヤウ、漢音アウ）である。日中では意味が異なる。中国ではスズメ目コウライウグイス科の鳥 ***Oriolus chinensis diffusus***（コウライウグイス、中国名黄鸝、黒枕黄鸝）を意味する。体長は二五センチほど。全身鮮やかな黄色で、目から後頭部にかけて黒い輪がある。波状に飛び、飛びながら鳴く。鳴き声は **ku-ku-li-ku-ku**、あるいは、**ho-pu-koo** と聞こえるという。語源は丸い輪の特徴を捉えて、蛍・栄などと同源の語で呼んだ。

詩経では黄鳥や倉庚の名で登場し、春の風物となっている。また、谷から高木に移っていくといわれ、昇進の象徴となる。これは詩経・小雅・伐木に「幽谷より出でて、喬木に遷る」とあることから来ている。

日本ではスズメ目ヒタキ科の *Cettia diphone*（ウグイス）を指す。体長は一五センチほど。全身が褐色を帯びた緑色。鳴き声はホーホケキョと聞こえる。昔は飼い鳥として鳴き声を楽しんだだけでなく、糞が美顔料に利用された。「うぐいす（うぐひす）」の語源はウグヒが鳴き声、スが小鳥を表す接尾語という。

**[字源]**「鶯」の鳥を除いた部分は「熒（*ɦueŋ）」の略体である。蛍・蝶螺の項でも説明したように、「熒」は「火＋火＋冖（枠を示す符号）＋火」を合わせて、枠の回りを丸く取り巻いて燃えるかがり火を暗示する図形。「回りを丸く取り巻く」というイメージを示す記号となる。「熒の略体（音・イメージ記号）＋鳥（限定符号）」を合わせて、首の回りを黒い輪が取り巻く鳥を暗示させた。「鸎」は異体字。「賏（*ĭeŋ）」は貝で作ったネックレスを表す図形で、やはり「丸く取り巻く」というイメージがある（鸚鵡の項参照）。

日本では和名抄などが鶯を読み違えてウグイスとしたが、コウライウグイスは日本に棲息しないウグイスとは別種の鳥である。春の風物として詩文によく用いられるのがウグイスと共通し、それが誤解のもとらしい。ただし現代の中国では鶯をウグイスの意味でも使っている。

㊎　㊜〔熒〕　㊜〔鶯〕　㊜〔賏〕

**[別名]**①（コウライウグイス）倉庚・鶬鶊・商庚・黄鳥・黄鶯・鸝・黄鸝・鸝黄・黄鸝鶹・鵹黄・離黄・黄袍・黄衣郎・黄伯労・黄公・黄栗留・楚雀・啼春・含桜鳥・金衣公子　②（ウグイス）樹鶯・告春鳥

**[文献]**①呂氏春秋・仲夏紀「含桃」――高誘注「鸎鳥所含食、故言含桃（鸎鳥の含みて食する所なり、故に含桃と言ふ）」、曹丕・鶯賦（芸文類聚92）「堂前有籠鶯、晨夜哀鳴（堂前に籠鶯有り、晨夜哀鳴す）」

## 【鶲】10

㊥オウ　㊞ひたき

**[語源]** スズメ目ヒタキ科の鳥の総称だが、ヒタキ亜科のキビタキや、ツグミ亜科のジョウビタキなど、～ヒタキの名をもつものを指す。キビタキ（*Ficedula narcissina*）は喉から胸にかけて橙黄色。飛びながら昆虫を補食する。「ひたき」の語源は、ジョウビタキ（*Phoenicurus auroreus*）のクワッークワッと鳴く声が火打ち石をたたく音に似ているから、火叩き→ヒタキになったという。

**[字源]** 中国の文献では鶲は用例がなく、字書に「鳥名」としか書いていない奇字である。したがってヒタ

キを鶲と書くのは日本人の創作と考えてよい。ジョウビタキは白斑が目立つので翁に見立て、尉ビタキといい、また、漢字表記を「翁」に鳥をつけて鶲とした。半国字である。ちなみに近代生物学とともに鶲は中国に逆輸入されて、***Muscicapa***（サメビタキ属）の総称に用いている。

「ム」は囲い込む様子を示す象徴的符号。私有とは「これは自分のものだ」と囲い込むことを意味する。これとは反対に「八（左右に分ける）＋ム（囲い込み）」を合わせたのが「公（*kung）」で、囲い込んだものを開いて見せる様子を暗示させる。私（わたくし、プライベート）に対するのが公（おおやけ）である。一方、「公」には、分けて開くことから、「すけすけに見える、まばらである」というイメージがある。「松」は葉と葉のすきまが開いて、すけすけになっている木である。また「す」が入ってすかすかになることを「鬆」という。「公（音・イメージ記号）＋羽（限定符号）」を合わせた「翁（*.ung）」は、鳥の首の上にまばらに垂れた羽毛を表す。髪の薄い老人をこの羽毛に見立てて、「おきな」を意味することとなった。

㊙甲 　金 　篆〔公〕　篆〔翁〕

**［文献］** 玉篇「鶲、鳥也」

## 【鶴】 10　音 カク　訓 つる

**［語源］** 上古漢語は*ɦɔk、中古漢語はɦak（→呉音ガク、漢音カク）である。ツル目ツル科の鳥の総称だが、主として ***Grus leucogeranus***（ソデグロヅル、中国名白鶴）または ***G. japonensis***（タンチョウ、中国名丹頂鶴）に当てられる。前者は体長一・三メートルほど。全身純白色で、顔とくちばしは赤い。後者は体長一・三〜一・四メートルほど。体は白いが、頭頂が赤く、首が暗褐色。ツルは器官がトランペット状で長く巻いているため、声が大きく遠くまで響く。これが「鶴の一声」の由来。渡りをするときはV字型の隊列を組む。語源は確（はっきりしている）・皜（白い）などと同源。和名の「つる」は鳴き声を模した擬音語に由来するという。朝鮮語の turumi（鶴の意）とも関係があるといわれる。古代中国では、ツルは体内に邪気を貯めないから長寿

であると考えられ、ツルをまねた導引法が考案された。また、不老長寿を探求する仙人の乗り物とされた。

**【字源】**「隺（*ɦɔk）」は「冂（枠を示す符号）+隹（とり）」を合わせて、鳥が天上に高く飛ぶ情景を暗示する図形。「隺（かく）」はもともと鶴の古字で、わざわざ限定符号をつけたのが「鶴」。ツルは白くてどこからでもそれとわかる鳥なので、「はっきりと目立つ」というイメージがある。そこから「はっきりして動かしようがない」「しっかりして動かない」というイメージに展開した語が「確」である。

㊧篆 〔隺〕　㊧篆 〔鶴〕

**【別名】**仙禽・仙鶴・仙客・仙馭・仙驥・胎仙・胎禽・素禽・露禽・露鶴・霜鶴・雪鶴・雲鶴・縞鶴・青鶴・丹歌・丹哥・陽鳥・軒鳥・軒郎・九皐・皐禽・九皐処士・青田翁・還丹使・沈尚書・蓬莱羽士

**【文献】**詩経・小雅・鶴鳴「鶴鳴于九皐、声聞于天（鶴は九皐に鳴き、声、天に聞こゆ）」、荘子・駢拇「鶴脛雖長、断之則悲（鶴の脛（はぎ）は長しと雖も、之を断たば則ち悲しまん）」、淮南子・説林訓「鶴寿千歳、以極其游（鶴寿は千歳、以て其の游を極む）」

## 【鷁】

10　㊥ゲキ　㊀──

**【語源】**上古漢語は***ngek**、中古漢語は**ngek**（→呉音ギャク、漢音ゲキ）である。古典にしばしば出る鳥であるが、同定されていない。本草綱目で鸕鷀（ウ）の類とし、「頭が蛇に似、首が長く、冬に羽毛が抜け落ちる。渓岸に棲息し、人を見ると水に没する」とある記事から推測すると、ペリカン目ヘビウ科の ***Anhinga melanogaster***（アジアヘビウ）であろう。くちばしは細くとがり、首はきわめて細い。泳ぎ方が蛇と似ている。川や湖に棲む。古代では、風水によく耐え、水神を避けることができるとされ、舟のへさきにこの鳥の頭の形を象り、鷁首と称した。***ngek**の語源は擬音語の可能性がある。

**【字源】**「益（*·iek）」は***ngek**を近似的に表記するだけでなく、イメージを示す働きがある。蝨の項でも説明したが、「益」は「𣱱（水を横にした形）+皿（さら）」を合わせて、水が皿に満ちる様子を暗示する図形で、「（周囲をふさいで）中にいっぱい詰まる」というイメージを示す。縊死の縊（ひもで首を絞めて、息が詰まる）や搤（喉を絞める）は同源の語。このイメージを利用し、「益（音・イメージ記号）＋鳥（限定符号）」を合わせることによって、首が細く締まって、喉が絞められたような姿をした鳥を暗示させた。「鶂」は異体字。「鶃（*ŋieg）」は近似的に*ŋek（鳴き声を写した擬音語）を再現する。

㊙ 甲 金 篆 〔益〕

**［別名］** 青鷁・白鷁・白鶂

**［文献］** 春秋左氏伝・僖公16「六鷁退飛、過宋都（六鷁退き飛び、宋都を過る）」、史記・司馬相如伝「游於清池、浮文鷁（清池に游び、文鷁を浮かぶ）」

## 【鶼】

10 ㊀ケン ㊁—

**［語源］** 上古漢語は*klām、中古漢語はkem（→呉音・漢音ケム）である。空想的な鳥の名で、双頭一身の鳥。またの名を比翼鳥という。雌雄同体の観念が空想化された生物で、ギリシアのアンドロギュヌス、ヘルマプロディトスに類する。比翼鳥のほかに比目魚、比肩獣、比肩民が存在する。爾雅によると四方（中国世界の外側）の異気であるという。語源は「兼」の「二つを合わせる」のイメージによる命名。鰜（カレイ）は同源である（該項参照）。

**［字源］**「兼（*klām）」は「秝（二本のイネ）＋又（て）」を合わせて、いくつかの稲を合わせて持つ様子を暗示する図形。これによって「かね合わせる」というイメージを示す記号とする。「兼（音・イメージ記号）＋鳥（限定符号）」を合わせて、二羽が合体して一羽になった鳥を暗示させた。

金 篆 〔兼〕 篆 〔鶼〕

**［別名］** 比翼鳥

**［文献］** 韓詩外伝5（漢・韓嬰）「南方有鳥、名曰鶼、比翼而飛、不相得不能挙（南方に鳥有り、名を鶼と曰ふ、翼を比べて飛ぶ、相得ずんば挙がる能はず）」

## 【鶸】

10 ㊀ジャク ㊁ひわ

**［語源］** スズメ目アトリ科の鳥で、～ヒワと名のつくものの総称。マヒワ（*Carduelis spinus*）は体長が一二セ

ンチほどで、羽の色は黄色を帯びる。冬に大群で渡ってきて、山林に棲み、木の実などを食べる。チュイーンと鳴く。「ひわ（ひは）」の語源はヒハヤカ、つまり繊弱（ひよわ）の意から来ている（大槻文彦）。漢名は黄雀。なおカワラヒワの漢名を金翅雀という。

**[字源]** 鶸は中国にも存在するが、用例のない奇字である。したがって鶸は日本で創作された字と考えられる。類聚名義抄で鶸をヒワと読ませている。これは語源に基づいて「弱」に鳥を添えた半国字である。近代生物学とともに中国に逆輸入され *Carduelis*（ヒワ属）の総称に使われている。なお「弱」の字源については鰯の項参照。

## 【鶺鴒】

10 音 セキ-レイ 訓 ——

**[語源]** 上古漢語は*tsiek-leng、中古漢語はtsiɛk-leng（→呉音シャク-リヤウ、漢音セキ-レイ）である。スズメ目セキレイ科の *Motacilla*（セキレイ属）の総称だが、中国で代表的なものは ***M. alba***（ハクセキレイ、中国名白鶺鴒）。体長は一八センチほど。体は細っそりと小さく、尾は長い。羽は黒と白が交じる。波状をなして飛び、止まっているときは尾を上下に振る。水辺で昆虫を捕食する。詩経では、セキレイが尾を振るのは危険を告げるしるしと見、難を救いに駆けつける兄弟に喩える。語源は脊（せ）と令（清々しい）のイメージを組み合わせたもの。和名の古語はニワクナブリで、庭揺ぎ触り（尾を揺らし庭中に触れる）の意味だという（大槻文彦）。日本神話でイザナギとイザナミに交合を教えたところから、トツギオシエドリの異名がある。

**[字源]** 詩経では単に「脊令」と書く。「脊（*tsiek）」はぎざぎざした背骨の形に限定符号の「肉」を添えた図形。「令（*leng）」は蜻蛉の項でも述べたように、「亼（集まる符号）＋卩（ひざまずく人）」を合わせて、お告げを聞かせるために人々を集める情景を設定した図形。*leng は「お告げや指図を告げる」という意味のほかに、「清らか」という意味をもつ語である。後者の意味は穢れのない神のお告げのイメージから展開したものである。背筋のように細っそりとして、姿や色が清々しいという二つのイメージを組み合わせて、鳥の名を*tsiek-leng の二音節語で命名し、「脊令」と表記した。のち鳥偏で整形し鶺鴒となった。

甲 金 篆 篆〔脊〕〔令〕

【別名】脊令・精列・連銭・銭母・雪姑

【文献】詩経・小雅・常棣「脊令在原、兄弟急難（脊令原に在り、兄弟難に急ぐ）」、東方朔・答客難（文選45）「譬若鶺鴒飛且鳴矣（譬へば鶺鴒の飛び且つ鳴くが若し）」

## 【鷂】

10 音ヨウ 訓はいたか

【語源】上古漢語は*dioɡ、中古漢語はyiɛu（→呉音・漢音エウ）である。タカ目タカ科の鳥 ***Accipiter nisus***（ハイタカ）を意味する。雌の体長は四五センチほど。背は灰褐色、腹は白色に褐色の横斑がある。雄は雌より小さい。雌をハイタカ（鷂）、雄をコノリ（鷙）という。鷹より小型で、鷹狩りに用いられる。飛ぶのが速く、小鳥を襲って食べる。語源は揺と同源で、「ゆらゆらと動かす」というイメージによる命名。和名の「はいたか」はハシタカの訛りで、ハシは古語で疾いの意味がある。

【字源】「䍃（*dioɡ）」は繇の項でも述べたが、「肉＋缶（ほとぎ）」を合わせて、土器の中に肉を入れてこねる場面を設定した図形。「ゆらゆらと揺らして動かす」というイメージがあり、揺（ゆれ動かす）・謡（声をゆらして歌う）などは同源のグループ。陸璣が鷙（コノリ）について言った通りのことがハイタカにも当てはまると思われる。つまり風に向かって翼を揺らして速く飛び、獲物を撃つ姿を捉えて、「䍃（音・イメージ記号）＋鳥（限定符号）」を合わせた鷂でもって、ハイタカを表す視覚記号とした。

篆〔䍃〕 篆〔鷂〕

【別名】雀鷹・題肩・鷤鴂・負雀・負爵・撃征・籠脱

【文献】列子・天瑞「鷂之為鸇、鸇之為布穀、布穀久復為鷂也（鷂の鸇と為り、鸇の布穀と為り、布穀久しくして復た鷂と為るなり）」、毛詩草木鳥獣虫魚疏（三国呉・陸璣）「晨風、一名鸇、似鷂…嚮風揺翅、乃因風飛急疾、撃鳩鴿燕雀食之（晨風は、一名鸇、鷂に似たり…風に嚮ひて翅を揺らし、乃ち風に因りて飛ぶこと急疾、鳩鴿燕雀を撃ちて之を食ふ)」

**鷖** →鷗 (310ページ)

## 【鷗】 11 音オウ 訓かもめ

**[語源]** 上古漢語は*·ug、中古漢語は·əu(→呉音ウ、漢音オウ)である。チドリ目カモメ科の鳥の総称。狭義では*Larus*(カモメ属)を指す。古くは細かい種の区別はなく、だいたい海にいるものを海鷗、川にいるものを江鷗と呼び慣わした。現在では*L. canus*(カモメ)を海鷗という。体長は四六センチほど。頭と腹は純白色、背は淡い青灰色。くちばしと足は黄色。翼は細長く、先がとがる。魚や昆虫を食べる。*·ug の語源は擬音語由来であろう。古語は鷖(詩経に出る)であるが、「殹(*·er)」がやはり鳴き声を表している。また、カモメは潮とともに往来すると考えられ、信鳥の異名がある。和名の古語はカマメで、カマは「かまびすしい」のカマ、メはムレの訛りで、群れて騒ぐことからの命名という。一説ではメはスズメのメと同様に鳥につける接尾語。

**[字源]** 「區(*·ug)」は擬音語の読みだけでなく、イメージも示すために選ばれた。「區」は「匚(枠で囲う符号)+品(小さい区画)」を合わせて、枠の中に細かく仕切る様子を暗示する図形。物を水の中に漬けることを漚(おう)といい、また、細かく仕切られたように浮かぶ水の泡を漚という。列子ではカモメのことを漚鳥と呼んでいる。カモメは水の上に白い泡のように浮かんで見えるところから、この名がついた。この「區」のイメージを利用して、「區(音・イメージ記号)+鳥(限定符号)」を合わせた鷗でもって、カモメを表した。

次に「鷖」の字源について。「殹」も音だけでなくイメージも示す記号である。「医(*·er)」は「匚(枠で囲う符号)+矢」を合わせて、容器の中に矢をしまいこむ様子を暗示する図形。「医(音・イメージ記号)+殳(限定符号)」を合わせた「殹(*·er)」は、「(中に入れて)上から覆い隠す」というイメージを示している。姿を隠すためにかざす扇を翳という。このイメージを利用して、「殹(音・イメージ記号)+鳥(限定符号)」を合わせることによって、扇をかざすようにゆっくり飛翔する鳥、あるいは、群がって水面を覆い隠す鳥を暗示させた。

甲 金 篆〔區〕

甲 篆〔鷗〕

甲 篆〔医〕

金 篆〔殹〕 篆〔鷖〕

【別名】鷖・漚鳥・信鳥・信鷗・信凫・水鴞・三品鳥・婆婆児・碧海舎人

【文献】後漢書・馬融伝「水禽鴻鵠鴛鴦鷗鷖…乃安斯寝、戢翮其涯（水禽は鴻鵠・鴛鴦・鷗鷖…乃ち安んじ斯に寝み、翮を其の涯に戢む）」、南越志（太平御覧925）「江鷗一名海鷗…頗知風雲、若群飛至岸必風、漁人及渡海者、皆以此為候（江鷗は一名海鷗…頗る風雲を知る、若し群飛して岸に至らば必ず風あり、漁人及び海を渡る者、皆此を以て候と為す）」

## 【鷓鴣】11

音 シャーコ
訓 ―

【語源】上古漢語は*tiăg-kag、中古漢語はtʃiă-ko（→呉音シャーク、漢音シャーコ）である。キジ目キジ科の鳥 *Francolinus pintadeanus*（コモンシャコ）を意味する。体長は三〇センチほど。体形はウズラに似てずんぐりしている。羽の色は白と黒が混じる。中国南部の山地に棲み、山頂の木の上で鳴く。*tiăg-kagの語源は鳴き声に由来するという。古代、飛ぶときはいつも頭を南に向けるとされ、懐郷の象徴としてしばしば漢詩の素材に使われる。

【字源】この鳥の鳴き声を古人は「鉤輈格磔」とか「行不得哥哥」と聞いたという（本草綱目）。名づけには二音節語に仕立て、表記には「庶（*thiag）」と「古（*kag）」を用いた。「庶」を選んだ理由はそれだけではなさそうである。「廿」は「革」（頭つきの毛皮）や「堇」（革をあぶって乾かす）の上の部分で、獣の頭を示す符号。「廿＋火」を合わせた「炗」は、獣から採った脂肪を燃やす図形で、「光」と同じ（古文の字体）。「庶」は「广（いえ）＋光」を合わせて、家の中に光を取り込む情景を設定した図形で、「多く集まる」というイメージを示す記号となる。シャコは目玉に似た白や黒の斑紋が体中を覆っているので、「多く集まる」のイメージをもつ「庶」を表記に利用したと考えられる。

次に「古」は鵓鴣（ハト）にも使われているように単に擬音語を写したか、あるいは螻蛄（ケラ）の例にもあるように、姑に通じた愛称かのいずれかであろう。

㊫〔庶〕 ㊫〔鷓〕

㊫〔古〕 ㊫〔鴣〕

**［別名］** 遮姑・斑鷓・越雉・越禽・蛮禽・南禽・南客・懐南・首南鳥・逐影・逐隠・花豸・珍珠斑

**［文献］** 左思・呉都賦（文選5）「鷓鴣南翥而中留（鷓鴣南に翥びて中に留まる）」、古今注（晋・崔豹）「南山有鳥、名鷓鴣、自呼其名、常向日而飛（南山鳥有り、鷓鴣と名づく、自ら其の名を呼ぶ、常に日に向ひて飛ぶ）」、新修本草「鷓鴣鳥…生江南、形似母鶏、鳴云鈎輈格磔者是也（鷓鴣鳥は…江南に生ず、形は母鶏に似る、鳴きて鈎輈格磔と云ふ者は是れなり）」

## 【鷚】 11 ㊱リュウ ㊗——

**［語源］** 上古漢語は*liog、中古漢語はlɪəu（→呉音ル、漢音リウ）である。スズメ目ヒバリ科の鳥 *Alauda arvensis*（ヒバリ）を意味する。体長は一八センチほど。上体は淡褐色の地に、黒褐色の縦斑がある。頭に短い冠羽がある。開けた平地に棲み、空高く上がりながらさえずる。*liogの語源は嚠喨（朗らかな音の形容）の嚠と同源であろう。和名の「ひばり」は晴れた日に飛ぶことから、ヒハル（日晴る）が語源という。なお漢字表記の雲雀は左思の魏都賦にあるが、鳳凰の別名であってヒバリではない。ヒバリを雲雀と書くのは日本人の考案ではあるまいか（和名抄に出る）。ただし現代中国でもヒバリに雲雀を用いている。

**［字源］** 「㐱」は「人＋彡（かみ、またはひげの形）」を合わせて、鬒（びっしり生えた髪）と同じ意味を表すが、羽毛にも拡大できる。「翏」は「羽＋㐱（羽毛）」を合わせて、鳥が頭を上に、尾を下にして、真上に飛び上がる様子を暗示する図形。ヒバリが上空にまっすぐ飛んでいく習性を捉えた図形である。これに鳥を添えたのが鷚。ヒバリを天鷚という。

㊎ 

㊫ 〔翏〕

㊫ 〔鷚〕

**［別名］** 天鷚・天雀・天鸙・告天子・叫天子

**［文献］** 爾雅・釈鳥「鷚、天鸙」——郭璞注「大如鷃雀、

色似鶉、好高飛作声、今江東名之曰天鷚（大きさは鷃雀の如く、色は鶉に似たり、好んで高飛し声を作す、今江東之に名づけて天鷚と曰ふ）」

## 【鷸】12 音イツ 訓しぎ

**［語源］** 上古漢語は*di̯uet、中古漢語はyiuĕt（→呉音イチ、漢音イツ）である。チドリ目シギ科の鳥の総称で、種類が非常に多い。中国医学（本草）では*Gallinago gallinago*（タシギ、中国名扇尾沙錐）、または*Tringa totanus*（アカアシシギ、中国名紅脚鷸）に当てられている。タシギは体長が二七センチほど。褐色や黒色の混じった斑紋がある。水田や湿地に棲み、まっすぐで長いくちばしを泥に差し込んで獲物を捕る。語源は鳴き声を写した擬音語という（本草拾遺）。別名に述（*di̯uat）があり、タシギのジェッという鳴き声を模した語であろう。和名の語源については鳴の項参照。古代中国ではシギは雨を予知する鳥と信じられ、天文官はこの鳥の羽を飾った冠をかぶり、鷸冠または術氏冠と称した。

**［字源］**「矞（*di̯uet）」は擬音語を表記したものだが、この記号を選んだ理由はほかにもある。「矞」は鱊の項でも説明したが、「矛（ほこ）＋冏（尻の穴）」を合わせた図形。説文解字に「錐を以て穿つ所有るなり」とあるように、錐でまるい穴を開ける様子を暗示する図形である。錐のように細長いくちばしで穴を開けて獲物を探るタシギの生態を捉えて、「矞（音・イメージ記号）＋鳥（限定符号）」を合わせた視覚記号を作った。

篆〔矞〕 篆〔鷸〕

**［別名］** 述

**［文献］** 戦国策・燕「蚌方出曝、而鷸啄其肉（蚌方に出でて曝す、而して鷸其の肉を啄む）」、春秋左氏伝・僖公24「好聚鷸冠（好んで鷸冠を聚む）」

## 【鷳】12 音カン 訓——

**［語源］** 上古漢語は*ĥăn、中古漢語はɦan（→呉音ゲン、漢音カン）である。キジ目キジ科の鳥*Lophura nycthemera*（ハッカン、中国名白鷳）を意味する。体長は雄が一・一～一・四メートル。冠と上体は光沢のある黒色、上体と翼は白色。尾はきわめて長い。雌は雄より小さい。

一雄多雌で群れをなす。中国南部の山地に棲息する。飼いやすく、観賞鳥として利用される。語源は飼いやすい鳥なので閑（なれる）と同源。また、白と黒がはっきり分かれているので間（すきま）とも同源。

**[字源]**「閑（*ɦăn）」は「門＋木」を合わせて、門を遮る木の枠、つまり「かんぬき」を表す。「枠をはめて押さえる」というイメージがあり、嫻（枠をはめる→規制をかけてならす、なれる）は同源の語。「閑（音・イメージ記号）＋鳥（限定符号）」を合わせて、観賞用に飼い馴らす鳥を暗示させた。また「鷳」は異体字。「閒（*kăn）」は「門＋月」を合わせて、門のすきまから月が見える情景を設定した図形。「二つの物を分けるすきま」というイメージがある。「閒（音・イメージ記号）＋鳥（限定符号）」を合わせて、色が白と黒にはっきりと分かれている鳥を暗示させた。

㊎ 篆  （閑）

㊎ 篆  （閒）

篆 （鷳）

**[別名]** 白雉・閑客・白鵫・白鶾・越禽

**[文献]** 班固・西都賦（文選1）「招白鷳、下双鵠（白鷳を招き、双鵠を下す）」

## 【鷮】 12 音 キョウ 訓 —

**[語源]** 上古漢語は*kɪɔg、中古漢語はkɪɛu（→呉音・漢音ケウ）である。キジ目キジ科の鳥 *Syrmaticus reevesi*（オナガキジ、中国名長尾雉）を意味する。雄の体長は一・五メートルほど。上体は黄褐色の地に赤・白・黒の斑紋が混じる。頭と首は白色。尾はきわめて長い。尾羽を帽子などの飾りに用いた。中国北部・中部の高山に棲息する。語源は「喬」の「高く上がる」のイメージによる命名。

**[字源]**「高（*kɔg）」は高い建物の図形。「夭」は頭をかしげ体をくねらせる人の図形。「高（音・イメージ記号）＋夭（イメージ補助記号）」を合わせた「喬（*kɪɔg）」は、単に「高く上がる」というイメージを示す記号だが、「高くて上が曲がる」というイメージにもなる。橋（川の上に⌒型にかかっている「はし」）、矯（曲がったものをまっすぐに直す）、驕（馬が高く躍り上がる→おごり高ぶる）などは同源のグループ。オナガキジの尾羽を車

に立てたり、帽子に立てたりして、装飾品としたので、「喬（音・イメージ記号）＋鳥（限定符号）」を合わせた視覚記号を作った。

甲　金　篆〔喬〕　篆〔高〕　篆〔鷮〕

【別名】鸐・長尾雉

【文献】詩経・小雅・車舝「依彼平林、有集維鷮（依いたる彼の平林、集まる有るは維れ鷮）」、山海経・中山経「其鳥多白鷮（其の鳥、白鷮多し）」

## 【鷲】12　音シュウ　訓わし

【語源】上古漢語は*dziog、中古漢語はdziəu（→呉音ジュ、漢音シウ）である。普通は鵰と同じくワシ類を指すが、説文解字では「黒色多子」「赤目」などとあり、タカ目タカ科のハゲワシ類を意味するようである。クロハゲワシ（*Aegypius monachus*、中国名禿鷲）は頭に羽毛がなく、体の色は主に黒褐色。ミミハゲワシ（*A. calvus*、中国名黒兀鷲）も頭は皮膚が裸出し、体は金属光沢のある黒色。虹彩は赤い。ともに動物の腐肉を食べる。語源は「就」の「間隔を縮める」というイメージに基づく。和名の「わし」の語源については鵰の項参照。

【字源】「尤（*ɦiuəg）」は手にできものができる図形で、肬・疣（いぼ）の原字。「特定の場所に出現する」というイメージがある（蛔の項参照）。「京」は丘の上に築かれた楼閣の図形（鯨の項参照）。「人々が集まり住む所」というイメージがある（現実の意味は「みやこ」）。「尤（音・イメージ記号）＋京（イメージ補助記号）」を合わせた「就（*dziog）」は、特定の場所に人々が寄り集まってくる様子を暗示させる。「就」という言葉は「ある場所に寄って近づく」というイメージがあり、「間隔を縮めて接近する」というイメージにつながる。蹴（足を縮めて目標に近寄せる→ける）・僦（金を払って人をこちらに引き寄せる→やとう）などは同源のグループ。空中を回って獲物に襲いかかる鵰（イヌワシなど）とは違い、鋭い爪がないため獲物を生け捕れず、死体に寄ってきて食べるワシ（ハゲワシなど）を*dziogといい、「就（音・イメージ記号）＋鳥（限定符号）」を合わせた視覚記号で表記した。

甲 金 篆 〔尤〕

篆 〔就〕 篆 〔鷲〕

［別名］ 鵰

［文献］ 説文解字4「鷲鳥黒色多子、師曠曰、南方有鳥、名曰羌鷲、赤目、五色皆備（鷲鳥は黒色、子多し、師曠曰く、南方鳥有り、名を羌鷲と曰ふ、赤目、五色皆備はる）」、説苑・雑言（漢・劉向）「飛鳥成列、鷹鷲不撃（飛鳥列を成せば、鷹鷲も撃たず）」、禽経「鵰以周之、鷲以就之（鵰は以て之に周り、鷲は以て之に就く）」、南斉書・東南夷伝「燔屍中野以為葬、遠界有霊鷲鳥、知人将死、集其家、食死人肉（屍を中野に燔きて以て葬を為す、遠界に霊鷲鳥有り、人の将に死せんとするを知り、其の家に集まり、死人の肉を食ふ）」

## 【鷦鷯】 12 音 ショウ-リョウ 訓 みそさざい

［語源］ 上古漢語は*tsiŏg-lŏg、中古漢語は**tsiɛu-leu**（↓呉音・漢音セウ-レウ）である。スズメ目ミソサザイ科の鳥 *Troglodytes troglodytes*（ミソサザイ）を意味する。体長は一〇センチほどで、雀よりも小さい。山地に棲み、美しい声で鳴く。巣造りは出入り口を設け、羽毛を敷くなど、巧みなところから、巧婦鳥の異名がある。語源は「焦」（焦げる）と「尞（りょう）」（連なる）の二つのイメージを合わせて、畳韻の二音節語としたもの。和名の古語はサザキで、サザ（ササ）は小さい意、キは小鳥につける接尾語。このサザキに、岩の裂け目や木の洞などに巣を造ることから、ミゾ（溝）を冠して、ミゾサザキ→ミソサザイとなった。

［字源］「焦（*tsiŏg）」は「隹（とり）＋火」を合わせて、鳥を火であぶって焼く情景を設定した図形。「ちりちりと焼けこげる」というイメージがある。礁（焼け焦げたような色に見える岩）・蕉（葉が落ちないで、焦げたように枯れる植物）などは同源の語。「尞（*lŏg）」は鷯の項で述べたように、火の粉を飛ばして燃える焚き火の様子を図形にしたもので、「次々に連なる」というイメージがある。羽の色が焦げ茶色で、黒褐色の細かい横紋が連なるミソサザイを、「焦（音・イメージ記号）＋鳥（限定符号）」と「尞（音・イメージ記号）＋鳥（限定符号）」を組み合わせることによって表記した。

㊎ ㊫〔焦〕 ㊫〔鷦〕
㊙ ㊎ ㊫〔尞〕
㊫〔鷯〕

**[別名]** 巧婦・巧婦鳥・巧女・女匠・巧雀・工雀・工爵・糸雀・布母・桑飛・桃雀・桃虫・果贏・過贏・鸋鴂・蒙鳩・黄脰雀

**[文献]** 荘子・逍遥遊「鷦鷯巣于深林、不過一枝（鷦鷯は深林に巣くふも、一枝に過ぎず）」説苑11（漢・劉向）「鷦鷯巣於葦苕、著之髪毛建之、女工不能為也（鷦鷯葦苕(いちょう)に巣くふ、之に髪毛を著して之を建つ、女工も為す能はざるなり）」

## 【鷭】12 ㊅ハン ㊂ばん

**[語源]** ツル目クイナ科の鳥 *Gallinula chloropus*（バン）、また、*Fulica atra*（オオバン）を指す。バンは体長が三二センチほど。体の色は主に黒を帯びた褐色、額は裸出して赤い。川や湖沼の水辺や水田に棲む。人を恐れず逃げない様子が、田を守って番をしているように見えるところから、バンという名がついた。また護田鳥の異名もある。ただし漢名の護田鳥は鳩の別名で、狩谷棭斎はミゾゴイに当てた。

**[字源]** 鷭は中国ではほとんど奇字に近い。したがって日本の鷭は「番」に鳥を添えた半国字と見てよい。ただし近代生物学とともに中国に渡り、現代中国でもバン、オオバンの意味で使われている。

「釆（*bǎn）」は米粒をばらまく図形。「釆（音・イメージ記号）＋田（イメージ補助記号）」を合わせた「番（*p'ıuǎn）」は、田んぼに米粒をばらまく場面を設定した図形。手のひらを返して一回、二回とまく姿から、何かをする回数を数える語に使われる。日本では何かをするその回に当たっているという意味（当番の番）から、更に転じて見張り番の番に使うようになった。

㊙ ㊎ ㊫〔釆〕
㊎ ㊫〔番〕

**[文献]** 類篇（宋・司馬光）「鷭鴾、鳥名、似鷊」

## 【鷯】12 音 リョウ 訓 ──

**[語源]** 上古漢語は*lŏg、中古漢語はleu（→呉音・漢音レウ）である。この語は三通りに使われる。鳭鷯ではオオヨシキリ（鳭の項参照）、鷦鷯ではミソサザイ（該項参照）を意味する。鷯哥の語形では、スズメ目ムクドリ科の *Gracula religiosa*（キュウカンチョウ）を意味する。体長は二八センチほど。全身紫黒色で、くちばしと足が黄色を帯びる。よく人の言葉をまねる。中国南部の森林に棲む。古くは秦吉了と言った。秦（今の陝西省）の言葉のように重く濁った鳴き声をするからという（爾雅翼）。単に料、結料、吉了ともいった。これは当時の外来語という（本草綱目）。和名の九官鳥の語源は、江戸時代に九官という中国人がこの鳥を伝えたからといわれる。

**[字源]** 秦吉了→了哥→鷯哥と表記が変わった。哥（お兄さんの意）は愛称の接尾語である。鸜哥も同例。

**[別名]** 秦吉了・了哥・了歌・吉了鳥・結遼鳥

**[文献]** 李白・自代内贈（全唐詩184）「安得秦吉了為人道寸心（安んぞ秦吉了を得て人の為に寸心を道はしめん）」

## 【鷽】13 音 ガク 訓 うそ

**[語源]** 中国と日本では意味が異なる。中国では、上古漢語が*ɦŏk、中古漢語がɦɔk（→呉音ガク、漢音カク）で、スズメ目カラス科の鳥 *Urocissa erythrorhyncha*（サンジャク、中国名は長尾藍鵲または紅嘴藍鵲、別名山鵲）を意味する。体長は五五センチほど。体は主に藍色で、くちばしと足は赤い。尾は長く、先端が白い。山地に群れをなして棲む。語源は他の鳥の声を真似るのがうまいので、学と同源の言葉で呼んだ。古代中国ではサンジャク（山鵲）は風を知り、未来を予知する鳥とされ、鍼を発明したという神医の化身となり、また、伝説上の名医扁鵲の名（本名は秦越人で、あだ名が扁鵲）にもなっている。

　日本ではスズメ目アトリ科の *Pyrrhula pyrrhula*（ウソ）を指す。体長は一五センチほど。雄は顔が紅色で、雌は黒い。桜や梅の花芽を食べる。「うそ」の語源は笛のようにフイフイと鳴くことから、「嘯く」のウソに由来する。ウソはもともと口笛の意味である。

**[字源]** 「學（*ɦŏk）」は黌の項でも述べたが、「爻

（*ɦŏg）」にコアがあって「交わる」というイメージを示す。先生と子弟が交わって、先生↓子弟の方向に知識を伝える行為を*kɔg（教）といい、先生↑子弟の方向への行為を*ɦŏk（学）という。他の鳥の声を巧みに真似るサンジャクを、子弟が先生に学ぶ行為に擬えて、「學（音・イメージ記号）の略体＋鳥（限定符号）」を合わせることによって表記した。日本での鷽の用法は意味を読み違えたか、または口笛を真似ることから「學」の子を鳥に換えた創作字かのいずれかであろう。

㊙甲　㊙金　㊙篆〔學〕　㊙篆〔鷽〕

［別名］山鵲・山鶥

［文献］爾雅・釈鳥「鷽、山鵲」――郭璞注「似鵲而有文彩、長尾、觜脚赤（鵲に似て文彩有り、長尾、觜と脚は赤し）」、荘子・逍遥遊「蜩与鷽鳩［異版では学鳩］笑之（蜩と鷽之を笑ふ）」

## 【鸇】13　㊅セン　㊫さしば

［語源］中国と日本では意味が異なる。中国では上古漢語が*tian、中古漢語がtʃɪɛn（→呉音・漢音セン）で、タカの一種コノリを指す。タカ科の猛禽の仲間で、雄と雌で体形や色が違うため、名を異にする鳥がある。ハイタカは雄をコノリ（鸇）といい、雌をハイタカ（鷂）という。コノリは体長が三一センチほど。背は灰青色で、腹には赤い横斑がある。詩経では晨風の名で出ている。風に向かって翼を広げ、迅速に揺れ動かして、鳥類に襲いかかるという（本草綱目）。語源は顫（せん）（上下に揺れ動く）と同源。別名は鷐風。和名の「このり」の由来は小鳥に乗りかかるからという説（大言海）がある。和名抄では兄鷂と書いてコノリと読む。鷂の項参照。

　日本では鸇をサシバと読む。サシバ（*Butastur indicus*）はタカ科の鳥で、体長は約五〇センチ。体の色は主に赤褐色。ピックィーと鋭い声で鳴く。語源は群れをなして飛ぶ姿を翳（さしは）（貴人が顔を隠す扇に似た道具）に見立てたか。サシバの別名を大扇（おおおうぎ）という。

［字源］「亶（*tan）」は鱣にも出てきたが、「豊か、大きい」というイメージとは関係がなさそうである。むしろ震顫の顫（ふるえる）と縁がある。また戦慄の戦（ふ

るえる）とも同源。「亶（音記号）＋鳥（限定符号）」を合わせて、翼を震わせて獲物に襲いかかる鳥を表した。また「辰（*dhien）」は蜃の項でも述べたように、舌を出す二枚貝の図形で、「ぶるぶる震え動く」というイメージを示す。「辰（音・イメージ記号）＋日（限定符号）」を合わせた「晨（*dien）」は、生物や人間が活動し出す「あさ」を暗示させる。振・震・賑・晨などはみな「ふるえ動く」というコアイメージをもつ。晨風や鷐風は、風に向かって翼を震わせて迅速に飛ぶ鳥という意味から名を得た。

(篆) 〔鸇〕 (篆) 〔鷐〕

**[別名]** 晨風・鷐風

**[文献]** 春秋左氏伝・文公18「如鷹鸇之逐鳥雀也（鷹鸇の鳥雀を逐ふが如きなり）」、孟子・離婁上「為叢敺爵者鸇也（叢の為に爵を敺る者は鸇なり）」

## 【鷿鷉】 13 (音)ヘキ-テイ (訓)かいつぶり

**[語源]** 上古漢語は*bek-deg、中古漢語はbek-dei（↓呉音ビャク-ダイ、漢音ヘキ-テイ）である。カイツブリ目カイツブリ科の鳥 *Tachybaptus ruficollis*（カイツブリ、中国名小鷿鷉）を意味する。体長は二五センチほど。体の色は主に黒褐色。尾はほとんどなく、体つきは丸みを帯びる。水に潜って昆虫や魚を捕らえて食べる。湖沼に棲み、アシの間に浮き巣を造る。語源は鳴き声を二音節語で捉えたものであろう。和名の「かいつぶり」は、足を掻いて潜ったり頭を出したりするところから、カキ（掻き）ツブリ（丸い頭の意）が語源という。

**[字源]** *bek-deg は鳴き声を写した擬音語と考えられるが、「辟（*biek）」と「虒（*sieg）」を選んだ理由はそれだけではない。「辟」は「尸（尻または人）＋口（あな）＋辛（刃物）」を合わせて、メスで人体を解剖する刑罰の場面を設定した図形。古代、生体を解剖する刑罰（支解、陵遅処死などという）があった。この図形によって、「左右に開く」というイメージを示す記号となり、このイメージから「横に平らに開く」→「薄く平ら」のイメージへ展開する。壁（薄く平らな「かべ」）・璧（中央に穴が開き、平らになった玉）・劈（切り開く）・闢（門を左右に開く）などは同源のグループ。「虒」は蝸の項でも述べたが、「厂（横にずれる符号）＋虎」を

合わせて、横にずれて移動する様子を暗示する図形。遞（＝遆。次々と伝える）と同源。カイツブリの足は花弁状で平らなみずかきがあり、翼を使わずに弁足ですいすいと泳ぐ。そんな形態と生態に着目して、「辟（音・イメージ記号）＋鳥（限定符号）」と「虒（音・イメージ記号）＋鳥（限定符号）」を組み合わせて、平らな足で水を掻いて移動する鳥を暗示させた。鷿・鸊は鷉の異体字。

甲　金　篆〔辟〕　篆〔鸊〕
篆〔虒〕　篆〔鷉〕

**[別名]** 鸊鶙・鸊鵜・須贏・沈鳧・油鴨・刁鴨・水鶩・零丁・水葫蘆

**[文献]** 後漢書・馬融伝「鷺䧹鸊鷉、乃安斯寝、戢翮其涯（鷺䧹鸊鷉、乃ち安んじ斯（すなわ）ち寝（やす）み、翮（つばさ）を其の涯に戢（おさ）む）」

## 【鷹】13
㊜ヨウ・オウ　㊞たか

**[語源]** 上古漢語は*·ɪəm、中古漢語は·ɪəŋ（→呉音オウ、漢音ヨウ）である。タカ目の鳥の一部分の総称、また、一般には*Accipiter*（ハイタカ属）の通称。中国にはオオタカ、アカハラダカ、ハイタカ、ツミなどが棲息する。中国医学（本草）では*A. gentilis*（オオタカ、中国名蒼鷹）に当てる。体長は五〇センチほど。上体は蒼灰色、下体は灰色。くちばしは鋭く湾曲し、足にかぎ爪がある。性質は凶猛で、他の鳥や小動物を襲う。鷹狩りに利用される。語源は応（受け止める）・膺（胸、また、胸で受け止める）などと同源。和名の「たか」は性質が凶猛（猛し）であるところから、タケ→タカになったという。

**[字源]** 「䧹（*·ɪəm）」の原形（金文の字体）は「人＋｜＋隹」を合わせて、人が胸の前に鳥を受け止める情景を設定した図形。これは鷹狩りの風習を踏まえて生まれた図形と考えられる。「䧹」がすでにタカを表しているが、鳥を添えて「鷹」となった。「䧹」は「受け止める」というイメージを示す記号となり、應（＝応。心に受け止める）・膺（胸で受け止める）は同源のグループである。

㊎　　㊡　（雁）　㊡　（鷹）

【別名】蒼鷹・蒼鳥・角鷹・神鷹・猛鷙・玉爪・迅羽・凌霄君・決雲児

【文献】詩経・大雅・大明「維師尚父、時維鷹揚（維これ師尚父、時これ維れ鷹のごとく揚がる）」、礼記・月令「鷹化為鳩（鷹化して鳩と為る）」、春秋左氏伝・文公18「見無於其君者、誅之、如鷹鸇之逐鳥雀也（其の君を無みする者を見れば、之を誅すること、鷹鸇の鳥雀を逐ふが如きなり）」、名医別録「鷹屎白主治傷撻、滅瘢（鷹の屎白は傷撻を治し、瘢を滅するを主る）」

**夜鷹**→蚊母鳥（251ページ）

## 【鷺】13　㊥ロ　㊦さぎ

【語源】上古漢語は*lag、中古漢語はlo（→呉音ル、漢音ロ）である。コウノトリ目サギ科のシラサギ類の総称。特に*Egretta garzetta garzetta*（コサギ、中国名白鷺）を指す。体長は五四センチほど。全身の羽毛は純白色。くちばしは長く、黒色。首は細長く、休息するときはS字状になる。水辺や水田に群れをなして棲む。後頭部から糸のような二本の冠羽が伸びるので、別名を鷺鷥という。語源は露と同源で、白色の特徴による命名。和名のサギの語源も、色が潔白であるところから、サヤカ（清か）のサに、鳥を意味する接尾語のキをつけたものであろう。

【字源】「各（*kak）」は貉の項でも述べたが、「夂（下向きの足）＋口（石）」を合わせて、足が歩いてきて、固いものにぶつかって、止まる様子を暗示する図形。AからやってきてBでつかえて、足を止めるというイメージから、いろいろなイメージに展開する。**K**～という音をもつ語では、「固い」「つかえて止まる」というイメージを示し（客・格・閣など）、また**L**～という音をもつ語では、「AからBに連絡をつける」「次々と連なる」というイメージを示す記号となる（絡・落・略など）。後者のイメージを用いて、「各（音・イメージ記号）＋足（限定符号）」を合わせた「路（*lag）」は、Aの地点からBの地点に連絡する道を暗示させる。この「路」にも「連なる」というコアイメージがあるので、「路（音・イメージ記号）＋雨（限定符号）」を合わせた露は、点々と連なる水の玉（つまり「つゆ」）を暗示させる。「露」は透き通った水の玉なので、「白い」というイメージを表すこともできる。この「露」の派生的イメージを利用して、雨の限定符号を鳥の限定符号に取り換えて、露のように澄み切った白色の鳥、つまりシラサギを表す視覚記号とした。

㊙甲　〔各〕　金　篆　〔各〕

篆　〔路〕　篆　〔鷺〕

**［別名］** 白露・白鳥・雪鷺・雪客・雪衣児・霜鷺・鷺鷥・糸禽・帯糸禽・春鋤

**［文献］** 詩経・陳風・宛丘「無冬無夏、値其鷺羽（冬と無く夏と無く、其の鷺羽を値つ）」、禽経「鴻儀鷺序」——張華注「鷺、白鷺也、小不踰大、飛有次序、百官縉紳之象（鷺は白鷺なり、小は大を踰えず、飛ぶに次序有り、百官縉紳の象なり）」

**朱鷺** →鴇（263ページ）

## 【鸐】 14　音テキ　訓やまどり

**［語源］** 上古漢語は*dŏk、中古漢語はdek（→呉音ヂャク、漢音テキ）である。日中で意味が異なる。中国ではキジ目キジ科の鳥 *Syrmaticus ellioti*（カラヤマドリ、中国名白頸長尾雉）を意味する。体長は雄で八〇センチほど。背と胸は銅褐色、頸と腹は白色。目の回りは裸出して赤い。尾はきわめて長い。中国南東部の山地に棲息する。鷮（オナガキジ）に同じともされる。オナガキジと同様、帽子などの飾りに用いられた。語源は「翟」の「高く上がる」というイメージに由来する。日本では日本特産のヤマドリ（*S. scemmerringi*）に鸐の字を当てる。体長は雄で一二五センチ。体は赤銅色で、目の周囲は赤く裸出する。尾は長い。

**［字源］** 「翟（*dŏk）」は「羽＋隹」を合わせて、羽が高く上がっている鳥を暗示させた図形。もともとカラヤマドリのことを*dŏkといい、翟と表記する。詩経に翟が三回出ていて、翟の尾羽を車や衣服に飾り、また舞踊のときに手に持つ。カラヤマドリの尾羽自体は高く上がっているわけではないが、装飾に使うときは

高々と上げる。したがって「翟」は「高く上げる」というイメージを示す記号となり、躍（高くはね上がる）・曜（光が高く上がって輝く）・擢（高く抜き上げる）・濯（衣を水中から上げたり下げたりして洗う）などは同源のグループ。「翟（音・イメージ記号）＋鳥（限定符号）」を合わせて、帽子などに高く上げて飾る長い尾羽をもつ鳥を暗示させた。造形の意匠は鸐（オナガキジ）と似ている。

金　篆　〔翟〕

**【別名】** 鸐雉・山雉・山鶏・高山雉鶏

**【文献】** 爾雅・釈鳥「鸐、山雉」、博物志・物性（晋・張華）「鸐雉長毛、雨雪惜其尾、栖高樹杪、不敢下食、往往餓死（鸐雉は長毛、雪雨れば其の尾を惜しむ、高樹の杪に栖み、敢へて下りて食せず、往往にして餓死す）」

## 【鸒】14 音 ヨ 訓 ――

**【語源】** 上古漢語は*diag、中古漢語はyio（→呉音・漢音ヨ）である。スズメ目カラス科の鳥 *Corvus macrorhynchos*（ハシブトガラス）を意味する。体長は五二センチほど。全身黒色で、くちばしは強くて太い。カラスの通称は鴉または烏である。

**【字源】** 「与（*ɦiag）」は鱮の項でも述べたが、「与（*ɦiag）」にコアイメージがある。これは二つのものがかみ合っていることを示す象徴的符号。「舁」は四本の手を組み合う形。「与（音・イメージ記号）＋舁（イメージ補助記号）」を合わせた與は、一緒に手を組んで物を担いだり、仲間を作ったりする様子を暗示させる図形。ここにも「互いにかみ合う」「一緒に組み合う」というイメージがある。「與（音・イメージ記号）＋鳥（限定符号）」を合わせて、くちばしが強力にかみ合っている鳥を暗示させた。鴉と図形的意匠が似ている。

金　篆　〔與〕　篆　〔鸒〕

**【別名】** 鴉

**【文献】** 詩経・小雅・小弁「弁彼鸒斯、帰飛提提（弁たる彼の鸒斯、帰り飛ぶこと提提たり）」

鸓→鼯（347ページ）

## 【鸕鷀】16 音ロ－シ 訓 ―

[語源] 上古漢語は*hlag-dziag、中古漢語はlo-dziei（→呉音ルージ、漢音ローシ）である。ペリカン目ウ科の鳥 *Phalacrocorax carbo sinensis*（カワウ）を意味する。体長は八〇センチほど。全身黒色で、金属光沢を帯びる。くちばしは細長く円錐形をなし、先端がかぎ状に曲がる。川や湖沼に集団で棲み、近くの岩や木の上に巣を造る。みずかきがあり、水中に潜って魚を捕る。魚をまるごと呑み込み、また吐き出すことができる習性を利用して、中国では古くからウ飼いに用いた。新石器時代に始まるという説もある（楊升南、商代経済史、貴州人民出版社、一九九二年）。語源は「黒い」というイメージと、「生み殖やす」というイメージを組み合わせた語。和名の「う」は魚をスムーズに吐き出すことから「産む」のウと同源で、同時に安産の象徴ともなった。なおウを鵜と書くのは本来誤用で、鵜はペリカンのことである。

[字源] 「盧（*hlag）」は驢・鱸の項でも述べた通り、爐（＝炉、いろり、香炉）・壚（黒土）・矑（黒いひとみ）・顱（黒い頭）などのグループを構成し、みな「黒い」というイメージを示している。「盧（音・イメージ記号）＋鳥（限定符号）」を合わせて、羽が黒い鳥を暗示させる。これでウが表せるが、さらに別のイメージを加える。それは「茲」のイメージである。「茲」は「中（草の芽）二つ＋幺（蚕の糸）二つ」を合わせて、草が芽を出し、蚕が糸を吐いて、次々に増殖する様子を暗示させる図形。「生み殖やす」というイメージがあり、滋（草木が繁殖する→しげる）・慈（子を生み育てる母の愛→いつくしむ）・磁（鉄を引きつけて殖やす鉱物）などは同源のグループ。ウは魚を呑んで吐き出せる。まるで無から有が出てくるように見える。これを産む行為に見立て、「茲（音・イメージ記号）＋鳥（限定符号）」を合わせて、次々に産んでくれる鳥という意味合いをこめて、鸕鷀の二音節語ができた。この語はウ飼いの漁法の後にできたものと思われる。「鶿」は鷀の異体字。

甲 金 篆（盧）

篆（鸕）

甲 金 篆（茲）

㊫〔鷀〕

**【別名】** 烏鬼・水老鴉・摸魚公・魚鷹

**【文献】** 史記・司馬相如伝「鵁鸕群浮乎其上（鵁鸕群れて其の上に浮かぶ）」、金匱要略「魚不得合鸕鷀肉食之（魚は鸕鷀の肉と合して之を食するを得ず）」

## 【鸚鵡】 17 ㊜オウーム ㊖――

**【語源】** 上古漢語は*·ĕng-muag、中古漢語は·ɛng-muu（→呉音ヤウーム、漢音アウーブ）である。オウム目オウム科の鳥の総称で、インコ類も含まれる。鸚哥は鸚鵡の別名で（哥は愛称を示す接尾語）、日本のように両者を区別することはない。種類によって羽の色が白、黒、赤、黄など多彩。頭は丸く、くちばしは強大で、かぎ状をなす。森林に棲み、果実などを食べる。中国医学（本草）などでは、*Psittacula alexandri fasciata*（ダルマインコ、中国名緋胸鸚鵡）に当てる。体長は約三〇センチで、顔に黒紋があり、頸に黒い帯がある。中国ではそのほかオオダルマインコ、ホンセイインコ、コセイインコなどが南西部や南部に棲息する。古くは隴西（隴山の西で、今の甘粛地方）あたりまで棲息しており、故郷の隴山を慕うオウムが漢詩のモチーフになっている。観賞の始まりは漢代からである。語源について古人は、嬰児が母の言葉をまねるように、人の言葉をまねる鳥なので、「嬰母」と称したと考えた。

**【字源】** 「賏（*·iĕng）」は「貝＋貝」を合わせて、貝を連ねたネックレスを暗示する図形。「賏（音・イメージ記号）＋女（イメージ補助記号）」を合わせた「嬰（*·iĕng）」は、女性が首に巻くネックレスを表す。また、「まといつく（物の回りに触れる）」という意味を派生し、生まれたばかりで母親にまといつく赤ちゃんの意味に展開する。「賏」「嬰」には「回りを取り巻く」というコアイメージがある。ダルマインコなどは頸に輪のような帯があるので、「嬰（音・イメージ記号）＋鳥（限定符号）」を合わせて、オウムを表したと考えられる。コウライウグイスを表す鶯（異体字は鸎）と造形の意匠が似ている。のち嬰児が母の言葉をまねるように人間の言葉をまねる鳥という語源意識が生まれ、「母」に鳥を添えた䳇をつけて鸚䳇という二音節語となり、さらに、足指の特徴に着目し、「母」を「武」に換えて鸚鵡の表記となった。「武（*miuag）」は「止（足の形）＋戈（ほこ）」を合わせて、武器を持って突き進む様子を暗示する図形で、武勇の武のほか、歩武の武（足跡、足）の意味にもなる。オウムは足の指が前後に対をなして分かれ、木によじ登って進むことができる。ゆえに「武（音・イメージ記号）＋鳥（限定符号）」を合わせた鵡ができた。

篆〔賏〕　篆〔嬰〕　篆〔鸚〕

甲　金　篆〔母〕

篆〔鵡〕

甲　金　篆〔武〕

**[別名]** 鸚哥・鶯䳇・鸚母・言鳥・能言鳥・慧鳥・聡明鳥・時落鳥・馴禽・隴鳥・隴禽・隴客・西客・南越鳥・武仙郎・弁哥・翠哥・緑衣使者・乾皐・阿蘇・臊陀

**[文献]** 礼記・曲礼上「鸚鵡能言、不離飛鳥（鸚鵡は能く言（ものい）ふも、飛鳥を離れず）」、山海経・西山経「有鳥焉、其状如鴞、青羽赤喙、人舌能言、名曰鸚䳇（鳥有り、其の状は鴞（ふくろう）の如し、青き羽、赤き喙、人の舌にして能く言ふ、名を鸚䳇と曰ふ）」、本草綱目49「字説云、鸚䳇如嬰児之学母語、故字従嬰母（字説〔宋・王安石〕に云ふ、鸚䳇は嬰児の母の語を学ぶが如し、故に字は嬰母に従ふ）」、爾雅翼14（宋・羅願）「郭璞賛云、四指中分、行則以觜、特為羽族異、故字従武、武者足跡（郭璞の賛に云ふ、四指中分す、行くに則ち觜を以てすと。特（ただ）羽族の異と為す、故に字は武に従ふ、武は足跡なり）」

## 【鸛】 18

音 カン　訓 こうのとり

**[語源]** 上古漢語は*kuan、中古漢語はkuan（→呉音・漢音クワン）である。コウノトリ目コウノトリ科の鳥*Ciconia boyciana*（コウノトリ）を意味する。体長は一・二メートルほど。全身ほぼ白色で、くちばしは黒く、目の回りは裸出して赤い。首と足は長い。高い木の上に大きな巣を造る。声は出さないが、くちばしを叩いて音をたてる。古代中国ではコウノトリが鳴けば雨が降るとか、また火災を除ける力があると信じられた。語源は勧・観など「そろう」というイメージをもつ語と同源。和名は古くはオオトリ（大鳥）であったが、

ほかのオオトリ（ツルやワシなど）と区別するために、カウノトリと呼ぶようになった。カウはクワン（鸛の音読み）が訛ったものである。

**【字源】**「雚（*kuan）」は三つの部分からできている。「卄」は二つの頭、「吅」は二つの口、「隹」は一羽の鳥。双頭一身の鳥ではなく、雌雄が仲良くそろって並んでいる鳥の姿を髣髴させる図形である。「雚」自体がコウノトリを表す視覚記号と考えてよい。コウノトリは雌雄がそろって巣の上で子を育てる習性がある。古人にはその姿がまるで双頭一身であるかのように見えたらしい。またコウノトリは同じつがいを一生守る鳥でもある。ここから「同じようなものが左右にバランスよくそろう」というイメージを示す「雚」という記号が生まれた。「雚（音・イメージ記号）＋鳥（限定符号）」を合わせて、コウノトリを表した。そのほか権（バランスを取ってはかる「はかり」）・勧（左右から口をそろえて勧める）・歓（声をそろえて喜びを表す）・観（バランスよく左右を見渡す）・顴（左右にそろったほほ骨）など、同源の語が派生した。

㊙甲　㊎金　篆　〔雚〕

**【別名】**白鸛・観雀・冠雀・黒尻・負釜・背竈・皁裙・皁帔・瓦亭仙

**【文献】**詩経・豳風・東山「鸛鳴于垤（鸛、垤に鳴く）」、拾遺記8「多聚鸛鳥之類以禳火災、鸛能聚水巣上也（多く鸛鳥の類を聚めて以て火災を禳ふ、鸛は能く水を巣上に聚むるなり）」、名医別録「鸛骨味甘無毒、主治鬼蠱疰毒五尸心腹疾（鸛の骨は味は甘にして毒無し。鬼蠱・疰毒・五尸・心腹疾を治するを主る）」

**鸜**→鴝鵒（267ページ）

## 【鸞】19　音ラン　訓——

**【語源】**上古漢語は*b̥luan、中古漢語は**luan**（→呉音・漢音ラン）である。色は五彩が備わり、声は五音にかなうという想像上の鳥である。太平の世に出現する瑞祥シンボルとされる。ニーダムらは山海経に出る鸞鳥をキジ目キジ科の鳥 ***Lophophorus ihuysi***（カラニジキジ、中国名緑尾虹雉）に同定している。ニジキジ（虹雉）の一種で、体長は約七六センチ。緑、紫、白、黒などの色彩をもつ美しい鳥である。繁殖期には雄たちが合唱するように鳴き叫んで雌を求める。現在は青海省、甘粛省、四川省の高山に棲息する。これが鸞のモデルで、次第に空想化されたのであろう。語源は「途切れなく連なる」というイメージをもつ巒・攣などと同源。

**[字源]**「䜌（*bluan）」は「絲＋言」を合わせて、言葉が糸のようにずるずると途切れなく続く様子を暗示する図形。「ずるずるとつながる」というイメージから、「もつれてけじめがつかない」というイメージにも展開する。巒（ずるずると連なる山）・攣（連なるように生まれる双子）・攣（筋肉がもつれてひきつる）・戀（＝恋。思いが途切れなく続いてもつれ乱れる）などは同源のグループ。鸞は鳴き声に特徴がある鳥で、古代、馬や旗に鸞を象った鈴を飾り、美しい音律を奏でるようにした。この鈴のことを鸞といい、また鑾とも書いた。このように鸞は「䜌（音・イメージ記号）＋鳥（限定符号）」を合わせて、鈴の音が連なって鳴るように美しい声で鳴く鳥を暗示させる視覚記号である。

金 篆 〔䜌〕 篆 〔鸞〕

**[別名]** 黄鳳・錦鳳・火鳥・朱鳥・紅鳥・火離・炎離・長離・神雀・鶉趣

**[文献]** 山海経・西山経「有鳥焉、其状如翟而五彩文、名曰鸞鳥、見則天下安寧（鳥有り、其の状は翟（てき）の如くして五彩の文あり、名を鸞鳥と曰ふ、見（あら）はるれば則ち天下安寧なり）」、楚辞・九章・渉江「鸞鳥鳳皇日以遠兮、燕雀烏鵲巣堂壇兮（鸞鳥鳳皇日に以て遠ざかり、燕雀烏鵲堂壇に巣くふ）」

**鸝**→鶯（303ページ）

# 鹿の部（しか・しかへん）

## 【鹿】0 音ロク 訓しか

**[語源]** 上古漢語*luk、は中古漢語は**luk**（→呉音・漢音ロク）である。偶蹄目シカ科の哺乳類の総称。中国医学（本草）では***Cervus nippon***（ニホンジカ、中国名梅花鹿）または***C. elaphus***（アカシカ、中国名馬鹿）に当てられる。前者は体長が一・五メートルほどで、梅花に似た白い斑点がある。後者は体長が二メートルあまりで、たてがみがあり、体形がやや馬に似ているので、馬鹿という。両者とも雄には角があり、毎春脱落し生えかわる。生えたばかりの角を鹿茸（ろくじょう）といい、生薬に用いる。語源は「長く連なる」というイメージをもつ麓・漉などと同源。また音が禄と同じであることから、福禄の象徴として吉祥図に描かれる。中国ではほかに水鹿（サンバー）、白唇鹿（クチジロジカ）、白鹿（スーチョワンシカ）などが棲息する。和名は古くは単にカといった。これは鳴き声を写したもので、雌雄を区別するとき、雄をセカ（夫鹿）、雌をメカ（女鹿）といい、セカ→シカとなった（大槻文彦）。

**[字源]** シカの全身を描いた図形である。動物の象形文字は縦に描くのが普通だが、珍しく「鹿」は横向きの形になっている。漢字の構成要素になるときは、シカ類の意味領域を示す限定符号になる。また、シカは列をなして群れるので、「長く連なる」というイメージを示す音・イメージ記号となり、麓（連なる山の「ふもと」）・漉（水が連なって垂れる→こす）など、同源のグループを作る。イメージ補助記号としては麗（儷・灑）、塵、麤などに使われる。

甲　金　篆

**[別名]** 角仙・茸客・山客・仙獣・斑竜・鉅鹿侯・華山道士

**[文献]** 詩経・小雅・鹿鳴「呦呦鹿鳴（呦呦（ゆうゆう）として鹿鳴く）」、史記・秦始皇本紀「謂鹿為馬（鹿を謂ひて馬と為す）」、神農本草経「鹿茸味甘温、主治漏下悪血、寒熱驚癇、益気、強志、生歯、不老（鹿茸は味は甘にして温なり。漏下悪血・寒熱・驚癇を治するを主る。気を益

し、志を強くし、歯を生じ、老いず）」

## 馴鹿

音 ジュン-ロク　訓 となかい

【語源】中世漢語はsiuən-luである。シカ科の哺乳類 *Rangifer tarandus*（トナカイ）を意味する。角は枝分かれして手のひらに似る。ひづめは平たくて大きい。集団で移動する習性がある。中国東北部に棲息する。語源は性質がおとなしいことから、人に馴れる鹿の意。和名はアイヌ語に由来する。

【字源】「川（*k'iuən）」は水が筋をなして流れる様子を描いた図形で、「ルートに従う」というイメージがある。「川（音・イメージ記号）＋馬（イメージ補助記号）」を合わせて、馬をすなおに従うようにさせる様子を暗示する。「すなおに従いなれる」という意味である。順（すなおに従う）・巡（ルートに従って回る）などは同源のグループ。

甲　金　篆〔川〕

篆〔馴〕

【文献】遼史95「太后生辰、進詩献馴鹿（太后の生辰に、詩を進め馴鹿を献ず）」

## 氈鹿

音 ――　訓 かもしか

【語源】ウシ科の哺乳類 *Capricornis crispus*（ニホンカモシカ）を指す。日本特産のカモシカである。角は長く先が尖る。長い毛に覆われる。山岳地帯に棲み、岩に登るのがうまい。語源は毛が柔らかく、敷物の原料になったところから、氈（かも）（毛織の敷物の意）の鹿と名づけられた。羚羊をカモシカと読むこともあるが、全くの誤用である（羚羊の項参照）。

【字源】「亶（*tan または*dhian）」は「旦」を含み、平坦の坦（平ら）のイメージを表す記号としても使われる。壇（平らな土壇）も同系の語である。「亶（音・イメージ記号）＋毛（限定符号）」を合わせた氈（呉音・漢音セン）は、羊毛などをもんで圧力を加え、平らに伸ばして布状にしたもの、つまりフェルトを表した。氈と鹿を結んでカモシカの漢字表記としたが、和製語であって漢語ではない。

## 馬鹿

→（156ページ）

## 【麂】2 音キ 訓—

[語源] 上古漢語は*kıər、中古漢語はkii（→呉音・漢音キ）である。偶蹄目シカ科の哺乳類*Muntiacus reevesi*（キョン、中国名小麂）を意味する。小型のシカで、体長は七〇～八〇センチ、肩高は約四〇センチ。体の色は黄褐色。四肢は細長く、短い尾をもつ。性質は臆病で、行動はすばやく、よく飛び跳ねる。目の下に臭腺の開口部があり、目が四つあるように見えるのでヨツメジカ（四目鹿）の異名がある。中国南部や台湾に棲息する。語源は「几」の「小さい」のイメージによって名づけられた。日本では羌と書く。中国で山羌ともいうらしい（おそらく方言であろう）。この羌（k'iang）の音が訛ってキョンになった。

[字源]「几（*kıər）」は背をもたれたり、臂をかけたりする小さな床几を描いた図形。「小さい」というイメージを示し、机（物をのせる「つくえ」）・飢（食物が少なくて飢える）・肌（きめの細かい「はだ」）などは同源のグループ。「几（音・イメージ記号）＋鹿（限定符号）」を合わせて、体の比較的小さなシカを表した。

篆〔几〕　篆〔麂〕

[別名] 黄麂

[文献] 山海経・中山経「其獣多豹虎、多閭麋麖麂（其の獣は豹・虎多く、閭・麋・麖・麂多し）」、宋書・符瑞志「獲白麞麂以献（白き麞と麂を獲、以て献ず）」

## 【麅】5 音ホウ 訓のろ

[語源] 上古漢語は*bŏg、中古漢語はbău（→呉音ベウ、漢音ハウ）である。偶蹄目シカ科の哺乳類*Capreolus capreolus*（ノロ、ノロジカ）を意味する。体長は一メートル、肩高は七〇センチほど。雄には小さな角がある。冬毛は灰褐色、夏毛は赤褐色。中国の東北・西北部に分布する。語源は足が速いことから、嫖（身軽な）・飄（ひらひらと飛ぶ）などと同源。和名の「のろ」は朝鮮語に由来するという。なお日本ではノロを麞と書くが、麞は本来はキバノロのこと（該項参照）。

[字源] 本字は「麃」である。「火（イメージ補助記号）＋鹿（限定符号）」を合わせて、火の粉が飛ぶように足が速いシカを暗示させた。熛（火の粉）・漂（軽く浮

き上がる)・飆(つむじ風)などと同源で、身軽に走るシカを*bŏgといい、麃と表記した。のち「火」を「包」に換えた。「包(*pŏg)」は「中のものを丸く取り巻く」というイメージがあり(鮑・蚫の項参照)、このイメージは「丸い」というイメージに転化する。足を丸く回転させるようにして疾走することを跑という。このイメージを利用して、「包(音・イメージ記号)+鹿(限定符号)」を合わせたのが麅である。「狍」は異体字。

篆〔麃〕　篆〔包〕

**[別名]** 麃・麅子

**[文献]** 管子・地員「既有麋麃、又且多鹿(既に麋・麃有り、又且つ鹿多し)」、輟耕録(元・陶宗儀)「獣有髦牛野馬狼狍羱羊之類(獣に髦牛・野馬・狼・狍・羱羊の類多し)」

## 【麋】6

音 ビ　訓 ―

**[語源]** 上古漢語は*muer、中古漢語はmui(→呉音ミ、漢音ビ)である。偶蹄目シカ科の哺乳類*Elaphurus davidianus*(シフゾウ、中国名麋鹿)を意味する。体長は二メートル、肩高は一メートルあまり。体の色は淡い褐色。尾はやや長い。頭は馬に似、体は驢馬に似、蹄は牛に似、角は鹿に似るが、全体ではどれとも似ていないということから、四不像(四つ似ない意)という異名がある。語源は「米」の「よくわからない」というイメージによる命名。中国特産のシカだが、近代に絶滅し、英国の動物園で飼われたものが中国に戻り、繁殖しつつある。別名を麈(しゅ)という。束状の尾を麈払いの道具に用い、これを麈尾と称した。

**[字源]** 「米(*mer)」は細かい粒が点々とある様子を暗示する図形。「細かく分散する」というイメージがあり、また「細かくて見分けがつかない」というイメージに展開する。迷(見分けがつかず、わけがわからない→まよう)は同源の語。「米(音・イメージ記号)+鹿(限定符号)」を合わせて、部分部分が他の動物に似て紛らわしいシカを暗示させた。

甲　篆〔米〕　篆〔麋〕

**[別名]** 麋鹿・四不像・陰獣・沢鹿・東王父

**[文献]** 礼記・月令「麋角解（麋の角解く）」、荘子・盗跖「与麋鹿共処（麋鹿と共に処る）」、漢書・五行志「劉向以為…麋之言迷也、蓋牝獣之淫者也（劉向以為へらく…麋の言為るは迷なり、蓋し牝獣の淫なる者なり）」

## 【麒麟】 8 ㊥キーリン ㊙—

**[語源]** 上古漢語は*gɪəg-lɪen、中古漢語は**gɪei-lɪĕn**（→呉音ギーリン、漢音キーリン）である。君主（支配者）が生物を虐待しない理想的な政治を行い、環境が調和に達したとき郊外に姿を現すという空想的な獣を意味する。瑞祥のシンボルである。雄を麒、雌を麟という。体は麕（キバノロ）、尾は牛、足は馬で、蹄は丸く、一本の角がある。角の端には肉があるため他の動物を殺さず、また、生きた植物を踏まない。語はもともと単に麟で、ある種のシカ類（またはそれに似た動物）を指し、これが空想化されて麒麟となった可能性がある。説文解字では麟を大きな雌の鹿とする。最近、ニーダムらは山海経の麢を麟と同じとし、***Alcelaphus buselaphus***（キタハーテビースト）に同定した。アンテロープの一種で、毛の色は鹿、顔は長く馬に似ている。肩が腰より高い。非常な高速で走ることができる。大きな群れを作る。中国に棲息していた形跡があるが、古代に絶滅した。しかしこれが伝説化されて環境保護的な霊獣となり、早くも詩経に登場する。語源は「粦」の「次々に連なる」というイメージを取る。これに「其」の「四角い」のイメージがかぶさり、*gɪəg-lɪenという二音節語となった。

なおジラフ（***Giraffa camelopardalis***）を意味する麒麟は明代にソマリア語の**giri**を音写したもの。なぜ麒麟という表記を選んだかの理由は、下記に述べる霊獣の体の模様との類似性にある。現在の中国では長頸鹿といい、麒麟は日本にだけ残った。

**[字源]** まず「粦」について。「粦（*lɪen）」は「炎（ほのお）＋舛（ステップを踏む足の形）」を合わせて、鬼火が踊っている情景を暗示する図形。燐（鬼火）の原字である。したがって「粦」は「点々と連なる」というイメージを示す記号となる。隣（連なり並ぶ人家）・憐（ずるずると引かれて断ち切れない気持ち）・鱗（連なり並ぶ魚の「うろこ」）などは同源のグループ。「粦（音・イメージ記号）＋鹿（限定符号）」を合わせて、たくさん

群れをなして連なり並ぶ鹿を暗示させた。
　次に「其」について。「其（*gɪəg）」の原形は箕(み)を描いた図形。それに「丌（台座）」を添えたのが「其」。箕も台座も四角い形をしているので、「其」は「四角い土台」「四角い」というイメージを示す記号となり、基（四角い土台）・旗（四角い「はた」）・棋（四角い碁盤）などは同源のグループ。さて麟が空想化されて、その形態がイメージとして（または図像として）描かれたとき、「其（音・イメージ記号）＋鹿（限定符号）」を合わせた視覚記号が生まれた。すなわち全身にチェック模様（格子縞）のある動物をこの記号で暗示させるのである。

(甲)　(金)　(篆)〔其〕
(篆)〔麒〕
(金)　(篆)〔粦〕　(篆)〔麟〕

**【別名】** 一角獣・角端・肉角・仁獣・聖獣・霊獣・瑞応獣・応麟・祥麟・土精・木畜・毛虫長

**【文献】** 詩経・周南・麟之趾「麟之趾、振振公子、于嗟麟兮（麟の趾、振振たる公子、ああ麟よ）」、春秋・哀公14「西狩獲麟（西に狩りして麟を獲たり）」、史記・孔子世家「刳胎殺夭則麒麟不至郊（胎を刳(えぐ)り夭を殺せば、則ち麒麟郊に至らず）」、大戴礼記・易本命「有毛之虫三百六十而麒麟為之長（毛有るの虫三百六十、而して麒麟之が長と為す）」、毛詩草木鳥獣虫魚疏（三国呉・陸璣）「麟、麕身牛尾馬足、黄色、円蹄、一角、角端有肉（麟は麕の身、牛の尾、馬の足、黄色、円き蹄、一角、角の端に肉有り）」

## 【麕】 8　(音)キン　(訓)くじか

**【語源】** 上古漢語は*kɪuən、中古漢語はkɪuĕn（→呉音コン、漢音キン）である。シカ科の哺乳類キバノロを意味する。別名は麞（＝獐）であるが、麞よりも麕が古い（麞の項参照）。犬歯が発達していて、雄どうしが闘争するのに使われる（中国名牙獐、和名キバノロは牙の特徴によるもの）。しかし臆病な動物で、人影を見ると飛び跳ねて逃げる。単独かつがいで生活するが、古人はそう見なかったらしく、それは語源に反映されている。つまり「囷」の「丸くまとまる」というイメージをもとにした命名になっている。和名の「くじか」はキバノロの古語。クは麕の音キンの訛りという（大槻文彦）。なお麞もクジカと読む。

**[字源]**「囷（k'iuən）」は「囗（かこい）＋禾（いね）」を合わせて、稲を囲いの中にしまう様子を暗示する図形。円い米倉のことを囷という。「丸く集まる」「丸くまとまる」というイメージを示す記号となり、菌（丸い形をした「きのこ」）は同源の語である。「囷（音・イメージ記号）＋鹿（限定符号）」を合わせて、仲間がうまくまとまったシカを暗示させた。

「麇」「麏」は異体字。「禾」は「囷」の省略形である。「君（*kiuən）」は「尹」にコアイメージがある。「尹（*giuən）」は「丨＋又（て）」を合わせて、棒を手に持つ図形。指揮棒を手にして采配する場面を設定したもので、「集団を指揮してまとめる」というイメージがある。君（国をまとめる人）・群（まとまった一団）・郡（市町村をまとめた行政単位）などは同源のグループ。「君（音・イメージ記号）＋鹿（限定符号）」を合わせて、リーダーの下に仲間がうまくまとったシカを暗示させた。

篆〔囷〕　甲　金　篆〔麕〕　篆〔君〕

**[別名]** 麞・獐

**[文献]** 詩経・召南・野有死麕「野有死麕、白茅包之（野に死せる麕有り、白茅もて之を包め）」

**麑** →狻猊（15ページ）

## 【麝】 10 音ジャ 訓 —

**[語源]** 上古漢語は*diăg、中古漢語はdʒıă（→呉音ジャ、漢音シャ）である。偶蹄目シカ科の動物 ***Moschus moschiferus***（ジャコウジカ）を意味する。体長は六五～九五センチほど。角はなく、雄には牙がある。前肢よりも後肢が長い。夜行性で、単独で生活する。東アジアに棲息する。臍と生殖器の間に臭いを分泌する腺がある。これから採取した香料を麝香（ムスク）といい、古くから漢方薬などに用いられた。語源は発射の「射」に由来する。

**[字源]**「射」の左側は身体の身ではなく、弓に矢をつ

がえた形である。「寸」は「又」と同じで手の形。したがって「射（*diăg）」は弓から矢を放つ場面を設定した図形。「ぴんと張ったものをゆるめて放つ」というイメージを示し、射（矢などを射る）・謝（言葉で言うことでもって、張り詰めていた心をゆるめる→礼や詫びを述べる）・榭（緊張をゆるめて休む「うてな」）などは同源の語。「射（音・イメージ記号）＋鹿（限定符号）」を合わせて、分泌物の入った香嚢から臭いを放つシカを暗示させた。

甲　金 　篆〔射〕
篆〔麝〕

**【別名】** 麝父・香獐・土獐・山驢子

**【文献】** 山海経・西山経「其陰多牦牛麢麝（其の陰、牦牛・麢・麝多し）」、神農本草経「麝香味辛温、主辟悪気、殺鬼精物（麝香は味は辛にして温なり。悪気を辟（さ）け、鬼・精物を殺すを主る）」

## 【麞】 11

音 ショウ
訓 のろ・くじか

**【語源】** 上古漢語は*tiang、中古漢語はtʃiang（→呉音・漢音シヤウ）である。偶蹄目シカ科の哺乳類*Hydropotes inermis*（キバノロ、中国名牙獐）を意味する。中国と朝鮮に棲息する小型のシカの類。体長は約一メートル。毛は黄褐色で、角はなく、耳が直立する。雄は牙が発達している。行動は敏捷で、よく跳躍する。水辺や草地に棲み、泳ぎもうまい。語源は、この動物が臆病で物に驚きやすいので、周章（驚き慌てる）の章に由来するという（蔡卞・毛詩名物解、陸佃・埤雅など）。日本ではキバの特徴からキバノロというが、本来のノロ（*Capreolus capreolus*）はキバノロとは別種のシカである。このノロは朝鮮語に由来する。漢名は麅（ほう）という。

**【字源】** 語源にしたがって「章（音・イメージ記号）＋鹿（限定符号）」を合わせたもの。「章」は周章・慞惶・張惶など一連の連綿詞のもつイメージを表している。「獐」は異体字。「章」の字源については鱆の項参照。

篆

**【別名】** 麕・牙獐・河麂・水鹿・野麞・黄羊

**【文献】** 呂氏春秋・博志「使獐疾走、馬弗及（獐をして疾走せしむれば、馬も及ばず）」、宋書・符瑞志「白麞王者刑罰理則至（白麞は王者の刑罰理（おさ）まれば則ち至る）」、本草経集注（六朝梁・陶弘景）「世云白肉正是麞、不純於鹿、言其白胆易驚怖也、又呼為麕（世に云ふ、白肉は正に是れ麞、鹿より純ならず。其の白胆驚怖し易しと言ふ、又呼んで麕と為す）」

**麟** →麒麟（334ページ）

**麢** →羚（32ページ）

# 黽の部（おおがえる）

**【黽】** 0 音 ボウ 訓 —

**【語源】** 上古漢語は*mĕng、中古漢語はmɛŋ（→呉音ミヤウ、漢音マウ）である。カエルの類を意味する。爾雅や山海経などの古典に出ており、腹が大きく、鳴き声が大きいという。ニーダムらはこれを *Fejervarya limnocharis*（ヌマガエル、中国名沢蛙）に同定した。体長は五センチほど。背は緑を帯びた灰褐色、腹は白色。体側に小さないぼが点在する。パン-パンという声で鳴く。池や沼、水田に棲む。*mĕng の語源はよく跳びはねたり泳いだりすることから、猛や敏と同源か。あるいは、鳴き声を写した擬音語とも考えられる。周礼に蟈氏（かくし）（カエル担当公務員）があり、このカエルの鳴き声がひどくうるさいので駆除することを職務とするという。

**【字源】** 腹の大きなカエルを描いた図形である。漢字の構成要素になるときは、カエルや、そのほかの爬虫類やクモ類の領域を示す限定符号に使われる。イメージ補助記号としては縄（＝縄）、蠅、竈などに使われる。

㊙甲　㊙金　㊙篆

【別名】耿黽・土鴨・石鴨

【文献】周礼・秋官・蟈氏「蟈氏掌去鼃黽（蟈氏は鼃・黽を去るを掌る）」、山海経・北山経「洧水…其中有鱯黽（洧水…其の中に鱯・黽有り）」

**水黽**　音スイ-ボウ　訓あめんぼ

【語源】中古漢語は**ʃui-mɛng**（→漢音スイ-マウ）である。アメンボ科の昆虫の総称。中国医学（本草）では*Hydrotrechus remigator*に当てる。体は細長く、黒褐色。長さは一センチほど。足は前の一対は短く、後の二対は長い。水上を跳びはねて、虫を食べる。「黽」はカエルを意味するが、水生動物であることを示している。別名の水馬は、水上を走る姿を馬になぞらえたもの。アメンボは飴のような臭気があるところから、飴ん坊が語源である。

【字源】「水」については水蠆の項参照。「黽」については前項参照。

【別名】水馬・水爬虫・婆子

【文献】本草拾遺（唐・陳蔵器）「水黽有毒、令人不渇、殺鶏犬、長寸許、四脚、群游水上、水涸即飛、亦名水馬、非海中主産難之水馬也（水黽は毒有り、人をして渇せざらしむ、鶏犬を殺す、長さ寸ばかり、四脚、水上を群游す、水涸るれば即ち飛ぶ、亦た水馬と名づく、海中の産難を主るの水馬に非ざるなり）」

**【黿】**4　音ゲン　訓―

【語源】上古漢語は***ngɪuăn**、中古漢語は**ngɪuʌn**（→呉音ゴン、漢音ゲン）である。カメ目スッポン科の爬虫類*Pelochelys bibroni*（ハナマルスッポン）を意味する。体長は二六～七二センチで、スッポン類では大型。背は緑色で、ほぼ円形を呈する。背に小さないぼが散らばる。中国南部の川に棲息する。語源は「元」の「丸い」というイメージによる命名。和語「すっぽん」の語源については鼈の項参照。「食指動く」の故事に出てくるのはこのスッポンである。

【字源】「元（*ngɪuăn）」は蠑螈の項でも説明した通り、

丸い頭の図形によって、「丸い」というイメージを示す記号になる。「元（音・イメージ記号）＋黽（限定符号）」を合わせて、甲羅の円い爬虫類を暗示させた。

甲 金 篆〔元〕
篆〔黿〕

**［別名］** 緑団魚・癩頭黿・元魚・元長史・河伯使者・甘鼎・酔舌公

**［文献］** 春秋左氏伝・宣公4「楚人献黿于鄭霊公、公子宋与子家将見、子公之食指動（楚人黿を鄭の霊公に献ず、公子宋、子家と将に見んとす、子公の食指動く）」、荀子・王制「黿鼉魚鼈鰌鱣孕別之時、罔罟毒薬不入沢、不夭其生、不絶其長也（黿・鼉・魚・鼈・鰌・鱣、孕別の時、罔罟・毒薬沢に入れざるは、其の生を夭せず、其の長ずるを絶たざるなり）」

**鼃** →蛙（59ページ）

## 【鼇】 11 音ゴウ 訓——

**［語源］** 上古漢語は*ngɔg、中古漢語はngau（→呉音・漢音ガウ）である。中国の古典に出てくる伝説上の巨大なスッポン（または、カメ）を意味する。中国神話では、宇宙が崩壊したとき、このスッポンの足を切って、天を支える柱とした。また、渤海に神山があり、流れないようにこのスッポンが三つの島（蓬萊、方丈、瀛洲）を背負って固定している。語源は蛼螯（シャゴウ）の螯と同源で、「敖」の「途方もなく大きい」というイメージによる命名。

**［字源］** 「方」は魴の項でも述べたように、左右に柄の張り出した鋤の図形。「↑↓型（左右または上下）に張り出す」というイメージから、「⇔型（上下左右、また四方）に張り出す」というイメージにも展開する。「方（音・イメージ記号）＋攵（限定符号）」を合わせた「放」は、四方に出ていくことを表す。「敖（*ngɔg）」は「放（イメージ記号）＋出（イメージ補助記号）」を合わせて、どこまでも四方に伸び出て行く様子を暗示させ、「自由きままに遊び歩く」「思うままに大声を出す」という意味を表すのに用いる。「敖（音・イメージ記号）＋黽（限定符号）」を合わせた鼇は、途方もなく伸び広がったスッポンを表した。「鰲」は異体字。

(篆)〔敖〕　(篆)〔鼇〕

**[文献]** 楚辞・天問「鼇戴山抃、何以安之（鼇は山を戴きて抃ず、何を以て之を安んずる）」、列子・湯問「昔者女媧氏煉五色石以補其闕、断鼇之足以立四極（昔者女媧氏、五色の石を煉りて以て其の闕を補ひ、鼇の足を断ちて以て四極を立つ）」

## 【鼉】12 (音)ダ (訓)わに

**[語源]** 上古漢語は*dar、中古漢語はda（→呉音ダ、漢音タ）である。ワニ目アリゲーター科の爬虫類*Alligator sinensis*（ヨウスコウワニ、中国名揚子鰐）を意味する。中国特産のワニで、体長は二メートルあまり。体形はトカゲに似、頭は扁平、体もほぼ扁平。背は暗褐色で、黄色の斑紋がある。六列の硬い鱗が走る。淡水に棲み、陸地に穴を掘って卵を産む。雄は夜間に鳴き叫ぶ習性がある。古代、このワニの皮を太鼓に用いた。語源は坦や壇と同源で、「平ら」のイメージに基づく。和語「わに」の語源については鰐の項参照。

**[字源]**「單（*tan）」は蟬・鱓の項でも述べたように、網に似た狩猟道具を描いた図形で、「平ら」「薄い」というイメージを示す記号である。「單（音・イメージ記号）＋黽（限定符号）」を合わせて、全体的に扁平な形をした爬虫類を暗示させた。

(甲)　(金)　(篆)〔單〕

(甲)　(金)　(篆)〔鼉〕

**[別名]** 鼉竜・猪婆竜・土竜・鮀魚

**[文献]** 詩経・大雅・霊台「鼉鼓逢逢（鼉鼓逢逢たり）」、墨子・公輸「江漢之魚鼈黿鼉為天下富（江漢の魚・鼈・黿・鼉、天下の富と為る）」、神農本草経「鮀魚甲」——六朝梁・陶弘景集注「鮀即今鼉甲也、用之当炙、皮可以貫鼓、肉至補益、於物難死（鮀は即ち今の鼉甲なり、之を用て炙に当つ、皮は以て鼓を貫くべし、肉は至つて補益す、物において死に難し）」

## 【鼈】12 (音)ベツ (訓)すっぽん

**[語源]** 上古漢語は*piat、中古漢語はpiɛt（→呉音ヘチ、漢音ヘツ）である。カメ目スッポン科の爬虫類*Pelodiscus*

***sinensis***（シナスッポン、中華鼈）を意味する。体長は三六〜四六センチ。背は青灰色に黒点が混じる。腹は白色。甲は楕円形で、中央が突起し、へりが凹む。頭は尖り、頸は太くて長い。淡水に棲む。甲羅を鼈甲といい、生薬に用いる。食用としては、詩経に登場するほど古い歴史がある。語源は「敝」の「左右に分かれる」のイメージによる命名。日本にはシナスッポンの亜種（*P. sinensis japonicus*）が棲息する。シナスッポンと同じように頭部が細長く、甲は平たい。和名の「すっぽん」は大槻文彦によるとスボンボの訛りという。このカメの頭が細く突き出て、花のつぼみのような形をしているところから、つぼみに愛称の坊をつけてツボミ坊→スボミ坊→スボンボ→スッポンとなった。

**[字源]**「㡀（*biad）」は「八（二つ分ける符号）＋巾（ぬの）＋八」を合わせて、布を左右に切り分ける様子を暗示する図形。「㡀（音・イメージ記号）＋攵（限定符号）」を合わせた「敝（*biad）」は、二つに切り分ける動作を表す。弊（裂けてぼろぼろになる）・幣（布などを裂いて神前にささげる「ぬさ」→おたから）などは同源のグループ。「敝（音・イメージ記号）＋黽（限定符号）」を合わせて、甲羅が中央で二つに分かれたような形をした爬虫類を暗示させた。「鼈」は異体字。

㊙甲 ㊙篆（敝） ㊙篆（鼈）

**[別名]** 団魚・甲魚・九肋君

**[文献]** 詩経・小雅・六月「炰鼈膾鯉（鼈を炰（つつみや）きして鯉を膾（なます）にす）」、荀子・修身「跬歩而不休、跛鼈千里（跬（き）歩（ほ）して休まざれば、跛（は）鼈（べつ）も千里なり）」、神農本草経「鼈甲味鹹平、主治心腹癥瘕、堅積、寒熱、去痞、息肉、陰蝕、痔、悪肉（鼈甲は味は鹹にして平なり。主治は、心腹癥瘕・堅積・寒熱・痞を去る・息肉・陰蝕・痔・悪肉）」

## 田鼈

㊥音 ―― ㊥訓 たがめ

**[語源]** コオイムシ科の水生昆虫 *Lethocerus deyrollei*（タガメ）を指す。体長は六センチ内外。色は褐色。大きな前足には鋭い爪があり、他の小動物を捕らえて食う。水田や池沼に棲む。語源は性質が凶猛なのでスッポンになぞらえ、田に棲むカメ（スッポンはカメの仲間）と称したものであろう。

田鼈の語は近代以前の中国の文献に見えない（現代

の辞書類にはある）。おそらく日本製の漢字表記であろう。世界にはタガメを食う文化がある一方、タガメを悪魔の昆虫と見て畏怖する文化もあった。中国ではタガメは空想化されて、渓鬼虫、射工、蜮などと呼ばれた（蜮の項参照）。

**［字源］**「田」は縦横に畔道を通した田んぼを描いた図形。「鼈」については前項参照。

甲　金　篆　〔田〕

# 鼠の部（ねずみ・ねずみへん）

**【鼠】** 0　音ソ　訓ねずみ

**［語源］**上古漢語は*thiag、中古漢語はʃio（→呉音ショ、漢音ソ）である。齧歯目ネズミ科の哺乳類の総称。種類が多く、繁殖力が強い。屋内や畑、山林などに棲む。農作物に害を与えたり、伝染病を媒介したりする。***Rattus norvegicus***（ドブネズミ、中国名褐家鼠）は体長が一六～二五センチ。毛の色は灰褐色ないし赤褐色。夜行性で、性質が荒く、木に登ることもある。***R. rattus***（クマネズミ、中国名黒家鼠）は体長が一五～二一センチ。毛の色はほぼ黒褐色。欧州原産で、船舶に潜んで中国に入ってきた。一般にネズミはイメージの悪い動物で、詩経ではグロテスクの象徴となっている。また、安全な場所にいつつ本体を侵害する邪悪な者に喩えられる。語源は庶（数が多い）と同源であろうという（藤堂明保）。和名の「ねずみ」の語源は、潜み隠れて物を盗むので、ヌスミ（盗み）に由来するとい

う説がある（賀茂百樹）。

**【字源】** ネズミの全身を描いた図形。歯や爪の特徴を捉えている。漢字の構成要素になるときは、ネズミやそれに類する動物の意味領域に限定する符号として使われる。音・イメージ記号としては癙（ペスト）に、イメージ補助記号としては竄（逃げ隠れる）に使われる。

㊙甲　㊙篆

**【別名】** 老鼠・首鼠・耗子・耗虫・穴虫・老虫・黠虫・家鹿・子神・坎精・社君・子日社君

**【文献】** 詩経・鄘風・相鼠「相鼠有皮、人而無儀（鼠を相(み)れば皮有り、人にして儀無し）」、韓非子・外儲説右上「夫国亦有狗、且左右皆社鼠也（それ国にも亦た狗有り、且つ左右は皆社鼠なり）」

## 海鼠　音 ―　訓 なまこ

**【語源】** 棘皮動物のナマコ類の総称である。体は円筒形で、多くの触手がある。海底に棲む。食用にされる。古語は単にコであった。蚕もコといい、これと似ていることによる。蚕のコと区別して、ナマ（生）を添えてナマコというようになった。昼は砂に潜り、夜間に出てくるのがネズミと似ているので、漢字表記を海鼠とした。これは日本人の創作である。

漢名は海参(かいしん)という。中国医学（本草）では ***Stichopus japonicus***（マナマコ）に当てて、生薬に用いる。薬効が人参に匹敵するというので海参の名がついた。また、男のペニスに似ているところから、海男子の異名がある。

**【字源】** 「海」については海牛、「鼠」については前項参照。

**【別名】** 土筍・沙噀・海男子

**【文献】** 五雑組9（明・謝肇淛）「海参、遼東海浜有之、一名海男子、其状如男子勢然、淡菜之対也、其性温補、足敵人参、故名海参（海参は、遼東の海浜に之れ有り、一名海男子、其の状男子の勢の如く然り、淡菜の対なり、其の性温にして補、人参に敵するに足る、故に海参と名づく）」

## 栗鼠　音 リッーソ　訓 りす

**【語源】** 中世漢語は liei-ʃıu である。日本ではリス科の総称、また特に ***Sciurus lis***（ニホンリス）を指すのに用いているが、中国では ***S. vulgaris***（キタリス）を意味したようである。中国で栗鼠の語が現れるのは宋の頃であるが、テン（貂）と混同している。しかし羅願（宋の博物学者）が「鼠の豊尾なる者を栗鼠と曰ひ、また松狗と曰ふ」（新安志）と述べているのは、リスにふさわしい。現在では松鼠という名に変わり、栗鼠の名は消えた。語源は栗や松の皮を好むからという（本草綱目）。和名のリスは栗鼠の中世漢語音（宋音または唐音）の訛りだが、ほとんど訓に近い。

**[字源]**「栗」はいがのついた実が生っている木を描いた図形。「ぴりっと刺激する」というイメージがあり、戦慄の慄（恐怖で刺激されて震える）と同源である。

㊙甲　㊙篆　〔栗〕

**[別名]** 松鼠・松狗

**[文献]** 埤雅11（宋・陸佃）「今栗鼠似之、蒼黒而小、取其毫於尾、可以製筆、世所謂鼠鬚栗尾者也、其鋒乃健於兔、栗鼠若今竹鼦之類（今栗鼠之に似たり、蒼黒にして小なり、其の毫を尾より取りて、以て筆を製すべし、世の所謂鼠鬚栗尾なる者なり、其の鋒乃ち兔よりも健なり、栗鼠は今の竹鼦の若きの類なり）」

**鼠婦** ↓蛜威（60ページ）

**針鼠** ↓猬（21ページ）

## 【鼢】4 ㊥音フン ㊥訓もぐら

**[語源]** 上古漢語は*bɪuən、中古漢語はbɪuən（↓呉音ブン、漢音フン）である。この語は鼹（モグラ）と混同されることが多い。ニーダムらは齧歯目キヌゲネズミ科の哺乳類 ***Myospalax fontanieri***（シナモグラネズミ、中華鼢鼠）に同定している。モグラネズミの一種で、体長は一五～二七センチ。体の色は赤褐色。耳はなく、目は小さい。尾は短い。前肢の爪は長く大きい。トンネルを掘って、地中で生活する。語源は「分」の「わける」のイメージに基づく。

**[字源]**「分（*bɪuən）」は「八（左右両方に分ける符号）＋刀」を合わせて、刀で物を二つに分ける様子を暗示させる図形。「分（音・イメージ記号）＋鼠（限定符号）」を合わせて、土をかき分けてトンネルを掘るネズミを

暗示させた。「蚡」は異体字。

甲 金 篆 〔分〕 篆 〔鼢〕

【別名】 地老鼠

【文献】 説文解字10「鼢、地行鼠」、広志（晋・郭義恭）「若家鼠小異者鼢鼠、深目而短尾（家鼠の若くして小異なる者は鼢鼠、深目にして短尾なり）」

【鼬】 5 音ユウ 訓いたち

【語源】 上古漢語は*diog、中古漢語はyiəu（→呉音ユ、漢音イウ）である。食肉目イタチ科の哺乳類の総称。中国医学（本草）では*Mustela sibirica*（タイリクイタチ、中国名黄鼬）に当てる。体長は二五〜四〇センチ。毛の色は橙黄色。尾は細長い。肛門に臭腺があり、敵に遭うと悪臭を放つ習性がある。これが「鼬の最後っ屁」の由来。性質は凶猛で、鼠や家禽を襲う。尾の毛で筆を作ると、真冬でも折れないといわれる。語源について李時珍は、体色が黄赤色で、柚（ブンタン）に似ているから鼬の名がついたと述べている（本草綱目）。和名の「いたち」の語源は従来定説がないが、最近の説によると、後ろ足で立ってあたりを見回す習性があることから、タチ（立ち）に接頭語のイをつけて、イッタチ→イタチになったという（吉田金彦）。

【字源】 古人は柚と同源と見たが、「由」（*diog）」のコアイメージから解釈したい。「由」は蚰蜒の項でも述べたように、壺を描いた図形で、「（液体が）抜け出てくる」というイメージを示す。何かがするりと抜け出ると、抜け出る物や、抜け出るプロセスは、「細く長い」というイメージを呈する。壺から細長く抜け出る「あぶら」を油といい、胴から足が細く長く抜け出る虫を蚰蜒（ゲジ）という。イタチは体形が流線型で、体も尾も細長い。この体形の特徴に着目して、「由（音・イメージ記号）＋鼠（限定符号）」を合わせて、イタチを意味する語の視覚記号とした。

篆 〔由〕 篆 〔鼬〕

【別名】 鼪鼠・黄鼠狼・鼠狼・鼠豺・豺鼠子・地猴

【文献】 荘子・徐無鬼「藜藋柱乎鼪鼬之逕（藜藋（れいかく）、鼪鼬の逕を柱す［ふさぐ］）」、酉陽雑俎12（唐・段成式）「狐性多疑、鼬性多予（狐の性は疑ひ多く、鼬の性は予［猶予、ぐずぐずの意］多し）」

## 【鼯】7

音ゴ　訓むささび・ももんが

**［語源］** 上古漢語は*ngag、中古漢語はngo（→呉音グ、漢音ゴ）である。この語はムササビ類とモモンガ類の二つを含む。多くの異名があるが、両者をどう区別したのか判然としない。中国医学（本草）では、鼯鼠（はくそ）。リス科の哺乳類 *Petaurista petaurista*（オオアカムササビ、中国名棕鼯鼠）、または、*Trogopterus xanthipes*（ミミゲモモンガ、中国名橙足鼯鼠）に当てる。前者は体長が四〇～五〇センチ。上体は黒褐色。尾は円くて長い。四肢と体側の間に飛膜があり、木から木へ滑空する。森林の樹洞に巣を造る。後者は体長が五四センチほど。上体は灰黒色で、足は橙黄色。尾は太くて長い。山地の洞穴や岩の裂け目に巣を造る。ムササビと同じく夜行性で、滑空したり木によじ登ったりする。中国医学では後者の糞を五霊脂と称し、生薬に用いる。

語源は「吾」の「交差する」のイメージによる命名であろう。あるいは「五」と同源で、五つの技をもつ動物と考えられたことによる（藤堂明保）。荀子に「梧鼠五技にして窮す」とある梧鼠は鼯鼠のこととされる。鼯鼠は飛べるが屋根を越えることはできず、よじ登れるが木のてっぺんに達することはできず、泳げるが谷を渡ることはできず、穴を掘れるが体を覆うには至らず、走れるが人にはかなわない。これが「鼯鼠之技」の由来。和名の「むささび」は翅が大きなわりに体が小さいので、ミササビ（身細み）に由来する。また「ももんが」は古語のモミ（またはモム）に鳴き声のガ（グワ）がついたものという（大槻文彦）。

**［字源］** ムササビは鳥のようにはばたいては飛べないが、一直線に滑空でき、またUターンすることもできる。ここに「交差」のイメージがある。このイメージを表すのが五や吾である。「五（*ngag）」は二線の間に「×」の符号を入れて、「交わる」というイメージを示す記号になる。数の五は指で数えるとき交差の位置にあるので「五」と書く。「五（音・イメージ記号）＋口（限定符号）」を合わせた「吾（*ngag）」は、コミュニケーションにおいて他者と交わる接点に当たる当事者ということで、一人称となる。五も吾も「交差す

る」というコアイメージがある。よって「吾（音・イメージ記号）＋鼠（限定符号）」を合わせた鼯が生まれた。吾を五の意味に取り、五つの技をもつ動物という解釈も成り立つ。この場合は梧（果実が五つのがくを持つ木、アオギリ）と同源である。

鼯の別名は鼺。「畾（*luər）」は「田」を三つ重ねた図形で、「重なる」というイメージを示す象徴的符号である（螺の項参照）。下から上にだんだんと巻いて重なっていくつる草を藟といい、殻が巻いて重なる貝を螺という。ムササビは木によじ登ってだんだんと上に上がることができることから、「畾」のイメージを用いて「畾（音・イメージ記号）＋鼠（限定符号）」を合わせて表記した。ムササビは鳥のカテゴリーにも入れられて鸓・鸓とも書かれる。

㊙ 甲 〔五〕 金 篆 〔五〕
金 篆 〔吾〕
篆 〔鸓〕

**［別名］** 鼯鼠・鼺鼠・鸓鼠・耳鼠・飛鼠・飛生・飛生虫・飛生鳥・飛鼯・飛鸓・飛蝠・飛虎・夷由

**［文献］** 爾雅・釈鳥「鼯鼠、夷由」―郭璞注「状如小狐、似蝙蝠…飛且乳、亦謂之飛生、声如人呼、食火烟、能従高赴下、能従下上高（状は小狐の如く、蝙蝠に似たり…飛び且つ乳す、亦た之を飛生と謂ふ、声は人の呼ぶが如し、火烟を食す、能く高きより下（ひく）きに赴き、能く下きより高きに上る）」、晋書・郭璞伝「時有鼯鼠、出延陵（時に鼯鼠有り、延陵に出づ）」、神農本草経「鸓鼠、主堕胎、生乳易（鸓鼠は、堕胎、乳を生ずることの易きを主る）」

## 【鼹】 10 ㊥エン ㊦もぐら

**［語源］** 上古漢語は*·ïăn、中古漢語は·ɪɛn（→呉音オン、漢音エン）である。食虫目モグラ科の哺乳類の総称。体形は鼠に似、太くてずんぐりしている。吻は尖り、尾は短い。前肢は強大で、地中にトンネルを掘って棲む。中国医学（本草）では *Scaptochirus moschatus*（ニオイモグラ、中国名麝鼴）、あるいは *Mogera robusta*（オオモグラ、中国名欠歯鼴）に当てる。前者は体長が一〇～一二センチ。体の色は灰褐色で、金属光沢を帯びる。目は退化している。河北・陝西省などに棲息する。後

者は体長が一七～二二センチ。体の色は褐色。目は小さく、下あごの歯を欠く。中国東北部に棲息する。語源について李時珍は「地中を偃行する」から鼴と呼ぶという（本草綱目）。和名は古くウゴロモチといった。高く盛り上がることを古語でウゴモツ、あるいはウグロモツという。ここからウゴロモチ（ウグラモチ）↓ムグラモチ↓モグラとなった。モグラがトンネルを掘って土をうずだかく盛り上げる習性を捉えた言葉である。なお日本では土竜をモグラと読むが、本来の土竜は蚯蚓（ミミズ）の異名である。

**[字源]** 鼴が本字。古くは荘子に偃鼠の名で出る。「匽」については蝘蜓の項でも述べている。「日＋女」を合わせた「妟（*·ăn）」は、女性が日の入りとともに安らかに落ち着く情景を設定した図形。「落ち着く」ことは「上から下に押さえる」というイメージにつながる。「妟（音・イメージ記号）＋匸（隠すことを示すイメージ補助記号）」を合わせた「匽（*·ïăn）」は、上から下に低く押さえて姿を隠す様子を暗示させる。身を低くして壁にへばりつくヤモリを蝘蜓といい、頭が低く押さえられたように平らなナマズを鰋という。また、偃（体を低くして伏せる）・堰（水を押さえるダム）なども同源。「匽（音・イメージ記号）＋鼠（限定符号）」を合わせて、土の中に体を伏せて隠れている動物を暗示させた。これは偃鼠という古語と合致する。しかし、四肢が極端に短いため、低く伏せたような体形の動物と解することもできる。

「鼹」は異体字。「安（*·an）」は鴳の項でも述べたが、「宀（いえ）＋女」を合わせて、女性が家でくつろぐ情景を設定した図形。「安らかに落ち着く」というイメージがある。「安（音・イメージ記号）＋日（限定符号）」を合わせた「晏（*·ăn）」は、日が上から下に落ち着く様子（つまり、日の入りのころ）を暗示させる。「上から下に押さえる」というイメージが匽と通じる。

甲　篆〔妟〕　篆〔匽〕

甲　金　篆〔安〕

篆〔晏〕

**[別名]** 鼴鼠・偃鼠・隠鼠・田鼠・犂鼠・鼢鼠

**[文献]** 荘子・逍遥遊「偃鼠飲河、不過満腹（偃鼠は河

に飲むも、腹を満たすに過ぎず)」、名医別録「鼷鼠味鹹無毒、主治瘻疽諸瘻蝕悪瘡(鼷鼠は、味は鹹、毒無し。瘻疽・諸瘻蝕・悪瘡を治するを主る)」

**【鼷】** 10 音ケイ 訓はつかねずみ

**[語源]** 上古漢語は*ɦer、中古漢語はɦei(→呉音ゲ、漢音ケイ)である。齧歯目ネズミ科の哺乳類 ***Mus musculus***(ハツカネズミ、中国名小家鼠)を意味する。体長は八センチほど。背の色は灰褐色ないし灰黒色。畑地や建物などに棲む。実験用のマウスや、愛玩用のナンキンネズミ(南京鼠)、コマネズミ(独楽鼠)などが作り出されている。語源は「奚(けい)」の「細く小さい」というイメージを取る。和名のハツカネズミ(二十日鼠)の語源は、体が小さいことから、僅(わずか)鼠の意であろうという(大槻文彦)。

**[字源]** 「奚(*ɦer)」は鶏の項でも述べたが、「爪(て)+幺(いと)+大(ひと)」を合わせて、人を紐で縛る様子を暗示する図形。「一筋につながる」というイメージから「細く小さい」というイメージに展開する。渓(筋をなして流れる谷川)・蹊(細道、小道)などは同源のグループ。「奚(音・イメージ記号)+鼠(限定符号)」を合わせて、体が小さいネズミを暗示させた。

甲 金 篆〔奚〕

篆〔鼷〕

**[別名]** 甘鼠・甘口鼠

**[文献]** 春秋左氏伝・成公7「鼷鼠食郊牛角(鼷鼠、郊牛の角を食ふ)」、荘子・応帝王「鼷鼠深穴于神丘之下、以避熏鑿之患(鼷鼠は深く神丘の下に穴ほりて、以て熏鑿の患ひを避く)」

鼺→鼯(347ページ)

# 龍の部（たつ）

## 【竜】0　音リュウ　訓たつ

**[語源]** 上古漢語は*lung、中古漢語はliong（→呉音リュウ、漢音リョウ）である。想像上の動物タツを意味する。四霊（麒麟・鳳凰・竜・亀）の一つ。その起源についてはさまざまな説があるが、郭郛は山海経にたくさん現れる竜を鼉（ヨウスコウワニ）に同定している。古代ではこのワニを鼉竜、猪婆竜と呼んだが、神秘化されてからは竜と呼ばれた。この凶猛なワニの肉を食べ、皮を利用した人間が尊ばれて、ワニ（つまり竜）をトーテムとする氏族を形成した。これが蛇身人面の伏羲（ふくぎ）氏（三皇の一人とされる庖犠氏と同じ）だという（山海経注証六四～六八ページ）。本草綱目によると、頭は駱駝、角は鹿、目は兎、耳は牛、項は蛇、腹は蜃、鱗は鯉、爪は鷹、掌は虎に似る。背に八十八鱗があり、喉の下に逆鱗がある。水に潜み、天に昇り、また雲雨を起こしたりする変幻自在の動物というイメージが生まれた。また、皇帝、権威、瑞祥などのシンボルとなる。中国医学では死んだ竜の骨と称される竜骨が薬用にされるが、実体は古代動物（象や犀など）の骨の化石だという。語源は大蛇に似ているところから、「筒型でうねうねしている」というイメージによって命名された。和名の「たつ」は天に昇ことから「立つ（起つ）」に由来するという。

**[字源]** 甲骨文字を見ると、四本の足をもち、胴体と尾をくねらせ、頭にとさかのようなものを戴いた動物の図形となっている。縦に描いた図形が、篆書では左右に分割した形になった。龍（竜）は「太くて長い筒型をなす」というイメージがあり、音・イメージ記号として、滝（太い筋をなして流れる水、急流の意で、「たき」は国訓）・壟（太くて長い筋をなす田の「うね」）・隴（うねうねと長く延びた丘）・籠（筒型をなす「かご」）などを構成する。イメージ補助記号としては襲、寵、龐などに使われる。

甲

金

篆
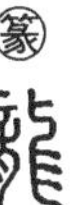

**[別名]** 神竜・雲竜・雨師・宛虹・水物・陽精・潜珍・

游鱗・震鱗・鱗虫長・那伽

**[文献]** 易経・乾「亢竜有悔（亢竜悔ゐ有り）」、史記・老子伝「至於竜、吾不能知其乗風雲而上天、吾今日見老子、其猶竜邪（竜に至りては、吾其の風雲に乗じて天に上るを知る能はず、吾今日老子を見る、其れ猶竜のごときか）」、大戴礼記・易本命「有鱗之虫三百六十而蛟竜為之長（鱗有るの虫三百六十、而して蛟竜之が長と為す）」、神農本草経「竜骨味甘平、主治心腹鬼疰、精物老魅（竜骨は、味は甘にして平なり。心腹鬼疰・精物老魅を治するを主る）」

**土竜**→**蚯蚓**（50ページ）

**石竜子**→**蜥蜴**（81ページ）

# 龜の部（かめ）

## 【亀】

0 ㊥キ ㊞かめ

**[語源]** 上古漢語は*kuǝ̆g、中古漢語はkui（→呉音・漢音キ）である。カメ目の爬虫類の総称。ただしスッポン類は別の名がある。カメ類は種類が多く、水にも陸にも棲息する。甲羅は箱状で、頭や四肢を収める。中国で烏亀または金亀の名をもつ普通のカメはクサガメ（*Chinemys reevesii*）で、甲の長さは一二センチほど。背は黒紫色または暗褐色で、黄色の斑紋がある。淡水に棲み、カニや小魚を食べる。中国医学ではこのカメの甲羅を亀版と称し、薬用とする。またクサガメやイシガメ（*Mauremys mutica*、ミナミイシガメ、中国名水亀）に藻の着生したものを緑毛亀といい、観賞用とされる。海産では玳瑁（タイマイ）、蠵亀（アカウミガメ）などがある。語源は甲に頭や四肢を収めて身を守るところから、「枠で回りを囲ってかばう」というイメージがあり、柩（遺体を収める「ひつぎ」）・簋（供物を盛る儀

礼用の器）などと同源の語。あるいは、久・旧と同源で、長寿であることに由来すると解してもよい。和名の「かめ」は形が瓶（カメ）と似ているからという（賀茂百樹・吉田金彦）。一説では神（カミ）の訛りともされる。

カメは吉凶を知る霊的な動物とされ、古代では占いに用いられた。四霊（麒麟・鳳凰・竜・亀）の一つで、神亀の称がある。また導引（気功）をして老を養う動物とされ、吉祥・長寿・辟邪の象徴となる。

**【字源】** カメの姿を描いた図形。語源は反映されていない。

㊙甲 　㊎金 　篆

**【別名】** 烏亀・玄武・元緒・玉霊・霊寿子・冥霊・神亀・神使・清江使・地甲・蔵六・王八・時君・先知君・甲虫長・陰虫老・緇衣大夫・玄衣督郎

**【文献】** 詩経・大雅・緜「爰契我亀（ここに我が亀に契（きざ）む）」、荘子・秋水「吾聞楚有神亀、死已三千歳矣（吾聞けり、楚に神亀有り、死して已に三千歳）」、大戴礼記・易本命「有甲之虫三百六十而神亀為之長（甲有るの虫三百六十、而して神亀之が長と為す）」、神農本草経「亀甲味鹹平、主治漏下赤白、破癥瘕、痎瘧、五痔、陰蝕、温痺、四肢重弱、小児囟不合、久服軽身、不飢（亀甲は味は鹹にして平なり。主治は、漏下赤白・癥瘕を破る・痎瘧・五痔・陰蝕・温痺・四肢重弱・小児の囟（しん）［泉門］不合。久服すれば身を軽くし、飢えず）」

## 金亀子

㊗キン-キ-シ　㊔こがねむし

**【語源】** 中古漢語は kiəm-kui-tsiei（→呉音コム-キ-シ、漢音キム-キ-シ）である。コガネムシ科の甲虫の総称。背は亀甲状で、金属光沢を帯びる。中国医学（本草）では *Holotrichia diomphalia*（チョウセンクロコガネ）に当てる。体長は二センチ内外。黒褐色で光沢があり、黄褐色の細毛に覆われる。幼虫を蠐螬といい、生薬に用いる（蠐螬の項参照）。語源は色と形の特徴を捉えて金色の亀と称し、愛称の「子」を添えた。和名のコガネムシ（黄金虫）は色によって名づけられた。

**【字源】**「金」「子」については金糸雀の項参照。「子」はよちよち歩きの子どもを描いた図形。「小さい」というイメージがあり、小さいものや、可愛いものを指すのに用いられる。

㊙ (甲) [ancient form] ㊎ (金) [ancient form] ㊬ (篆) [ancient form] 〔子〕

**【別名】** 金亀・金虫・金花虫・紅娘

**【文献】** 北戸録（唐・段公路）「金亀子甲虫也、五六月生於草蔓上、大於楡莢、細視之、真金貼亀子、行則成双、其虫死、金色随滅如蛍光也（金亀子は甲虫なり、五六月草蔓の上に生ず、楡莢よりも大なり、細かく之を視れば、真に金貼の亀子なり、行けば則ち双を成す、其の虫死すれば、金色随ひて滅し、蛍光の如きなり）」

# 部外 1

## 【兕】 ㊥ジ ㊣——

**【語源】** 上古漢語は*dziər、中古漢語はzii（→呉音ジ、漢音シ）である。古典にしばしば見える動物であるが、今まで正体がわからなかった。ニーダムらは山海経や爾雅に出る兕を *Rhinoceros indicus*（インドサイ）に同定している（中国古代動物学史）。角が一本であるのが特徴。現在、ネパールやアッサムなどの森林・草原に棲むが、古代では中国の黄河流域まで分布していたと考えられる。この動物の角で杯を製した。これを兕觥（じこう）という。酒を過ごして抵触（角で触れる＝人とぶつかる）しないように戒める意味合いがある。また、厚い皮は鎧に利用された。

語源は不明だが、犀も兕も矢（し）・荑（てい）（つばな）などと同源で、鋭く尖った角を捉えた語という説がある（李海霞、漢語動物命名考釈）。

**【字源】** ある種の獣を描いた図形。説文解字では野牛に似た動物としている。

甲　古　篆

【文献】詩経・小雅・吉日「殪彼大兕（彼の大兕を殪たおす）」、山海経・南山経「禱過之山…其下多犀兕、多象（禱過の山…其の下、犀・兕多し、象多し）」

## 【兔】

音 ト
訓 うさぎ

【語源】上古漢語は*t'ag、中古漢語t'o（→呉音ツ、漢音ト）である。ウサギ目の哺乳類の総称。英語では**hare**（ノウサギ）と**rabbit**（アナウサギ）の区別があるが、漢字にはない。カイウサギ（飼兔）は後者の類で、これを単に兔ということもある。アナウサギはいくつかの非常口を備えた巣穴を掘るという。これが「狡兔三窟」の由来。ウサギは逃げ足が速いので、逸（＝逸。するりと抜け失せる）や寃（逃げ隠れる）という字にイメージ補助記号として含まれる。孫子の兵法の一つに「始めは処女の如く後には脱兎の如し」というのがあるが、ウサギのそんなイメージを利用している。ウサギは食用にもなり、「狡兔死して走狗烹らる」という諺が生まれた。また、月にウサギが棲むという中国神話があり、ウサギは月の象徴となる。

兔の語源について宋の陸佃は「兔の口は欠有り、吐きて子を生む、故にこれを兎と謂ふ、兎は吐なり」（埤雅）といい、吐と同源とするが、確かではない。和名の語源については、ウが本名で、サギは梵語に由来するという説（大槻文彦）、朝鮮語の**t'o-kki**と同源とする説（大野晋）などがある。

【字源】ウサギを描いた図形。「兎」は俗字である。また「菟」と通用する。

甲　篆

【別名】月精・毛穎・撲朔・卯畜・卯日丈人

【文献】詩経・王風・兔爰「有兔爰爰（兔有りて爰爰えんえんたり）」、韓非子、五蠹「田中有株、兔走触株、折頸而死（田中に株有り、兔走りて株に触れ、頸を折りて死す）」

## 木兔

音 モクート・ボクート
訓 ずく・みみずく

【語源】上古漢語は*muk-t'ag、中古漢語は**muk-t'o**（→呉音モクーツ、漢音ボクート）である。フクロウ類のうち、耳角をもつミミズクを意味する。漢字一字では萑(かん)という(萑の項参照)。ワシミミズク、コノハズク、トラフズクなどがある。語源は頭のかっこうがウサギと似ているので、木に居る兔の意で、木兔と称する。和名の「みみずく(みみづく)」のツクは「突く」で、耳が突き出ている姿を捉えたものであろう。

**[字源]**「木」は枝と幹と根のある木の全形を描いた図形。「兔」については前項参照。

㊙甲　㊎金　㊕篆　〔木〕

**[別名]** 萑・老兔・老鵵(ミミズクの異表記)木菟

**[文献]** 爾雅・釈鳥「萑、老鵵」——郭璞注「木兔也、似鴟鵂而小、兔頭有角(木兔なり、鴟鵂に似て小、兔の頭にして角有り)」、酉陽雑俎・続集8(唐・段成式)「北海有木兔、類鵂鶹(北海に木兔有り、鵂鶹に類す)」

## 【孑孓】 ㊊ケツ-ケツ ㊋ぼうふら

**[語源]** 上古漢語は*kiat-kuăt、中古漢語はkiɛt-kuʌt(→呉音ケチ-コチ、漢音ケツ-クヱツ)である。カ(蚊)の幼虫ボウフラを意味する。体は細長い。頭を下にして体をくねらせて泳ぐ。汚い溜まり水に棲む。語源は屈曲や詰屈と同源で、くねくねと体を曲げて泳ぐ姿に着目した命名。和名の語源については蛕の項参照。[補説]「孓」の音については二説がある。経典釈文(唐)では九月反(呉音コチ、漢音クヱツ)とし、集韻(北宋)では古勇切(呉音ク、漢音キョウ)とする。筆者は孑孓は双声畳声の二音節語であると考え、前説を取る。

**[字源]**「孑」は「子」の右腕の部分を欠いた図形。「切り取る」というイメージがあり、園芸の芸(枝葉を切り取る)や刈(刈り取る)などと同源である(藤堂明保、漢字語源辞典)。切り取ることから、「(残りが)僅か」「小さい」というイメージに展開する。僅かな残りを孑遺といい、小さいさま、ぽつんと一つだけあるさまを孑孑という。これが古い用法だが、ボウフラを意味する*kiat-kuătを表記するために「孑」を利用する。ボウフラは小さい虫であり、蚊になる前なので足がなく、まるで切り取られたようなイメージがある。だから「孑」を用いるのである。その上に、「孑」とは対照的に左腕のない「孓」を創作する。かくて孑孓の組み合わせでもって、*kiat-kuătを表記した。字源的に

は足がないため右に左に身をくねらせるイメージを作り出した。しかし語源的には足の有無とは関係なく、ただ「身をくねくねさせる」虫というイメージである。誤って孑孑と書くこともある。

㊫〔孑〕　㊫〔孓〕

**[別名]** 蜎・蛣蟩・釘倒虫・跟頭虫

**[文献]** 淮南子・説林訓「孑孓為蟁（孑孓蟁［＝蚊］と為る）」

## 【梟】

音 キョウ
訓 ふくろう

**[語源]** 上古漢語は*kög、中古漢語はkeu（→呉音・漢音ケウ）である。フクロウ目フクロウ科の鳥の総称。多くの種類があり、フクロウ類を表す漢字も多い（鴞の項参照）。詩経には梟、鴞、鴟鴞、流離の四種類が出ているが、ニーダムらは梟を*Bubo bubo*（ワシミミズク）に同定している（中国古代動物学史）。日本では一般に*Strix uralensis*（フクロウ）に梟の字を用いる。古代中国では、フクロウは成長すると母を食ってしまう不孝の鳥とされ、木に磔にして、祭祀に用いたという。語源は県《きょう》（さらし首）と同源といわれる。和名の語源については鴞の項参照。

詩経ではフクロウは性悪な女（陳風・墓門、大雅・瞻卬）や、不実な男（邶風・旄丘）に喩えられる。一般にフクロウのイメージは甚だ悪く、不祥の象徴となっている。漢官儀に「夏至に百官に梟の羹を賜ふは、其の類を絶たんと欲するなり。夏至は微陰初めて起こり万物を育す。梟は其の母を害す、故に此の日を以てこれを殺す」とある。

**[字源]** 説文解字に「梟は不孝鳥なり。日至（夏至または冬至の意）に梟を捕らへて之を磔す。鳥頭の木上に在るに従ふ」とあるように、「鳥の略体＋木」を合わせて、木の上に鳥をさらしものにする情景を暗示する図形である。ただし図形に語源は反映されていない。「県（*kög）」は懸に含まれる字で、「首」を逆さにした形。頭をぶら下げる様子を示し、さらし首を県首《きょうしゅ》といった。のち梟の字に代え、梟首と書く。

㊫

**[別名]** 鴞・夜猫子・猫頭鷹・流離・不孝鳥・不祥鳥・

禍鳥

**【文献】** 詩経・大雅・瞻卬「懿厥哲婦、為梟為鴟（懿なるその哲婦、梟と為し鴟と為す）」、史記・孝武本紀「祀黄帝用一梟破鏡（黄帝を祀るに一梟と破鏡［悪獣の名］を用ふ）」

## 【烏】 音ウ 訓からす

**【語源】** 上古漢語は*ag、中古漢語は・o（→呉音ウ、漢音ヲ）である。カラス科の鳥 ***Corvus***（カラス属）の総称。鴉もカラスの総称であるが、反哺（成長した雛が逆に親に餌を与えること）によって烏と鴉を区別する説もある。烏は反哺の習性があり、慈烏、孝烏の異名があり、これを ***C. modedula dauuricus***（コクマルガラス、中国名寒鴉）に当てる。くちばしは短く、首の後ろから腹部にかけて白い。鴉は反哺の習性がなく、***C. macrorhynchos***（ハシブトガラス、中国名大嘴烏鴉）または ***C. corone***（ハシボソガラス、中国名小嘴烏鴉）に当てる。どちらもくちばしが強大で、全身黒い。ただし反哺の習性は観察の間違いから生じたものらしい。

烏は詩経などではイメージの悪い不吉な鳥とされているが、反哺の説が起こってからはイメージのよい鳥となり、また赤烏、白烏などが瑞祥シンボルとなった。太陽には三本足の烏が棲むという中国神話があり、烏は太陽の象徴ともなる。

*ag の語源は鳴き声を写した擬音語に由来する。和名の「からす」については鴉の項参照。

**【字源】** ある種の鳥を描いた図形で、「鳥」ときわめて似ている。カラスは真っ黒なため、「鳥」の目玉の部分がない形になっているという説（説文解字の段玉裁の注）がわかりやすい。

金　篆

**【別名】** 鴉・鸒・鵯鶋・烏鴉・雅烏・慈烏・孝烏・孝烏・仁烏・忠烏・老鴉・老鴰・青烏・青烏・青烏子

**【文献】** 詩経・邶風・北風「莫黒匪烏（黒きとして烏に匪ざるは莫し）」、山海経・大荒東経「湯谷上有扶木、一日方至、一日方出、皆載於烏（湯谷の上に扶木有り、一日方に至り、一日方に出づ、皆烏を載す）」

**烏骨鶏**→288ページ

烏賊→鰂 （214ページ）

## 【燕】　音エン　訓つばめ

**[語源]** 上古漢語は*·ăn、中古漢語は·en（→呉音・漢音エン）である。スズメ目ツバメ科の鳥 *Hirundo rustica*（ツバメ、中国名家燕）を意味する。全長は一七センチほど。上体は黒色、下体は白色を帯びる。尾は二股をなす。夏に渡来し、冬は南方に去る。ほかの種類に胡燕（コシアカツバメ）、石燕（イワツバメ）や、中華料理の燕窩の材料になる金糸燕（シロハラアナツバメ）などがある。*·ăn の語源は鳴き声を写した擬音語に由来する。語尾を変えると*·ăt（鳦）となる。これもツバメを表す。和名の古語はツバクラメで、ツバ（翼）クラ（黒）メ（女）の意味だという。

ツバメは毎年同じ場所にやってきて、巣を作り、子を育て、家庭を営む姿が目撃される。そこから*·ăn（燕）は宴・安などと同源の意識が起こり、「安らかに落ち着く」というイメージを生じ、讌（楽しむ、つくろぐ）や醼（うたげ）に反映されている。また、ツバメのこのような習性から、子授けの神である高禖(こうばい)の神体とされた。処女簡狄(かんてき)がツバメの卵を呑んで殷の始祖契(せつ)を生んだという人類（民族）起源神話も、こうした習俗が背景にある。

**[字源]** ツバメの全形を描いたもの。ツバメを表す字はほかに乙(あつ)と巂(けい)がある。乙については鳦の項参照。「巂（*ɦuer）」は「屮（頭）＋隹（とり）＋冏（しり）」を合わせた図形。尻尾の特徴から、「∧型をなす」というイメージを示す記号となり、攜（＝携。∧型に手に掛けて持つ）や蠵（尾部が∧型をなすアカウミガメ）の字を構成する。

甲

篆（燕）　篆（巂）

**[別名]** 鳦・巂・鷾鴯・乙鳥・玄鳥・玄禽・玄燕・玉燕・拙燕・越燕・漢燕・春燕・社燕・社客・神女・天女・游波・烏衣・朱鳥・意而

**[文献]** 詩経・邶風・燕燕「燕燕于飛（燕燕ここに飛ぶ）」、礼記・月令「仲春之月…玄鳥至、至之日、以大牢祀於高禖（仲春の月…玄鳥至る、至るの日、大牢を以

て高禖を祀る）」——鄭玄注「玄鳥燕也、燕以施生時来、巣人堂宇而孚乳、嫁娶之象也（玄鳥は燕なり、燕は生を施す時を以て来り、人の堂宇に巣くひて孚乳す、嫁娶の象なり）」、傅咸・燕賦（芸文類聚12）「燕今年巣在此、明歳故復来者、其将逝、剪爪識之、其後果至焉（燕今年巣此に在りて、明歳故より復た来る者は、其の将に逝かんとするや、爪を剪りて之を識し、其の後果たして至る）」

## 海燕　㊥カイ-エン　㊦うみつばめ

**[語源]**　この語は二通りの意味がある。中国では中世漢語が hai-ien で、ヒトデ類の *Asterina pectinifera*（イトマキヒトデ）を意味する。体は扁平で、五角形を呈する。青緑色の地に赤い斑紋がある。角と角の間が燕の尾のように∨形をなすので、海の燕という名がついたのであろう。和名は∨形をなす姿が糸を巻く道具に似ているから糸巻海星という（ヒトデについては海星の項参照）。

日本ではミズナギドリ目ウミツバメ科の海鳥の総称に用いる。体長は一四〜二五センチ。上のくちばしに管状の鼻孔がある。海面を滑るように飛ぶ。その姿が燕と似ているのでウミツバメと名づけられた。中国の古典では単に海に棲む燕の意味だが（金糸燕を海燕と呼んだ例もある）、現代中国では日本のウミツバメと同じ使い方をする。おそらく日本からの輸入であろう。

**[字源]**　「海」については海牛の項、「燕」については前項参照。

**[文献]**　通雅47（明・方以智）「図経、海燕出東海、状扁面円、背青黒、腹白、口旁有五路（図経に、海燕は東海に出づ、状は扁面にして円なり、背は青黒、腹は白し、口旁に五路有り）」

## 【熊】　㊥ユウ　㊦くま

**[語源]**　上古漢語は*ɦiong、中古漢語はɦiung（→呉音ウ、漢音ユウ）である。ネコ目クマ科の総称。特に *Selenarctos thibetanus*（ツキノワグマ、中国名狗熊）を指す。体長は一・五〜一・七メートル。全身黒い毛に覆われる。胸部に三日月形の白斑がある。中国にはほかにヒグマ（羆の項参照）とマレーグマが棲息する。クマの手のひらを熊掌といい、八珍の一つとされた。語源について李時珍は「熊は雄なり」という（本草綱目）。

雄壮な獣だから雄（*ɦɪuəng）と同源の語で呼んだのであろう。和名の語源は隈で、奥まった所に隠れ棲む獣（クマは穴に入って冬眠する）の意味だという。ほかに鼻を鳴らす音が「クマッ、クマッ」と聞こえるからという説、朝鮮語のkom（クマの意）と同源とする説（大野晋）などがある。

古典ではクマはヒグマとともに勇士や武勇の象徴となり、男子誕生の吉兆ともされた。また、古代の導引にクマが木によじ登ってぶら下がるのを真似た術があり、これを熊経という。

**［字源］**「能」がクマを描いた図形である。これを神話的な獣の名とした。すなわち国語・晋語に、尭（五帝の一人）が鯀（こん）を処刑した際、鯀は黄能に化して淵に入ったという伝説がある。この能はノウ（*nəng）またはダイ（*nəg）の音で読まれた。古代漢語でクマを*ɦɪongといったが、「能」で表記しないで、「熊」で表記した。というのは「能」は粘り強い力があること（能力の能）や、粘り強く任に耐えるという意味に転じたからである。そこで「火（イメージ記号）＋能（限定符号）」を合わせて、火のように勢いがあり、強い力をもつ動物を暗示させる図形「熊」を創作した。

㊎（能）　㊮（能）　㊮（熊）

**［別名］**黒熊・子路・六雄将軍

**［文献］**詩経・小雅・斯干「維熊維羆、男子之祥（維（こ）れ熊維れ羆は、男子の祥）」、書経・牧誓「尚桓桓、如虎如貔、如熊如羆（尚（こいねが）わくは桓桓たり、虎の如く貔（ひ）の如く、熊の如く羆の如し）」

## 熊猫

㊫ユウビョウ　㊕パンダ

**［語源］**食肉目の哺乳類 *Ailuropoda melanoleuca*（オオパンダ、あるいはジャイアントパンダ）を意味する。中国の四川省、甘粛省、陝西省の高山地帯に棲息する珍獣である。体形は熊、顔は猫に似、毛が密生する。体の色は黒と白から成る。竹を主な食料とする。

最初はレッサーパンダが熊猫（ゆうびょう）（熊に似た猫の意）と名づけられたが、一九世紀にジャイアントパンダが発見されて、前者を小熊猫、後者を大熊猫と区別するようになった。中国のパンダ（ジャイアントパンダ）は古くから知られていたらしいが、半ば空想化されていた。ニーダムらは山海経・西山経に出る猛豹をパンダに同定している。また、想像上の動物とされた貘もパンダとした（中国古代動物学史、山海経注証）。

**[字源]**「熊」と「猫」については各項参照。

**[別名]** 大熊猫

**珂** →蛤蜊（64ページ）

## 【珧】

㊅ヨウ ㊇たいらぎ（玉珧）

**[語源]** 上古漢語は*dioɡ、中古漢語はyiɛu（→呉音・漢音エウ）である。ハボウキガイ科の二枚貝*Atrina pectinata*（タイラギ、中国名江珧）を意味する。殻の長さは三〇センチほど。少し開いた扇のような形をしている。海底の砂に突き刺さったように立つ。色は年とともに淡黄色から淡褐色を経て黒褐色に変わる。貝柱を江珧柱または馬甲柱といい、食用とする。語源は兆の「両側に分かれる」というイメージを取る。和名は殻が薄くて平らなことから、タイラガイ→タイラギとなった。

**[字源]**「兆（*dɪɔɡ）」は亀の甲を焼いて占いをする時、左右に裂ける割れ目を描いた図形。「両側に分ける」「左右に離れる」というイメージを示す。逃（その場から離れて行く→にげる）・跳（地面から上に飛んで離れる→はねる）・桃（割れ目のある果実の生る木、モモ）などは同源のグループ。「兆（音・イメージ記号）＋玉（限定符号）」を合わせて、殻が扇のように開いた形の貝を暗示した。「玉」は用途を示す限定符号である。タイラギの殻は佩刀の鞘の飾りに用いられた。

㊉　㊥〔兆〕　㊥〔珧〕

**[別名]** 玉珧・江珧・江瑶・馬頰・角帯子・楊妃舌

**[文献]** 爾雅・釈魚「蜃小者珧（蜃の小なる者は珧）」――郭璞注「珧、玉珧、即小蚌」、山海経・東山経「其中多蜃珧（其の中に蜃・珧多し）」

## 【珊瑚】

㊅サンーゴ ㊇――

**[語源]** 上古漢語は*san-ɦaɡ、中古漢語はsan-ɦo（→呉音サンーゴ、漢音サンーコ）である。花虫綱の腔腸動物

Coralliidae（サンゴ科）の総称。特に色の赤いモモイロサンゴやアカサンゴを指す。サンゴ虫の群体が石灰質を分泌して、樹枝状の骨格を形成する。それを加工して装飾品にする。古代中国では鉱物の類と考えられた。また、木に見立てて火樹などの異名がある。語源は冊の「不ぞろい」のイメージ、胡の「ひげ」のイメージを取って、二音節語にした。

**[字源]**「冊（*ts'ĕk）」は長短不ぞろいの竹札を紐でつないだ図形。要するに文字を書く札（冊子・短冊の類）を表している。「不ぞろい」「ジグザグ」というイメージを示す記号となり、柵（木を不ぞろいに並べた「さく」）にそのコアが生きている。

次に「古（*kag）」は頭蓋骨を紐でぶら下げる図形で、「固い」というイメージのほかに、「垂れ下がる」というイメージも示しうる。垂れ下がると下のものを覆う形になるので、「覆い被さる」というイメージにも展開する。「古（音・イメージ記号）＋肉（限定符号）」を合わせた「胡（*ɦag）」は、喉の下に垂れ下がって、喉に被さる顎の肉を表す。また、顎を覆うひげ（あごひげ）の意味を派生する。

「冊（音・イメージ記号）＋玉（限定符号）」と「胡（音・イメージ記号）＋玉（限定符号）」を組み合わせて、枝がジグザグに伸びて並び、ひげのように岩に覆い被さって生じる物体を暗示させた。

（甲）（金）（篆）〔冊〕　（篆）〔珊〕　（篆）〔胡〕　（篆）〔瑚〕

**[別名]** 火樹・絳樹・烽火樹

**[文献]** 史記・司馬相如伝「玫瑰碧琳珊瑚叢生（玫瑰碧琳、珊瑚叢生す）」、述異記（南朝梁・任昉）「珊瑚樹碧色、生海底、一株十枝、枝間無葉、大者高五六尺（珊瑚樹は碧色、海底に生ず、一株十枝、枝間に葉無し、大なる者は高さ五六尺）」

## 【玳瑁】

（音）タイ−マイ　（訓）—

**[語源]** 上古漢語は*dəg-muəd、中古漢語はdəi-muəi（→呉音ダイ−マイ、漢音タイ−バイ）である。ウミガメ科の爬虫類 *Eretmochelys imbricata*（タイマイ）を意味

する。体長は〇・六〜一・六メートルほど。くちばしは鈎型に曲がり、鸚鵡に似る。背の鱗は屋根瓦の形に重なり、褐色を帯びた文様がある。四肢は平らな葉の形をなす。熱帯・温帯の海域に棲息する。甲羅を薬用、また装飾品の原料とする。日本ではこれを鼈甲というが、本来は鼈(シナスッポン)の甲羅のことである。語源について李時珍は、解毒の効能があるので、毒物が媢疾(ねたみ憎む)するから、その名がついたという。

**[字源]** 玳は瑇が本字。「毒(*dok)」は「生+毋」から成る。「毋」は「母」を変形させた記号である。「母」は暗い→見えない→ないというイメージがあり(海牛の項参照)、「ない」を表記するのが「毋」である。したがって「毒」は生命を無くするものというのが図形的意匠である。ただし*deg-muedを表記するのにはこのイメージは取られていない。古代、健康に良いのも悪いのも毒薬といい、強烈な効き目のある薬物を指した。そこから「毒」は危篤の篤と通じ、深く行き渡る→厚いというイメージに展開する。

次に「冃(*mog)」は「冂(おおい)+=(ある物)」を合わせて、物に覆いを被せる様子を示す符号。「冃(音・イメージ記号)+目(限定符号)」を合わせた「冒(*mog)」は、目に覆いを被せて見えなくし、がむしゃらに突き進む情景を暗示させる。これによって「無理に押し切ってやる(おかす)」ことを表すが、「覆い被せる」というコアイメージがあり、帽子の帽(被り物)に生きている。

「毒(音・イメージ記号)+玉(限定符号)」と「冒(音・イメージ記号)+玉(限定符号)」を合わせて、鱗が屋根瓦のように厚く覆い被さった動物を暗示させた。玉は用途を示す限定符号である。俗に瑇を玳と書く。

(篆)〔毒〕　(篆)〔冒〕

**[別名]** 蝳蝐・毒冒・文甲

**[文献]** 史記・春申君伝「為瑇瑁簪刀剣室以珠玉飾之(瑇瑁の簪、刀剣の室を為り、珠玉を以て之を飾る)」、淮南子・泰族訓「翡翠玳瑁、文彩明朗、潤沢若濡(翡翠・玳瑁、文彩明朗にして、潤沢なること濡ふが若し)」

## 【硨磲】 (音) シャーコ (訓) ——

**[語源]** 上古漢語は*k'iăg-giag、中古漢語はtʃ'ia-gio(→

呉音シャーゴ、漢音シャーキョ）である。シャコガイ科の二枚貝 ***Tridacna***（シャコガイ属）の総称。殻は扇を広げたような形で、大きなものは一・四メートルに達する。殻の表面に四～六本の放射肋が走り、肋上にひれ状の突起がある。熱帯の珊瑚礁に棲息する。殻は色彩に富み、装飾品などさまざまな用途がある。語源は肋を車渠（車のわだち）に見立てる。

**【字源】** もとは車渠と書いた。「車」については蛼螯の項参照。「巨（*giag）」は大工道具の「さしがね」を描いた図形で、矩（定規）の原字。「上下の幅が隔たる」というイメージがある。空間的に距離の隔たった状態が巨人の巨（おおきい）である。距離の距（隔たり）や拒否の拒（距離を隔てて近寄らせない↓こばむ）も同源のグループ。「巨（音・イメージ記号）＋木（イメージ補助記号）＋水（限定符号）」を合わせて、幅を開けて作った通水路（人工のみぞ）を表した。車の轍（車輪の通ったあと）を車渠という。これに石偏をつけたのが硨磲。石偏のわけは、シャコガイを石に見立てたともいえるし（比喩的限定符号）、宝石という用途になるからともいえる。

㊙甲　㊙金　㊙篆〔車〕
㊙古　㊙篆〔巨〕　㊙篆〔渠〕

**【別名】** 車渠・蛼蝶・海扇

**【文献】** 広雅・釈天「蜀石…硨磲碼碯」、古今注（晋・崔豹）「魏武帝以馬脳石為馬勒、硨磲為酒椀（魏の武帝、馬脳石を以て馬勒を為り、硨磲もて酒椀を為る）」

## 【羆】 音ヒ　訓ひぐま

**【語源】** 上古漢語は*piuar、中古漢語はpiuĕ（↓呉音・漢音ヒ）である。クマ科の哺乳類 *Ursus arctos*（ハイイログマ、中国名棕熊）を意味する。大型のクマで、体長が二メートル、肩高が一メートルほど。毛の色はほぼ褐色あるいは黒褐色。性質は凶暴で、人を襲うことがある。人に遭うと、人と同じように両足で立ち上がるので、人熊（じんゆう）の異名がある。森林に棲み、冬は穴にこもる。語源は皮（かぶる「かわ」）・被（覆いかぶさる）などと同源であろう。和名のヒグマは「しぐま」が訛ったもので、白い熊の意という（大槻文彦）。エゾヒグマは胸に白斑をもつものがあり、ほかのクマと区別してシロクマ↓シグマになったと思われる。

**[字源]** 古文は襞であった。「皮（*bıar）」は「動物の毛皮の形＋又（て）」を合わせて、毛皮を斜めにかぶる様子を暗示する図形。「斜めにかぶる」というイメージがあり、被（かぶる）・波（斜めにかぶさってくる「なみ」）などは同源のグループ。「能」は該項で述べたように、クマを描いた図形である。「皮（音・イメージ記号）＋能（限定符号）」を合わせて、覆い被さるようにして人に襲いかかるクマを表した。「网」は網を描いた図形で、これも「覆い被さる」というイメージがある。「网（イメージ記号）＋熊（限定符号）」を合わせた「羆」は、同様の図形的意匠をもつ。

㊎ ㊞篆〔皮〕

㊍古 ㊞篆〔羆〕

**[別名]** 人熊・馬熊・豭熊・黄熊

**[文献]** 詩経・大雅・韓奕「有熊有羆（熊有り羆有り）」、山海経・北山経「有獣焉、其状如麋…其名曰羆（獣有り、其の状は麋（び）の如し…其の名を羆と曰ふ）」

## 【翡翠】

㊔ヒースイ
㊗かわせみ・しょうびん

**[語源]** 上古漢語は*p'ıuər-ts'ïuəd、中古漢語はp'iei-ts'ïui（→呉音・漢音ヒースイ）である。カワセミ科の鳥*Halcyon*（ヤマショウビン属）の総称。中国には*H. pileata*（ヤマショウビン、中国名藍翡翠）、*H. smyrnensis*（アオショウビン、中国名白胸翡翠）、*H. coromanda*（アカショウビン、中国名赤翡翠）が棲息する。体長はほぼ三〇センチ前後で、くちばしは長く、赤色を呈するが、羽の色がそれぞれ異なる。平原や水辺に棲み、魚や蛙を食べる。李時珍は、雄は赤色で翡といい、雌は青色で翠というと述べるが（本草綱目）、アオショウビンやアカショウビンを雄・雌と考えたのであろうか。古来、雌雄の仲がよい鳥とされ、布団などにその絵を刺繍する風習があった。愛情の象徴として漢詩にしばしば登場する。語源は非の「並ぶ」のイメージ、卒の「引き締まる」のイメージを取り、二音節語に仕立てた。和名の「しょうびん」はカワセミの古語であるソニが訛ってソビ、さらにセミ（カワセミ、ヤマセミのセミ）、またショウビンとなったもの（䳰の項参照）。

カワセミ類を表す漢字表記には日中間でずれがある。

| | | 〈中〉 | 〈日〉 |
|---|---|---|---|
| *Alcedo* | （カワセミ属） | 翠鳥 | 翡翠（かわせみ・しょうびん） |
| *Halcyyon* | （ヤマショウビン属） | 翡翠 | 山翡翠（やましょうびん） |
| *Ceryle* | （ヤマセミ属） | 魚狗 | 山翡翠・山魚狗（やませみ） |

**[字源]**「非（*p'iuər）」は二枚の羽が反対向きになっている図形。「左右に分かれる」というイメージがある。「二つ並ぶ」というイメージにも展開する（鯡の項参照）。排除の排は前者のイメージ、排列の排は後者のイメージを根柢にもつ。悲（心が裂けるような気持ち）・扉（観音開きの「とびら」）は前者のイメージ、同輩の輩（並ぶ仲間）は後者のイメージである。次に「卒（*tsiuət）」は「衣」に「ノ」の符号をつけた図形で、そろいの印をつけた集団（兵卒、従卒）を暗示し、「小さくそろってまとまる」→「小さく（細く）引き締める」というイメージを示す。「非（音・イメージ記号）＋羽（限定符号）」と「卒（音・イメージ記号）＋羽（限定符号）」を組み合わせて、雌雄が仲良く並び、体形が細っそりと引き締まって美しい鳥を暗示させた。

金　篆〔非〕　篆〔翡〕

金　篆〔卒〕　篆〔翠〕

**[別名]** 翠雀

**[文献]** 史記・司馬相如伝「揜翡翠、射鵔鸃（翡翠を揜おおひ、鵔鸃を射る）」、楚辞・招魂「翡翠珠被、爛斉光些（翡翠・珠被、爛として斉しく光る）」

# 部外2

## 一角

㊥イッ-カク ㊧——

**[語源]** クジラ目イッカク科の海獣*Monodon monoceros*（イッカク、中国名独角鯨）を意味する。北極海に棲息する。イルカに似ているが、一本の牙が異常に伸びて角のように見える。英語で**unicorn**という。西欧のユニコーンは想像上の動物でもあり、一角獣と訳されるので、この一角を借用した。

中国では一角獣は天下が太平になる時に出現するという瑞祥動物である。漢の武帝の時に捕獲された記録があり（史記、漢書に見える）、当時の人はこれこそ麒麟であると考えた。

**[字源]**「一」は一本の横線によって数詞の1を意味する語（古代漢語では*·ietという）を表す。「角」は獣の尖ったつのを描いた図形（鵤（いかる）の項参照）。

甲 金 篆 〔角〕

## 丹頂

㊥タン-チョウ ㊧——

**[語源]** 中世漢語は**tan-tiang**である。ツルの一種で、*Grus japonensis*（タンチョウ、中国名丹頂鶴）を指す。体は白色だが、頭頂部が裸出して赤い。中国医学（本草）では鶴の語をタンチョウに当てることが多い。丹頂は頭頂が赤い意で、この鳥の特徴を記述する語であって、わざわざ丹頂鶴という固有名詞ができたのは近世以後である。日本ではタンチョウヅル、略してタンチョウという。

**[字源]**「丹（*tan）」は井桁の中に「•」を入れて、地中から掘り出した鉱物を暗示する図形。これによって丹砂（硫化水銀）を意味する*tanの視覚記号とする。鉱物の名から、赤色の意味を派生する。「丁（*teng）」は釘を描いた図形で、「丁形に立つ」というイメージがある（吉丁虫の項参照）。「丁（音・イメージ記号）＋頁（限定符号）」を合わせて、頭部で丁形をなす部分、つまり頭のてっぺん（いただき）を暗示させる。

甲 金 篆 〔丹〕

㊮〔丁〕　㊮〔頂〕

**【別名】** 仙鶴

**【文献】** 元史・世祖本紀「貢黄金象歯丹頂鶴（黄金・象歯・丹頂鶴を貢ぐ）」

## 仏法僧　㊥ブッポウソウ　㊞—

**【語源】** ブッポウソウ科の鳥 ***Eurystomus orientalis***（ブッポウソウ）を指す。体長は三十センチほど。くちばしは短く、先端がかぎ状をなす。頭は黒く、背は青緑色。くちばしと足は赤い。木の洞などに巣を造る。語源は鳴き声に由来するが、ブッポウソウと鳴くのはコノハズクであって、同じ林に棲む ***Eurystomus orientalis*** に間違ってこの名がつけられたという。中国でも仏法僧（また三宝鳥）を使うが、日本からの輸入と思われる。

**【字源】** 鳥の鳴き声を仏教と関係のある仏法僧（仏と法と僧を併せて三宝という）で音写した。「弗（*piuət）」は「弓（つる状のもの）＋八（両側に分ける符号）」を合わせて、左右に払い分ける様子を暗示する図形。「払いのける」「分散する」というイメージがある。「弗（音・イメージ記号）＋人（限定符号）」を合わせた佛（＝仏）は、人の姿が分散しておぼろげに見える様子を暗示する。仿仏（＝彷彿・髣髴。ぼんやり見えるさま）という使い方が古い。しかし漢代に仏教が伝わってから梵語の音写に使われ、「ほとけ」の専用字とした。最初は **buddha**（覚者の意）を浮図などと音写したが、後に仏陀にしたわけは、人偏の字であり、しかも髣髴として眼前に姿を現すというイメージをもつ仏の字が好まれたからであろう。「法」については法螺の項参照。「僧」は仏教伝来後に出現した漢字で、梵語を音写するために創作された。ただし音訳だけでなく意訳も兼ねる。「曾（*seng）」は焜炉の上に蒸籠を載せ、その上に湯気が出ている姿を暗示する図形。甑（こしき）の原字だが、その意味では使われず、「幾重にも重なる」というイメージ記号に使われる。「曾（音・イメージ記号）＋人（限定符号）」を合わせて、たくさん重なるようにして集まった人の集団を暗示する。**sangha**（修行者の集団の意）を僧伽と音写した。

㊙　㊎　㊮〔弗〕

㊎ ㉆〔曾〕 ㉆〔佛〕 ㉆〔僧〕

【別名】三宝鳥

## 信天翁 ㊂シン-テン-オウ ㊈あほうどり

【語源】中世漢語は **sian-t'ien-ong** である。アホウドリ科 ***Diomedea***（アホウドリ属、中国名信天翁属）の海鳥の総称。全長は一メートル以上になる。飛翔力は強いが、陸上では行動が鈍い。そのため日本ではアホウドリ（阿呆鳥）と呼ばれた。漢名は自分では魚を捕らえられず、他の鳥が魚を落とすのを待つから、信天（天にまかせる）翁（公）の名がついたという。中国の沿海に、全身白色の ***D. albatrus***（アホウドリ）と、ほぼ黒褐色の ***D. nigripes***（クロアシアホウドリ）が見られるという（中国鳥類図鑑）。宋代の文献に初めて登場する。

【字源】「辛（*sien）」は刃物の形。刃物の機能は切り分けることにある。「辛（イメージ記号）＋口（限定符号）」を合わせた「言（*ngiăn）」は、連続した音声を切り分けて意味のあるものにした言葉を表す。はっきり区別して意味をわからせるのが「言」である。「信（*sien）」は「言（イメージ記号）＋人（限定符号）」を合わせて、人に自分の意思を偽りなく伝える様子を暗示させる。まっすぐ伝わるというイメージから、引き留めないでまっすぐ進むに任せるという意味も派生する。信天は天に任せるという意味。「天」については天牛、「翁」については鶲の項参照。

㊙甲 ㊎ ㉆〔言〕 ㉆〔信〕

【別名】信天公・信天縁

【文献】攻媿集（宋・楼鑰）「水禽有名信天翁者、食魚而不能捕、兀立沙上、俟他禽墜魚于前、乃拾之（水禽に信天翁と名づくる者有り、魚を食ひて捕ふ能はず、沙上に兀立し、他禽の魚を前に墜とすを俟ちて、乃ち之を拾ふ）」

## 儒艮 ㊂ジュ-ゴン ㊈——

**[語源]** 海牛目ジュゴン科の哺乳類 ***Dugong dugon***（ジュゴン）を意味する。体は紡錘形で、長さは三メートルに達する。前肢はひれ状をなし、後肢はない。尾は扁平で、魚に似る。子に哺乳する際、前肢で子を抱き、頭・胸を水面に現す姿が人のようなので、人魚の称がある。ただしこの人魚は西欧のマーメードの訳語の可能性がある。中国の人魚はオオサンショウウオなどがモデルである（海牛、人魚の項参照）。語源はマレー語の **duyung** に由来する。沖縄ではザン、奄美大島ではジャンというが、これもマレー語と関係があるかもしれない。

ちなみに郭郛は山海経・南山経に「英水…其の中に赤鱬多し、其の状は魚の如く人面」とある赤鱬や、同書・海内経に「陵魚は人面、手足（あり）、魚の身、海中に在り」とある陵魚をジュゴンに同定しているが、参考にとどめる。

**[字源]** 外来語 **duyung** を「儒」と「艮」で音写して二音節語とした。近代以前の文献には見えない。

## 十姉妹

㊥ジュウ-シ-マイ　㊙（じゅうしまつ）

**[語源]** 中国と日本では意味が異なる。中国ではヒタキ科のソウシチョウ（*Leiothrix lutea*、中国名相思鳥）の別名である。全長は一五センチほどで、羽は緑色を帯びる。中国南部に棲息し、飼鳥にされる。雌雄の仲がよいので相思（恋の意）の名がついたという。また、一羽を籠に入れると、仲間が群れを成して集まってくるので十姉妹と呼ばれたという。

日本ではカエデチョウ科の ***Lonchura striata* var. *domestica***（ジュウシマツ）を指す。全長は一一センチほど。コシジロキンパラから作り出された飼鳥である（文鳥の項参照）。仲がよいという共通点で十姉妹の表記を借用したものであろう。語尾がなぜマツになるのかわからない。

なお十姉妹はもともと木の名で、ノイバラ（野薔薇）の変種の名である。一つの蕾に十個の花が咲くというところから命名されたという。

**[字源]** 「十（*dhiəp）」は一本の縦線を書き、その中央を膨らませた図形。1から9までの基数を一本にまとめることを示し、十進法で10の位の名とした。数詞の10は一十と表記するが、一を省いて単に十と書くよ

うになった。

「朮」は「屮（草）＋八（分かれる符号）」を合わせて、草の芽が左右に分かれ出る様子を暗示する図形（鯆䱐の項参照）。胏の旁と同じだが、姉の旁は少し違う。「朮＋一」を合わせた「𠂔（*tsier）」が姉の旁で、草の芽が伸びきってストップする様子を暗示する。「これ以上は行けない一番上まで出る」というイメージがある。「𠂔（音・イメージ記号）＋女（限定符号）」を合わせて、年が一番上の女を暗示させる。これによって「あね」を意味する*tsierを代替する。

「未（*muəd）」は木のてっぺんの小枝を示す図形。まだ十分に伸びきらないことから、「小さくてよく見えない」というイメージにもなる。「未（音・イメージ記号）＋女（限定符号）」を合わせて、小さくてまだ成熟していない女を暗示させる。これによって「いもうと」を意味する*muədを代替する。

甲 金 篆 〔十〕

篆 〔𠂔〕 篆 〔姉〕

甲 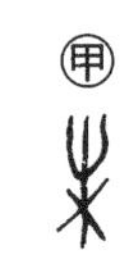 金  篆  〔未〕

篆 〔妹〕

【別名】（ソウシチョウ）相思鳥

【文献】浙江通志102「嘉興俗名十姉妹、籠其一則群皆来（嘉興にて俗に十姉妹と名づく、其の一を籠にすれば則ち群れて皆来る）」

## 告天子 音 コウテンシ 訓 ——

【語源】中世漢語はkau-t'ien-tsiである。ヒバリ科の鳥*Melanocorypha mongolica*（コウテンシ、中国名百霊）を意味する。ヒバリに似るが、やや大きい。上体は主に褐色。胸の両側に黒斑がある。開けた草原に棲み、空高く上がってさえずる。語源は天に訴えるように鳴くことに由来する。ヒバリと混同して、ヒバリの別名にも用いる（鷚の項参照）。

【字源】「告（*kokまたは*kog）」は「牛＋口（枠を示す符号）」を合わせて、牛の角をきつく縛る様子を暗示させる図形。桎梏（手かせ足かせ）の梏に原初的イメージが残っている。「一定の場所に縛りつける」というイメージから、相手を拘束して一方的に知らせる（上［官］から下［民］に告げる）という意味に展開した。通告、告訴の告はその意味である。「天」については天牛の項、「子」については金亀子の項参照。

㊙甲 ㊙金 ㊙篆 〔告〕

**【別名】** 叫天子

**【文献】** 山堂肆考237「告天子、此鳥褐色、似鶉而小、生海上叢中、黎明時遭天晴霽則且飛且鳴、直上雲端、其声連綿不已、一云叫天子（告天子、此の鳥は褐色、鶉に似て小なり、海上の叢中に生ず、黎明の時、天の晴霽に遭へば則ち且つ飛び且つ鳴き、雲端に直上す、其の声連綿として已まず、一に叫天子と云ふ）」

**四不像**→**麋**（333ページ）

## 壁銭　㊥音 ヘキ-セン　㊥訓 ひらたぐも

**【語源】** 中古漢語は **pek-dziɛn**（→漢音ヘキ-セン）である。クモの一種で、ヒラタグモ科の *Uroctea compactilis*（ヒラタグモ）を意味する。体長は一センチほど。体は扁平で、灰褐色。壁などに平たい巣を造る。その巣の形が古銭に似ているところから、壁銭という名がついた。和名は体の特徴を捉えて、ヒラタグモといい、平蜘蛛（ひらぐも）（または扁蜘蛛）と書く。平伏するさまを「平蜘蛛の如く」というのはこのクモである。

**【字源】** 「壁」については壁虱の項参照。「戔（*tsan）」は「戈（ほこ、刃物）」を二つ重ねて、削って小さくする様子を暗示する図形。「小さい」「少ない」というイメージを示す記号になる。「戔（音・イメージ記号）＋金（限定符号）」を合わせて、土や石を小さく削る鉄製の農具を表す。この農具に似せて造った銅貨の意味に転じた。

㊙篆 〔戔〕 ㊙篆 〔錢〕

**【別名】** 壁蟢・壁鏡・扁蟢

**【文献】** 本草拾遺（唐・陳蔵器）「壁銭無毒、主鼻衄及金瘡、下血不止…虫似蜘蛛、作白幕如銭、在闇壁間、此土人呼為壁蟢（壁銭は毒無し、鼻衄（びじく）及び金瘡・下血止まらずを主る…虫は蜘蛛に似、白幕銭の如きを作る、闇壁の間に在り、此の土人呼びて壁蟢と為す）」

**守宮**→蝘蜓（86ページ）

**戴勝**→鵟（276ページ）

## 水母　㊌スイ-ボ　㊋くらげ

**［語源］**　上古漢語は*thiuər-muəg、中古漢語はʃui-muəi（→呉音スイ-モ、漢音スイ-ボ）である。刺胞動物のクラゲ類の総称。傘のような形で、骨格がなく、海中で浮遊生活をする。毒をもつ種類もある。中国医学（本草）では*Rhopilema esculenta*（ビゼンクラゲ、中国名海蜇）に当てる。傘は厚くて高く、半球形。この部分を海蜇皮といい、薬用また食用とする。語源については、クラゲは目がなく蝦を目とし、蝦はクラゲに従うと考えられたので、水の母の称が生まれたという。単名では蛇（だ）といった。傘をもち、水中で立って浮かぶ姿を宅（いえ）に見立てた。音の類似から䖳（さ）、鮓（さ）、蜡（さく）とも書かれ、ついに海蜇（かいてつ）と変わった。和名の語源については定説がないが、浮遊している姿を捉えたもので、「くらくら」「くるくる」などの擬態語と関係があると思われる。

なおクラゲの別名の一つに海月があるが、これは本来マドガイ科の二枚貝*Placuna placenta*（マドガイ）を指す。円形の殻を月に見立てて、海月という。

**［字源］**　「水」については水蠆の項、「母」については蚊母鳥の項参照。

**［別名］**　鮓魚・樗蒲魚・海月・海蜇・石鏡・蝦蛇・蝦槎・蝦助・借眼公

**［文献］**　郭璞・江賦（文選12）「瑣蛣腹蟹、水母目蝦（瑣蛣は蟹を腹（いだ）き、水母は蝦を目とす）」、博物志（太平御覧943）「東海有物、状如凝血、広数尺、正方円、名曰水母、無頭目、所処則衆蝦附之、随其東西南北、可煮食之（東海に物有り、状は凝血の如し、広さ数尺、正方円、名を水母と曰ふ、頭目無し、処る所則ち衆蝦之に附き、其の東西南北するに随ふ、煮て之を食ふべし）」

**海月**→水母（374ページ）

**海参**→海鼠（344ページ）

## 海鞘　㊌――　㊋ほや

**［語源］**　原索動物のホヤ目（Pleurogona）の総称。単体と群体がある。日本では古代から食用にされた。ヤド

リギの古名がホヤであったが、岩礁に付着する姿をこれに見立てて、この動物の名に転用された。いぼの多い姿がナマコに似ているところから、漢字表記を老海鼠としたが、後に海鞘に変わった。これは体の内部に袋があるので、刀の鞘に見立てたもの。現代の中国でも海鞘が使われている。

**[字源]**「海」については海牛の項参照。「肖（*siog）」は素材を削って小さな似姿を造ることを表し、「削って小さくする」「（削られたように）小さく細い」というイメージがある（蠨蛸・鮹の項参照）。「肖（音・イメージ記号）＋革（限定符号）」を合わせて、刀を収め入れるすらりと細い「さや」を表した。

**[別名]**（ホヤの異表記）老海鼠

## 海星　㊅―　㊆ひとで

**[語源]** 棘皮動物ヒトデ綱（Asteroidea）の総称である。体は扁平で、星形や五角形を呈する。普通は五本の腕をもつ。中国ではイトマキヒトデを海燕といい（該項参照）、一般にヒトデを陽遂足または海盤車という。盤面に似た体を陽遂（太陽光を採る装置）や、盤車（轆轤）に喩える。日本では人の手に見立ててヒトデ（人手）といい、星に喩えて漢字表記を海星とする。現代中国では海星をヒトデ綱の呼び名に用いている。

**[字源]**「海」については海牛の項参照。「星」は曐が本字である。「晶」は三つの星を描いた図形。「生（*sieng）」は「屮（草）＋土」を合わせて、草が地中から生え出る様子を暗示する図形で、「清々しく清らか」というイメージがある。「生（音・イメージ記号）＋晶（限定符号）」を合わせて、清々しい光を放つ「ほし」を表した。のち「晶」の部分が簡略化されて「星」となった。

㊙甲 　金 　篆 　〔生〕

甲　金　篆 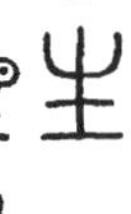　〔星〕

**[別名]** 海盤車・陽遂足・海燕

**[文献]** 臨海水土異物志（三国呉・沈瑩）「陽遂足、此物形状、背青黒、腹下黄白、有五足、長短大小皆等、不知頭尾所在、生時体軟、死即乾脆（陽遂足、此の物の形状は、背は青黒、腹下は黄白、五足有りて、長短大小皆等し、頭尾の在る所を知らず、生ける時体は軟らかく、

死すれば即ち乾きて脆し)」

**海胆** ㊍カイ-タン ㊉うに

**[語源]** 中世漢語は hai-tam である。棘皮動物ウニ綱(Echinoidea)の総称。体は球形ないし半球形で、栗のいがに似た刺が出る。バフンウニ、ムラサキウニなどがあり、生殖巣を食用とする。語源は体内に橙黄色の生殖巣がある姿を、赤黄色の胆汁をもつ胆嚢に見立てて、海の胆と名づけられたのであろう。和名はウミ(海)ニ(丹、つまり赤色の意)↓ウニとなったといわれる。日本で生まれた漢字表記に海栗と雲丹がある。前者は外見を栗に見立てたもの。後者は食品としてのウニの専用名で、ウニの音をイメージのよさそうな漢字に当てたもの。

**[字源]**「海」については海牛の項参照。「詹(*tiam)」は「多くのものが重なる」というイメージがあり、「(上から下に力が加わって)ずっしりと重い」というイメージにも展開する(蟾蜍の項参照)。擔(=担。肩にずっしりと重みを受けとめる↓かつぐ)にこのコアイメージがある。同様に「詹(音・イメージ記号)+肉(限定符号)」を合わせた膽は、気力や体力をずっしりと重く安定させる働きのある内臓(六腑の一つ)を暗示させた。中国医学の古典である素問に「胆は中正の官、決断出づ」とあり、ここに気力や勇気の根源があるとされた。

㊟〔詹〕 ㊟〔膽〕

**[別名]** (ウニの異表記)海栗・雲丹

**[文献]** 閩中海錯疏(明・屠本畯)「海胆殻円如盂、外結密刺、内有膏黄色、土人以為醬(海胆、殻は円なること盂の如し、外、密刺を結び、内、膏の黄色なる有り、土人以て醬と為す)」

**海老**→蝦(87ページ)

**浮塵子** ㊍フージン-シ ㊉うんか

**[語源]** 中古漢語は bɪau-dɪĕn-tsiei(↓漢音フウ-チン-シ)である。カメムシ目(Hemiptera)の昆虫の名である。古くはヨコバイ(ヨコバイ科)とウンカ(ウンカ科)を区別せず、浮塵子といった。体形はともに蟬に似るが、

非常に小さい。植物の汁を吸うのも共通である。語源は小さくてよく見えないほどだという意味合いから、空中に浮かぶ塵に喩えた。和名の「よこばい」は人が近づくと横に這って隠れる習性から横這の名がある。また「うんか」は雲霞（雲とかすみ）のように群がり集まることによるという（大槻文彦）。

**[字源]** 「浮」については蜉蝣の項、「子」については金亀子の項参照。「塵」はもとは「麤（三つの鹿）＋土」を合わせて、鹿が群れてほこりを揚げる情景を設定した図形である。ほこりやちりを*dien（呉音ヂン、漢音チン）といい、この図形で表記する。「塵」は省略した字体。さらに簡略化して「尘」（字彙補に見える）となり、現代中国の簡体字に採用された。

㊥（浮）　㊥（塵）

**[別名]** 浮塵・微塵・没子

**[文献]** 元稹・浮塵子三首并序（全唐詩399）「浮塵蠓類也、其実不可見、与塵相浮而上下、人苦之、往往蒙絮衣自蔽、而浮塵輒能通透及人肌膚（浮塵は蠓［ヌカカ］の類なり、其の実は見るべからず、塵と相浮びて上下す、人之に苦しむ、往往絮衣を蒙ひて自ら蔽ふ、而して浮塵輒ち能く通透して人の肌膚に及ぶ）」

## 淡菜 →貽貝（145ページ）

## 白鼻心

㊞㊟ハクービーシン ―

**[語源]** ジャコウネコ科の哺乳類 *Paguma larvata*（ハクビシン）を指す。大きさは猫ほどで、四肢は短い。頭から鼻先にかけて一本の白い線が通っているところから、白鼻心の名がついた。これは日本語であって、中国では白面狸または花面狸という。木によじ登って果物を食うので果子狸の別名もある。中国の南方では食用にされる。

**[字源]** 「白」はクヌギなどのドングリを描いた図形。中身の色の印象を捉えて、「しろ色」を意味する*bǎkを表記するための視覚記号とした。ちなみに殻斗（黒の染料になる）を「白＋十」を合わせた「皁（そう）」の図形で表す。白は「しろ色」、皁は「くろ色」で対をなす。

「鼻」の旧字体は「自＋畀」で、「自」は鼻を描いた図形。畀は畁の変形で、さらにその前は「㽞（*pied）」

であった。これは「由（ざる）+廾（両手）」を合わせて、ざるを両手で持って、酒かすなどを搾って汁を出す情景を設定する図形。これによって「両側から締めつける」というイメージを示す記号とする。「畀（音・イメージ記号）+自（限定符号）」を合わせて、両側から締めつけて汁を出す働きのある「はな」を表した。

「心（*siəm）」は心臓を描いた図形。古代の身体観では心臓が思考を司る中枢と考えられたので、こころ（精神）、また、中心の意味を派生した。

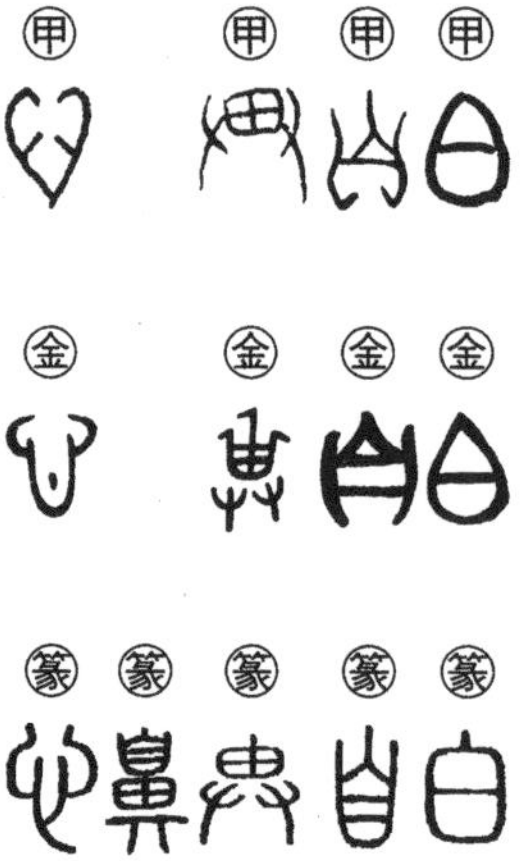

(甲) (金) (篆) （白）
(甲) (金) (篆) （自）
(甲) (金) (篆) （畀）
(篆) （鼻）
(甲) (金) (篆) （心）

**【別名】** 白面狸・玉面狸・花面狸・牛尾狸・白鼻猫・白額霊猫

**【文献】** 武林旧事6（宋・周密）「又有売玉面狸鹿肉（又玉面狸・鹿肉を売るもの有り）」、本草綱目51（明・李時珍）「南方有白面而尾似牛者、為牛尾狸、亦曰白面狸、専上樹木食百果（南方に白面にして尾牛に似たる者有り、牛尾狸と為す、亦た白面狸と曰ふ、専ら樹木に上りて百果を食ふ）」

## 百舌　㊤ヒャク-ゼツ　㊥もず

**【語源】** 中国と日本では意味が異なる。中国では上古漢語が*păk-diat、中古漢語が**pɐk-dʒɪɛt**（→呉音ヒャク-ゼチ、漢音ハク-セツ）で、スズメ目ヒタキ科の鳥 ***Turdus merula***（クロウタドリ、中国名烏鶇）を意味する。体長は二八センチほど。雄は全身が黒色で、くちばしは黄色。雌は全身褐色を帯びる。春によくさえずる。声が変化に富むので、百舌の称がある。和名は体の色とさえずりの特徴を捉えて黒歌鳥の意。

日本ではモズを指す。モズは他の鳥をよくまねるので、百舌を間違って漢字表記に使ったと考えられる。モズについては鵙の項参照。

**【字源】** 「百」は「一+白」と分析できる。「白（*băk）」はドングリを描いた図形である（前項参照）。ドングリは数多く生るものなので、多数の象徴になりうる。甲骨文字や金文ではこの「白」の形を少し変えて数を表すのに利用した。「白（音・イメージ記号）＋一（数の1）」を合わせることによって、十進法で10よりも大きな単位である100の位を表した。甲骨文字は「一＋白」の合文で100、「二＋白」の合文で200等々を表記した。後世、数詞の100は一百と書くが、一を省略して百だけでも100の意味に用いられる。また百は多数の意味を派生する。

「舌」は「干＋口」と分析できる。「干」は丸太ん棒の図形である。これを比喩に利用する。「干（イメージ記号）＋口（限定符号）」を合わせて、口から出入りする丸太ん棒のようなもの、すなわち「した」を暗示させる。

甲 　金 　篆 〔百〕

古 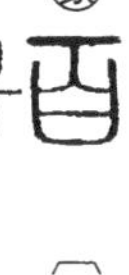　篆〔舌〕

【別名】百舌鳥・百舌子・反舌・報春鳥・懐春鳥・春鳥・望春・喚起

【文献】淮南子・説山訓「人有多言者猶百舌之声（人の多言有る者は猶百舌の声のごとし）」――高誘注「百舌鳥名、能易其舌、効百鳥之声、故曰百舌、以喩人雖事多言、無益於事（百舌は鳥の名、能く其の舌を易（か）へて、百鳥の声を効（なら）ふ、故に百舌と曰ふ、以て人多言を事とすると雖も、事に益無きに喩ふ）」

**百足**→蚿（52ページ）・蜈蚣（71ページ）

**穿山甲**→鯪鯉（206ページ）

## 絡新婦

㊥ラクーシンーブ　㊦じょろうぐも

【語源】中古漢語は **lak-siĕn-bıəu**（→呉音ラクーシンーブ、漢音ラクーシンーフウ）である。コガネグモ科の ***Nephila clavata***（ジョロウグモ）を意味する。体長は三センチほど。腹部に黄と緑の交じった花紋がある。糸を出す突起の周囲は赤い。樹の間に円網を張る。この美しい文様を新婦の衣装に見立て、網を張る新婦という意味合いで絡新婦という名がつけられた。和名の女郎蜘蛛も似たような趣旨による。

【字源】「各（*kak）」は「固いものにぶつかる」というイメージがあり、それから「A点からB点につながりをつける」というイメージ、さらに「次々に連なる」というイメージに展開する（貉の項参照）。「各（音・

イメージ記号）＋糸（限定符号）」を合わせて、糸を次々に連ねる様子を暗示させる。絡には「糸を巻きつける」「糸を連ねた網のようなもの」などの意味がある。

「辛（*sien）」は刃物の図形で、「（刃物で切るように）生身に刺激を与える」というイメージがある。辛辣・辛苦の辛（からい、つらい）にはこのコアがある。「辛（音・イメージ記号）＋木（限定符号）」を合わせた「亲（*tsien）」は、切った生木を示し、薪の原字。「亲（音・イメージ記号）＋斤（イメージ補助記号）」を合わせて、切ったばかりの木のように、生々しいことを表す。

「帚」はほうきを描いた図形で、箒（ほうき）と掃（はく）は直接これと縁がある。しかし「婦」では家庭の道具を象徴的に示すだけである。「帚（イメージ記号）＋女（限定符号）」を合わせて、家事をする女、「つま」を暗示させる。これは字源であるが、語源はこの図形に反映されていない。*bıuegは付・伏・服などと同源で、「側にくっつく、寄り添う」というコアイメージをもつ語で、夫に付き従う女を意味する。これに対し「妻」は夫と対等に肩を並べる女である（夫婦と夫妻のイメージの違いはここにある）。

㊙甲 〔各〕 ㊙金 ㊙篆

㊙篆 〔絡〕

㊙甲 ㊙金 ㊙篆 〔辛〕

㊙篆〔亲〕 ㊙篆 〔新〕

㊙甲 ㊙金 ㊙篆 〔婦〕

**［別名］** 花蜘蛛

**［文献］** 山堂肆考227「陶隠居曰、一種赤斑者生林落間、名花蜘蛛、一名絡新婦（陶隠居曰く、一種赤斑なる者、林落の間に生じ、花蜘蛛と名づく、一名絡新婦）」

## 飯匙倩 ㊙音 ハンーシーセン ㊙訓 はぶ

**［語源］** ヘビ類だが、中国と日本では指す対象が違うようである。飯匙倩は主に台湾で用いられ、コブラ科の *Naja naja atra*（タイワンコブラ、中国名眼鏡蛇）を意味する。体長は一・二メートルほど。頸の後ろに眼鏡状の斑紋がある。怒ると頭をもたげ、頸が平らに膨れる。その姿が飯匙（飯を装う杓文字）に似るので、

飯匙倩の名がついた。倩は男子の美称に用いられる語で、ここでは愛称として添えられている。

日本ではクサリヘビ科の ***Trimeresurus flavoviridis***（ハブ、中国名黄緑烙鉄頭）を指す。沖縄や奄美に棲む毒蛇である。体長は一・二メートルに達する。頭は三角形。背に暗褐色の斑紋がある。飯匙倩は台湾語の誤った借用であろう。ただし台湾にもハブの一種 ***T. mucrosquamatus***（タイワンハブ、中国名烙鉄頭）が棲息するから、台湾ではこの意味にも飯匙倩が使われた可能性はある。和名のハブはマムシの古語ハミに由来する。

**[字源]**「反（*pıuăn）」は「反り返る」というイメージがある（飯の項参照）。そこから「跳ね返って、元に戻る」というイメージにもなる。「反（音・イメージ記号）＋食（限定符号）」を合わせて、箸が食べ物をはさみ、跳ね返るようにして口に戻る様子を暗示させ、「めしを食べる」ことを意味する*bıuăn を表記した。「めし」はその派生義である。

「是（*dhieg）」は柄のまっすぐ延びたスプーンを描いた図形で、「まっすぐ延びる」というイメージがある（鯷の項参照）。「匕」はスプーンを描いた図形。「是（音・イメージ）＋匕（限定符号）」を合わせて、長く延びた「さじ」（スプーン）を表す。

「青（*ts'eng）」は「清らかに澄み切っている」というイメージがある（蜻蛉・鯖の項参照）。「青（音・イメージ記号）＋人（限定符号）」を合わせて、清々しく美しい人、ハンサムな男を表した。

「飯匙＋倩」で、飯を装うスプーンのように鎌首をもたげるヤツの意を表した。

甲　金　篆（反）
篆（飯）
金　篆（是）
篆（匙）
金　篆（青）
篆（倩）

**[別名]** ①（タイワンコブラ）飯匙銃・飯匙槍・飯匙頭・飯鏟頭・琵琶蛇・蝙蝠蛇・扁頭蛇・膨頸蛇　②（ハブの異表記）波布

# 文献

## 引用文献解説

### ①中国の古典・辞書・本草書〈周・秦・漢・三国・晋・南北朝〉

**詩経**　最古の詩集。大半は恋愛詩が占める。動植物が多く登場し、その研究を毛詩名物学といい、近代まで数多くの書物が世に出た。五経の一つ。早くも漢代に注釈（毛伝と鄭箋）が現れた。

**書経**　古代帝王の政治などに関する文章を収めている。五経の一つ。特に地理や産物を記した禹貢に動物が出る。

**易経**　八卦を使って未来を予測する書だが、単なる占いを超えて哲学として尊ばれた。五経の一つ。

**礼記**　儀礼や制度に関する書。五経の一つ。特に季節・環境と政治の関係を述べた月令に動植物が多く出る。

**周礼**　国家の組織（官僚機構）などを述べた書。三礼（礼記・儀礼・周礼）の一つ。

**春秋**　古代諸侯国の一つ魯を中心とする歴史を述べたものだが、記述の仕方に特徴があり（「春秋の筆法」という）、儒教的歴史記述の鑑となる。五経の一つ。

**春秋左氏伝**　春秋を物語風に敷衍した書。左丘明の著といわれる。公羊伝、穀梁伝と併せて春秋三伝と呼ぶ。

**論語**　孔子の言行を弟子たちがまとめた書。四書（論語・孟子・大学・中庸）の一つ。

**孟子**　儒家の一人孟子の著。性善説や王道論を展開する。四書の一つ。

**荀子**　儒家の一人荀子の著。孟子と対抗して性悪説を唱える。環境保護思想もある。

**老子**　道家の一人老子の著。車・文字・戦争などあらゆる文明に反対し、自然回帰の思想を説く。

**荘子**　道家の一人荘周の著。存在の根拠を宇宙の根源である道（タオ）に求める。

**孫子**　春秋末期の孫武の著。兵法のバイブルとして尊ばれた。

**管子**　春秋時代の政治家管仲に名を託し、経済政策などを含む多方面の政治論を説く。環境問題を扱った篇もある。

**墨子**　戦国初期、墨翟の著。博愛、反戦、勤勉などの哲学を説く。

**韓非子**　戦国末期、韓非の著。法治主義を唱える。

**晏子春秋**　春秋時代の政治家晏嬰の言行を記した書。

**呂氏春秋**　戦国～秦にかけて、呂不韋（秦の宰相となった人）の指揮下に学者たちの論文を集めた書。天地人のすべてを網羅し、やがて来るであろう天下統一の青写真を描く。

**国語**　春秋時代、八つの諸侯国の歴史物語を記した書。

**戦国策**　戦国時代、合従連衡を説く遊説の士の活躍などが記されている。漢の劉向が編集したといわれる。

**山海経**　古代地理を記した書で、多くの動植物が出る。空想的な動物も多く、中国神話の宝庫でもある。

**楚辞**　戦国末期の詩人屈原の作品を中心に収めた書。宋玉、東方朔、王逸などの作品もある。

**逸周書**　周の諸王の言行を記した書。書経の周書に漏れた事跡を書いたといわれる。

**穆天子伝**　周の穆王の旅行記。かなり神話伝説的な色彩がある。

**淮南子**　前漢、劉安の編集。儒教を国教とした武帝に対抗し、道家の思想を宣揚する。

**春秋繁露**　前漢、董仲舒の著。陰陽五行説に基づき、自然と人間（特に政治）との密接な関わりを説く。

**新書**　前漢、賈誼の著。秦の滅亡の原因を追及した過秦論などの論文を収める。

**説苑**　前漢、劉向の編集。春秋～漢初までの逸話を集めて儒教思想で解釈する。

**法言**　前漢、揚雄の著。論語にならって王道を説く。

**太玄経**　前漢、揚雄の著。易経にならって自然と人間の哲学を説く。

**易林**　前漢、焦延寿の著。四言詩のスタイルで易を象徴的に解釈する。

**大戴礼記**　前漢、戴徳の著。戦国～漢の礼に関する論説を集めたもの。その中の一篇「夏小正」は物候（季節と人事の関係）を記す。

**史記**　前漢、司馬遷の著。五帝から漢までの歴史を記す。本紀、世家、列伝の三部から成る。国家の中心人物と、それを取り巻く個人を絡めて総体的に捉え、紀伝体の叙述スタイルを確立する。二十四史（正史）のトップに位置する。

**爾雅**　言葉を意味領域ごとに集めた中国最初の辞書で、前漢に成立した。十三経の一つ。動物語彙は釈虫、釈魚、釈鳥、釈獣、釈畜に収めてある。晋の郭璞の注釈が有名。

**方言**　前漢、揚雄の著。当時の共通語に当たる各地方の語彙を集めている。

**説文解字**　後漢、許慎の著。中国最初の字書。九三五三字を五四〇の部首に分類し、各字を六書に従って分析する。

**釈名**　後漢、劉熙の著。爾雅と同じ分類法で語彙を集めるが、「海は晦なり」のように語源を説く。

**素問**　中国医学の原典。鍼灸医学の理論方面を記す。漢書に見える黄帝内経の一部とされる。

**霊枢**　素問とペアをなし、黄帝内経の一部とされる。主に鍼灸医学の技術方面を記す。

**金匱要略**　後漢、張仲景の著。傷寒論とともに湯液医学の古典とされる。

**神農本草経**　最古の薬物学の書。上古からの薬物の知識が後漢までに集成されたと考えられる。三六五の生薬（鉱物、動物、植物）が上中下の三品に分類されている。

**名医別録**　神農本草経を補い、また新しく発見された薬物を追加した書。

**漢書**　後漢、班固の著。前漢の高祖から平帝までの歴史を記す。二十四史の一つ。

**論衡**　後漢、王充の著。合理主義の立場から俗説、迷信の誤りを糾弾する。

**風俗通**　正式名は風俗通義。後漢、応劭の著。社会におけるさまざまな事例の沿革などを述べる。

**漢官儀**　後漢、応劭の著。漢の官制について記した書。

**前漢紀**　後漢、荀悦の著。左伝のスタイルにならって前漢の歴史を記す。

**孔子家語**　三国魏、王粛の著。孔子と門人の逸話を集めた書。

**列子**　魏、晋の頃の思想家が著したといわれる。老子や荘子と似た思想を展開している。

**広雅**　三国魏、張揖の著。爾雅の系譜を引く辞書。別名、博雅。

**毛詩草木鳥獣虫魚疏**　三国呉、陸璣の著。詩経の動植物を論じたもので、名物学（一種の博物学）の祖ともいえる記念碑的な書である。

**臨海水土異物志**　三国呉、沈瑩の著。呉の物産（動植物を含む）について記した書。すでに散逸し、諸書に引用されている。

**三国志**　晋、陳寿の著。魏・蜀・呉の歴史を記す。二十四史の一つ。六朝宋の裴松之がつけた補注は分量が多く、資料的価値が高い。

**博物志**　晋、張華の著。広く奇聞怪事の類を集めた書。異獣、異鳥などの篇がある。

**禽経**　専ら鳥について述べた書。周の師曠に仮託し、晋の張華の注を付した形で伝わっている。隋以後の作とする説もある。

**広志**　晋、郭義恭の著。諸国の地理や物産（動植物を含む）について記す。原本は散逸している。

**抱朴子**　晋、葛洪の著。不老長寿を実現させるための方術（神仙術）を説く。

**神仙伝**　晋、葛洪の著。神仙術で仙人になった八四人の物語。

**西京雑記**　晋、葛洪の編。前漢の長安にまつわる逸話を集めた書。

**肘後備急方**　晋、葛洪の編といわれる。さまざまな病気に対する処方を記した書。

**華陽国志**　晋、常璩の著。雲南方

面の地理や歴史を記す。

**捜神記** 晋、干宝の著。志怪小説の一つ。

**捜神後記** 晋の陶淵明に仮託される志怪小説集。

**世説新語** 六朝宋、劉義慶の著。後漢末から東晋の文化人のエピソードを記す。

**後漢書** 六朝宋、范曄の著。後漢の歴史を記した書。二十四史の一つ。

**異苑** 六朝宋、劉敬叔の著。志怪小説の一つ。

**述異記** 六朝梁、任昉の著。主に自然や動植物の不思議な話を集めた書。

**拾遺記** 志怪小説の一つ。秦の王嘉の著とされるが、現存のテキストは六朝梁の蕭綺が編集したもの。

**文選** 六朝梁、蕭統の著。周から梁までの作品七六〇篇を文体によって分類し、収録した書。六人による注釈（六臣注）のついたテキストがある。

**本草経集注** 六朝梁、陶弘景の著。神農本草経と名医別録を合わせて、注釈を施したもの。中国博物学史には必見の書である。

**宋書** 六朝梁の沈約の編。南朝宋の歴史を記す。二十四史の一つ。

**南斉書** 六朝梁、蕭子顕の編。南朝斉の歴史を記す。二十四史の一つ。

**水経注** 北魏、酈道元の著。河川について述べた書。流域の名所旧跡などの歴史や逸話なども記録している。

**斉民要術** 北魏、賈思勰の著。農書の一つ。動植物の飼育・栽培の法なども記している。

**魏書** 北斉、魏収の編。北朝の北魏の歴史を記す。二十四史の一つ。

〈隋・唐・五代〉

**諸病源候論** 隋、巣元方の著。病気の症候と治療法を述べた医書。

**千金要方** 唐、孫思邈の著。病気と治療の考え方や処方について記した医書。

**外台秘要方** 唐、王燾の著。病気の処方を述べた医書。

**新修本草** 唐、蘇敬らが編集した最初の官撰の本草書。別名は唐本草。復元されたテキストがある。

**本草拾遺** 唐、陳蔵器の著。生薬の特徴とその効能について述べた書。原本は散逸し、証類本草などで引用されている。

**食療本草** 唐、孟詵の著。薬食同源という考えから、薬になる動植物を記述した書。原本はすでに滅び、逸文を集めたテキストが作られている。

**酉陽雑俎** 唐、段成式の著。興味をそそる珍しい事物に対する該博な知識を盛り込む。動植物を専門に扱った部門もある。

**嶺表録異** 唐、劉恂の著。中国南

部の物産（動植物を含む）について述べた書。原文は滅び、逸文を集めたテキストがある。

**北戸録**　唐・段公路の著。中国南部の風土について述べた書。

**朝野僉載**　唐、張鷟の著。当時の人物の逸話を集めた書。

**芸文類聚**　唐、欧陽詢らの編。類書（百科全書）の一つ。四六部門（動植物を含む）に分けて、項目ごとに諸書を引用する。

**初学記**　唐、徐堅らの編。芸文類聚とともに唐の類書の有名なもの。

**法苑珠林**　唐、釈道世の編。仏教にまつわる説話・故事を集めた書。

**白孔六帖**　類書の一つで、主に故事成語を載せる。唐の白居易の白氏六帖と宋の孔伝の続六帖を合わせたもの。

**経典釈文**　唐、陸徳明の著。詩経など一四の古典に対して読解のための音義を付す。

**晋書**　唐、房玄齢、李延寿らの編。晋の歴史を記す。二十四史の一つ。

**梁書**　唐、姚思廉、魏徴らの編。梁の歴史を記す。二十四史の一つ。

**隋書**　唐、魏徴、長孫無忌らの編。隋の歴史を記す。二十四史の一つ。

**竜龕手鑑**　五代・後梁、行均の著。字典の一つ。二万六千字あまりを部首で分け、部首内では四声で分け、字体を正俗で示す。

〈宋・元・明・清〉

**太平広記**　宋、李昉らの編集した類書。小説を神仙、夢など九二のテーマに分類する。動物、植物のテーマもある。

**太平御覧**　宋、李昉らの編集した類書。天、地など五五の部門（動植物の部門も含む）に分類する。

**太平寰宇記**　宋、楽史の著。宋が天下を統一した後の全国の地理を述べた書。

**物類相感志**　宋、賛寧の著。物と物の間の神秘的な感応を説いた書。

**広韻**　韻書の一つ。正式名は大宋重修広韻。隋の切韻、唐の唐韻（いずれも現存しない）を受け継いだもの。この書によって中古漢語が復元された。

**集韻**　韻書の一つ。丁度らが広韻を改訂増補したもの。五万三千字あまりを収める。

**玉篇**　字書の一つ。原本は六朝梁の顧野王の著だが、早く失われ、宋の陳彭年らが新たに編集した。正式名は大広益会玉篇。五四二の部首に分ける。

**類篇**　字書の一つ。宋、司馬光の編。三万一千字あまりを収める。

**埤雅**　宋、陸佃の著。爾雅の系統に属する名物学の書で、専ら動植物を扱う。語源についての考察もあり、王安石の字説を多く引用する。

**毛詩名物解**　宋、蔡卞の著。詩経

の動植物を研究した名物学の書。陸佃とともに王安石の門下で、王安石の学説の影響下にある。

**夢渓筆談**　宋、沈括の著。文化や歴史などの事項のほか、自然科学（動植物を含む）の分野まで、広く研究した成果を載せる。

**証類本草**　宋、唐慎微の編。漢から唐まで伝えられた本草に新たな情報を追加した書。

**新唐書**　宋、欧陽修らの編。唐の歴史を記した書。二十四史の一つ。

**新五代史**　宋、欧陽修らの編。五代の歴史を記した書。二十四史の一つ。

**東京夢華録**　南宋、孟元老の著。北宋の首都汴京（開封）の繁栄を述べた書。

**夢粱録**　南宋、呉自牧の著。南宋の首都臨安（杭州）の地理、風俗について述べた書。

**嶺外代答**　南宋、周去非の著。中国南部の風土、物産について記した書。一九の部門のうち、動植物の部門もある。

**岳陽風土記**　南宋、范致明の著。岳州の名物、名所について記した書。

**演繁露**　南宋、程大昌の著。春秋繁露にならって名物、制度などについて述べた書。

**爾雅翼**　南宋、羅願の著。爾雅の系統を継ぎ、動植物だけを扱った名物学の書。

**六書故**　南宋、戴侗の著。六書で漢字を説く。動物、植物を含む九部から成る。

**宋史**　元、脱脱らの編。宋の歴史を記す。二十四史の一つ。

**金史**　元、脱脱らの編。金の歴史を記す。二十四史の一つ。

**遼史**　元、托克托らの編。遼の歴史を記す。二十四史の一つ。

**元史**　明、宋濂らの編。元の歴史を記す。二十四史の一つ。

**普済方**　明、朱橚の著。病気の処方を記した書。

**閩中海錯疏**　明、屠本畯の著。閩（福建省）の魚介類について記した書。

**山堂肆考**　明、彭大翼の著。類書の一種。天文から人事に及び、動植物の部を含む。

**五雑組**　明、謝肇淛の著。自然、社会の諸現象について考察した随筆集。

**本草綱目**　明、李時珍の著。本草学を集大成した書。各項に釈名を設け、名の由来を説く。

**食物本草**　食物となる水と動植物の博物誌である。元の医師李杲（字は東垣）の編集、明の李時珍の参訂と題するが、明末に出版された。

**農政全書**　明、徐光啓の著。農学を集大成した書で、ヨーロッパの技術も紹介している。

**通雅**　明、方以智の著。百科項目について名物・訓詁を考察した書。

四四門の中に動植物の部門もある。

**物理小識**　明、方以智の著。天体から身体まで、物の本体を追求する。医薬、動植物も含まれる。

**字彙**　明、梅膺祚の著。二一四の部首を設け、画数順に並べた字書。現代の漢字字典の配列法の源流をなす。

**正字通**　明、張自烈の著。字書の一つ。配列法は字彙に倣う。意味の解説が詳しいのが特徴である。

**漢魏六朝百三家集**　明、張溥の編。漢から隋までの一〇三人の作品集を収める。

**全唐詩**　清、彭定求らの編。唐の詩人約二千二百人の、約四万八千篇の作品を収める。

**花鏡**　清、陳淏子の著。花壇書の一種であるが、動物の飼育法、養殖法も含む。

**本草求真**　清、黄宮繡の著。本草書の一つ。

**字彙補**　清、呉任臣の著。梅膺祚の字彙を補足したもの。

**淵鑑類函**　清、王士禎らの編。類書の一つ。四五部門のうち最後に動植物がある。

**康熙字典**　清、陳廷敬、張玉書らの編。漢字字典の権威とされるが、分類法、配列法は梅膺祚の字彙を襲ったもので、独創ではない。

②韓国の本草書

**茲山魚譜**　朝鮮王朝時代の実学者・宣教師丁若銓（一七五八〜一八一六）が黒山島に流された時、二二〇〇種あまりの魚について記した朝鮮最初の魚類図鑑。

③日本の古辞書・本草書

**新撰字鏡**　平安、昌泰（八九八〜九〇一）年間に昌住が著した漢和字書。二万字あまりを一六〇の部首に分類し、和訓をつける。

**本草和名**　深江輔仁の著。九一八（延喜一八）年に成立。約千種類の薬物の漢名に和名を施す。

**和名抄**　平安、承平（九三一〜九三八）年間に成立した漢和辞書。源順の著。意味領域で分類し、和訓を万葉仮名で示す。正式名は倭名類聚鈔。

**類聚名義抄**　平安末期（一一世紀前後）に成立した漢和字書。著者は不詳。漢字を一二〇部に分け、当時の和訓を集大成している。

**字鏡**　鎌倉初期（？）の漢和字書。漢字を部首で配列し、和訓をつける。

**和玉篇**　室町初期の成立かといわれる漢和字典。著者は不詳。中国の玉篇にならい、漢字を部首で分類し、和訓をつける。倭玉篇とも書かれる。

**下学集**　室町中期の国語辞書。著者は不明。一四四四（文安一）年に成立。漢語を意味別に分類し、語源などを記す。

**壒嚢鈔**　室町中期、行誉が著した類書。一四四六（文安三）年に成立。仏教関係の語を中心に意味や語源を説く。

**節用集**　室町中期の国語辞書。漢字をイロハに並べ、さらに意味別の下位分類をする。多くの版本がある。

**運歩色葉集**　室町末期の国語辞書。一五四八（天文一七）年に成立。イロハ順に並べる。

**和爾雅**　江戸、貝原好古の著した漢和辞書。一六九四（元禄七）年の成立。爾雅に倣って、漢字・漢語を意味別に分類し、解説を施す。

**日本釈名**　江戸、貝原益軒の著。一七〇〇（元禄一三）年に成る。動植物を含む物の名の語源を説く。釈名は中国の代表的な語源学の書である。

**書言字考節用集**　江戸、槇島昭武の編。一七一七（享保二）年に初版の出た国語辞書。

**東雅**　江戸、新井白石の著。一七一九（享保四）年に成る。爾雅に倣い、物の名前を意味別に分類し、語源を説く。

**箋注倭名類聚抄**　江戸、狩谷棭斎が和名抄に注釈をつけた書。一八二七（文政一〇）年に成る。

**朱舜水談綺**　江戸初期、日本に帰化した明の学者朱舜水に聞き書きした書（一種の博物誌）。主に日本における漢字・漢語（動植物名を含む）についてコメントする。

**本朝食鑑**　江戸、人見必大が著した食物本草の書。一六九七（元禄一〇）年に成る。構成は本草綱目に倣って項を立て、効能、産地、料理法、語源などを記述する。

**大和本草**　江戸、貝原益軒が著した本草書。一七〇九（宝永六）年に成る。日本産の動植物を博物学的に記述する。

**和漢三才図会**　江戸、寺島良安が著した絵入り百科事典。中国の三才図会（明、王圻）に倣い、三才（天地人）のすべての事物を記述する意図をこめる。動植物の部門もある。

**本草綱目啓蒙**　江戸、小野蘭山の著。本草綱目の講義ノートを門人が整理して、一八〇三（享和三）年に刊行された。江戸本草学の集大成とされる。

**魚鑑**　江戸、武井周作の著。日本産の魚を記載する。

## 参考文献

〈中国〉


王圻［明］　三才図会（上・中・下）　一九八八年　上海古籍出版社

王岐山（主編）　安徽獣類志　一九九〇年　安徽科学技術出版社

王鴻媛　北京魚類志　一九八四年　北京出版社

王国維　観堂集林（上）　一九七〇

年　世界書局（台湾）
王念孫［清］　広雅疏証　一九八三年　中華書局
王力　同源字典　一九八二年　商務印書館
何業恒　中国珍稀鳥類的歴史変遷　一九九四年　湖南科学技術出版社
華恵倫・殷静雯　中国保護動物　上海科技教育出版社
華夫（主編）　中国古代名物大典（上・下）　一九九三年　済南出版社
郭柏蒼［清］　海錯百一録　光緒丙戌刊本
郭郛　山海経注証　二〇〇四年　中国社会科学出版社
郭郛・李約瑟［ジョセフ・ニーダム］・成慶泰　中国古代動物学史　一九九九年　科学出版社
郝懿行［清］　爾雅義疏・冊二　一九六二年　台湾中華書局
許維枢　中国猛禽——鷹隼類　一九九五年　中国林業出版社
瞿文元（主編）　河南珍稀瀕危動物　二〇〇〇年　河南科学技術出版社
屈大均　広東新語　一九七四年　中華書局香港分局
厳沛　桂海虞衡志校注　一九八六年　広西人民出版社
湖北省水生生物研究所魚類研究室（編）　長江魚類　一九七六年　科学出版社
湖南省林業庁（編）　湖南森林昆虫図鑑　一九九二年　湖南科学技術出版社
伍献文等　中国経済動物志・淡水魚類　一九七九年　科学出版社
伍献文等　中国鯉科魚類志（上・下）　一九八二年　上海科学技術版社
呉至康等　貴州鳥類志　一九八六年　貴州人民出版社
江蘇新医学院（編）中薬大辞典（上・下）　一九七七年　上海人民出版社
高明（編）　古文字類編　二〇〇四年　中華書局
黄奭［清］（輯）　神農本草経　一九八二年　中医古籍出版社
史有為　漢語外来詞　二〇〇〇年　商務印書館
史有為　外来詞——異文化的使者　二〇〇四年　上海辞書出版社
施白南・趙爾宓（主編）　四川資源動物2——獣類　一九八四年　四川人民出版社
詩経動植物図鑑叢書（上・下）　一九七七年　大化書局（台湾）
謝成俠　中国養禽史　一九九五年　中国農業出版社
辞海［修訂本］・生物分冊　一九七八年　上海辞書出版社
朱元鼎（主編）　福建魚類志（上・下）　一九八四年　福建科学技術出版社
朱舜水［明］　朱氏舜水談綺　一九八八年　華東師範大学出版社
徐仲舒（主編）　漢語大字典［縮印本］　一九九三年　四川辞書出版

社・湖北辞書出版社
徐鼎［清］毛詩名物図説　二〇〇六年　清華大学出版社
周尭　中国早期昆虫学史　一九五七年　科学出版社
尚志鈞（輯校）唐・新修本草　一九八一年　安徽省科学技術出版社
尚志鈞・鄭金生等（校点）証類本草　一九九三年　華夏出版社
尚志鈞・尚元勝（輯校）本草経集注　一九九四年　人民衛生出版社
商壁・潘博　嶺表録異校補　一九八八年　広西民族出版社
辛夷等（主編）中国典故大辞典　一九九一年　北京燕山出版社
蒋廷錫等（編纂）禽虫典［古今図書集成・博物滙編］一九九八年　上海文芸出版社
鄒樹文　中国昆虫学史　科学出版社
生活与博物叢書（上）——花卉果木編・禽魚虫獣編　一九九三年　上海古籍出版社
盛和林等　中国鹿類動物　一九九二年　華東師範大学出版社
石雲孫（点校）爾雅翼　一九九一年　黄山書社
陝西省動物研究所（主編）陝西珍稀経済獣類図志　一九八一年　陝西科学技術出版社
銭燕文（主編）中国鳥類図鑑　一九九五年　河南科学技術出版社
宗福邦・陳世鐃・蕭海波（主編）故訓滙纂　二〇〇三年　商務印書館
曹元宇（輯註）本草経　一九八七年　上海科学技術出版社
孫書安　中国博物別名大辞典　二〇〇〇年　北京出版社
孫星衍・孫馮翼［清］（輯）神農本草経　一九八二年　人民衛生出版社
譚邦傑　哺乳動物分類名録　一九九二年　中国医薬科学出版社
段玉裁［清］説文解字注　一九七
〇年　芸文印書館（台湾）
中国蛇類図譜　一九八〇年　上海科学技術出版社
張自烈［明］正字通（上・下）一九九六年　国際文化出版公司
張崇根　臨海水土異物志輯校　一九八一年　農業出版社
趙伝絪・崔秀士（主編）世界海洋魚名詞滙　一九九五年　科学出版社
陳貴廷（主編）本草綱目通釈（上・下）一九九二年　学苑出版社
陳済　甲骨文字形字典　二〇〇四年　長征出版社
陳樹椿（主編）中国珍稀昆虫図鑑　一九九九年　中国林業出版社
丁福保（編）説文解字詁林９　一九七七年　鼎文書局（台湾）
鄭金生等（校点）食物本草　一九九〇年　中国医薬科学技術出版社
鄭金生・張同君（訳注）食療本草　一九九三年　上海古籍出版社

鄭作新　中国鳥類分布名録　一九七六年　科学出版社
鄭作新等　秦嶺鳥類志　一九七三年　科学出版社
鄭作新等　中国動物図譜・鳥類　一九八七年　科学出版社
鄭葆珊等　中国動物図譜・魚類　一九八七年　科学出版社
佟屏亜・趙国磬　畜禽史話　一九九〇年　学術書刊出版社
唐慎微［唐］　証類本草　一九九一年　上海古籍出版社
童勉之　中華草木虫魚文化　一九九七年　文津出版社（台湾）
那琦・謝文全（重輯）　名医別録　一九七七年　中国医薬学院中国薬学研究所
彭慶生・曲令敬　詩詞典故辞典　一九九〇年　書海出版社
葉昌媛等　中国珍稀及経済両棲動物　一九九三年　四川科学技術出版社
楊大同（主編）　雲南両棲類志　一九九一年　中国林業出版社
羅竹鳳（主編）　漢語大詞典［縮印本］（上・中・下）　一九九七年　漢語大詞典出版社
李海霞　漢語動物命名考釈　二〇〇五年　四川出版集団巴蜀書社
李桂垣（主編）　中国鳥類原色図鑑　一九九三年　中国林業出版社
李徳浩（編輯）　青海経済動物志　一九八九年　青海人民出版社
李徳俊（主編）　貴州薬用動物　一九九三年　貴州科学出版社
李圃（主編）　古文字詁林1～12　二〇〇四年（第二版）　上海世紀出版集団・上海教育出版社
劉正琰等（編）　漢語外来詞詞典　一九八四年　上海辞書出版社
劉錫誠・王文宝（主編）　中国象徴辞典　一九九一年　天津教育出版社

〈韓国〉
許浚　東医宝鑑　一九七七年　台聯国風出版社（台湾）
丁若銓　茲山魚譜　鄭文基訳　一九七七年　知識産業社（韓国）

〈日本〉
畦田伴存　古名録　一九三四年　日本古典全集
荒俣宏　世界大博物図鑑2　一九八九年　平凡社
内田清之助（代表）　日本動物図鑑［改訂増補］　一九四七年　北隆館
大槻文彦　大言海［新訂版］　一九六六年　冨山房
大野晋ほか　岩波古語辞典［補訂版］　一九九六年　岩波書店
小野蘭山　重訂本草綱目啓蒙　一九七八年　朝日新聞社
貝原益軒　大和本草1・2　一九八〇年　有明書店
加納喜光　漢字の博物誌　一九九二

年　大修館書店
加納喜光　漢字の成立ち辞典　一九九八年　東京堂出版
加納喜光　詩経Ⅰ・恋愛詩と動植物のシンボリズム　二〇〇六年　汲古書院
加納喜光　動植物の漢字がわかる本　二〇〇七年　山海堂
賀茂百樹　日本語源　一九八二年　名著普及会
狩谷棭斎　箋注倭名類聚抄　一九二一年　朝陽会
木村重　魚紳士録（上・下）　一九八三年　緑書房
木村康一（代表）　新註校訂国訳本草綱目10・11　一九七六年　春陽堂
古事類苑　一九二九年　吉川弘文館
越谷吾山　物類称呼　一九七六年　八坂書房
重野安繹ほか（編）　漢和大字典　一九〇三年　三省堂
周達生　民族動物学ノート　一九九〇年　福武書店
末広恭雄　魚の博物事典　一九八九年　講談社
寺島良安　和漢三才図会（上・下）　一九七〇年　東京美術
寺山宏　和漢古典動物考　二〇〇二年　八坂書房
藤堂明保　漢字語源辞典　一九六五年　学燈社
藤堂明保　漢字の話Ⅰ　一九八〇年　朝日出版社
藤堂明保　学研漢和大字典［旧版］　一九九六年　学習研究社
藤堂明保・加納喜光（編）　学研新漢和大字典　二〇〇五年　学習研究社
人見必大　本朝食鑑　一九三四年　日本古典全集
堀井令以知　語源大辞典　一九八八年　東京堂出版
中村浩　動物名の由来　一九九八年　東京書籍
中村惕斎　訓蒙図彙　一九七五年　早稲田大学出版部
西山武一・熊代幸雄　校訂訳註斉民要術　一九七六年　アジア経済出版会
林羅山　多識編　一九七三年　文化書房博文社
原田治　中国料理素材事典・魚介　一九八〇年　柴田書店
万有百科大事典20・動物［簡称ジャポニカ］　一九七四年　小学館
前島長盛（編纂）　動物学名便覧　一九八八年　日本学術文化社
望月賢二（監修）　図説魚と貝の大事典　一九九七年　柏書房
屋代弘賢　古今要覧稿　一九〇七年　国書刊行会
山口佳紀（編）　暮らしの語源辞典　一九九八年　講談社
山中襄太　国語語源辞典　一九七六年　校倉書房

吉田金彦　衣食住語源辞典一九九八年　東京堂出版

吉田金彦　語源辞典・動物編　二〇〇一年　東京堂出版

〈ヨーロッパ〉

B.Karlgren, *Grammata Serica Recensa*, 1972, Stockholm

B.E.Read, *Chinese Materia Medica—animal drugs*, 1976, Southern Materials Center,INC.

B.E.Read, *Chinese Materia Medica — insect drugs,dragon and snake drugs,fish drugs*, 1977, Southern Materials Center,INC.

B.E.Read, *Chinese Materia Medica — turtle and shellfish drugs,avian drugs,a compendium of minerals and stones*, 1977, Southern Materials Center,INC.

## ら行



## わ行

## や行

## ま行

*



*



*



## た行

## さ行

## か行

## 動物和名索引（五十音順）

### あ行

### わ行



## 国字・半国字・和製漢字表記索引（部首順）

### ［1～4画］



### ［5～10画］



### ［11画～］

## ま行



## や行



## ら行

## な行



## は行

## た行

## さ行

## 動物漢名索引 (一字目の音の五十音順)

### あ行



### か行

◉著者略歴

**加納喜光**（かのう・よしみつ）
1940 年　大阪府生まれ
1971 年　東京大学大学院人文科学研究科修士課程（中国哲学専攻）修了
1979 年　茨城大学人文学部助教授
1985 年　茨城大学人文学部教授
2006 年　茨城大学を定年退職
現在、茨城大学名誉教授

主な著書
『詩経 上・下』（学習研究社、1982）
『中国医学の誕生』（東京大学出版会、1987）
『漢字の博物誌』（大修館書店、1992）
『漢字の成立ち辞典』（東京堂出版、1998）
『学研新漢和大字典』（共編著、2005）
『人名の漢字語源辞典』（東京堂出版、2009）
『常用漢字コアイメージ辞典』（中央公論新社、2012）
『漢字語源語義辞典』（東京堂出版、2014）
『数の漢字の起源辞典』（東京堂出版、2016）
『漢字源・改訂第六版』（共編、学研、2019）
『植物の漢字語源辞典 新装版』（東京堂出版、2021）

動物の漢字語源辞典　新装版

2021年 8 月10日　初版印刷
2021年 8 月20日　初版発行

＊本書は、2007年に小社から刊行した『動物の漢字語源辞典』(四六判）の新装版です。新装に際し、A5判に拡大しています。

著　者　　加納喜光
発行者　　大橋信夫
発行所　　株式会社 東京堂出版
〒101-0051　東京都千代田区神田神保町1-17
電話　03-3233-3741
http://www.tokyodoshuppan.com/

印刷・製本　　中央精版印刷株式会社


ISBN978-4-490-10926-9 C1581

## 現代副詞用法辞典　新装版

飛田良文
浅田秀子　著

A5判六六〇頁
本体五五〇〇円

●使い分けに苦労する現代副詞一〇四一語を豊富な用例とともに詳細に解説。

## 現代形容詞用法辞典　新装版

飛田良文
浅田秀子　著

A5判七二〇頁
本体五五〇〇円

●日本人の「感じ方」を伝える現代形容詞一〇一〇語の違い、使い分けを詳説。

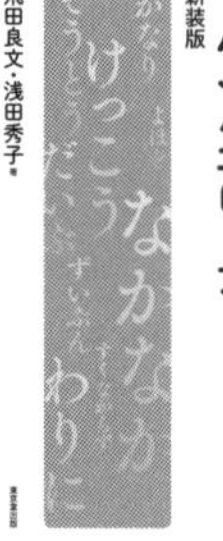


## 現代擬音語擬態語用法辞典　新装版

飛田良文
浅田秀子　著

A5判七一六頁
本体五五〇〇円

●音や様子、心情を表現するオノマトペ一〇六四語の微妙な違い、使い分け方。